KEYWORDS for CHINA REPORT

50 중국보고서

이동춘 지음

중국 연구에 많은 도움을 주셨던 헤이룽장 黑龙江 성 왕자오 王钊 성장은 심청자득시서미(心淸自得诗書味) 실정시문한묵향(室静時闻翰墨香)이란 제자(題字)로 저자를 격려하고 신유하였다.

'맑은 마음으로 시와 글의 의미를 얻고, 고요한 연구실에서 필묵의 향을 맡는다'는 의미로 그로부터 받은 휘호를 졸저의 표지에 담아 그를 추모하고 당부를 되새겨 본다.

차례

제2부 부자 중국 하지만 가난한 중국인의 경제 ············· 175

제3부 믿지 못하는 사회 그래서 변하지 않는 사회 ······· 303

'중국몽'(中国梦 · Chinese Dream)의 이상은 중화민족의 부흥이다. 중국 경제의 모순들이 한데 뒤섞여 자유화될 때 현재의 상태를 변화시킬 것이라고 예측한다. 그러나 아직 그때는 도래하지 않았다. 손자병법에 금빛 매미는 허물을 벗어야 만들어진다는 금선탈각(金蟬脱壳)의 계책이 있다. 변화와 혁신은 현재 중국의 핵심 키워드이다.

저자서문

CHINA REPORT

150여 년 전 중국 청(淸)나라는 차(茶)와 비단을 수출해 막대한 무역 흑자를 기록했다. 그러나 결국은 아편전쟁과 난징 南京 조약으로 이어졌다.

1848년 영국 동인도회사는 난징조약에 의거하여 로버트 포천 R. Fartune 을 중국 내지인 푸젠 福建 성 산간지역에 파견해 차 씨앗과 재배농을 인도로 데려 갔다. 이후 히말라야 산맥의 인도 다르질링 Darjeeling 은 최고급 홍차 산지로 성장했고, 인도의 차는 중국차를 대신하여 영국내 차 시장 90%를 점유하게 됐다. 불평등 조약이라는 정치적 평가는 뒤로 하고 결국 청나라는 난징조약으로 인해 중국의 차를 영원히 영국에 넘겨주었다.

우리는 동인도회사의 존재가 지나간 과거의 일이라 생각하고 있지만 오늘날에도 과거 동인도회사와 같은 미국의 몬산토 Monsanto 는 5,000년 전 중국 역사기록에도 소개되고 있는 대두(大豆)씨를 훔쳐 자신들의 최첨단 기술과 연구를 통해 생산량과 병충해에 강한 유전자를 찾아내고 중국을 포함한 101개국에 64개 항목에 이르는 특허를 신청했다. 이후 몬산토는

2003년 미국 정부를 통하여 중국에 대두수입을 강요하였다. 이어서 산업자본의 핵심인 미국의 월스트리트를 통하여 대두가격을 결정하는 게임의 법칙으로 중국내 유지압착 공장 70%를 파산시켰다. 이 기회를 틈타 4대 곡물 메이저 기업은 도산한 공장을 저가로 매입하여 중국 식용유 시장을 장악해 결국 중국 대두산업을 붕괴시켰다. 이어 같은 방법으로 중국의 옥수수, 면화 산업을 장악하고 관련 산업을 붕괴시켰다.

그들은 그들만의 게임의 룰을 만들고 전략적으로 조용하고 조심스럽게 우리들 곁에 소리 없이 다가와 서 있다.

인류의 경제발전은 부가가치 발견의 역사이고 부가가치 증가는 경제활동 형태에 따라서 다르다. 농경제 시대는 인구의 증가에 따라서 개인의 부가가치가 오히려 감소한다. 이에 비해서 산업혁명 이후 발전한 산업사회는 개인 부가가치가 계속 증가하는 속성이 있다.

기술과 자본이 서로 연계되고 위험성을 분산하며 생산과 상품의 이동에 의해 부가가치를 높인다. 여기에 금융자본주의는 화폐 가치의 지역적인 차이를 이용해서(hand-off) 부가가치를 높이게 된다.

오늘날은 보다 간편하게 독점 동맹과 자본으로 세계시장을 분할해 자본의 목적을 실현하고 있다.

청일전쟁에 뒤이어 러일전쟁에서도 승리한 일본은 조선(朝鮮)을 속국으로 만들었다. 러일전쟁 때 일본 전쟁비용의 60%는 영국의 로스차일드 Rothschild 미국의 JP모간 J.P. Morgan 같은 국제 금융자본이 일본이 발행한 전쟁국채를 매입해서 댄 것이었다. 이 나라들이 전쟁에서 누구 편을 들지는 뻔한 일이었다. 과거 제국주의 국가들은 이미 금융자본을 통해 이렇게 세계를 분할하고 있었다. 열강은 언제 어디서나 자국의 이익을 최우선으로 판을 짜고 있다.

근 200년간 갖은 굴욕을 당해 온 중국은 다시 세계 속의 강자로 돌아왔다. 용의 부활, 중국의 시대가 도래했다. 그러나 중국 경제는 세계경제에서 차지하는 중요한 위상, 자본주의가 출현할 가능성이 있었지만 자본주의로 이어지지 않은 성장방식 등 학문에 의해 규정된 특정한 체제나 논리 등으로 파악되기 힘든 특수성을 지니며 발전하였다.

2008년 베이징 올림픽을 앞두고 베이징 시내는 심각한 공해로 이런 상태로는 올림픽을 치를 수 없었다. 중국 정부는 인공강우를 내리기로 결정했다. 인공강우는 구름에 화학약품을 뿌려서 비를 내리게 하는 방법이다. 당시 중국은 100억 위안이라는 예산을 투입해 인공 강우를 내리게 했다. 이는 중국의 개혁개방을 성공적으로 영도하고 중국의 경제를 미국에 버금가는 규모로 발전시키는 업적을 통해 중국 인민들로부터 그 정통성을 인정받고 있는 메리토크라시(meritocracy · 능력본위체제)의 한 부분이다.

일부에서는 향후 중국 경제가 여전히 고성장을 지속할 것이라는 주장과 함께 중국 경제에 대한 비관적 전망도 존재한다. 세계 경제에서의 기회는 상대적으로 적고 중국 경제는 불균형적이고 통제되지 않으며 지속가능성이 약하다. 가장 큰 문제는 고성장에서 저성장으로 투자 중심에서 소비

주도로 전환되고 있기 때문이다. 중국의 성장 잠재력을 감안하면 위기를 피할 수도 있겠지만 위기에 직면할 가능성도 매우 높다. 앞으로의 10년은 과거 일반균형 모델이 제안하는 것보다 훨씬 더 험한 길이 될 것이다.

다행히 중국인의 80% 이상이 현재 중국 경제에 대해 긍정적 전망을 하고 있고, 미국 경제에 대해 긍정적 전망을 보인 미국인은 48%이다. 나아가 중국은 중국의 미래뿐만 아니라 세계의 미래를 결정하고 미래 인류 사회에 큰 영향을 미칠 것이다. 그러나 자신의 특수성에 집착하는 나라가 어떻게 세계를 이끌어 나가는 비전과 방향을 제시할 수 있겠는가? 과연 이상적인 대국은 어떤 형태일까? 21세기 대국이 가야 할 방향이 어느 것인지 알 수 없지만, 평화와 공동 번영, 조화로운 세계(和谐)를 만드는 것이 인류의 나아갈 방향일 것이다.

18차 당 대회를 통하여 시진핑의 5세대로 권력이 평화적으로 이양됨으로써 10년 주기의 정권이 이어지는 '중국식 정권 교체' 규범이 궤도에 올랐다. 시진핑 주석은 실질적인 의미가 여하하든 당정군을 동시에 장악하는 새 정권을 출범시키게 되었다. 시진핑 주석은 보다 구체적인 경제 목표를 제시하는 등 소강사회 구현을 위한 민생위주의 정책 방향을 설정했다. 중국 5세대 지도부는 성장과 분배를 동시 추진하는 '안정속의 성장' 과 '위대한 중화의 부흥'을 위해 강대국화를 추진하는 이중의 목표가 있다. 이를 위해 정치적 보수화와 지속적 시장경제 활성화, 그리고 실용적 외교정책을 펼쳐질 것이다. 시진핑 주석은 국제 질서도 시대에 따라 변화해야 한다(= 与时俱进 · 여시구진)며 일대일로(一带一路) 건설을 주장했다. 자본 조달을 원활하게 하기 위한 아시아인프라투자은행(AIIB) 설립 추진도 순조롭게 진행 중이다.

성장둔화에 직면한 중국 최고 지도부는 신창타이 新常态(신상태 new normal · 새로운 표준) 시대를 공식화하고 경제 구조조정과 개혁 심화를 핵심 과제로 중국 경제의 고속성장에서 중고속 성장으로의 전환, 경제구조의 개선, 3차 산업과 소비의 역할 확대, 개혁 · 혁신을 중점으로 한 성장 동력의 전환 등을 뉴 노멀의 특징으로 꼽았다. 중국 경제를 이해하기 위해서는 중국 공산당을 중심으로 한 중국정치의 흐름을 살펴야 한다.

지난 2012년 시진핑 주석이 내놓은 '중국몽'(中国梦 · Chinese Dream)이라는 개념은 시진핑 시대 이전과 이후를 구분하는 프레임의 전환이다. 이 개념은 자유주의와 공산주의, 즉 좌파와 우파 모두로부터 초월하려는 움직임이다. 마르크스의 유토피아적 공학이 실패한 자리를 유교의 도덕주의가 대신하는 '중국의 길'을 찾자는 것이다.

시진핑 주석은 인문학적 소양과 역사관을 갖춘 리더로 격조와 함축미가 풍겨 나는 수사학(修辞学)을 구사한다. 그는 시안의 량자허 梁家河 토굴에서 7년 동안 하방 생활을 여러 인문 교양서들을 읽으면서 어려움을 극복했다. '독서가 리더십의 수준을 결정한다'고 스스로 말하는 것도 이런 배경이다. 이제 시진핑 시대의 중국이 걷는 길을 이해하지 않고서는 미래 사회를 논할 수 없는 시대가 되었다.

我临东海情同深(아림동해정동심) 동해로 나아가니 정이 바다만큼 깊고

爱我人民爱我军(애아인민애아군) 나의 인민, 나의 군대를 사랑하노라。

시진핑 주석이 40대인 1993년 푸젠성 푸저우福州시 서기 재임 때에 지은 시다. 그의 국가관이 함축된 듯하다. 시진핑 주석의 국가관은 〈논어〉 안연(論语顏渊)편에 나오는 민무신불립(民无信不立)이다. '백성들이 믿지 않으면 아무 것도 존립할 수 없다'는 말이다.

중국 변화의 핵심 키워드는 중용에 나오는 신독, 비약, 온고지신, 변화 등의 다른 표현이다. 중국의 경전 〈중용〉의 중(中)은 아직 드러나지 않고 내재해 있는 것에서 가치를 발견하는 것이고 용(庸)은 중의 상태가 지속성을 갖는 것을 뜻한다. 시진핑 체제의 출범의 기대와 희망이 한쪽으로 치우치지 않고 부족하지도 넘치지도 않는 생각의 균형이 지속되기를 기대한다.

저자는 그간 주변부에 머물렀던 중국의 역할을 세계사적인 흐름 속에서 발견해 보고 중국학에 조그마한 의미를 보태는데 저술 목적을 두고 이 책을 출간하였다.

2015. 5. 22.

著者 识

제 1 부

음모와 배신의 역사 그리고 개혁의 정치

제1부

음모와 배신의 역사 그리고 개혁의 정치

F1

크고 강한 것만이 유일한 표준인 중국

실제 중국인들은 제갈량, 당나라 한유,[1] 마오쩌둥을 지혜의 화신으로 꼽는다. 제갈량(诸葛亮)은 신과 같은 수를 생각한다 하여 신산의 능력을 가진 사람, 신기묘산(神机妙算)이라고도 한다. 제갈량이 지혜의 화신인건 공식적으로도 그렇고 명실상부라 할 수 있다.

---

1) 한유(韓愈) 문학가 겸 성리학의 선구자(768년-824년), 자는 퇴지(退之) 시호는 한문공(韩文公) 추증. 하내(河内) 남하양(南河阳 · 현 하남성 맹현(孟县)) 사람으로 산문의 문체개혁(文体改革)을 시도하는 등 문학상의 공적을 세웠다. 이는 송대 이후 중국 산문문체의 표준이 되고 제재(题材)의 확장을 주는 등 영향을 주었다. 유가 사상을 존중하고 도교 · 불교를 배격하였으며, 작품은 〈창려선생집(昌黎先生集)〉(40권) 〈외집(外集)〉(10권) 〈유문(遗文)〉(1권) 등의 문집에 수록되었다.

※ 독자들의 이해와 대학 강의 목적상 자연과학과 인문적 기초 지식은 인용하고 재구성하여 각주에 표시하였다. 학생들을 위한 교육 목적으로 저작권자의 양보와 양해를 구한다.

요즘 중국 사람들에게는 조조(曹操)가 각광받고 있고 오히려 오나라 주유(周瑜)가 똑똑하다고 하는 사람도 있다. 혹자는 제갈량보다는 사마의(司马懿)가 더 뛰어나다고 하고 … 그런데 정말이지 난감하다. 마오쩌둥 毛泽东이 지혜의 화신으로 꼽히고 있으니 말이다.

마오쩌둥은 스스로 "진시황과 한 무제는 문학적 재능이 좀 부족하고 당 태종과 송 태조는 시적 재능이 좀 모자라는 구나"라고 탄식하며, 스스로 자신의 능력에 대한 끝없는 자신감에 충만했다. 나아가 마오쩌둥은 린뱌오 林彪[2]의 쿠데타 계획서인 〈571공정기요(五七一工程纪要)〉 말미에 '성공하지 못하더라도 인을 이루리라'(不成功便成仁)라는 구절이 논어의 살신성인(杀身成仁)을 근거했다는 이유로 1972년 린뱌오와 공자를 모두 비판하는 비림비공(批林批孔) 운동을 시작하였다. 결국 이 운동은 유가 사상과 관련한 모든 중국의 전통문화를 무자비하게 파괴하는 결과를 초래하였다.

〈논어〉를 번역한 사이먼 레이스 Simon Leys는 마오쩌둥의 문화대혁명을 '세계에서 가장 총명한 인민을 바보로 타락시키는 거대한 프로젝트'라고 혹평했다.

2007년에 열린 중국 공산당 17차 당 대회에서 중국은 처음으로 명확하게 〈문화적 소프트파워〉를 보고서에 기록했다.

---

2) 중국 부총리 겸 총리 권한대행(1968-71년)과 중국 국방부장, 원수를 역임하였다. 문화대혁명 이후 마오쩌둥의 공식 후계자로 떠올랐고 군부의 지지를 업고 점차 세력이 커지자 마오쩌둥은 린뱌오를 제거하고자 계획하였고 이에 린뱌오는 린리궈 林立国(1945-71년)와 함께 마오쩌둥 암살 및 쿠데타를 기도했으나 실패하였다. 이후 비행기로 소련으로 망명하던 중 몽골 상공에서 비행기가 추락하여 사망하였다. 린뱌오의 갑작스러운 쿠데타 기도, 망명과 죽음은 아직까지도 불명확한 점이 많다.

200년 만에 중국 정부는 처음으로 해외진출 전략을 명확하게 제기한 것이다. 그것은 중국이 새로운 단계의 경제로 나아가려는 출발점이며 세계화의 영역으로 들어가는 신호인 것이다. 중국 경제는 이제 단지 국내시장과 자원에만 의지할 수 없고 반드시 글로벌 경영으로 나아가야 한다는 점을 자각한 것이다. 그들이 자랑으로 삼는 경제적 성취가 세계에서 그에 상응하는 존중을 받지 못한다는 사실을 알게 되었다.

문화적 소프트파워는 중국 정부가 경제 개혁의 성공을 완전히 자신의 계획하에서 관리하고 상품수출과 함께 문화수출을 동반해야 한다는 의미가 담겨있는 것이다.

문화대혁명을 거친 중국은 한때 공자가 설 자리가 없었다. 2008년 베이징 올림픽 개막식에서 공자를 화려하게 부활시킨 중국은 최근 공자 되살리기에 여념이 없다. 2억 위안을 투자해 〈공자(孔子)〉 영화를 만들고 언론은 공자 특집을 수시로 쏟아 내고 있다. 영화 공자의 수출과 함께 2004년 한국 서울에 첫 번째로 공자학원이라는 아카데미를 문 열었다. 문화수출의 초보적 단계로 전 세계 100여 개 국 400곳에 공자학원을 개원할 계획을 세웠다. 그것은 독일의 괴테 아카데미나 스페인의 세르반테스 아카데미, 영국의 문화협회, 미국 문화원처럼 중국의 문화를 세상으로 밖으로 드러내 보여주는 쇼 케이스인 것이다.

그러나 세계를 향해 중국 전통문화를 큰소리로 이야기하면서도 중국은 스스로 문화적 소프트파워에 대한 의미를 망각해 버렸다. '크고 강한 것'

만이 그 성공을 가름하는 유일한 표준인 중국인들의 신화가 그들 스스로를 또다시 가두어 버렸다.

서로 다른 출판사들을 하나의 이름으로 합병하여 대규모 출판그룹을 만들었고 몇몇의 대학을 합병하여 억지로 한 대학으로 합친 것이다. 매년 얼마나 많은 서적을 출판하고 얼마나 많은 논문을 발표하고 얼마나 많은 박사를 배출하는가 하는 통계 그래프로 문화적 소프트파워의 의미가 변해 버린 것이다.

중국의 도서 출판양은 전 세계에서 1위를 차지하고 있다. 그러나 언론자유에서는 167위에 머물고 있다. 국제무대에서 영향력을 언급할 때 미국, EU와 함께 거론되지만 언론자유를 이야기할 때는 단지 라오스, 쿠바, 미얀마, 이란과 함께 거론될 뿐이다. 이와 같은 극단적인 대비가 바로 지금 중국의 협소한 정신공간을 빚어 내고 있으며 중국문화 영향력의 특징을 운명적으로 결정해 주고 있다.

페이스 북과 트위터, 유튜브, 구글 등 조금이라도 민감한 내용이 나올 성싶은 해외 사이트는 모두 먹통이다. 카카오톡과 라인 등 외국계 메신저 서비스가 막혔고 아직 완전 복구되지 않았다. 그뿐 아니라 한국의 대형서점 교보문고의 홈페이지가 중국을 비판하는 내용의 책이 소개되는 걸 막기 위해 차단되어 있다. 디지털 정보가 광속으로 오가며 무한 복제되는 사이버 공간의 통제가 과연 언제까지, 그리고 어디까지 가능한 것일까. 적지 않은 중국인들이 특수한 통신기법인 '가상사설망'(VPN)을 통해 해외 사이트에 접속하고 있다.

베이징 올림픽의 찬란했던 8월은 세계 1위의 금메달 숫자와 함께 문화적 소프트파워에 대한 또 다른 야심만만한 확장 계획으로 이어졌다. 500억 위안을 투입하여 중국 신화사와 CCTV 및 국유 언론매체를 통합해 뉴욕 타임즈나 CNN 방송과 같은 국제여론 공간에서 담론권을 획득해야 한다는 것이다. 국외자로서 볼 때 이러한 소란은 중국 정부가 여전히 독제체제의 사유 방식을 고수하고 있음을 의미할 뿐이다.

영국 대처 수상은 〈중국위협론〉을 인정하지 않는다고 했다. 왜냐하면 "중국이 수출하는 것은 TV, 전자오븐, 구두 등이지 가치관이 아니기 때문"이라고 했다.

2009년 12월 26일 우연하게도 저자는 상하이의 한 호텔 라운지 바에서 한구석에 둘둘 말려 처박혀 있던 〈인터내셔널 헤럴드 튜리뷴〉 주말 판에서 류샤오보 劉晓彼 소식을 읽고 있었다.

성탄절 휴가기간으로 호텔은 더 없이 많은 중국인들로 소란스러웠고 인터넷상에 몇 편의 글과 성명서로 인해 정부전복음모죄로 수감된 지 1년 만에 징역 11년형을 선고받은 그를 기억하는 이는 아무도 없는 듯하였다.[3]

---

3) 류샤오보 劉晓彼 중국의 지식인으로 반체제 인권운동가. 베이징 사범대학에서 문예학 박사학위를 취득, 졸업 후 미국 하와이대학에서 중국 철학, 중국 현대정치 등을 강의하였다. 1989년 미국 컬럼비아대학에서 방문학자로 체류 중 톈안먼 민주화 운동이 발생하자 귀국하여 시위에 참여하였고 시위대 대표로 중국 정부와 협상을 벌였다. 1996년 톈안먼 민주화 운동 희생자의 명예 회복을 요구하다 노동개조 3년형을 선고받기도 했다. 2008년 12월 민주개혁을 요구하는 〈08 헌장〉 작성을 주도한 혐의로 체포되어 2009년 12월 징역 11년형을 선고받았다. 현재 랴오닝성 진저우 교도소에서 복역 중이다.

2010년 10월 8일 노벨위원회는 류샤오보 劉晓彼에게 중국의 민주화와 인권 향상에 지대한 공적을 인정하여 노벨평화상을 수상했다. 그러나 옥중의 류샤오보는 중국 당국의 불허로 그해 12월에 열린 노벨상 수상식에 참석할 수 없었고 이에 노벨위원회는 중국 당국에 대한 항의의 표시로 빈 의자를 설치하여 수상식을 진행하였다.

F2

신화에 갇혀 버린 중국

사실 개혁개방 이후 세계 정치경제의 새로운 축으로 부상한 중국에 대한 국제사회의 우려는 어제 오늘의 일이 아니다. 경제적 성공에도 불구하고 중국은 인류 보편적 가치로 인식되는 민주와 인권에 여전히 소홀한 국가로 인식되고 있다. 정책 투명성과 공정성에 대해서도 의문이 많다. 이에 따라 국제사회에는 중국에 대한 견제와 협력이 교차하는 이중성이 나타나고 있다.

중국 역사상 최대의 강역을 확보하고 있는 현재의 중국과 관련하여 일당독재 정치체제와 비시장적 요소가 많은 경제제도로는 지속적 발전이 어려울 것이란 의문이 계속 제기되어 왔다.

그러나 통일적 다민족국가를 지향하는 중국으로서는 받아들일 수 없는 것들이다. 서구 제국주의의 침탈을 극복하고 신중국(중화인민공화국)을 건설한 공산당의 정통성과 합법성이 일시에 사라지기 때문이다. 또 30여 년에 걸친 개혁개방의 성과를 통해 수천 년 간 이어져온 위대한 중화(中华)의 부흥을 꾀하는 '중국몽'(中国梦 · 중국의 꿈)에 배치되는 것이기도 하다.

중국의 미래에 대해서도 붕괴론부터 국제적 리더론까지 몇 가지 관점이 교차하고 있다. 그러나 중국이 세계를 이끄는 국가가 되려면 국제사회에 통용되는 보편적 가치를 공유해야 하는 것은 명확하다.

세계는 '팍스 시니카'(Pax Cinica)[4)]라는 중국식 패권구조가 군국주의와 민족주의를 기반으로 하기에 위험하다고 간주하는 중국위협론에 동조하고 있는데 말이다. 중국위협론은 중국의 야심적인 군사 현대화 계획과 점차 강해지고 있는 민족주의가 주변국들에 불안감을 안겨 주면서 주변지역의 안정을 해할 것이라는 예측이다. 많은 서구 학자들이 이런 중국패권론 혹은 중국위협론을 펼치고 있다.

비행기에서 내려 베이징 수도 국제공항에 들어서면 저자는 현란하고 곤혹스러운 느낌에 빠져들곤 한다. 그곳 공간의 광활함이나 거대한 구조물 때문만은 아니었다. 날이 갈수록 강력해지고 있는 새로운 중국에 대한 강한 이미지에 대한 느낌이었을 것이다. 이러한 중국 신드롬은 중국이 독특한 모델을 창조했을 뿐만 아니라 장차 그 모델로써 세계를 통치할 것이라는 두려움을 내포하고 있다.

---

4) 중국 경제 중심의 세계질서를 일컫는 용어. 팍스(Pax)는 라틴어로 평화를 뜻하며 로마제국의 팍스 로마나(Pax Romana) 19세기 영국 식민지 통치를 팍스 브리태니카(Pax Britanica) 제2차 세계대전 이후 미국에 의해 유지되는 세계 평화체제는 팍스 아메리카나(Pax Americana)로 불렸다. 지난 몇 년간 중국이 고속성장을 기록하자 세계는 팍스 아메리카나의 뒤를 이어 팍스 시니카가 등장할 것으로 예상했다. 실제로 IBRD는 2020년이 되면 중국 GDP 규모가 미국의 9조 7,000억 달러를 넘어 9조 8,000억 달러에 달할 것이라는 전망을 내놨다. 특히 리먼 브러더스 사태에서 시작된 글로벌 금융위기 이후 중국의 영향력은 더욱 확대됐다. 3조 7,000억 달러가 넘는 세계 최대 외환보유고를 기반으로 달러를 대체할 '새로운 기축통화론'을 제기하기도 하였다.

여기에 마틴 자크Martin Jacques의 〈중국이 세계를 지배하면(When China Rules the World), 2009〉에서 '전 지구적 범위에서 새로운 조공(朝贡)시스템이 형성되고 있다'라는 표현은 우리를 더욱 혼란스럽게 하고 있다.

1989년 톈안먼天安门 민주화 운동으로 중국 당국의 전체주의적 속성에 놀란 세계는 수년 내에 중국이 소련과 같은 운명을 맞이할 것이라는 중국 붕괴론을 들고 나왔었다. 그러나 중국이 지속적인 경제 성장을 통해 세계 경제의 실체가 되자 중국이 패권을 추구해 세계를 위협한다는 중국위협론이 고개를 들었다. 이 중국위협론은 지역패권 추구와 군사 경제적 위협은 물론 자원남용과 생태환경 파괴에 이르기까지 광범위하게 이어졌다.

그럼에도 광대한 시장과 잠재력, 정부의 경제개발 의지 덕분에 중국의 각종 통계 및 경제수치에 대한 지속적인 의문에도 불구하고 중국기회론이 등장하게 된다. 이렇게 되자 미국 중심의 국제사회는 중국 책임론을 제기하였다. 중국이 국제문제의 이해관계자(stake holder)로서 책임을 다해야 한다는 것이다.

중국도 '할 것은 한다'라는 유소작위(有所作为)를 주창하면서 국제 문제에 본격적으로 참여하기 시작했다. 이제 중국은 실질이야 어찌됐든 G2, '차이메리카'(Chimerica)라 불리는 미중 양강시대를 열어가고 있다. 물론 경제력이나 군사력 등 종합적인 국력에서 중국은 미국의 상대가 되지 않는다. 이 때문에 중국은 유보적 태도를 보이고 있지만 일대일 지위는 아니더라도 미국이 주도하는 국제사회의 중요한 파트너로서 전 지구적 문제의 협력자가 된 것은 분명하다.

두려움으로 가득 찬 시선으로 바라 본 중국에 대한 세계인의 상상은 중국의 역사에서 유래된 것이기도 하다.

살육과 공포, 압제와 잔혹 등의 어둠의 요소는 마오쩌둥의 가장 기대치 높은 각색으로 분장되고, 항상 자신의 입장을 감추고 논어와 손자병법 등의 경전 구절을 인용하여 의미심장하게 표현하고, 은둔과 끈기로 만들어 낸 만리장성이 상징하듯 언젠가 중국이 다시 세계의 초강대국이 될 것이라는 미묘한 확신을 품게 한다.

역설적으로 마오쩌둥은 중국에서 가장 중요한 문화 수출 아이템이다. 마오는 중국인이 보유하고 있는 창조력의 상징이며 비틀즈, 체 게바라, 마릴린 먼로 등과 함께 20세기의 경전적 기호이다. 이제는 기념품으로 팔리고 있는 빨간색의 〈마오쩌둥 선집 毛泽东選集〉이 아닌 소박한 마오 주석, 즉 많이 먹어도 홍사오러우 红烧肉(돼지고기를 살짝 볶아 간장을 넣고 다시 익힌 고기) 한 그릇 이상은 먹지 않았다는 우리가 흔히 알고 있는 이야기가 대중문화 기획자들에게는 이익추구에 유리한 요소임을 쉽게 발견할 수 있는 대목이다.

중국에 가면 가장 많이 만나는 초상이 마오쩌둥의 초상이다. 인민폐의 가장 큰 단위인 100위안을 위시해서 모든 지폐의 초상에는 마오 주석이 들어 있다. 과거에는 저우언라이 周恩来 등의 초상화도 사용되었지만 1999년 이후 발행된 지폐는 마오 초상뿐이다.

중국을 상징하는 톈안먼 정면에는 거대한 마오쩌둥의 초상화가 걸려 있다. 톈안먼의 마오쩌둥 초상화는 신중국 수립 초기에는 팔각 모자를 쓴 모습이었는데 1969년부터 지금의 모습으로 고정되었다. 그동안 수많은 화가가 그려 오다가 1977년부터는 거시아오광 葛小光 화백이 그리고 있다. 초상화의 수명은 일년으로 10월 1일 국경절 직전에 새 초상화를 완성하여 교체하므로 매년 국경절 때 보는 마오쩌둥의 초상이 가장 새로운 초상화가 된다. 거화백은 해마다 동일한 초상을 그리지만 매너리즘에 빠지지 않고 새로운 아이디어를 가미하여 조금씩 다른 모습으로 그리고 있다.

미국의 팝 아트 제왕인 앤디워홀 Andy Warhol은 반복과 복제의 기법을 통해 팝 아트라는 새로운 장르를 열어 현대미술의 패러다임을 바꾼 아티스트이다. 앤디워홀이 마오쩌둥의 사진을 이용하여 실크 스크린으로 제작한 〈마오 Mao〉라는 초상화가 유명하다. 평소 애정을 가졌던 인물의 초상화를 제작하는 것으로 유명한 앤디워홀이 처음 마오의 초상을 제작한 것은 1972년 2월 닉슨의 중국방문 때였다.

앤디워홀이 연작한 마오 초상화의 얼굴색이 모두 다르다. 마치 중국의 전통 경극의 얼굴 분장(脸谱 · 검보)을 보는 것 같다. 경극에서는 얼굴의 색깔로 등장인물의 성격을 나타낸다. 앤디워홀의 마오도 붉고, 푸르고, 검고, 노랗고, 하얀 얼굴이다. 중국 경극에서의 충성, 오만, 지혜, 교활, 흉악의 의미와 맞닿아 있다. 앤디워홀은 마오를 좋아하면서도 문화대혁명 등으로 마오쩌둥에 대한 애증과 공과가 교차하는 마오에 대한 다양한 평가를 그의 얼굴색으로 표현한 것처럼 보인다.

루쉰 鲁迅의 고사신편(故事新编, 1936년 발표)[5]에서 사용한 표현을 빌리면 '중국 사람들에게 담배, 술, 차, 사탕은 가장 중요한 네 가지다. 그 네 가지만 있으면 가정생활이 행복해진다'고 말한다.

장이머우 张艺谋 감독의 작품 〈5일의 마중〉은 얀거링 严歌苓의 소설 〈범죄자 루얀시(陸犯焉识)〉를 원작으로 중국 문화대혁명 당시 격변의 시절을 한 가정의 모습을 통해 들여다보는 영화다. 매월 5일이 되면 역으로 나와 남편을 기다리는 아내의 머릿속에는 '기억하는 것'과 '기억하지 못 하는 것', '기억하고 싶지 않은 것'이 복잡하게 얽혀져 있다. 문화대혁명에 대해 대부분 중국인들의 기억이 그러하듯이 …

중국이 세계를 이끄는 국가가 되려면 반드시 중국은 문명국가라는 개념으로 국제사회에 통용되는 보편적 가치를 공유해야 하고 또 보여주어야 한다. 중국은 아주 재미있는 스토리가 필요하고 많은 이야기를 가지고 있다.

---

5) 중국 문학가 사상가인 루쉰의 역사소설집. 하늘을 깁다[补天](하늘을 기운 '여와'(女娲) 이야기), 달로 달아나다[奔月](달을 향해 도망간 '상아'(嫦娥, 항아(姮娥) 또는 상희(嫦羲)라고도 함) 이야기), 홍수를 다스리다[理水](홍수를 막은 '우(禹)임금' 이야기), 고사리를 캐다[采薇](고사리를 캐는 '백이숙제'(伯夷叔齐) 이야기), 검을 벼리다[铸剑](검을 벼린 검객 '연지오자'(宴之敖者) 이야기), 관문을 나서다[出关](관문을 떠난 '노자'(老子) 이야기), 공격을 비판하다[非攻](전쟁을 막은 '묵자'(墨子) 이야기), 죽은 자를 살려내다[起死](죽은 자를 살려낸 '장자'(庄子) 이야기) 등 역사소설 8편이 수록되어 있다. 〈하늘을 깁다 补天〉 〈달나라로 奔月〉 〈벼린 검 铸剑〉은 1926년 이전에 쓴 작품들이고, 이것에 5편을 추가하였다. 그 중 〈채미 采薇〉는 주(周)나라의 곡식을 먹지 않겠다고 수양산에 숨어 고사리를 캐먹다 죽은 은(殷)나라의 유신 백이와 숙제의 고사를 빌려 왕도(王道)나 인정(仁政)의 구실로 남을 침략하는 역사를 비판하였다.

F3

마오쩌둥은 중국의 아주 재미있는 스토리다.

중국 100위안 권 지폐의 그림은 중국 공산당 혁명성지 징강산 井岡山을 그렸다. 절벽에 둘러싸인 난공불락의 지형인 징강산은 마오가 국민당 장제스 蔣介石의 4차에 걸친 백만 대군의 공격을 물리치고 공산혁명의 요람을 지켜낸 비밀의 성이다.

일찍이 마오는 자기 고향인 후난 湖南성과 장시 江西성 경계에 징강산이 있고 그 곳에는 소설 수호지 량산포 梁山伯의 난공불락 요새가 있다는 것을 알고 있었다. 중국 남쪽에 징강산이 없었다면 그리고 마오가 이러한 징강산의 소재조차 몰랐다면 중국 공산당은 당시 장제스의 집요한 토벌작전에 걸려 산화되어 역사에서 그 자취를 감추고 말았을 것이라는 생각을 해 본다.

징강산에 들어간 공산당을 소탕하기 위해 장제스는 1930년 12월부터 1932년 6월까지 4차에 걸쳐 연 100만 이상의 군대를 투입하였으나 실패했다. 1931년 공산주의자들은 이에 고무되어 징강산 인근의 루이진 瑞金을 수도로 중화소비에트를 수립하였다. 중국 내 또 하나의 중국이 생긴 것이다.

다급해진 장제스는 미국과 독일의 지원을 얻어 1932년 10월 최신 무기로 무장한 100만의 정예를 다시 투입하여 육군과 공군의 입체 작전을 펼쳤다. 사상 유례없는 공산주의자 토벌(扫共)작전이 시작된 것이다.

공산주의자들은 2년을 버텼으나 징강산은 무참히 파괴되고 결국 이를 견디지 못하고 포위망을 가까스로 뚫고 서북쪽으로 달아난 것이 이른바 1934년 10월 대장정(大长征)의 시작이었다.

1927년 8월 1일, 난창 南昌 무장봉기[6]실패를 접한 중국 공산당은 8월 7일 한구 汉口에서 긴급 당 중앙회의를 개최하고 대책을 논의하였다. 이 회의에 참가한 마오는 '총구에서 정권이 창출된다'(枪杆子里面出政权)라는 유명한 8자 결의를 이끌어 내고 무장봉기 준비를 한다.

9월 9일 마오는 후난성 창사 长沙에서 농민 무장봉기(추수봉기)를 일으

6) 남창 봉기(南昌起义)는 1927년 8월 1일 중국 장시성 난창에서 일어난 공산주의자들의 봉기로 국공내전기간 중 중국 국민당과 중국 공산당 사이에 벌어진 최초의 전투였다. 1927년 4월 12일 제1차 국공합작을 결렬시킨 상하이 쿠데타 이후, 1927년 5월에 장제스는 중국 국민당에서 공산당 분리를 결정하였고 왕징웨이 汪精卫가 주요 실행 부대였다. 이러한 움직임에 독자적인 군사력을 가지지 못한 공산당은 몇몇 지역에서 국민당 내부의 무력을 일부 접수하는 형태로 무장화를 진행시켰다. 당시 국민당 내부에는 꽤 많은 공산당 인사가 존재하고 있었는데 요직에 붙어 있는 이도 많았다. 이러한 내부 사정으로 당시 북벌군의 주둔하는 도시 중 난창이 비교적 허술하게 방비되고 있었고 난창의 공안을 주더 朱德가 맡고 있어 조건은 갖추어지고 있었다. 1927년 8월 1일 새벽 2시를 기해 허룽 贺龙과 저우언라이 周恩來등이 주도한 공산주의자들은 여러 방면에서 무장병력으로 난창을 공격하여 도시를 점령하는 데 성공하였으나 국민당군의 역습을 맞아 불과 5일 만에 도시를 내주고 징강산으로 도망할 수밖에 없었다. 봉기가 벌어진 8월 1일은 국민당에 공산주의 군대가 최초로 맞서 싸운 날로 후에 인민해방군의 창립기념일로 삼아 기념하게 된다. 8월 1일 홍군이 난창의 점령에 성공했지만 이틀 후인 8월 3일 국민당 군의 포위 공격을 받고 난창을 포기하고 홍콩 방면으로 퇴각한다. 남쪽으로 내려가 세력을 구축한 후 북벌을 한다는 방침이 세워졌지만 실질적인 패퇴이며 사실 뚜렷한 목표를 제시할 수 없었던 지도층은 패퇴를 반복한다. 결국 1928년 4월에 주더, 천이 陈毅가 인솔하는 주력 부대가 징강산 혁명 근거지에 합류하여 중국공농혁명군 제4군으로 개편되었다. 후에 중국 공산당은 8월 1일을 건군기념일로 삼고 홍군, 팔로군, 인민해방군을 통해서 축일로 삼고 있다. 중국 인민해방군의 군기와 국적 마크, 군복의 모자에 그려진 八一 이라는 글자는 이 난창봉기의 날, 즉 건군기념일에서 유래한다.

켰으나 역시 실패하고 부하 1,000여 명과 함께 미리 생각해 두었던 징강산井岡山으로 들어가 공산혁명 근거지로 정하였다.

마오쩌둥과 관련해 가장 먼저 떠오르는 것은 '모든 권력은 총구로부터 나온다'는 유명한 이야기다. 이 말은 마오쩌둥과 공산주의자들이 선거나 의회민주주의 정치를 반대하고 폭력혁명을 정당화하는 것을 보여주는 구절로 자주 인용되며 저자 역시 그렇게 생각해 왔다. 그러나 이는 그 같은 발언이 나오게 된 맥락을 무시한 잘못된 해석이다.

마오의 이 발언은 국공합작을 배반당하고 중국 공산당이 국민당에 대해 독자적인 무장투쟁의 필요성을 결정한 한구漢口회의에서 하였다. 따라서 그 말은 피와 희생의 생생한 체험에 기초해 평화노선은 적의 폭력에 의해 패배할 수밖에 없고 정치를 위해서는 대항폭력을 가져야 한다는 엄혹한 상황을 지적한 현실 분석이었다.

난창南昌 무장봉기 기념관의 거꾸로 선 장총 조형물을 보면 역사에 있어서 폭력이라는 문제를 다시 한 번 생각하게 한다. 세계는 폭력이 아니라 정의가 결국 승리하며 비폭력의 힘이 폭력보다도 더 강하다고 이야기하고 있다. 이제 중국은 '모든 권력은 총구로부터 나온다'는 이야기보다 '모든 인민을 총구로부터 지키자'라고 이야기해야 한다.

우리가 흔히 볼 수 있는 조지 워싱톤의 얼굴이 들어있는 녹색지폐(greenback)와 마오의 초상이 들어 있는 적색지폐(redback)를 번갈아 들여 보자. 어떠한 생각이 드는가?

징강산에서 저자가 본 마오의 모습은 마치 셔우드 Sherwood 숲 속의 의적 로빈 후드 Robin Hood이었다.[7] 중국의 징강산은 영국의 셔유드 숲인 것이다. 그러나 베이다이허 北戴河에 있는 마오쩌둥의 모습은 러시아의 스탈린 Joseph Stalin 모습을 연상케 하고 있다. 혁명가 마오가 아닌 독재자 마오쩌둥의 모습으로 말이다.[8]

중국을 바라보는 세계인의 눈도 마오쩌둥의 모습과 같이 극명하게 나뉜다.

---

7) 영국의 전설적인 의적 로빈 후드는 본래 허팅든 백작 Earl of Hutingdon이었는데 국법에 저촉되어 부하들과 함께 셔우드 숲 속에 은거하며 귀족들의 재물을 빼앗아 가난한 사람들에게 나누어 주었다고 한다. 이 전설은 월터 스콧 Sir. Walter Scott의 소설 〈아이반호(Ivanhoe)〉로 또 미국의 작가 파일 H. pyle의 〈로빈 후드의 모험〉 등으로 그려졌다.

8) 1981년 6월에 열린 중국 공산당 11기 6중전회에서 '당 국가 인민에게 건국이래 가장 심한 좌절과 손실을 가져다준 마오쩌둥의 극좌적 오류이며 그의 책임'이라고 규정했다. 전대미문의 혁명을 지지하고 조종하고 이를 통해 권력을 유지했던 마오쩌둥을 미국의 대표적인 중국 사학자 조너선 D. 스펜스(1936-)는 '전통적인 질서를 무너뜨리기 위해 무질서를 만들고 지배한 정치가'라고 평가한다. 스펜스는 중국의 한 빈한한 농촌 출신의 젊은이가 '어떻게 그 괴상한 기행(奇行)을 그토록 오랫동안 지속할 수 있었는지' 의문을 던진다. 그 이유를 스펜스는 "무질서라는 한정된 개념을 크게 확장한 뒤 그것을 장구한 격변의 모험 속에 끌여 들였다"고 말한다. 스펜스가 말한 무질서란 바로 중국 공산당에 의해 1981년 '극좌적 오류'라고 평가받은 문화대혁명을 지칭하는 것이다. 마오쩌둥은 문화대혁명이라는 무질서를 극단적으로 확장해 괴상한 기행을 오래 지속할 수 있었다는 것이다.

F4

대 재앙을 초래한 마오쩌둥의 한 마디

"참새는 해로운 새다"

1958년 2월 2일자 인민일보의 '참새 소탕작전'은 마오쩌둥의 한 마디에서 시작되었음을 찾을 수 있다. 마오쩌둥은 쌀 수확량이 줄어들자 그 원인을 찾기 시작했고 벼 이삭을 쪼아 먹는 참새를 보고 "참새는 해로운 새다"(麻雀是害鸟)라는 말을 던졌다. 마오쩌둥의 말이 끝나기가 무섭게 참새섬멸 총 지휘부가 신설됐고 이들은 참새가 곡식에 미치는 해로운 영향을 조사하기 시작했다. 조사 결과는 '쓰촨[四川]성 농촌마을에 있는 참새는 320만 마리, 참새 한 마리가 2.4kg 벼 이삭을 쪼아 먹는다면 참새는 총 7,680만 톤을 먹게 된다. 사람 한 명이 1년 240kg의 쌀을 소비한다는 기준으로 봤을 때 참새에 의해 없어지는 쌀은 중국인 3만 2,000명의 일 년분 식량이다'는 보고서가 작성되었다.

식량을 좀먹는 참새를 박멸하라는 마오쩌둥의 지시에 따라 중국 수도 베이징에서는 남녀노소 할 것 없이 빗자루, 몽둥이를 들고 참새잡기에 나섰고 참새들이 많이 출몰하는 지역에는 독극물 과자를 뿌려 놓아 이로 인해 죽은 참새가 무려 2억만 마리에 달했다. 농촌에서는 농민들이 빗자루를 들고 논두렁을 뛰어다니며 굉음을 내지르는 광경을 쉽게 볼 수 있었다. 참새가 밭에 앉지 못해 지쳐 떨어지면 그것을 박멸한다는 기막힌 전술이었다. 하지만 참새 소탕작전을 벌인 첫해 쌀 수확량은 극심하게 줄어들었다.

1958년 한 해 동안 식량부족으로 굶어죽은 사람들의 수는 무려 172만 명으로 집계됐다. 해를 거듭할수록 쌀 수확량은 줄어들고 굶어 죽는 사람들은 점점 늘어났다. 1958년부터 1960년까지 무려 4,000만 명이 아사하는 사상 초유의 대기근이 벌어졌다.

참새 소탕작전으로 해충의 천적인 참새가 사라지자 해충들은 빠르게 번식했다. 기하급수적으로 늘어난 해충들은 닥치는 대로 벼를 갉아먹었고 사람들은 극심한 굶주림에 시달려야 했다.

'식량증산'(以粮为纲)에서도 마오쩌둥은 상식을 심하게 비켜 갔다. 개인 취사가 금지된 주민들은 마을이나 직장 단위로 설치된 공동식당에서 단체로 식사했다. 먹는 것도 만인이 평등하게 똑같은 것을 먹는 게 공산주의였다. 하지만 마오쩌둥의 생각과 달리 집단생산체제(인민공사)로의 전환은 생산량을 현저히 떨어뜨렸고 자연재해가 겹치자 굶어 죽는 사람이 속출했다.

인민공사를 설립해 농민들의 생산수단과 생활수단을 집중시킨 극좌적 노선은 차치하더라도 공상에 가까운 생산량 증대 선전을 벌였던 것이다. 공산당은 생산 책임자에게 말도 안 되는 증산 목표를 강요했고 당의 기관지인 인민일보는 정상 산출량의 수백 배에 달하는 식량을 생산한다는 모범 지역을 날조해 선전했다. 이 신문은 무게가 200kg인 양배추, 트럭의 절반 크기인 오이, 암소만한 돼지가 생산되었다고 보도했고 인민들은 이를 모두 믿는 척했다.

'강철 생산량을 대폭 늘려야 한다'(大錬钢铁)는 마오쩌둥의 한 마디는 중국을 더욱 광란에 휩싸이게 하였다. 마오쩌둥은 민족경제론의 관점에서 '외자에 의존하는 사악한 방식을 거부하고' 그야말로 '민족자본과 민족기술'에 의존하기로 하고 전 인민에게 '뒷마당 용광로'를 세우라고 지시했다. 집집마다 학교마다 직장마다 작은 용광로를 설치해 놓고 이곳에 인민들이 소유하고 있는 모든 금속제품들을 무조건 기부하도록 강요했다. 조리기구, 쇠로 된 문손잡이, 여성의 머리핀은 물론이고 농기구와 심지어는 물탱크마저 용광로 속으로 들어갔다. 또한 이 용광로의 연료를 대기 위해 농민들의 집이 헐렸고 인근의 산과 언덕은 벌목으로 민둥산이 되어 버렸다. 그러나 이렇게 만든 강철은 당연히 산업발전에 사용할 수 있는 것이 아니라서 거의 전량이 폐기되었다.

중국 간쑤甘肃성 간난甘南 티베트족자치주 저우취舟曲현 산사태는 60년만의 최악으로 평가되는데다 참사를 초래한 원인이 2008년 5월 발생한 쓰촨四川 대지진과 관련이 있다는 사실과 함께 1960년대부터 무자비한 산림훼손이 또 다른 원인으로 지적되는 등 인재로 드러나면서 중국 정부를 곤혹스럽게 하고 있다.

제일재경일보(第一财经日报)는 '신중국 건설 후인 1958년 마오쩌둥의 대약진운동 당시 대련강철(大錬钢铁 · 전국적인 철강제련운동) 이량위강

(以粮为纲 · 식량증산운동) 등으로 인해 1960년대부터 저우취舟曲현에서도 대규모 산림개발이 시작됐으며 이 같은 대자연에 대한 약탈식 개발이 산사태의 피해를 키운 원인이 됐다'고 보도했다.

마오쩌둥의 한 마디가 오늘날까지 대재앙이 될 줄은 아무도 몰랐다.

공칠과삼(功七过叁)

중국의 자금성은 문화대혁명 당시 구시대의 유물로 취급되어 마오쩌둥이 철거하려 했던 부정의 역사를 가지고 있다. 다행히 이때 저우언라이 총리가 마오쩌둥을 설득해서 자금성을 보존한 일화는 지금도 유명하다. 그러나 중국에서는 아직도 이러한 마오쩌둥의 잘못에 대해 거론하기를 꺼려한다. 하지만 문화대혁명에 대해서는 어느 정도 비판하고 있다.

실제로 저자와 오랫동안 학문적 교류를 쌓아왔던 몇몇의 지식인들마저도 문화대혁명 당시의 기억하고 싶지 않은 통한의 고통을 이야기하면서도 건국의 공만은 인정해야 하는 거 아니냐는 분위기다.

공칠과삼(功七过叁), 즉 7할은 공이 있고 3할은 잘못했다는 것이다.

마오는 제1차 국공내전 기간 도중 국민당군의 포위를 뚫고 추격을 피해 18개의 산맥을 넘고 24개의 강을 건너 1만 2,500km를 도보행진하였다. 대장정을 통해 혁명을 위한 고난과 역경을 이겨냈다는 신화를 만들어 냈고 마르크스-레닌주의에 근거한 공산주의 혁명의 이념을 농촌지역에 전파할 수 있었다.

독서광이었던 마오는 대장정 기간 중 〈지구전론(持久战论), 1938〉〈신단계론(新段阶论), 1938〉 후에 중국 공산당 강령으로 채택된 〈신민주주의론(新民主主义论), 1940〉 등을 발표하였다.

미국의 저널리스트 에드거 스노우Edgar Snow가 산시성 연안에서 마오를 인터뷰 하여 펴낸 책 〈중국의 붉은 별(Red Star Over China), 1937〉로 인해 대장정은 서구에 널리 알려지게 되었고 마오는 중국 내외에 유명인물이 되어 중국 최고의 지도자가 될 수 있었다.

저자가 어렵게 이해하면서 마오에 대한 생각이 바뀐 부분이 있다. 마오가 대장정 기간 중 홍군에게 지시한 10대 군령 가운데 그 첫 번째 군령인 '떼어 낸 대문은 다시 달아라'라고 했던 부분이다. 아니 총탄을 피해 달아나는 상황에서 '떼어 낸 대문은 다시 달아라' 이 무슨 해괴한 지시인가? 그것도 10대 군령 가운데 첫 번째 군령이니 말이다.

이는 농촌의 농민들에게 민폐를 끼치지 말라는 뜻이었음을 저자는 어렵게 이해하였다. 포위망을 뚫고 차가운 한기를 피해 민가의 문짝을 떼어 내 그 위에서 노숙하는 홍군들에게 내린 마오의 지시였다. 얼어 죽지 않게 대문을 떼어 내 그 위에서 자지만, 다음 날 반드시 문을 달아 주어라는 뜻이다.

이러한 홍군은 또한 대부분이 농민 출신인 홍군은 민폐를 끼치지 않았기 때문에 드넓은 농토와 농민들로부터 강력한 지지를 받을 수 있었다.

대장정은 농민을 중심으로 한 게릴라 전략을 설파해 실전에서 그 효과성을 입증해 보였기에 중국 공산당의 주요 전략으로 자리잡을 수 있었다.

신중국이 성립되자마자 마오쩌둥에게 닥친 현안은 1950년의 한국전쟁이었다. 고심 끝에 마오쩌둥은 저우언라이周恩來를 총사령원으로 펑더화이彭德怀를 야전사령원으로 삼고 참전하였다. 마오쩌둥의 군사적 능력은 발군이었다. 대장정과 그 이후 전쟁에서 보여준 모습만 봐도 전술능력은 우수했다. 한국전쟁 당시 인천 상륙작전을 예상하고 적절한 참전으로 위상도 높이고 완충지대를 만들어 내는 등 전략적 식견도 좋은 편이었다.

참모의 반대를 무릅쓰고 큰아들 마오안잉毛岸英을 참전시켰고, 아들 안잉은 전쟁 도중에 미 공군의 네이팜 폭격에 전사하였다. 당시 28세였던 그는 결혼한 지 1년밖에 안된 신혼이었으나 항미원조(抗美援朝)란 명분으로 참전 한 달여 만에 참변을 당했다. 아버지를 빼닮아 총명하고 재기발랄했던 28살 청년은 이렇게 이국의 전쟁터에서 목숨을 바쳤다.

마오는 스승 양창지杨昌济의 딸이자 동급생이었던 양카이휘杨开慧와 결혼하여 맏아들 안잉岸英과 둘째 아들 안칭岸青, 셋째 아들 안룽岸龙을 낳았다. 그러나 양카이휘와의 사랑은 너무도 비극적이었다.

양카이휘는 1930년 10월 홍군의 창사长沙 공격이 실패로 돌아간 직후 국민당에 잡히고 만다. 양카이휘는 “마오쩌둥과 헤어지겠다는 성명서를 내라”는 요구를 완강히 거부하고 “남편의 혁명이 속히 성공하기 바란다”는 말을 남기고 결국 어린 자식들이 보는 앞에서 총살당하고 만다. 셋째 아들 안룽岸龙 역시 국공내전 중에 사망했다.

마오로서는 천신만고 끝에 살아남은 두 아들을 향한 자식 사랑은 이루 말할 수 없었다. 비명에 간 혁명동지이자 가장 사랑했던 부인의 자식들이었으니 … 특히 자신을 쏙 빼닮은 맏아들 안잉을 향한 사랑은 각별했었다.

마오쩌둥에 대한 서로 다른 면면을 살펴보면서 이제 중국은 신이 아닌 인간 마오를 통하여 중국을 그려내야 한다. 아들의 전사 소식에 담배를 물고 한동안 말문을 열지 못하더니 "전쟁에는 희생이 따르는 법이지 … "라는 너무나 인간적인 마오의 모습이 필요하다.

이같이 너무나 인간적인 마오의 모습을 중국 인민폐 10위안에 들어 있는 마오의 초상화와 샤샤三峡의 풍경화로 도안하여 그려낸 중국인의 생각은 어떤 것일까? 보는 이에 따라 마오쩌둥에 관한 어떤 고뇌를 보여주는 것 같다.

샤샤에 거대한 댐[9]을 건설하여 중국의 경제발전을 도모하고자 했던 것은 쑨원孙文으로부터 시작하는 중국현대사에 등장한 역대 지도자들의

---

9) 세계 최대 규모인 중국 샤샤댐의 최우선 목표는 홍수 조절이다. 양쯔강 가운데 가장 험난한 협곡인 샤샤의 허리를 가로질러 건설된 샤샤댐은 그 높이만 185m로 그 속에 갇히는 물의 무게는 세계 최대인 393억 톤에 달한다. 이것은 한반도 전체 담수를 합친 양의 두 배이다. 쑨원 孙文이 1919년 처음 댐 아이디어를 냈고 중국의 역대 지도자들은 이 엄청난 토목공사에 관심을 보여 왔지만 실행하지는 못했다. 결국 수많은 전문가와 환경론자들의 반대를 무릅쓰고 1993년 중국 최고 실력자인 덩샤오핑의 막후 도움과 러시아에서 토목 학위를 받은 리펑 총리의 합작품으로 샤샤댐의 첫 삽을 뜨게 되었다. 물이 갇힌 댐 위쪽은 더 이상 양쯔강이 아니라 양쯔호가 되어 버렸다. 한반도 두 배의 면적이 호수가 되어 버린 것이다. 중국 총발전량의 11%가 샤샤댐에서 생산되고 있다.

숙원이었다.

그러나 그 경제발전을 위한 댐건설은 인민에게 이익이 되는 것이 아니라 인민을 자신이 살고 있는 터전에서 뿌리째 뽑아 버리는 것이었다. 다시 말해 중국의 경제발전은 마오의 숙원이자 중국 인민의 숙원이었을 수 있지만 그 경제발전을 위하여 '인민의 힘을 유일하게 인식한 지도자'로서의 마오는 물론이거니와 중국의 인민마저도 사라져 가고 있는 중이다.

샤샤의 폭포와 계곡은 그곳에 가보지 않았다 할지라도 중국의 모든 사람들이 알고 있는 곳이다. 왜냐하면 중국 인민폐 10위안에 샤샤의 산수가 그려져 있기 때문이다. 이제 샤샤는 중국 화폐에만 남아 있고 그 돈은 샤샤를 사라지게 만들었다.

샤샤댐 건설 과정을 두고 중국 정부의 발표와는 달리 서구인들은 샤샤댐을 '가장 비민주적이고 비과학적인 중국 정부의 정치공정', '스탈린주의의 산물'이라고 혹평한다.

세계인들은 이를 대재앙으로 생각하며 '차이나리스'(Chinaless · 중국산을 쓰지 않는 행위)나 '차이나프리'(Chinafree · 물건을 만들 때 중국산 재료를 넣지 않는 행위)라는 신조어를 만들어 중국에 대한 강한 불만을 표출하고 있다.

세계인들은 중국이 아무리 커져도 차(茶)와 딤섬이 코카콜라와 빅맥을 대체하기는 어려울 것이라고 말한다. 2012년 중국의 완다 万达그룹이 미국의 AMC엔터테인먼트를 인수했지만 그들은 세계가 보고 싶어 하는 영화를 만들어 내기에는 역부족이다.

쥐쯔저우 橘子洲(귤자주)는 후난성 창사 长沙시 중심을 흐르는 샹장 湘江(상강)에 있는 모래 퇴적섬으로 많은 귤나무가 있다고 하여 이름 붙여졌다. 후난 湖南성의 약칭인 샹 湘은 상강에서, 창사 长沙시의 명칭은 이 모래섬에서 유래한 것이다.

마오는 이 곳 창사에서 중학교를 다니다가 신해혁명에 참여하였고 1921년 7월에 상해에서 열린 중국 공산당 창립 대회에 참석한 후, 창사로 돌아와 모교에서 어문(语文) 교사로 일하며 공산당 후난성 지부를 설립 등 공산주의 활동에 하였다. 이어 1924년 국공합작이 되고 국민혁명정부가 광저우 广州에서 성립되자 광저우에서 농민운동을 이끌었으며 국민당의 선전부장 대리로 활동하고 있던 중, 1925년 잠시 이곳에 쥐쯔저우에 돌아와 혁명의 의지를 다지는 시 한 수를 짓는다. 이 때 그의 나이 32세. 이 시는 1957년 1월에 발간한 〈시간(诗刊) 1호〉에 '심원춘 장사'(沁园春 长沙)라는 제목으로 처음 발표되었다. 마오의 시 후반부와 필체를 보면 뭔지 모르는 그의 힘을 느낄 수 있다.

问苍茫大地(문창망대지)　창망한 대지에 묻노라
谁主沈浮(수주심부)　이 땅의 흥망성쇠 진정 주인은 누구인가.

중국은 바로 이러한 인류 보편적 가치의 소프트파워와 스토리가 필요하다. 중국은 재미있는 스토리가 필요하고 마오는 아주 재미있는 스토리다.

F5

시진핑 习近平의 아버지 시중쉰 习仲勋

홍콩 유력 언론 봉황망(凤凰网)은 홍광쟈오 红广角를 출처로 중국 현대사 인물 시중쉰(1913-2002년)을 보도했다. 1979년 당시 광둥 广东 성장이던 시중쉰이 '눈물로 백성의 고충을 처리하다'는 내용이다. 혁명1세대인 수많은 중국 공산당 인물 중 유독 그의 이름이 관심을 끄는 이유는 무엇일까?

1970년대 말 시중쉰은 '광둥 广东 주민들의 홍콩으로의 탈출'(偷渡)에 직면했다. 이러한 사태를 놓고 시중쉰은 선전 深圳시 당 간부들과 논쟁을 벌였다. '사회주의 계급투쟁'과 '생계의 현실'을 놓고 좌우 이념논쟁을 했다. 사태의 심각성을 깨달은 시중쉰은 쉼 없이 홍콩으로 향하는 차량행렬을 본 후 다음 회의에서 자기비판을 한다. 그리고 탈출 실패로 수용소에 잡혀 온 농민들을 보며 눈물을 흘렸다. 탈출의 문제를 해결하는 길은 하루빨리 경제성장을 추진해야 하며 사회주의 이념에 얽매이지 않고 현실에 맞게 유연하게 해결해 가는 인식, 그것이 당내 개혁파 시중쉰의 고충처리 방식이었다. 중국의 '경제특구'(经济特区)가 건설된 것이다.

개혁개방 초기 선전 深圳은 그야말로 황무지였다. 지금은 홍콩 앞바다를 바라보고 24시간 불빛이 꺼지지 않고 수출입 하역하는 장면은 휘황찬란하기 그지없다. 지방정부의 수장으로 파견된 정치지도자가 '탈출'의 현실을 무시하고 계급투쟁만 견지했다면 큰 반발에 직면했을 것이고 오늘의 선전深圳은 어두움 그대로 이었을 것이다.

그 때 당 중앙이 좌경에 빠지지 않는 당내 개혁가 시중쉰에게 황제의 보검인 상방보검(尚方宝剑)을 하사한 것이 옳았다는 것을 홍광쟈오는 웅변하고 있다.

시중쉰은 중국 공산당 원로 중 가장 존경받는 인물이다. 또한 아버지로부터 피와 품성은 물론 정치적 후광까지 이어받아 공산당 내 3개 파벌 중 하나인 태자당(太子党), 즉 원로 2세 정치인의 대표주자이며 현 중국 국가 주석인 시진핑의 역경과 성장과정을 살펴보는 일은 중국 현대사와 관련해 의미가 있다 하겠다.

시중쉰은 산시陝西성 푸핑富平현에서 태어났다. 시중쉰은 1935년에 이르러 대장정을 주도한 마오와 만난다. 당시 반혁명으로 수감 중이던 시중쉰은 마오가 며칠만 더 늦게 옌안延安에 왔다면 목숨을 잃었을 것이다.

마오는 22살의 젊은 나이에 홍군의 든든한 후방기지의 리더이던 시중쉰에게 큰 감명을 받았다. 이후 6년에 걸친 항일민족통일 전선을 훌륭하게 수행한 시중쉰에게 친필로 '당의 이익이 최우선'(党的利益在第一位)이라는 제자를 써 주기도 했다. 이후에도 마오는 시중쉰의 능력을 높이 평가해 4차례에 걸친 찬사를 보냈다.

1945년 당 중앙은 33살이던 시중쉰을 중앙조직부 부부장 겸 시베이 西北국을 총괄하는 당 서기로 임명한다. 이 자리에서 마오는 "그는 군중으로부터 검증된 군중 영수"(他是从群众中走出来的群众领袖)라고 극찬했다.

1947년 장제스 蒋介石 군대가 속전속결 전술로 진격해 왔다. 이때 시중쉰은 펑더화이 彭德怀와 함께 곳곳에서 전투에 승리한다. 시베이 西北 홍군은 10배나 많은 병력과 장비까지 우수한 국민당 군대를 격퇴시켜 대첩으로 평가되는 전적을 남겼다. 토지개혁 정책에서도 좌편향에 빠지지 않고 업무를 훌륭히 수행해 당 중앙의 높은 신뢰를 받았다.

1952년 신중국 수립 후 마오는 시중쉰의 시베이국 업무보고를 접한다. 토지개혁, 통일전선, 민족문제 등에 관한 보고서를 읽던 마오는 옆에 있던 보이보 薄一波에게 시중쉰에 대한 평가를 해 보라고 묻는다. 전 충칭시 서기이자 한때 차세대 정치지도자로 주목받았던 보시라이 薄熙来의 아버지 보이보는 "젊고 유망하다"(年轻有为)고 대답한다. 마오는 곧바로 도교에서 도사들이 수련을 해 극단의 경지에 오른다는 뜻을 빌어 "루훠춘칭 炉火纯青"이라고 말한다. 시중쉰이 최고라고 표현한 것이다.

마오가 시중쉰에 대한 최고의 찬사는 바로 제갈량을 비유해 언급한 것이다. 신중국은 정부수립 초기 중앙집권을 유지하기 위해 민족문제에 곤란을 겪었다. 시베이 지역은 티베트족, 후이족, 위그르족, 몽골족 등이 광범위하게 산재해 있다. 특히 칭하이 青海성 앙라 昂拉 부락에 있던 티베트족

(藏族) 지도자 샹첸项谦은 장제스 국민당 잔당인 탄청샹谭呈祥부대를 규합해 신중국과 대립했다. 시중쉰은 좌파적 경향을 지양하고 민족화합을 통한 인민정부 수립을 견지했다. 또한 국민당 잔당과 소수민족을 구분하고 지속적인 정치투쟁을 전개했다. 군사작전보다는 직접 당사자들을 만나 설득 공작을 병행했던 것이다.

1950년 8월 샹첸은 투항했으며 인민정부에 "깊이 뉘우친다"고 발언해 당시 전국 각지의 민족문제를 해결하는데 큰 영향을 미치게 되었다. 그러나 앙라 부락으로 돌아간 샹첸은 곧바로 또다시 배신을 한다.

1951년 9월 샹첸과의 정치협상이 결렬되자 당 중앙은 즉시 앙라를 소탕할 것을 결의하기에 이른다. 하지만 시중쉰은 군사동원을 중지하고 인내심을 발휘한다. 결국 1952년 5월 반란군과의 전투 후 샹첸이 고립돼 있을 때 시중쉰은 사람을 보내 진심으로 항복을 권유한다. 8월에 이르러 샹첸은 신이나 존경할 만한 인물에게 경의를 표하는 스카프인 하다哈達를 바치며 시중쉰의 손을 잡기에 이른다. 이 일은 당 중앙과 신중국 건설 초기에 큰 힘이 된 것이다.

얼마 후 마오는 시중쉰을 만난 자리에서 〈삼국지연의〉의 칠금맹획(七擒孟获)[10]을 비유하며 "당신은 제갈량보다 더 대단하다"고 극찬한다.

---

10) 제갈량(诸葛亮)이 맹획(孟获)을 사로잡은 고사에서 비롯된 것으로 칠금(七擒)이라고도 한다. 삼국시대 촉한(蜀汉)의 유비(劉备)가 세상을 떠난 뒤 제갈량은 아들 유선(劉禅)을 보필하게 되었는데 그때 각지에서 반란이 일어났다. 위(魏)나라를 공략하여 생전의 유비의 뜻을 받들어야 했던 제갈량은 먼저 내란부터 수습해야 했다. 유선이 아직 어리고

1952년 가을 마오쩌둥은 자신의 정치적 입지를 강화하고 정적을 견제하기 위해 지방에 있던 5명의 서기들을 베이징으로 불러들인다. 시난西南국에 있던 덩샤오핑을 비롯하여 화둥华东국의 라오수스饶漱石, 중난中南국의 덩쯔후이邓子恢, 둥베이东北국의 가오강高岗과 함께 베이징에 온 시베이西北국의 시중쉰은 당 중앙 선전부장이자 정무원(지금의 국무원) 문화교육위원회 부주임이 된다. 젊은 당내 일꾼들을 요직에 배치했던 것이다. 마오쩌둥이 중앙정치 무대로 시중쉰을 불러들인 것이다.

시중쉰이 베이징에 온 다음 해(1953년 6월 1일) 시진핑이 태어난다. 베이징으로 이름이 변하기 전까지 베이핑北平이라 불리던 곳에서 태어난 시진핑은 아버지의 검소하고 정의롭고 개혁적인 면모를 어릴 때부터 배우며 자랐다. 아이들에게 다정다감한 아버지였지만 누나들의 낡은 꽃신에 검은 칠을 해 신고 다녀야 할 정도로 소박한 생활을 가르쳤다.

시중쉰은 3남 4녀 중 여섯째로 배 다른 형과 누나 둘, 친누나 둘과 남동생이 있다. 재미있는 것은 친누나 둘은 어머니 치신齐心의 성을 따서 치차오차오齐桥桥 치안안齐安安이라고 개명했다. 치차오차오의 회고에 따르면

철이 없어 군대를 동원하는 것이 무리라고 생각한 제갈량은 적진에 유언비어를 퍼뜨려 이간책을 썼다. 역시 반란군은 자중지란(自中之乱)을 일으켜 서로 살육을 일삼았다. 그 결과 마지막으로 등장한 반란군이 바로 맹획이라는 장수였다. 맹획이 반기를 들자 제갈량은 노강 깊숙이 들어가 그를 생포했다. 맹획을 생포한 제갈량은 오랑캐로부터 절대적 신임을 받고 있는 그를 죽이는 것만이 능사는 아니라고 판단하였다. 풀려난 맹획은 전열을 재정비하여 또다시 반란을 일으켰다. 제갈량은 자신의 지략을 이용하여 맹획을 다시 사로잡았지만 또 풀어 주었다. 이렇게 하기를 일곱 번, 마침내 맹획은 제갈량에게 마음 속으로 복종하여 부하되기를 자청했다. 여기서 칠종칠금, 칠종맹획이란 말이 나왔으며 오늘날 이 말은 '상대편을 마음대로 요리한다'는 뜻으로 비유되어 사용된다.

"시(刁 · 습)는 매우 드문 성으로 이목을 끌기 쉬워 아버지는 어머니의 성을 따라 바꾸게 했다"는 것이다.

시중쉰은 혁명과 전쟁 속에서 성장했다. 약관의 나이에 신중국의 핵심 간부가 될 정도로 마오의 찬사를 받았다. 그렇지만 문화대혁명 중 마오쩌둥에 의해 돌연 파벌싸움의 희생양이 됐다. 죽을 고비를 넘기며 감금과 감시 속에 살았다. 이 때문에 시중쉰의 자식들은 큰 고초를 겪게 된다.

9살이던 시진핑 역시 하루아침에 온갖 난관에 봉착한다. 역경 속에서 어린 시절을 보내고 오랫동안 아버지를 만나지도 못한다. 그렇지만 시진핑은 아버지의 실각으로 인해 자신의 정치인생에서 가장 중요한 정치적 자양분을 얻게 된다. 바로 기층민들과 7년간의 동고동락을 하게 되는 계기이기도 했던 것이다.

시중쉰은 1976년 마오쩌둥의 사망과 사인방(四人幇)[11]이 체포되고 나

11) 중국 국가 부주석 왕훙원 王洪文, 상무위원 겸 국무원 부총리 장춘차오 张春桥, 정치국 위원인 장칭 江青, 야오원위안 姚文元 등 4인의 소위 '반당집단'(反党集团)을 지칭. 1976년 9월 마오쩌둥이 죽은 후 중국 공산당 내부 지도층 간에 격렬한 권력투쟁이 벌어지자 마오쩌둥의 부인 장칭을 중심으로 한 '문화혁명파'(文革派)들이 전면적으로 마오쩌둥의 권력을 계승하려 하였다. 그들은 장칭을 중국 국가 주석으로 왕훙원을 전인대 상무위원장으로 장춘차오를 국무원 총리로 임명하려고 준비하다가 사전에 발각되었다. 당시 중국 공산당 제1부주석 겸 국무원 총리인 화궈펑 华国锋과 군부 지도자들인 예젠잉 叶剑英, 리셴녠 李先念, 천시롄 陈锡联, 왕둥싱 汪东兴 등이 연합하여 그 해 10월 이들 일당을 체포하였다. 그리고 중국 공산당 정치국 회의를 통하여 이들을 반당집단으로 결정하였으며 그 죄상을 발표하였다. 그 주요 죄상은 마오쩌둥의 지시를 자의로 수정하였고 총리 저우언라이 周恩来를 모함하였으며 당 중앙위원회를 장악하여 당과 국가의 권력을 찬탈하고 프

서야 복권돼 광둥에서 개혁개방을 주도하게 된다. 1980년 베이징으로 돌아온 시중쉰은 당 중앙서기처 서기가 된다. 시진핑 역시 2007년부터 아버지 시중쉰처럼 중앙서기처 서기를 역임했다.

시중쉰은 보수파의 공격으로 실각한 전 당 총서기 후야오방 胡耀邦12)을 정의롭게 변론하고 원칙 준수를 직언하다가 한직으로 밀려난다.

〈시진핑 평전(习近平 评传), 2009〉에 따르면 오히려 이로 인해 '역사에서 아름다운 이름을 얻었고 당내외의 광범위한 찬사'를 받았기에 '시진핑에게 더 많은 정치적 자원'을 가져다 줬다고 평가한다.

시중쉰에 관한 회고나 언론보도는 언제나 존경이다. 중국 현대사 인물을 거론할 때도 늘 시중쉰은 저우언라이 主恩来와 더불어 인기가 높다. 오랫동안 저우언라이의 비서를 맡은 경험도 시중쉰을 선비같은 이미지로 각인시킨다.

마오쩌둥은 제갈량보다 더 대단하다고 격려했지만 결국 정치적으로 이

롤레타리아 독재를 뒤엎어 자본주의를 재생시키려 하였다는 것이다. 1980년 11월부터 베이징에서 이들에 대한 공개재판이 시작되어 1981년 1월 장칭, 장춘차오에게는 사형을 왕훙원에게는 무기징역, 야오원위안에게는 징역 20년을 각각 선고하였다. 4인방의 체포로 중국 문화대혁명은 종결되었고 그 후 문화혁명파(文革派)들은 숙청되었으며 이후 덩샤오핑이 실권을 장악하였다.

12) 후난성 유양 浏阳현 출생(1915. 1. 20-1989. 4. 15) 1933년 중국 공산당에 가입하고 1934년 대장정(大长征)에 참가하였으며 1976년 당 11기 중앙위원이 되었으나 덩샤오핑과 함께 실각하였다가 마오쩌둥 사망 후 1977년 덩샤오핑의 복권으로 다시 당 중앙위원이 되었고 1980년 11기 5중전회에서 당 중앙위원회 상무위원, 1981년 11기 6중전회에서는 문화대혁명 때의 마오쩌둥 등의 오류를 비난하였고 화궈펑의 뒤를 이어 주석과 1982년 당 기구 개편으로 중앙서기처 서기가 되었다.

용해 버렸다. 나중에는 "그런 적이 없다"고 부인까지 했다.

시진핑이 푸젠福建 성장이던 2002년 5월 시중쉰은 향년 89세로 조용히 여생을 마감했다. 그러나 결국은 아들 시진핑이 국가 주석이 되는 삼국지보다 더 멋진 반전의 드라마를 이룬다.

시진핑 주석은 다른 지도자에 비해 아버지의 후광이 정치적 자산이 된 아주 찾기 드문 지도자라고 볼 수 있다. 적어도 대부분의 인민들로부터 존경받는 아버지의 아들이니 '피는 속일 수 없다'는 말이 새삼스레 떠오른다. 중국에 이런 지도자가 있다는 것이 신선해 보이기조차 한다.

F6

마오쩌둥 좌파의 정변

보이보薄一波의 아들 보시라이薄熙来

향후 10년 동안 중국을 이끌어갈 5세대 지도부를 구성하는 18차 당 대회에 앞서 열린 베이다이허 北戴河 회의[13]는 세계적으로 깊은 관심을 끌었다. 중국 당국은 예년과 마찬가지로 베이다이허 회의의 개막을 공표한 적이 없다. 중국 매체들이 국가 부주석이 베이다이허에서 과학, 교육, 국방, 예술분야 등 전문가들을 접견했다는 사실을 보도하면서 베이다이허 회의의 개막을 암시하고 이후 중국 고위층의 동정이 각종 매체에서 일제히 사라졌다가 신화통신(新华通讯)을 통해 총리의 동정을 확인하면서 중국 지도부가 베이다이허 회의를 마치고 일상 업무로 복귀했음을 보도하면서 회의가 폐막했음을 알리는 방식이다.

---

13) 중국 공산당 지도자들이 매년 여름 베이징 북동쪽에 있는 휴양도시 베이다이허에 모여 피서 겸 국내외 주요 현안을 논의하는 자리를 말한다. 1958년 8월 타이완 진먼다오 金门岛 포격과 인민공사 설립 등을 결의했던 첫 회의를 통칭하기도 한다. 1987년부터 비공식 회의로 연례화했고 '베이다이허 공작회의'로 불리게 됐다. 개최 시기는 대체로 7월 하순부터 8월 초순까지. 베이다이허 회의는 국가 법률이 정한 공식회의는 아니지만 마오쩌둥 시절부터 고위 지도자들이 피서를 즐기며 매년 가을에 열리는 당 중앙위원회 전체회의의 주요 의제를 사전 조율하고 차기 지도부 구성 등 주요 인사문제를 논의해 왔다. 논의 내용이 공식 발표되지는 않지만 중국의 권력 향배를 점칠 수 있는 자리인 만큼 국내외 언론의 시선이 집중된다.

18차 당 대회에 앞서 열린 베이다이허 회의에서는 충칭重庆시 서기 보시라이薄熙來 사건 등으로 표면화된 계파 간 갈등을 조속히 봉합하고 정치질서 정비를 통한 차기 권력지형에 대한 합의가 이뤄졌다.

혁명1세대 보이보薄一波의 아들이자 전 충칭시 서기 보시라이는 베이징 입성을 위해 창훙타흑(唱红打黑)운동과 '충칭 모델'을 지지하는 학자들에게 집권 후 요직을 약속했다.

충칭 현지에 있는 서남정법대학(西南政法大学) 교수들은 보시라이를 치켜 세우기 위해 앞다퉈 조폭과의 전쟁(타흑 · 打黑)을 연구 과제로 삼았다. 중국 인터넷 검열 설계자인 베이징우전대학(北京邮电大学) 총장 팡빈싱方滨兴은 보시라이로부터 거금을 지원받고 보시라이의 심복 왕리쥔王立军 전 충칭시 부시장 겸 공안국장에게 인터넷 해킹이나 전화도청 등 기술을 제공해 보시라이가 원하는 기밀 정보를 얻도록 도와 주었다.

보시라이를 중심으로 마오쩌둥 좌파들은 '6개월 후 중국에 거대한 변화'가 올 것이라며 충칭 밀모(密谋)에 동참하였다. "조만간 한정가(汉正街 · 우한시 중심가)에서 10만 시민들의 시위가 벌이질 것"이며 권력 교체 후 쿵칭둥孔庆东 베이징대 교수는 교육부, 정치평론가 쓰마난司马南은 선전부, 우파톈吴法天 베이징정법대 교수는 중앙정법위원회 요직을 약속받은 것으로 전해졌다.

쓰마난은 파룬궁 탄압을 지지하면서 유명세를 타기 시작한 인물이다. 쿵칭둥 교수는 "영국인의 앞잡이 노릇을 하는 홍콩인들은 개"라는 등의 막말 발언으로 홍콩과 중국 본토간의 갈등을 촉발하기도 했다.

이들은 TV, 사이트, 블로그, 웨이보微博[14] 등을 통해 마오쩌둥과 문화대혁명, 충칭의 '홍색 캠페인'을 찬양(창홍 · 唱紅)해 왔다.

보시라이를 지지한 해외파 학자에는 왕사오광王紹光 홍콩 중문대 교수, 미국 코넬대 경제학 객원교수인 추이즈위안崔之元 등이 있다. 추이즈위안 교수는 일부러 미국에서 충칭으로 건너가 1년 동안 체험하면서 신뢰를 얻어 충칭 국유자산감독관리위원회 주임 조리(助理)가 됐다.

2012년 2월 보시라이의 측근인 왕리쥔 충칭시 공안국장이 미국 영사관에 망명을 신청한 사건[15]을 시발로 3월 15일 보시라이는 충칭시 서기에서 해임되고 9월 28일 당 중앙정치국은 보시라이의 공직과 당적 박탈 및 사법처리를 결정하였다.

10월 26일 전인대 상무위원회는 보시라이의 전인대 대표 자격을 박탈했다(전인대 대표 자격 박탈은 불기소특권의 박탈을 의미한다). 2013년 9월 중급인민법원은 무기징역형을 선고를 했고, 10월 산둥성 고급인민법원이 형을 확정함으로써 보시라이에 대한 사법 절차는 신속하게 종결되었다.

---

14) 140자 메시지의 중국판 트위터. 중국 최대 포털사이트 시나 新浪닷컴이 2009년 8월 미니블로그를 처음 선보인 이래 이용자 수는 3억 명을 넘어섰다. 미니블로그의 영향력이 확대됨에 따라 중국 정부는 게재한 글에 대한 검열은 최대한 줄이면서도 이집트 민주화 시위 등 민감한 이슈에 대해서는 검색 기능을 제한하고 있다.

15) 2012년 2월 6일, 왕리쥔 충칭시 공안국장은 보시라이, 구카이라이 등의 치부가 담긴 '기밀자료'를 미국 측에 건네며 청두의 미영사관으로 망명 신청을 했다. 하지만 미 정부는 시진핑 당시 중국 공산당 부주석의 방미를 앞둔 시점에서 부담스럽다고 판단, 망명을 거절했다. 결국 왕리쥔은 국가안전부에 인계돼 재판을 받고 현재 복역 중이다.

시중쉰 习仲勋과 보이보 薄一波

1999년 10월 1일 신중국 건설 50주년 국경절 행사가 열린 톈안먼 성루에 시진핑 주석의 아버지 시중쉰이 86세의 노구를 이끌고 모습을 드러냈다. 부총리와 전인대 부위원장을 지낸 시중쉰은 그 무렵 보시라이 전 충칭시 서기의 아버지 보이보와 함께 당내에서 가장 원로로 대접받고 있었다. 덩샤오핑 邓小平, 천윈 陈云,16) 펑전 彭眞17) 등은 이미 세상을 떠났다.

중국에서 당 고위간부는 죽을 때까지 원로로 대우받는다. 집이 제공되고 비서와 승용차가 배치되는 것은 물론 매달 일정액 생활비도 주어진다. 당시 시중쉰은 노인성 치매를 앓고 있었다. 이에 따라 당 중앙은 혹시 불미스런 사고라도 발생할까 특별기를 배정하는가 하면 1990년부터 그가 광둥성 선전 深圳에서 휴양하며 지낼 수 있도록 배려했다.

---

16) 인쇄공 출신으로 1934년 대장정에 참가하였고 이후 정무원 부총리, 국무원 부총리, 정치국 상임위원 등을 역임하다가 문화대혁명 기간 마오쩌둥의 '삼면홍기' 정책에 불만을 표시해 한직으로 밀려났다. 이후 복권되어 1975년 전인대 상임위원회 부위원장, 1978년 중앙위원회 부주석으로 선출되었다.

17) 산시성 가난한 농민의 아들로 태어나 21세 때에야 비로소 타이위안 太原 사범학교에 입학하였고, 졸업 후 국민학교 교원이 되었다. 재학 중 학생 운동으로 6년간의 옥고를 겪었으며 1926년 공산당에 입당하였다. 중일전쟁 중에는 중국 공산당 중앙위원회 북방국 서기로 활약하였다. 신중국 수립 후 1951년 베이징 시장, 전인대 상무위원회 부위원장 겸 비서장, 1956년 중앙정치국 위원, 서기처 서기로 선출되었다. 1960년 루마니아 공산당 대회에 참가하여 흐루쇼프와 논쟁을 벌였고, 1961년 소련 공산당 제22차 회의에 저우언라이와 함께 중소(中苏) 이념 논쟁의 불을 지폈다. 문화대혁명이 일어나자 뤄루이칭 罗瑞卿, 루딩이 陆定一, 양상쿤 杨尚昆 등과 함께 사가점(四家店)의 비판을 받고 1966년 실각하였다. 1979년 복권되어 전인대 부위원장이 되었고, 1983년 전인대 상무위원장으로 선출되었다.

당시 장쩌민 江泽民 주석은 톈안먼 성루에서 시중쉰에게 각별히 안부를 물었고, 시중쉰은 장쩌민에게 "인민이 곧 강산이고 강산이 곧 인민"이라 찬사를 보냈다. 푸젠 福建 성장 대리를 맡고 있던 시진핑이 아버지를 내내 수행하면서 당내 고위층과 접촉할 기회를 가졌음은 물론이다.

보이보는 8대 원로 중 마지막까지 생존했던(2007년 사망) 인물로 덩샤오핑과 절친했다. 1987년 1월 개혁파였던 후야오방 胡耀邦 전 총서기를 축출하는 과정이나 톈안먼 민주화 운동 이후 장쩌민을 지도자로 발탁하는데 있어서도 덩샤오핑을 도와 정치력을 행사했다. 시중쉰이 후야오방을 지지하고 톈안먼 민주화 운동 무력진압에 비판적인 입장을 보인 것과 대조된다.

보이보는 1966년 문화대혁명이 일어나자 숙청된 뒤 1978년 복권됐다. 시중쉰이 '류즈단 刘志丹 사건'으로 1962년 숙청됐다가 1978년 덩샤오핑이 실권을 잡자 복권된 것과 비슷하다. 류즈단 사건이란 마오쩌둥 일파가 류즈단(시중쉰의 전우)이라는 인물을 그린 장편소설을 반당(反党)소설로 몰아 책 출판에 간여한 시중쉰을 제거한 것을 말한다.[18)]

---

18) 1926년 공산주의청년단에 입당하여 지하활동을 하다가, 1928년 중국 공산당에 입당하여 류즈단 휘하에서 게릴라 활동을 하였다. 1945년 공산당 7기 중앙위 후보위원, 조직부 부부장, 1949년 제1야전군 정치위원, 중앙인민정부 위원, 1952년 정무원 문화교육위원회 부주석, 1959년 국무원 부총리 겸 비서장이 되었다. 1962년 펑더화이 彭德怀 반당(反党)집단으로 몰려 숙청되었다가, 1978년 복권되어 정치협상회의 5기 전국위원 · 상임위원, 광둥성 서기, 광둥성 군구(军区) 정치위원 등을 지냈고, 중국 공산당 11기 3중전회에서 중앙위원으로 선출됐다. 1980년 전인대 상임위 부위원장으로 보선되고, 1981년 중국 공산당 11기 6중전회에서 중앙서기처 서기에 선출되었다. 1982년에는 중국 공산당 12기 중앙위원, 중앙서기처 서기, 법제위원회 주임 등을 역임하였다.

국가경제위원회 주임, 부총리를 지내는 등 경제 분야에서 두각을 나타낸 보이보[19]는 80년대에 반마오(反毛)운동이 한창일 때 〈마오쩌둥은 진리의 탐구자〉 등 4편의 문장을 발표하기도 했다. 보시라이는 문화대혁명 시기에 홍위병(红卫兵) 조직의 주동 멤버로서 "뿌리가 붉으면 붉은 싹이 나온다"라는 계급론을 강조하였다. 보시라이가 충칭시 서기 재임(2007-11년)중 좌파적 행보 창홍타흑(唱红打黑) 운동을 보인 것과 연결되는 부분이다.

시중쉰과 보이보는 자녀교육에서 특히 비교가 된다. 시진핑의 두 형제는 어려서부터 누나들이 입었던 옷이나 꽃신을 검게 물들여 신고 입었다.

이에 비해 보이보의 자녀들은 손목시계, 수입 자전거, 트랜지스터라디오 등을 갖고 있을 만큼 사치스러웠다. 이러한 가풍이 시진핑과 보시라이의 성격 형성에 직접적인 영향을 미쳤다는 얘기다. 즉 시진핑은 겸허하고 신중한 태도를 보이는 반면, 보시라이는 일을 크게 벌이며 자신을 드러내기에 급급했다. 두 사람의 운명이 엇갈린 데는 이러한 배경이 크게 작용한 셈이다.

---

19) 산시성 딩샹 定襄출신 (1907년-2007년), 1926년 중국 공산당에 입당하고 베이징대학에서 수학하면서 학생운동을 주도하였다. 1945년 당 중앙위원, 1948년 화베이 인민정부 제1부주석, 1949년 중앙인민정부 재정경제위원회 부주임 겸 재정부장, 1954년 국무원 국가건설위원회 주임, 1956년 국가경제위원회 주임, 당 중앙위원 및 중앙정치국 후보위원, 국무원 부총리, 1962년 국가계획위원회 부주임, 1965년 국무원 부총리 등을 역임하였다. 1966년 문화대혁명이 일어나자 숙청되었다가 1978년 중국 공산당 11기 3중전회에서 복권되었다. 그 후 1979년 당 중앙위원, 1982-83년 국무위원 겸 국가경제개혁위원회 부주임, 1987년 당 중앙고문위원회 부주임 등을 역임하였다.

시진핑과 보시라이를 보면서 성격이 스스로의 운명을 결정한다는 성격운명론의 믿음을 새삼 떠올려 본다. 중국에서는 그동안 시진핑 주석의 권력이 강화될수록 주가도 오르는 '시다다(习大大 · 시진핑의 애칭) 황소장'이 연출돼 2014년 초까지 전년 대비 무려 150%나 주가가 뛰었다. '다다'(大大)는 자신의 아버지나 아버지 세대에 대한 존칭으로 붙이는 관습이 있다. 중국 인민들의 시진핑 주석에 대한 존경의 표현이며 시진핑 주석의 친근한 이미지가 인민들로부터 인정받고 있다는 것을 암시한다. 증시 친화정책은 시진핑 주석이 구상한 경제 개혁의 핵심 수단이기도 하다. 시진핑 주석은 주식시장에서 자금을 끌어와 빚더미에 앉은 기업을 회생시키고 국유기업개혁으로 외국인 투자 확대와 자본시장 개방을 통해 명실상부한 위안화 국제 기축통화로 금융제국이 되겠다는 야심을 가지고 있다. 중국 경제는 여전히 성장하고 있고 금리도 낮고 안정적이다. 중국 정부가 내세운 뉴 노멀 정책의 문제로 지적되는 부동산 과잉투자 억제와 민간부문 재편에 실패하는 것이 진짜 위기이다. 시진핑 주석이 이끌고 가는 자리 뒤에는 과연 어떤 모습을 보일까?

F7

마오쩌둥의 거대한 그림자

마오쩌둥(1893년-1976년)이 죽은 지 40년 가까이 되어 가지만 그의 거대한 그림자는 아직도 중국 대륙을 덮고 있다. 조사에 따르면 중국인 가정에서 조상신을 모시는 가정이 12.1%, 마오상(像)을 모시는 경우가 11.5%, 그 다음 불상이 9.9%와 재물신이 9.3%였다. 그만큼 마오는 중국 인민들에게 생활화되어 있고 그들의 사고에 영향을 주고 있는 G2 중국의 또 다른 모습이다. 이러한 현상은 인민들과는 조금 다른 방식의 표현이지만 지식인 사회에도 마오의 그림자에서 벗어나지 못하고 있다.

중국 지식인들 사이에서 벌어지는 최근 담론들의 속내를 들여다보면 그 근원에는 문화대혁명을 어떻게 해석할 것인지를 둘러싸고 메타포(metaphor)[20]의 대립이 존재한다.

마오쩌둥의 문화대혁명 발생설에 대한 고전적 해석은 크게 두 가지로 순수한 정치적 측면을 강조하는 권력투쟁설, 즉 마오쩌둥과 정치지도자들

---

20) 어떤 대상을 그와 비슷한 성격을 가지고 있는 다른 사물에 빗대어 표현하는 것이다. 'A는 B다'라는 식으로 원관념과 보조관념을 매개물 없이 직접 연결해 표현 속에 비유를 숨기는 기법이다. 은유법은 모양이나 성질의 연관성을 찾아 연상 작용에 의하여 새로운 관념을 지니게 되며, 질적인 변화를 일으킨다. '내 마음은 호수요'와 같이 '내 마음'의 상태를 직접 드러내지 않고 비유하는 형상인 '호수'만 드러내어 '내 마음'을 설명하거나 그 특질을 묘사하고 있는 비유법을 은유법이라 한다.

사이의 순수한 권력투쟁으로 보는 견해와 다른 하나는 마오쩌둥이 경제발전을 희생시켜서라도 독특한 사회주의를 실현하려 했다는 것이다.

사실상 문화대혁명은 옌안 延安시대(1937-47년)와 옌안 모델(대장정 후 마오가 분파주의를 청산하고 옌안에서 권력을 잡던 황금시기)로 돌아가려는 것이었다. 대약진 운동과 문화대혁명은 모두 옌안시대를 모델로 하여 구상된 것이며 옌안 이상(理想)의 본질은 반현대화였다.

지금 이 시점에서 자기 자신이 문화대혁명에 대해 공칠과삼(功七过三)이라고 평가한 적이 있는 마오를 어떻게 봐야 할 것인가 하는 문제는 곧 중국을 어떻게 봐야 할 것인가라는 문제이기도 하다. 중국 지식인들이 펼치는 새로운 대안적 문명 구상 역시 자신들의 문화대혁명 경험과 유교 문명이 뒷받침되는 경우가 대부분이다.

그러나 마오쩌둥의 문화대혁명은 그 의도와 무관하게 결과에서 엄청난 재난을 초래했다. 가해자와 피해자가 현실적으로 복잡하고 첨예한 문제들이 아직도 문화대혁명이라는 판도라의 상자를 열지 못하게 만들고 있다. 그것이 어떠한 상처든 그것을 언어화하여 치유하는 과정 없이는 모두가 벗어날 수 없다.

어쨌든 문화대혁명은 실패했다. 1981년 중국 지도부는 '역사 문제에 관한 결의'에서 '지도자가 판단을 잘못해 … 당과 국가, 인민에게 큰 재난을 가져온 내란'으로 문화대혁명을 결론지었다. 중국 지도부의 결론이 이렇다고 해서 많은 중국인들이 문화대혁명의 실패나 비극에서 자유로울 수 있을까. 문화혁명시기 주인공 의식을 가졌다는 홍위병들은 문화대혁명이 실패로 돌아간 데 대해 그 책임에서 무관할 수 있을까.

문화대혁명으로 인해 발생한 모든 것에 대해 심각하게 성찰하지 않는 한 중국인들이 자랑하는 '대국굴기'는 근원적 자기인식을 방해하여 역설적으로 진정한 현대성에 대한 모색을 가로막는 가장 큰 장애물이 될 수 있다. 중국인은 진정한 개방성과 현대성을 향해 나아가는 기점을 마련하지 못하게 될지도 모른다. '중국만의 보편주의'가 될 가능성에 대한 우려가 클 수밖에 없는 이유다. 그리고 마오쩌둥은 여전히 살아있는 물음이다.

중국의 권력 투쟁은 군을 장악하기 위한 다툼이었다. 1966년 문화대혁명도 마오쩌둥과 가깝던 린뱌오 林彪 국방부장이 당시 류샤오치 刘少奇 국가주석을 무력으로 제압하면서 불붙었다. 덩샤오핑의 복귀 역시 1976년 마오쩌둥 사망 직후 예젠잉 叶剑英 당 중앙군사위원회 부주석이 군대를 동원해 '문혁 4인방'을 체포한 덕분에 가능했다.

1929년 12월 28일 푸젠 福建성 룽옌 龙岩시 구톈 古田진에서 열린 제9차 당대회에서 마오쩌둥은 "당이 총(군대)을 지휘한다"(党指挥枪)는 원칙을 제시했다. 이른바 구톈회의를 통해 당과 군대의 관계를 정립하며 군권을 장악하였다. 이에 앞서 마오는 1927년 "권력은 총구에서 나온다"(枪杆子里面出政权)고 말했다.

중국에서 군대는 국군(国军)이 아니다. 공산당의 군대, 즉 당군(党军)이다. 마오쩌둥이 죽을 때까지 당 중앙군사위원회 주석을 놓지 않았고 덩샤오핑 邓小平이 국가 주석이 아니라 당 중앙군사위원회 주석으로 중국을 통치한 것도 '총구의 힘' 때문이다.

시진핑 주석 겸 당 중앙군사위원회 주석은 구톈회의 85주년을 맞아 푸젠성 구톈진에서 전군 지휘관 회의를 개최하고 85년 전 마오쩌둥처럼 군 장악을 통해 권력 집중을 완성하였다. 중국 인민해방군 기관지 해방군보(解放军报)도 "당이 군대를 지휘한다는 원칙은 절대 변할 수 없다"고 밝혔다.

혁명 원로의 아들인 시진핑 주석은 1979년 당 중앙군사위원회 판공실에서 겅바오 耿飚 국방장관의 비서로 사회에 첫발을 내디뎠다. 그래서 그는 권력과 군대의 관계를 누구보다 잘 알고 있다.

특히 구톈진이 위치한 푸젠성은 시진핑 주석의 정치적 본거지다. 푸젠에서만 17년간 근무하며 성장 등을 지냈다. 자신의 근거지에 군 지휘부를 불러 놓고 반(反)부패 바람에 흔들리는 군심(军心)을 다독이며 충성을 요구하며 18개 집단군[21]의 지휘부 인사를 단행해 군 장악력을 높였다.[22]

---

21) 〈중국무장력량의 다양화 운용〉 백서에 따르면 중국 인민해방군의 총 규모는 230만 명으로 18개 집단군과 부분적인 독립합성작전사(려)로 편성되어 각기 7개 군구에 예속돼 있다. 심양군구에 16, 39, 40 집단군이 북경군구에 27, 38, 65 집단군이 란주군구에 21, 47 집단군이 제남군구에 20, 26, 54 집단군이 남경군구에 1, 12, 31 집단군이 광주군구에 41, 42 집단군이 성도군구에 13, 14 집단군이 소속돼 있다. 육군은 현재 85만 명이 있다. 1개 집단군의 병력은 많게는 5만 명 정도이며 예외적으로 베이징군구 산하 38집단군은 10만 명이 넘는 것으로 알려졌다. 해군은 23.5만 명으로 북해, 동해, 남해 3개 함대로 구성한다. 공군은 39.8만 명으로서 7대 군구 공군과 1개의 낙하산군을 관할하며 군구 공군은 기지, 항공병사(려), 지대공유도탄사(려), 레이다려 등을 관할한다. 중국이 밝히지 않은 병력 80여 만 명은 핵미사일을 포함한 각종 미사일을 책임지는 제2 포병부대 10만 명과 무장경찰 70만 명이 있다. 제2포병은 유도탄기지, 훈련기지, 대학과 교학연구기구 등을 관할하며 동풍계열 탄도유도탄과 순항유도탄을 배치했다.

22) 18기 4중전회 직전에 중국인민해방군 18개 집단군 중 6곳에서 군장(군단장)과 정치위

중국 공산당 18기 4중전회에서는 시진핑 주석의 집권을 방해한 것으로 알려진 보시라이(무기징역) 전 충칭시 서기의 측근인 청두군구 양진산 杨金山 부사령원의 당적을 박탈하였다. 양진산은 보시라이의 부친인 보이보 전 부총리가 창설한 제14집단군에서 잔뼈가 굵었다. 후진타오 시절 군 최고 실세였던 쉬차이허우 당 중앙군사위원회 전 부주석 등이 잇달아 숙청되고 군인 주택, 관용차 등 특혜가 대폭 축소되면서 군부 내 불만이 적지 않은 것으로 알려졌다.

군부 비리 몸통으로 꼽히는 쉬차이허우 徐才厚 당 중앙군사위원회 전 부주석(상장)의 부패상이 전해지면서 규모의 어마어마함에 사람들이 놀라고 있다. 중국 언론이 전하는 바로는 인민해방군 군검찰원 조사요원들이 베이징 도심에 있는 쉬차이허우 전 부주석의 호화주택을 급습해 압수수색했다. 당초 조사요원들은 별다른 기대를 하지 않았다고 한다.

그가 뒤를 봐주었다가 비리혐의로 체포된 구쥔산 谷俊山 전 인민해방군 총후근부 부부장(중장) 수사가 지난 2년 동안 이뤄지고 있는 만큼 값나가

원 등 핵심 요직의 인사교체가 단행됐다. 집단군의 수장은 통상 소장급 장성들이 맡는다. 제16집단군 군장은 장옌 张岩이 제26집단군 신임 군장 탄민 谭民은 1964년 11월생으로 최연소 군장이란 영예를 안게 됐다. 제16집단군 군장 가오광후 高光辉은 청두군구 부참모장으로 자리를 옮겼다. 제16집단군은 쉬차이허우 徐才厚 당 중앙군사위원회 전 부주석과 판창룽 范长龙 부주석이 각각 정치위원과 군장을 맡았던 요직으로 꼽힌다. 정치위원이 바뀐 곳은 지난군구 산하 20, 54집단군과 난징군구 산하 12, 31집단군 등 4곳과 공군 낙하산부대인 제15군이다. 하이난구 정치위원, 닝샤구 사령원, 충칭시 경비구 사령원이 현지 당 위원회 상무위원으로 선임됐다. 이번 집단군의 수뇌부가 젊은 장성을 중심으로 대폭 교체된 것은 시기나 군 안팎의 상황으로 볼 때 시진핑 주석의 군에 대한 통치권 강화와 기강잡기 측면이 강한 것으로 분석된다.

는 물건은 있다고 해도 미리 다 치워 놓을 줄 알았던 것이다.

그러나 2,000㎡ 넓이의 지하실 문을 여는 순간 조사요원들은 경악했다. 달러, 유로화, 위안화할 것 없이 현금이 산더미처럼 쌓여 있었다. 어떤 돈 봉투는 아예 열어보지도 않았다. 고급술인 마오타이가 들어있는 상자에는 승진을 부탁하는 군인들의 이력서가 그대로 담겨 있었다.

조사요원들은 현금을 일일이 셀 길이 없어 저울로 현금이 모두 1톤이 넘는다는 사실만 확인하고는 봉인 조치를 했다. 신장 위구르维吾尔자치구 허톈和田에서 나오는 옥이 100kg이 넘었다. 당, 송, 원, 명대에 만든 골동품과 그림도 엄청났다. 조사요원들은 군용 차량 10여대에다 현금과 각종 금은보화를 실어 가져갔다.

그가 본격적인 수사를 받기 전에 상하이에 고급 아파트 4채를 갖고 있다는 소문이 돌았다. 그는 모함이라며 스스로 군 수사기관에 전화를 걸어 서둘러 진상을 밝히라고 요청했다. 조사 결과 아파트 4채 주인은 세 살배기 그의 외손자였다. 쉬차이허우 부인이 구쥔산 중장이 뇌물로 바친 아파트를 외손자 이름으로 해준 것이다. 구쥔산 중장은 쉬차이허우 전 부주석 외동딸이 결혼할 때 2,000만 위안을 축의금으로 냈다.

쉬차이허우 전 부주석은 초급장교 시절 선풍기가 없어 부채질을 하는 걸 보고 지인이 선풍기를 선물했지만 거절했다. 그만큼 청렴했던 초급장교가 지위에 오르면서 천문학적인 승진 뇌물을 챙긴 것이다. 그가 현직에 있을 때 인사 청탁을 하기 위해 직접 만나려면 비서에게 100만 위안이 넘는 돈을 건네야 했다.

쉬차이허우 徐才厚 전 상장과 함께 당 중앙군사위원회 부주석을 지낸 궈보슝 郭伯雄 상장도 가택연금 상태에서 수차례에 걸쳐 웨탄 约谈 형식으로 조사를 받다가 전격적으로 체포되었다. 2015년 7월 30일 당 중앙위원회 정치국은 중앙군사위원회 기율검사위의 〈궈보슝 郭伯雄 조사처리 안건〉을 심의하고, 그의 당적을 박탈하고 신병을 군사검찰원에 이관해 의법 처리키로 결정했다.[23)]

궈보슝 전 부주석은 장쩌민 전 주석의 총애를 한 몸에 받고 후진타오 주석 시절 '중국군 부패의 몸통'으로 불리던 쉬차이허우 전 부주석과 함께 인민해방군 내 양대 세력을 형성하며 각종 비리와 인사 청탁 등에 광범위하게 연루됐다는 의혹이 나오고 있다.

---

23) 중국군 부패의 몸통이자 큰 호랑이로 불렸던 쉬차이허우 전 중앙군사위 부주석이 2015년 3월 15일 지병인 방광암으로 숨졌다. 관영 〈신화통신〉은 "말기 방광암을 앓아 온 쉬차이허우가 71살의 나이로 병상에서 숨을 거뒀다"고 이날 전했다. 이 통신은 쉬차이허우가 사망함에 따라 군 검찰원이 기소절차를 중단하지만 그가 부정하게 취득한 재물은 법에 따라 처리할 것이라고 덧붙였다. 장쩌민 전 주석의 측근으로 후진타오 전 주석 시절인 2004년부터 2012년까지 군부의 2인자인 중앙군사위 부주석을 지낸 쉬차이허우는 시진핑 주석 취임 후 반부패 사정에 걸려 낙마했다. 2014년 공산당에서 제명됐고 10월엔 군검찰이 그를 매관매직, 직권남용 등의 혐의로 기소했다. 쉬차이허우가 사망함에 따라 그와 함께 군 부패의 쌍두마차로 불려온 궈보슝 전 중앙군사위 부주석의 운명으로 관심의 초점이 옮아가고 있다. 군검찰원은 궈보슝 전 부주석의 아들 궈정강 郭正钢 저장성군구 부정치위원을 입건해 조사하고 있다고 발표한 바 있다. 그의 자택에선 최근 현금 700만 위안이 압수됐고, 그와 부인인 부동산 개발업자 우팡팡 吴芳芳은 당국에 체포되기 전에 홍콩을 거쳐 스웨덴으로 도주하려 하다 발각됐다. 궈보슝 전 부주석의 딸 궈융훙 郭永红도 부패 혐의로 쌍규(双规 · 당원을 구금 조사하는 것) 처분을 받고 당국에 연행돼 조사를 받고 있다. 동생인 궈보취안 郭伯權 산시성 민정청장에 대한 사법처리설도 꾸준히 제기되고 있다.

장쩌민의 직계 측근이었던 쉬차이허우와 궈보슝이 낙마하자 사람들은 그 배후의 최대 호랑이 장쩌민의 운명에 대해 관심을 모으고 있다. 쉬차이허우는 십여 년이나 군 인사권을 쥐었기에 군부 내 파벌을 양성할 수 있었다. 당시의 군권은 실제로 쉬차이허우를 비롯한 장쩌민파 장성의 수중에 장악돼 있어 후진타오는 군권을 조금도 장악하지 못한 허수아비였다.

2008년 5월 12일 쓰촨성 원촨 汶川 지진 때 원자바오 전 총리는 친히 재해지역으로 달려갔지만 군대가 움직여 주지 않아 구조작업의 호기를 놓쳤다. 당시의 당 중앙군사위원회 주석 후진타오는 허수아비였고, 당 군사위 부주석 쉬차이허우와 궈보슝은 장쩌민의 명령에만 복종했기 때문이다.

원촨에 대지진이 발생하자 원자바오 총리는 구조의 핵심은 가장 빠른 시간에 재해지역에 달려가서 생명을 구하는 것이라고 밝혔다. 그러나 원자바오가 원촨 상황이 정말로 시급하다고 아무리 외쳐도 구조 파병은 이루어지지 않았다. 군부대는 시간을 끌더니 “날씨가 나쁘다”는 이유로 군사를 움직이지 않았다. 화가 난 원자바오는 전화를 내동댕이치며 “난 상관하지 않겠습니다. 인민이 당신들을 먹여 살리고 있으니 알아서 처리하시오!”라며 절망했다.

궈보슝은 당 중앙군사위원회의 허락도 받지 않고 청두군구 내에 구조 지휘부를 설립하고 구조 총지휘자 원자바오 총리의 명령을 무시해 버렸다.

당시 당 중앙군사위원이며 군 총참모장이었던 천빙더 陳炳德는 "원촨 지진 발생 후 72시간의 가장 중요 시간에 후진타오 주석과 원자바오 총리는 재해지역에 구조 파병을 할 수가 없었다. 그 당시 군부의 일체 활동은 장쩌민의 비준을 받고 나서 할 수 있었기 때문"이었고 "과거에도 후진타오가 뭔가 해보려 했지만 장쩌민이 그를 무시하도록 지시했기 때문에 어쩔 수가 없었다"고 폭로했다.

후진타오 주석은 소장 계급까지만 통괄할 수 있었고 중장 이상은 장쩌민이 관할했다. 결국 후진타오는 군대에서 말을 해도 듣는 자가 없었다.

시진핑 주석이 밀어 붙이고 있는 반부패 투쟁은 청렴한 소장파 군인들의 지지를 얻는 것은 물론 중국 인민들의 선풍적인 인기를 모으고 있다. 해도 너무했다는 비판 여론에다 군부에 대한 철저한 견제와 감독이 필요하다는 공감대가 중국 인민들 사이에 생겨난 덕분이다.[24]

---

24) 궈보슝의 측근으로 류훙제 刘洪杰 인민해방군 총참모부 관리보장부 부부장, 돤톈제 段天杰 전 국방대학 정치부 부주임 등이 군 검찰에 긴급 체포됐다. 장둥수이 张东水 제2포병 부정치위원, 천젠펑 陈剑锋 광저우군구 연근부 부부장, 왕성 王声 광저우군구 공군 후근부 부장, 황셴쥔 黄献军 산시성군구 정치부 주임, 위안스쥔 苑世军 후베이성군구 사령원, 황싱 黄星 군사과학원 연구지도부장, 청제 程杰 북해함대 부참모장, 천훙옌 陈红岩 베이징군구 공군 정치부 부주임 등이 조사를 받고 있고 란웨이제 兰伟杰 후베이성군구 부사령원은 2015년 1월 무기징역에 처해졌다. 전·현직 고위 장성이 대거 부패로 잡혀들어 가면서 그동안 제기되던 군부에 대한 대대적인 숙청설이 현실화하는 것 아니냐는 전망이 나온다. 연근부는 군수를 담당하는 조직이어서 비리가 많이 발생하는 것으로 알려졌다.

1894년 청일전쟁에서 청나라 북양해군은 대패했다. 당시 서태후가 별궁인 이화원을 짓느라 나랏돈을 탕진하는 바람에 배를 제대로 사지 못했다는 게 그동안 알려진 이유였지만 군부 부패도 한몫을 했다. 북양해군은 10년 동안 전함 9척을 구입하는데 은 1,100만 냥을 들였다. 하지만 장군들은 이것보다 훨씬 많은 2,600만 냥을 개인적으로 챙겼다. 서태후도 그렇지만 장군들도 청일전쟁 패배의 책임에서 자유롭지 못한 게 사실이다.

F8

당이 군을 지휘한다(党指挥枪)

권력 투쟁의 희생자이면서도 동시에 가해자이기도 한 비운의 지도자 류샤오치 刘少奇 전 국가 주석은 문화대혁명 기간 마오쩌둥에게 숙청됐지만 역사에 죄를 지은 냉혹한 권력자 중 한 명이었다. 문화대혁명이 발생하자 정치적 음모와 박해로 주자파(走资派 · 자본주의 추종 세력)로 몰리면서 3년 만에 최후를 맞았다. 1969년 11월 허난 河南성 카이펑 开封시 베이투제 北土街에 있는 한 감호시설에서 폐병으로 사망했다. 급성 폐병을 앓았으나 적절한 치료를 받지 못했고 71세의 나이로 사망한 그의 시신은 극비리에 신속하게 화장됐다.

마오쩌둥이 류샤오치를 자신의 권력에 위협이 되는 인물로 간주하고 문화대혁명 기간 '중국 공산당 내 흐루쇼프'[25]로 몰아 제거하기로 하자, 1966년부터 당시 권력 서열 3위이던 린뱌오 林彪 국방장관과 마오쩌둥의

25) 니키타 세르게예비치 흐루쇼프 Khrushchyov(1894년-1971년) 러시아 소비에트 연방의 국가원수 겸 공산당 서기장. 1958년부터는 니콜라이 불가닌을 밀어 내고 소련 수상 겸 소련 국가평의회 의장에 취임하여 당권뿐만 아니라 정부도 장악하여 그의 개혁 정책은 본격화되었다. 그는 스탈린주의를 비판하였고 대외적으로는 미국을 비롯한 서방 국가와의 공존을 모색하였다. 그의 반 스탈린 정책은 공산주의 국가들에 폭넓은 충격과 반향을 불러일으켰다. 그러나 집단지도 체제를 무시한 정책 결정, 농업 정책 실패, 쿠바 미사일 위기에서 미국에 대한 양보 등은 많은 반대파를 만들어 내었고 1964년 당 중앙위원회의 결정으로 실각되었다.

부인 장칭 江青이 그를 숙청하였다.

류샤오치 전 주석은 1980년 당국에 의해 재평가돼 명예가 회복됐지만, 권력투쟁의 희생자이면서도 동시에 위협이 되는 반대파 인사들에 대한 가혹한 숙청을 주도했으며 문화대혁명에도 찬성표를 던진 역사적 죄인이라는 분석도 나오고 있다.

류샤오치 전 주석에게 숙청당한 대표적 인물로는 펑더화이 彭德怀 중국 초대 국방부장이 꼽힌다. 류샤오치는 1962년 뤼산 廬山회의에서 펑더화이 부장을 당내에 사적 세력을 키운 반당분자란 낙인을 씌워 제거했다. 이밖에 신중국 건국 이전 공산당 인민정부 부주석을 지낸 가오강 高岗과 공산당 화둥 华东국 제1서기이던 라오수스 饶漱石에 대한 무자비한 숙청도 류샤오치 전 주석이 주도한 것으로 알려졌다.

류샤오치 전 주석의 아들이며 당 중앙군사위원회 부주석 후보설이 나오는 류위안 刘源 총후근부(总后勤部 · 군수 보급 담당) 정치위원(상장)은 이미 지난 1999년 류샤오치 전 주석이 객관적인 이유가 있었겠지만 결국 지도자로서 국가를 대재난에 빠트린 문화대혁명을 막지 못했다고 부친의 책임을 시인했다.

그러나 앞으로는 상당히 달라질 것으로 보인다. 부패와의 전쟁을 추진하는 시진핑 주석의 친구인 류위안 상장이 군 사정담당 기관인 당 중앙군사위원회 산하 기율검사위 서기로 내정되면 힘이 대폭 실릴 것으로 보인다. 또 실제 군 기율검사위의 위상도 격상될 것으로 전망되고 있다.

친구인 시진핑 주석에 의해 군 기율검사위 서기로 내정된 류위안 인민해방군 총후근부 정치위원이 "구와 쉬에 대한 처벌은 이제 시작에 불과하다"라는 입장을 최근 피력한 것은 다 이유가 있다고 해야 한다. 이에 따라 그동안 거의 성역처럼 여겨져 오던 군부에 대한 사정은 더욱 속도를 높일 것으로 확실시되고 있다.

그는 중국 역대 최대 군대 비리의 몸통인 쉬차이허우 당 중앙군사위원회 전 부주석 축출에 공을 세웠다. 가장 결정적으로 수백억 위안 대의 부정축재를 한 것으로 알려진 구쥔산 谷俊山 인민해방군 총후근부 전 부부장의 엽기적 부패 행각을 적발하고 동시에 배후를 철저하게 파헤쳐 쉬차이허우 당 중앙군사위원회 부주석을 급기야 체포와 동시에 출당 처벌하였다.[26]

현재 상황을 감안할 때 추가 사정의 대상은 또 다른 당 중앙군사위원회 부주석인 궈보슝 郭伯雄과 왕젠핑 王建平 부총참모장(상장), 군 기율검사위 전 서기 장수톈 张树田 또 이들 추종 세력이었던 50여 명의 고위 장성들

26) 구쥔산 총후근부 부부장. 2012년 5월 직위 해제 후 2014년 3월 군사법원에 기소되었다. 1990년대 후반부터 초고속 승진을 해 군구 후근부장 등을 거쳐 2007년 6월부터 총후근부 병영기초건설부(基建营房部) 부장 및 전군 병영개조판공실 주임 등을 거쳐 2009년 12월 차관급인 총후근부 부부장으로 승진했다. 200억 위안대 수뢰와 함께 5명의 정부가 있었다. 대규모 군용 토지를 매각하면서 대금의 6%를 리베이트로 받는 수법 등으로 축재했다. 원래 군 지휘부는 후진타오 총서기에게 '구쥔산 사건'을 보고하면서 다른 곳으로 전근시키는 방안을 진언했으나 후진타오는 "못된 개는 어디를 보내도 마찬가지"라고 하면서 엄벌을 지시했다고 한다. 시진핑은 총서기 및 당 중앙군사위원회 주석 취임 후 '구쥔산'의 이름을 10여 차례 지명하면서 "철저히 수사하라"고 명령했다.

역시 살생부에 이름이 오르내리고 있다.(잔궈차오 占国桥 전 란저우군구 연근부 부장, 둥밍샹 董明祥 전 베이징군구 연근부 부장, 잔쥔 占俊 전 후베이군구 부사령원, 푸이 傅怡 전 저장군구 사령원, 저우밍구이 周明贵 난징군구 정치부 부주임, 커우톄 寇铁 전 헤이룽장군구 사령원 등 현재 35명이 조사 중이며, 무장경찰 관료로 류잔치 刘占琪 교통지휘부 사령원이 명단에 이름을 올렸다)

만약 류위안 상장이 군 기율검사위 서기에 오르면 군부 내 정풍운동은 더욱 거세질 것으로 전망된다. 이런 전망이 현실화되면 중국 군부는 진짜 건국 이후 최대의 사정에 직면하지 않을 수 없게 된다.

지난 1990년부터 군 기율검사위 서기는 총정치부 부주임이 맡아 왔다. 현재 군 기율검사위 서기는 두진차이 杜金才 총정치부 부주임이다. 두진차이 부주임(상장)은 당 중앙기율위원회 부서기를 겸직하고 있다.

총정치부 정치위원인 류위안 상장은 두진차이 상장의 상급자이기 때문에 류위안 상장이 군 기율검사위 서기에 오른다면 그 자체로 군 기율검사위가 승격되는 효과를 갖게 된다. 이와 별도로 군 기율검사위 서기를 군사위원이 겸임하도록 한다는 방안도 나오고 있다. 류위안 상장이 군 기율검사위 서기 자격으로 군사위원에 진입하는 그림도 나올 수 있다.

현재 당 중앙군사위원회는 주석 1명, 부주석 2명, 군사위원 8명 등 11명으로 구성되어 있다. 군 기율검사위 서기 몫으로 군사위원 1명을 늘리거나 부주석 1명을 늘리면 당 중앙군사위원회는 12명 체제로 재편되게

된다.[27]

푸젠성 구톈에서 열린 전군 지휘관회의에서 군내 반부패가 다시 초점이 되고 18기 4중전회에서 군 감찰 체제의 개혁이 제안되었다. 그동안 군 기율검사위의 위상이 낮아 군부 내 감찰작업이 미흡했다는 지적이 나왔었다. 게다가 18기 4중전회 역시 군부개혁을 언급한 만큼 군 기율검사위의 위상강화와 기능강화는 현 지도부의 강한 의지가 담겨 있다는 분석이다.

류위안 상장은 시진핑 주석과 삶의 궤적이 흡사하다. 류위안은 아버지 류사오치가 1959년 국가 주석에 오르면서 유복한 유년 시절을 보냈다. 하지만 1966년 문화대혁명의 광풍(狂风) 속에 류사오치가 '공적 1호'가 되자 류위안도 부모와 함께 톈안먼 광장으로 끌려가 홍위병의 모욕과 학대에 시달렸다. 얼마 뒤 류위안은 산시 山西성으로 하방당해 7년 동안 농촌 생활을 했다. 류위안은 1980년 류사오치의 사후(死后) 복권으로 '반역자의 아

27) 17기 7중전회에서 당 중앙군사위원회 시진핑 부주석은 주석으로 판창룽 范长龙 부주석은 직을 유지하고 쉬치량 许其亮 전 공군사령원은 부주석으로 창완취안 常万全 전 총장비부장은 국방부장으로 승진 유임하고 우성리 吴胜利 해군사령원은 유임됐지만 8명의 군사위원 량광례 梁光烈 국방부장, 천빙더 陈炳德 총참모장, 리지나이 李继耐 총정치부 주임, 랴오시룽 廖锡龍 총후근부장, 징즈위안 靖志远 제2포병사령원이 퇴임했다. 18기 당 중앙군사위원회는 주석 시진핑 习近平, 부주석 판창룽 范长龙 당 중앙 정치국원, 부주석 쉬치량 许其亮 당 중앙 정치국원, 군사위원 창완취안 常万全 국방부장, 우성리 吴胜利 해군사령원과 6명의 새 군사위원으로 팡펑후이 房峰辉 총참모장, 장양 张阳 총정치부 주임, 자오커스 赵克石 총후근부장, 장여우샤 张又侠 총장비부장, 마샤오톈 马晓天 공군사령원, 웨이펑허 魏凤和 제2포병사령원으로 구성되었다.

들'이란 족쇄에서 풀려날 때까지 숨을 죽이고 살았다. 13년 만에 복권된 류위안은 시진핑 주석처럼 시골 하급간부로 자원해서 내려갔다가 1992년 다시 군복을 입었다. 이후 무장경찰대 정치위원에 이어 2011년 총후근부 정치위원에 올랐다.

시진핑 주석과 류위안 상장은 같은 태자당 출신으로 유년 시절부터 가까웠고 군부 내 신망이 두터운 류위안 상장은 시진핑 주석의 군 개혁 작업을 뒷받침하고 있다.

시진핑 주석은 인민해방군 지도부를 태자당 중심과 '우링허우'(1950년대 출생자)로 대폭적인 세대교체형 인사 단행으로 재구성해 친정체제를 더욱 강화할 것이란 전망이다.[28)]

류사오치 전 주석의 아들 류위안 인민해방군 총후근부 정치위원이 당 중앙군사위원회 군사위원에 중용되고, 리셴녠 李先念 전 주석의 사위인 류야저우 刘亚洲 국방대학 정치위원(상장)도 국방부장에 발탁될 것이라는 전망이다. 류야저우 정치위원은 시진핑 주석과 막역한 사이인 리샤오린 李小林 중국인민대외우호협회장의 남편이기도 하다.

---

28) 인사 대상에서 물러날 것으로 예상되는 인물은 1949년생인 장하이양 张海阳 제2포병 정치위원, 류샤오장 刘晓江 해군 정치위원, 류청쥔 刘成军 군사과학원장 등이다. 이들은 상장으로 65세 정년 제한에 걸려 퇴직할 것이며, 1951년생인 친인허 秦银河 총후근부 부부장, 뉴훙광 牛红光 총장비부 부부장, 왕선타이 王森泰 해군 정치위원, 아이후성 艾虎生 청두 成都군구 부사령관 등 4명은 63세의 정년 제한으로 퇴직한다. 현재 당 중앙군사위원회 군 고위급 가운데는 1940년대 출생 인사는 판창룽 范长龙 부주석, 창완취안 常万全 국방부장, 자오커스 赵克石 총후근부장, 우성리 吴胜利 해군사령원, 마샤오톈 马晓天 공군 사령원 등이다.

당 중앙군사위원회 부주석으로 승진할 것으로 보이는 장여우샤 张又侠 인민해방군 총장비부 부장(상장)은 장쭝쉰 张宗逊 전 인민해방군 부총참모장의 아들이다. 이 경우 시진핑 주석의 군부 장악력은 더욱 커질 것으로 예상된다.

시진핑 주석은 6명의 장성을 상장으로 승진시켰다. 중국군에는 육군 27명, 해군 4명, 공군 5명, 무경(무장경찰) 2명 등 모두 38명의 상장이 있다.

이번 인사의 중심에 공군 상장으로 승진한 류야저우는 군내 대표적인 개혁파로 분류된다. 그는 중국군 내 대표적 지한파(知韩波)로 한중 수교를 성사시킨 막후 핵심 인물 중 한 명이다.

1978년부터 군 관련 소설을 쓴 그는 84년 중국작가협회에 정식 가입했다. 1980년 후반 그는 군인이자 작가 신분으로 서울을 비밀리에 수차례 방문해 한국 정계와 군 핵심 인사들을 두루 만났다.

한중수교 과정에서 가장 큰 문제는 북한을 의식한 한국군과 중국군의 태도였는데 류야저우 장군이 막후에서 이를 조정하였다. 향후 중국군 개혁 과정에서 한국군과 어떤 협력 모델을 만들지 관심이다.

또한 그는 중국군 내 대표적인 급진적 개혁파에 속한다. 중장 시절 그는 “군이 미국식 민주화를 하지 않으면 소련 스타일로 붕괴할 것”이라고 경고했다. 공군 기율검사위 서기이던 2009년에는 장교들을 상대로 한 강연에서 “1989년 톈안먼 天安门 민주화 운동 당시 시위대의 무력진압에 반대했던 장군들의 결정을 인정한다”는 말까지 했다. 시위대는 폭도라는 당의 공식 입장에 반기를 든 장성은 그가 유일하다.

인민해방군 지도부에 대한 인사는 중국군이 앞으로 어떤 식으로 재편될지도 가늠할 수 있게 해 주는 가늠자이다. 중국은 군 현대화를 위해 80만 명의 인민해방군을 감축하는 대신 전투력은 높이는 방향으로 군부 개혁을 추진할 것으로 보인다. 현재 인민해방군은 상비군만 230만 명이다.

당 중앙군사위원회 주석을 겸하는 시진핑 주석은 전군 참모장 회의에서 "당의 지휘를 따르고 잘 싸울 수 있는 새로운 형태의 군 사령기관 건설을 위해 반드시 노력해야 한다"고 말했다. '새로운 형태의 군 사령기관 건설'이란 중국 인민해방군의 지도부인 당 중앙군사위원회에 군사작전을 총지휘하는 '합동작전지휘센터'를 신설하겠다는 의미로 해석된다.

당 중앙군사위원회에 합참격인 합동작전지휘센터를 설립하고 각 군구(军区) 내에 육·해·공·미사일부대가 이 합동작전지휘부의 명령에 따르도록 하는 것이다. 이미 중국은 동중국해에 일방적으로 방공식별구역(ADIZ)을 설치하면서 이 일대를 관할하는 난징 南京군구 내에 육·해·공·미사일부대를 통합하는 동해 연합작전지휘센터를 설립한 바 있다.

인민해방군 총정치부는 〈시진핑 주석 국방 군대 건설 중요 강연 독본〉을 출판, 전군과 무장부대가 모두 이 책을 학습하도록 지시했다. 시진핑 주석이 그 동안 강군과 흥군, 국방력 증대와 군대 개혁 등에 대해 내린 지시와 언급을 하나로 묶은 이 책에서 총정치부는 '강군의 목표를 깊이 새기면서 강군의 실천을 위해 헌신하겠다는 사상으로 통일해야 할 것'이라고 주문했다.

F9

마오쩌둥 이래 가장 강력한 권력자 '시 진 황제'(Emperor Xi)

시진핑 주석은 2012년 11월부터 당 중앙위원회 총서기(당)와 당 중앙군사위원회 주석(군)을 전임자인 후진타오로부터 물려받았고 2013년 3월 임기 10년의 국가 주석(정)에 올라 당 · 정 · 군 3개의 공식 직책을 겸하는 명실상부한 최고 지도자다.[29)]

---

29) 1949년 10월 1일 신중국(중화인민공화국)이 건국되어 마오쩌둥이 인민정부 주석으로서 국가 원수로 취임하였다. 1954년 9월 20일 중화인민공화국 헌법이 제정되어 국가원수로서 중화인민공화국 주석이란 직책을 만들었다. 9월 27일에 마오쩌둥이 중화인민공화국의 초대 국가 주석으로 취임했다. 마오쩌둥과 류샤오치 시대의 국가 주석직은 국정의 최고 책임자로서 자리매김되고 있었다. 그러나 문화혁명에 의해서 현직이었던 류샤오치 주석이 타도 대상으로 여겨져서 해임되었다. 그 이후 국가 주석직은 공석이 되었고 1970년 마오쩌둥이 국가 주석직 폐지를 제안했고 1975년 헌법 개정으로 국가 주석직은 폐지되었다. 국가 주석직 폐지 후 그 직권은 당 중앙위원회와 전국인민대표대회 상무위원회로 위임이 되었고 전국인민대표회의 상무위원장이 국가 원수의 권한을 가졌다. 1980년 5월 16일 일시적으로 쑹칭링 宋庆龄을 명예 국가 주석으로 추대하였으나 12일 만에 사망하여 다시 폐지되었다. 덩샤오핑 시대인 1982년에 제정된 헌법에 의해서 명예직이었던 국가 주석직이 국가 원수로서 부활되었다. 그러나 1989년에 톈안먼 사건이 발생하자 공산당 내부의 대응은 혼란스러웠고 양상쿤이 국가 주석의 권한으로 계엄령을 실시하여 정국에 큰 영향을 주었다. 1993년에 양상쿤이 퇴임하자 중국 공산당 중앙위원회 총서기 겸 당 중앙군사위원회 주석이었던 장쩌민이 국가 주석에 취임하였다. 그 이후 명예직이었던 국가 주석직은 국정 책임자 지위로 되돌아 와서 중국 공산당의 최고 지도자가 총서기, 국가 주석, 당 중앙군사위원회 주석을 겸임한 형태로 정부, 당, 군대의 주도권을 행사하고 권력을 집중한 형태로 자리 잡았다. 현재 중화인민공화국의 헌법(1982년 헌법)에 의하면 전국인민대표대회 전체회의에서 투표에 의한 선거를 실시해 국가 주석을 선출하고 임기 5년, 3선 이상 선출을 금지하고 있다.

개혁을 추진하는 전면개혁 심화영도소조 조장과 안보와 보안 그리고 안전을 동시에 책임지는 국가안전위원회 위원장, 인터넷의 반정부 · 반사회 활동을 제어하는 중앙인터넷 안전소조 조장까지 맡아 권력을 강화하였다.

최고지도자가 당 · 정 · 군의 3개 직책을 겸하는 것은 사실 장쩌민 이래의 전통이지만 시진핑 주석은 누구보다 이른 시일 안에 이를 모두 장악했다.

중국의 개혁개방을 주도한 덩샤오핑은 1981-89년 당 중앙군사위원회 주석직만 유지하면서 실질적인 최고 지도자로 군림했다. 국가 주석직은 양상쿤 杨尙昆에게 당 중앙위원회 총서기직은 자오쯔양 赵紫阳에게 각각 나눠 맡겼다. 권력을 당 · 정 · 군으로 병립해 자신의 사후 과도한 권력 집중을 막기 위한 의도로 풀이되지만 1989년 톈안먼 민주화 운동 이후 자오쯔양을 경질하고 장쩌민에게 당 중앙위원회 총서기와 당 중앙군사위원회 주석직을 한꺼번에 맡겼다.

장쩌민은 1993년이 되서야 양상쿤이 맡고 있던 국가 주석직을 차지해 당 · 정 · 군의 최고위직을 모두 맡을 수 있었다. 3개직 장악에 4년이 걸린 셈이다.

그의 후계자인 후진타오는 전임자인 장쩌민으로부터 이 세 자리를 물려받았지만 역시 한꺼번에 받지 못하고 당 · 군 · 정의 순서로 차례차례 받았다. 1998년 3월 국가 부주석을 맡아 후계자로 인정되던 그는 2002년 11월 당 중앙위원회 총서기를 물려받아 당의 최고 책임자가 되었으며 2003년 3월 국가 주석직을 맡았다. 하지만 당 중앙군사위원회 주석직은 2004년 9월에야 맡을 수 있었다. 권력 이양에 2년이 걸린 것이다. 하지만 시진핑 주석은 이 3개 직책을 장악하는 데 4개월 밖에 걸리지 않았다.

시진핑 주석은 반부패캠페인을 통해서 자신의 권력을 더욱 공고히 했다. 시진핑 주석의 위력을 보여주는 상징적인 사건이 2014년 4월 2일 벌어졌다. 이날 중국 인민해방군의 최고 간부 18명이 시진핑 주석에 대한 '충성 맹세문'을 동시에 발표한 것이다. 해방군 최고 지도부는 시진핑 주석이 주창하는 '중국의 꿈'(中国梦)과 '강군의 꿈'(强军梦)에 대한 지지와 옹호를 맹세했다. 개혁개방이 실시된 1970년대 후반 이후 35년 만에 처음이다. 시진핑 주석의 군부 장악이 얼마나 확고한가를 잘 보여준 증거로 보여지며 반부패캠페인이 영향을 끼친 결과로도 볼 수 있다.

충성 맹세문 발표는 인민해방군에서 군수 분야를 책임지는 총후근부의 부부장이던 구쥔산 谷俊山이 거액의 뇌물 수수로 기소된 지 이틀 만에 나왔다. 시진핑 주석의 반부패캠페인이 중국에서 얼마나 엄청난 위력을 발휘하는지를 잘 보여주는 상징적인 사건인 것이다.

반부패캠페인은 시진핑 주석과 동의어로 통한다. 당 중앙기율위원회에서는 208개 팀의 순시조(감사팀)를 전국에 파견했다. 7만 4,000명의 공직자가 부패 혐의로 자리를 잃었다. 근무도 하지 않고 국가가 지급하는 급료와 수당을 챙기던 관료 16만 2,629명을 적발해 공직에서 추방했다. 홍바오 红包(뇌물)를 받았다고 자진 신고한 공직자만 10만여 명에 이른다. 이런 과정에서 시진핑 주석의 정치적 위상은 더욱 확고해졌다.

중국은 덩샤오핑 이후 당 중앙위원회는 9인의 상무위원이 지배하는 집단지도체제였다. 집단지도체제는 마오쩌둥의 1인 통치 폐해를 경험한 덩샤오핑이 이를 막기 위해 고안한 중국 공산당의 통치 시스템이다.

30년 역사의 이 체제는 시진핑 주석이 권력을 장악하면서 7인체제로 줄었다. 이제는 시진핑 주석의 1인 체제가 되고 있다는 평가도 나온다. 부정부패를 추방하고 개혁을 더욱 확고하게 하기 위해서는 강력한 권력이 필요하다는 명분도 분명하다.

이러한 개혁 드라이브 속에서 시진핑 주석의 제안에 대항하는 상무위원은 없다. '반부패'와 '반특권'을 거듭 강조하며 중앙정법위원회 서기를 겸한 저우융캉 周永康 전 정치국 상무위원의 사법처리(무기징역)는 성역 없는 부패 척결의 실천이다. 현재 그의 측근들에 대한 부패 조사가 진행 중이며 상무위원 중 처벌을 받는 첫 사례가 된다.[30] 상무위원 중에도 몇 명이 개

30) 2014년 12월 중국 공산당은 시진핑 주석 주재로 정치국 회의를 열어 부패 등 혐의로 중앙기율위원회 조사를 받고 있는 저우융캉 전 상무위원 겸 중앙정법위원회 서기에 대해 '저우융캉의 엄중한 기율 위반 사건에 대한 조사보고'를 심의 통과시키고 당적 박탈과 사법기관 이송을 결정했다고 관영 신화통신을 통해 발표했다. 이로써 저우융캉은 1949년 공산당 정권 수립 이후 비(非)정치적 이유로 기소되는 첫 상무위원이 되었다. 중국 당국은 이와 관련해 저우융캉 전 서기에 대한 7대 혐의를 발표했다. 저우융캉 전 서기의 구체적 혐의가 유죄로 확정되면 사형까지도 선고가 가능하다. 중국 당국은 저우융캉 전 서기의 혐의로 엄중한 기율 위반, 직권 남용, 뇌물 수수, 부정 축재, 당과 국가의 기밀 누설, 간통 · 성매매 등 6가지를 거론한 뒤 조사 중 '다른 범죄 관련 혐의'도 발견됐다고 전했다. 중국 형법에도 없는 간통 혐의가 포함된 것은 중앙기율위원회가 리둥성 李东生 전 공안부 부부장 조사 과정에서 수 명의 CCTV 여성 앵커들을 조사했으며 이 중 상당수가 저우융캉의 정부였음을 확인됐다. 리둥성 전 부장은 CCTV 부국장으로 있으면서 저우융캉의 후원으로 막강한 권력을 행사했다. 중앙기율위원회는 저우융캉에 대한 조사 과정에서 또 다른 범죄 단서를 발견했다고 밝힌 것은 그의 전처 살해 의혹과 뇌물 수수

혁 드라이브에 걸려 자리를 잃을 것이라는 전망 속에서 시진핑 주석의 경고는 중국 사회 곳곳을 조용히 바꾸고 있다. 이처럼 집단지도체제의 구성원인 상무위원도 처벌할 수 있는 시진핑 주석의 권력에 대항할 사람은 지금 중국에는 없다.

중국에서 시진핑 주석은 이미 마오쩌둥이나 덩샤오핑과 같은 반열에 올랐다. '마오덩시'(毛邓习)라는 말이 유행할 정도이니 말이다. 당정군의 최고 직책을 겸한 최고 지도자에서 최고의 권력을 독점하는 실질적인 1인자가 된 것이다.

그는 '중국의 꿈'이라는 미래 지도이념도 제시했다. 당 중앙위원회 총서기와 당 중앙군사위원회 주석에 오르면서 했던 연설에선 '중화민족의 부흥'을 역설했다. 이제 시진핑 주석은 그런 권력과 중국의 경제력을 바탕으로 중국을 세계적인 국가로 만드는 과제를 수행하고 있다.

혐의 관련이 있을 것으로 추정된다. 최근 중국 당국은 저우융캉의 가족과 측근들로부터 최소 900억 위안의 자산을 압수했다. 특히 그의 장남 저우빈은 지난 20여 년간 중국 금융계의 황태자로 군림했었다. 그는 수십 개의 금융투자회사는 물론 석유업계에서 영향력을 행사했으며 이 과정에서 장쩌민 전 주석의 아들과 석유회사를 만들어 공동 경영하기도 했다. 저우빈의 부인 황완은 미국 국적을 취득한 후 중국석유 산하 주유소 8,000개를 운영했다. 중앙기율위원회는 그동안 저우융캉에 대한 조사 과정에서 석유업계와 친인척 등 모두 350여 명을 사법처리했다. 무기 징역형을 받고 복역 중인 보시라이 전 충칭시 서기와 함께 시진핑 주석 체제를 전복하려는 정변을 모의했다는 의혹도 있었으나 이번 혐의에는 포함되지 않았다. 당과 국가기밀누설 혐의는 중형이 불가피한 '국가안전법' 위반이어서 사형 가능성까지 점쳐졌으나 톈진시 제1중급인민법원에서 비공개로 진행된 재판에서 직·간접적으로 1억 2,977만 위안을 뇌물로 받은 혐의 등이 인정돼 무기징역을 선고받았다.

시진핑 주석이 약 25년간 지방정부에서 근무할 당시 그와 인연을 맺은 사람들이 시진핑 주석의 권력기반 강화와 국정 수행에 핵심적 역할을 하는 것으로 보인다. 허베이 河北, 푸젠 福建, 저장 浙江성과 상하이 上海시 인맥들로 신임이 두텁고 일로 검증된 측근을 통해 중요한 문제를 풀어 나가겠다는 시진핑 주석의 의지가 투영돼 있다.

허베이성 인맥의 대표는 리잔수 栗战书 중앙판공청 주임이다. 우리로 치면 대통령 비서실과 경호실을 합친 막강한 기구를 관할한다. 시진핑 주석이 1982년 29세의 나이에 허베이성 정딩 正定현 부서기로 지방근무를 시작했을 때 리잔수 주임은 1983년 허베이성 우지 无极현 당 서기직을 맡은 뒤 시진핑 주석과 인연을 맺었다. 시진핑 주석은 2011년 리잔수가 당 서기로 있던 구이저우 贵州성을 4일 동안 방문 이듬해 있을 권력 승계에 대비해 많은 논의를 한 것으로 알려졌다.

당 기관지인 인민일보의 양전우 杨振武 사장도 인민일보 허베이성 주재기자로 있던 1980년대 초에 시진핑 주석과 교분을 쌓았다.

푸젠성 인맥은 자오커스 赵克石 인민해방군 총후근부장과 차이잉팅 蔡英挺 난징 南京군구 사령원과 깊은 인연을 맺었다. 두 사람은 푸젠성 퉁안 同安에 본부를 둔 31 집단군에서 근무한 공통점이 있다. 차이잉팅은 시진핑 주석이 2012년 11월 당 중앙군사위원회 주석에 오른 후 첫 번째로 승진시킨 군부 고위급 인사로 차기 중앙군사위원 후보이다.

시진핑 주석이 1985년 푸젠성 샤먼 厦门시에서 일할 때 만난 허리펑 何立峰

발전개혁위원회 부주임과 차이치 蔡奇 국가안전위원회 판공실 부주임, 시진핑 주석이 푸젠성에서 근무할 당시 부하 직원이었던 황쿤밍 黃坤明은 중앙선전부 부부장으로 발탁됐다.

시진핑 주석이 저장성에 근무할 때 만난 천민얼 陈敏尔 구이저우성 성장은 구이저우성 서기로 임명되었고[31] 리창 李强 저장성 성장은 앞으로 다른 성의 당 서기를 맡거나 베이징으로 올라와 직접 시진핑 주석을 보필할 가능성이 점쳐진다. 몽골족 출신인 바인차오루 巴音朝鲁는 지린 吉林성 서기에 기용되고 저우융캉 부패사건과 관련 장춘셴 张春贤 신장 新疆 위구르자치구 서기가 해임되고 신임 서기에 시진핑 주석의 측근인 샤바오룽 夏宝龍 저장성 서기가 임명됐다. 중산 鐘山 상무부 부부장과 잉융 应勇 상하이시 부서기, 러우양성 楼阳生 산시성 부서기는 모두 저장성에서 태어나 시진핑 주석과 긴밀한 관계를 유지했던 공통점을 갖고 있다.

시진핑 주석은 상하이에서 2007년 3월부터 그해 10월까지 8개월가량 근무했다. 딩쉐샹 丁薛祥 중앙판공청 부주임은 중국 정계의 떠오르는 별로 불린다. 팡싱하이 方星海는 시진핑 주석에게 경제 발전에 대한 메모를 직접 전달할 정도로 알려져 있다. 양샤오두 杨晓渡 중앙기율위원회 부서기는 상하이 기율위 서기 출신이다.

---

31) 자오커즈 趙克志 전 구이저우성 서기는 허베이성 서기로 임명됐다. 전임 저우번순 周本順 허베이 성 서기는 비리 혐의로 최근 체포됐다.

중국 지도자들 대부분은 지방정부 근무를 통해 경험을 쌓는데, 이 과정에서 함께한 사람을 중용하는 것은 장쩌민 주석 이후 보편화된 현상이다.

파이낸셜타임스(FT)는 '올해 중국의 국내총생산(GDP)은 구매력 평가(PPP) 기준으로 볼 때 17조 6,000억 달러로 미국의 17조 4,000억 달러를 넘어설 것으로 추산된다'고 국제통화기금(IMF)의 발표를 인용 보도했다. 이에 따라 중국은 미국을 제치고 규모면에서 세계 최대 경제대국으로 평가된 셈이다. 이어서 FT는 '중국의 경제 규모는 1980년만 해도 미국의 10% 수준에 불과했지만 그 뒤로 연평균 9.8%의 놀라운 GDP성장을 거듭하며 미국을 마침내 추월했다'고 평가하고 '오는 2020년에는 중국의 경제 규모가 미국보다 20% 이상 커질 것'이라고 전망했다. 중국인들은 환호했고 최고지도자인 시진핑 주석에 대한 지지는 더욱 강해졌다.

대외적으로 시진핑 주석은 2014년 베이징에서 아시아태평양경제협력체(APEC) 정상회의를 주재하고 동아시아 정상회의(EAS) 및 아세안+3 정상회의, 주요 20개국(G20) 정상회의 등 다른 다자회의 무대에 참석했다. 서방 주도의 세계 질서에 반기를 든 신흥국가들의 모임인 브릭스(BRICS)와 상하이협력기구(SCO) 정상회의 틀 내에서의 전략적 협력을 강화하고 아시아인프라투자은행(AIIB) 출범, 브릭스 신개발은행, 방글라데시-중국-인도-미얀마(BCIM)를 잇는 경제회랑 개발, '일대일로'(一帶一路) 등 전략적 프로젝트에 관한 협력을 심화시켜 나가고 있다.

F10

인치(人治)에서 법치(法治)로

미국 시사주간지 TIME은 시진핑 주석을 표지 모델로 올리고 ‘시 习 황제’(Emperor Xi)란 제목을 붙였다. 공산당을 상징하는 빨간색 넥타이를 맨 시진핑의 모습은 세상 속에 중국의 위상을 보여주는 강한 의지를 담고 있다. 이어 ‘시 习 황제’로 등극한 시진핑의 ‘중국의 꿈’은 중국 공산당 창당 100년이 되는 오는 2021년까지 전면적인 소강(小康)사회를 건설하고 중화인민공화국 출범 100주년이 되는 2049년까지 미국을 능가하는 세계 최강대국이 되는 것이라고 설명했다.

인민일보도 ‘1세대 지도자 마오쩌둥이 중국 인민을 일어나게 했고 2세대 지도자 덩샤오핑이 중국 인민을 부유하게 했다면 시진핑은 중국 인민을 강하게 만들고 있다’고 보도했다.

시진핑 주석은 18차 당 대회에서 후진타오로부터 △국가 주석 △당 중앙위원회 총서기 △당 군사위원회 주석을 이어받고 △국가안전위원회 주석 △중앙전면심화개혁영도소조 조장 △중앙외사영도소조 조장 △중앙대만공작영도소조 조장 △중앙인터넷안전소조 조장 △심화국방군대개혁영도소조 조장 △중앙재경영도소조 조장을 차례로 맡았다.

이는 정치 · 군사 · 외교는 국가 주석이 경제 · 사회 · 안전은 총리가 맡던 관행을 깨고 이제는 리커창 총리가 결정하는 것이 아니라 관련 소조에서 시진핑 주석의 최종 재가를 받아 집행되는 구조로 바꾸었다. 더욱이 중앙정법공작회의에 시진핑 주석이 당 중앙위원회 총서기 자격으로 참석함에 따라 법원 · 검찰 · 경찰 등 사법부를 총괄하는 중앙정법위원회(서기 멍젠주 孟建柱) 마저 직접 챙기고 있다.

마오쩌둥 시대부터 지금까지 중국 정치는 상무위원들이 국가 대사를 합의 결정하는 집단지도체제를 유지하였다. 장쩌민 시대 이후로는 9인의 상무위원이 동등한 권력을 누리며 내부 회의에서 똑같은 한 표를 행사하는 구조였다. 그런데 시진핑 주석이 전임자들과 달리 막강한 파워를 거머쥐게 된 까닭은 무엇인가?

중국의 권력승계는 현직 최고 권력자가 차 차기를 결정하는 거따이친뎬 隔代钦点(격대지정) 방식이다. 이에 따라 덩샤오핑에 의해 발탁된 시진핑 주석의 전임자 후진타오는 공산주의청년단(공청단 · 共青团)을 세력기반[32]

32) 1920년 중국사회주의청년단으로 창단된 뒤 25년 공산주의청년단으로 이름이 변경되었고 줄여서 '공청단'이라고도 한다. 문화대혁명 당시에는 암흑기를 맞기도 했으나 1978년 제10차 당 대회 이후 자리를 잡기 시작했다. 단원의 나이는 14-28세로 구성되어 이들은 실천과정을 통해 중국적 사회주의를 배우는 것을 목표로 한다. 28세가 되면 간부직을 맡지 않는 한 공청단을 떠나야 한다. 공청단 수장(제1서기)은 흔히 '용좌'(龍座)로 가는 지름길로 통한다. 제1서기 출신인 후야오방 胡耀邦과 후진타오 胡锦涛는 당 총서기를 지냈고 리커창 李克强은 총리에 올라 활동하고 있다. 리커창 총리로부터 제1서기 바통을 이어받은 사람은 최고인민법원장에 오른 저우창 周强, 후춘화 胡春华 광둥성 당서기, 루하오 陆昊 헤이룽장성 대리성장 등이다. 공청단파는 현 5세대 지도부 인선 과정에서 태자당 · 상하이방의 위세에 밀렸다. 최고 권력인 상무위원에는 리커창과 류윈산 劉云山이 진입했지만 중앙정치국과 중앙서기처 28명 중 11명(39.2%)이 공청단 간부 출신이다. 리위

으로 하지만 임기 내내 장쩌민이 좌장으로 있는 상하이방[33]과 태자당의 견제를 받았다.

후진타오의 전임자였던 장쩌민은 2002년 말 퇴임하면서 후진타오에게 당 중앙위원회 총서기직과 국가 주석직은 물려주면서도 당 중앙군사위원회 주석직은 2년간 내주지 않았다. 장쩌민은 권력연장을 위해 군권을 틀어쥐고 군 인사에 영향력을 미쳤다. 장쩌민은 심복인 저우융캉에게 사법기관을 총괄하는 중앙정법위원회 서기를 맡겨 후진타오를 견제하게 했다. 또한 장쩌민은 9인의 상무위원 중 자신이 발탁한 인물의 수가 많아 표결

안차오 李源潮, 류치바오 刘奇, 후춘화 胡春华, 한정 韩正, 리잔수 栗战书, 양징 杨晶, 왕양 汪洋은 2017년 열릴 19차 당 대회에서 상무위원 진입이 유력한 후보들이다. 국무원 부장(장관)급 25명 중에는 장다밍 姜大明 국토자원부장, 한창푸 韩长赋 농업부장, 차이우 蔡武 문화부장, 황수셴 黄树贤 감찰부장, 우하이잉 吴爱英 사법부장, 양촨탕 杨传堂 교통부장, 리리궈 李立国 민정부장이 공청단파로 분류된다. 62명의 성시, 당서기, 성장 중 26명(41.9%)이 공청단 간부 출신이다. 이들은 19 · 20차 당 대회를 통해 정치국 진입이 유력한 자원이다. 10년 후 공청단파의 화려한 부활이 예상되는 이유다. 자료에 따르면 회원의 49.9%는 학생이며 공청단 회원은 8,000만 명에 이른다.

33) 상하이는 장쩌민이 정치 기반을 다진 곳으로 1985년 상하이 시장, 1987년 상하이시서기 겸 중앙정치국 위원, 1989년 당 총서기를 거쳐 1990년 당 중앙군사위원회 주석에 올라 중국의 당과 정부의 전권을 완전히 장악한 장쩌민 江泽民의 후원에 힘입어 중국의 실세를 차지하고 있는 상하이 출신의 인물들을 통틀어 일컫는다. 1991년 경제부총리를 거쳐 총리를 지낸 주룽지 朱镕基도 상하이 시장을 지낸 인물이다. 전 중앙상무위원인 웨이지엔싱 尉健行, 리란칭 李岚清, 황쥐 黄菊, 우방궈 吴邦国와 전 외교부장 탕자쉬엔 唐家璇, 전 국가발전계획위원회 주임 정페이엔 曾培炎, 전 교육부장 천즈리 陈至立, 전 국가안전부장 쉬용웨 许永跃, 전 건설부장을 거쳐 현 정협 주석인 위정성 俞正声 등을 들 수 있다. 이들 상하이방은 1980년대 중반부터 2003년 현재까지 중국 정치의 실세로서 정치 이념보다는 경제에 중점을 두고 중국을 상하이처럼 발전된 모습으로 만들겠다는 계획을 추진해 왔다. 대부분이 외국어에 능통해 외교 협상능력이 뛰어나며 실제로도 중국의 개혁과 개방 이후 중국 외교를 담당해 온 대표적인 지역 인맥이다.

에서도 유리했다. 후진타오가 아무리 자기 의도대로 국정을 운영하려 해도 다른 상무위원들이 반대하면 추진할 수가 없는 권력 구조였다.

반면 시진핑은 태자당[34)]을 세력기반으로 하지만 상하이방의 지지로 권좌에 올랐기 때문에 정치기반이 안정적이었다. 정치적 대립관계에 있던 공청단의 좌장인 후진타오는 리커창을 후계자로 밀었으나 상무위원 수에서 밀려 불가능하게 되자 시진핑 주석에게 당 · 정 · 군 3대 권력을 한꺼번에 물려주는 과감한 결단을 내렸다. 장쩌민 같은 '상왕' 노릇으로 후임자에게 부담을 주지 않겠다는 약속이었다.

태자당 출신의 시진핑과 공청단 좌장인 후진타오가 손을 잡게 된 결정

---

34) 1997년에 사망한 덩샤오핑의 자녀 및 사위를 비롯해 당 · 정 · 군 · 재계 실력자들의 자녀 약 4,000명이 중국의 핵심적인 요직에 포진하고 있다. 이들은 하나의 조직으로 모여 있는 것은 아니지만 중국에 또 하나의 권부(权府)로 통했다. 덩샤오핑의 장남 덩푸팡 邓朴方이 1980년대의 태자당을 대표했다면 1990년대는 현재 쓰팡 四方공사를 운영하고 있는 막내 덩즈팡 邓质方의 시대였다. 그러나 덩샤오핑의 죽음으로 이들 남매들이 태자당을 대표하던 시절은 끝나고 새로운 인물들이 전면에 등장하게 되었다. 그 중 경제계에서 활동하고 있는 태자당 출신으로는 최근 사망한 보수파의 거두 천윈 陈云의 아들인 천위안 陈元, 양상쿤 杨尚昆 전 국가 주석의 아들인 양샤오밍 杨绍明, 왕전의 아들인 왕쥔 王军, 저우관우 周冠五 전 수도철강공사 회장의 아들인 저우베이팡 周北方 등이 있다. 정치계에서 활동하고 있는 태자당 출신으로는 저우언라이 周恩来의 양자인 리펑 李鹏, 당 중앙군사위원회 부주석을 지낸 예젠잉 葉剑英의 아들인 예시엔핑 叶选平, 국가 부주석을 지낸 우란푸 乌兰夫의 아들 우부허 乌布赫, 전인대 상무위원을 지낸 장충루 张仲鲁의 아들인 장하오뤄 张皓若 등이 있다. 이처럼 태자당은 중국의 정 · 관 · 재계 곳곳에서 막강한 권력을 행사해 왔다. 그러나 1989년 6월 4일 톈안먼 사건을 야기한 중국 민주화 운동의 핵심요구 중 하나가 '태자당의 비리척결'이었을 정도로 이들에 대한 인민들의 여론은 부정적이다.

적 계기는 '보시라이 사건'이었다. 중국 최고 지도부는 보시라이 사건을 조사하면서 중국 공산당 집단지도체제의 한계를 인식하게 되었고 중앙정법위원회 서기 저우융캉이 경찰 · 검찰 · 법원을 틀어쥐면서 상호견제가 어려워지는 상황을 초래했으며 결국 부정부패로 엄청난 재산을 축적할 수 있었다고 본 것이다.

이러한 상황의 재발을 막기 위해 공산당 지도부는 18차 당 대회에서 상무위원 수를 9명에서 7명으로 줄여 이전보다 의사결집이 용이하도록 했다. 또 상무위원이 맡아오던 중앙정법위원회 서기직을 정치국원에게 맡겨 정법위의 지위를 격하하고 권한도 축소했다.

후진타오 시기에는 자주 공개석상에 등장해 '상왕' 행세를 했던 장쩌민이 시진핑 주석 시기에는 고령으로 건강까지 악화되면서 조용히 지내고 있다. 장쩌민의 사망은 상하이방에 엄청난 타격이 될 가능성이 높다. 퇴임한 지도자들 가운데 가족의 부정축재 혐의가 외신에서 거론되면서 장쩌민, 리펑, 원자바오, 자칭린 같은 전임 지도자들까지도 꼼짝 못하게 하는 효과도 거두고 있다. 이는 중국 현대정치의 특성 중 하나였던 원로들의 막후정치가 크게 약화되었다는 것을 말해 준다.

계파정치가 수그러들면서 원로정치도 종말을 맞이하고 있다. 중국 전 · 현직 지도부가 매년 여름이면 휴양지에 모여서 개최하던 베이다이허 회의가 약식으로 개최된 것도 원로정치의 쇠퇴가 반영된 것이다. 원로정치의 폐해를 가장 뼈저리게 경험한 후진타오가 주석직을 물려준 이후 스스로 정치 일선에서 완전히 사라진 것도 원로정치 퇴조의 계기를 마련했다.

보시라이-저우융캉에게 정치적 생명을 위협당한 시진핑 주석은 두 호랑이에 대한 비리조사를 단행하면서 '반부패'를 정치구호로 삼아 여론의 강력한 지지를 얻는 데 성공했다.

중국 내 여론은 18차 당 대회 이후 쉬차이허우 徐才厚 전 중앙군사위원회 부주석 등 '큰 호랑이'가 검거된 것을 보며 반부패가 한낱 호랑이를 겁주기 위한 경고가 아니라 구체적인 행동이라는 시각에 공감하고 있다. 반부패 운동을 권력투쟁의 도구가 아니라 '당을 엄격하게 다스린다'는 이념과 '부패에 대한 무관용'을 구현한 것으로 받아들이는 동시에 약속을 지키려는 중국 공산당의 노력에 긍정적인 반응이다.

저우융캉은 장쩌민 주석과 함께 동고동락했던 상하이방이 아니다. 후진타오와 리커창이 버티고 있는 공청단파도 아니었다. 덩샤오핑 가문이나 리펑, 주룽지 같은 강한 원로 정치인 라인도 아니었다. 저우융캉은 상하이방 핵심인사이자 과거 교분이 두터웠던 쩡칭훙 曾庆红의 지원으로 성장해 온 인물이다. 하지만 쩡칭훙은 시진핑을 차기 총서기로 등극시킨 킹메이커다. 그가 내세운 인물이 차기 총서기로 내정된 이상 쩡칭훙으로서는 저우융캉을 비호해야 할 정치적 이익이 없어진 셈이다. 결정적인 순간 저우융캉을 버리더라도 시진핑의 손을 들어줄 것이 눈에 보였다.

퇴임 후 그를 보호해 줄 원로가 없을 것임을 직감한 저우융캉은 자신의 후계자를 물색하기 시작했다. 그 후계자를 차기 상무위원에 진입시킨다면 후계자가 상무위원회에서 자신의 보호막 역할을 해줄 것으로 여긴 것이다. 저우융캉의 눈에 띈 인물은 보시라이였다. 저우융캉은 '퇴임 후 안전'을 보시라이는 '상무위원 진입'을 매개로 두 사람이 손을 잡았다. 저우융캉은 보시라이가 서기로 있던 충칭시를 자주 찾아 힘을 실어주며 가까운 관계를 유지했다. 2010년 이후 베이징 정가에서는 저우융캉이 중앙정법위원회 서기 자리를 보시라이에 물려주려 한다는 설이 돌았었다.

그러나 2012년 2월 왕리쥔王立军의 미국 망명기도 사건이 발생했고 이로 인해 보시라이는 궁지에 몰렸다. 보시라이 사태는 금세 국제적인 이슈로 떠올랐다. 보시라이를 처벌해야 한다는 목소리가 안팎으로 높아졌다. 공산당 정치국은 물론 원로들까지도 보시라이의 처벌이 불가피함을 인정했지만 저우융캉은 마지막까지 보시라이의 낙마를 막기 위해 동분서주했다.

결국 보시라이는 직권남용과 비리혐의로 처벌됐고 보시라이를 지켜내지 못한 저우융캉은 '부패 정치인의 비호세력'으로 전락하고 말았다. 저우융캉은 이후 정치력이 쇠약해 진 채로 2012년 11월 상무위원직을 퇴임했다. 퇴임 후 안전을 위해 보시라이를 선택했던 수가 자충수가 되고 만 것이다. 정치적인 흠집을 남긴 채 퇴임한 그는 새로 들어선 시진핑 지도부에게 어찌 보면 '이빨 빠진 호랑이'이었다.

그리고 그가 퇴임하자마자 화가 닥쳤다. 18차 당 대회가 열린 다음 달인 12월, 그의 오른팔이었던 리춘청 李春城 전 쓰촨성 부서기, 궈융샹 郭永祥 전 쓰촨성 부성장이 체포되었다. 이를 시작으로 이후 저우융캉의 옛 부하들은 모두 체포되거나 낙마했다.[35] 고위관료와 기업회장들만 34명이 체포됐다. 게다가 저우융캉의 부인, 아들, 동생들, 동생들의 가족까지 체포되어 조사를 받거나 기소됐다. 저우융캉 관련해서 모두 350여명이 체포됐다. 1년 8개월 동안 저우융캉을 타깃으로 한 표적수사가 진행된 셈이다. 끈질기고 집요한 수사에 상무위원의 처벌을 반대했던 원로그룹들 조차도 입을 닫을 수밖에 없었다.

중국 당국은 2014년 7월 신화사(新华社) 보도를 통해 저우융캉의 조사사실을 공개했다. 그리고 12월 시진핑 주석 주재로 정치국 회의를 열고 〈저우융캉의 엄중한 기율위반 사건에 대한 조사보고〉를 심의·통과시키고 저우융캉의 당적 박탈과 사법기관 이송을 결정을 보도했다. 저우융캉의 파란만장했던 정치인생은 비참한 모습으로 막을 내리게 됐다.

공산당의 공식발표가 나자 중국 매체들은 일제히 저우융캉과 그 일가의 비리행위와 사생활에 관한 소문들을 앞다퉈 보도하고 나섰다.[36] 저우융

---

35) 당 중앙기율위원회는 지원린 冀文林 전 하이난 海南성 부성장, 위강 余刚 전 중앙정법위원회 판공실 부주임, 탄홍 谈红 전 공안부 경위국 고급참모 등 최측근 3명의 당적을 동시에 박탈했다고 밝혔다. 지원린은 1998년부터 10년 동안 저우융캉 비서를 지낸 심복이다. 위강은 2000년부터 저우융캉의 비서를 지냈다. 탄홍은 저우융캉이 공안부장(2002-07년) 재직시 그를 보좌했다.

36) 해외 매체에 따르면 공안부장 보좌관 정샤오둥 郑少东과 공안부 상무부국장 장징 张京이 저우융캉 가족에게 상납한 돈이 3-4억 위안이 넘으며 저우융캉 일가를 대신해 홍콩과

캉은 순식간에 중국 인민들에게 부패의 원흉이 됐고, 시진핑 주석은 인민들의 지지와 공산당 내 강한 리더십을 확보하는 데 성공했으며 이를 토대로 강한 드라이브를 걸고 있다.

중국 공산당은 18기 4중전회의 주요의제를 '법치실현'이라고 밝혔다. 이는 중앙정부의 결연한 의지를 선명하게 드러내 주었다. 효과적인 상시적 반부패 시스템 마련을 다음 단계 목표로 설정하고 법치가 중국 공산당 국가경영의 중심노선이라는 사실을 다시금 확인시켜 준 것이다.

캐나다에 주택을 구매해 주었고 아들 저우빈은 200억 위안을 축재했으며 홍콩과 파리, 상하이의 푸동 浦东, 장쑤 江苏의 우시 无锡, 베이징 등지에 부동산이 있으며 스위스와 미국, 홍콩은행에 거액의 예금을 보유하고 있다고 전했다. 저우융캉의 사촌동생들도 베이징, 상하이, 우시와 선전 등지에서 매관매직 했다고 보도했다.

F11

화무십일홍(花无十日红)

1942년 장쑤 江苏성 우시 无锡에서 태어난 저우융캉은 베이징석유학원을 졸업한 뒤 1967년 다칭 大庆 유전 엔지니어로 일했다. 뛰어난 정치적 감각과 리더십으로 승승장구하여 랴오허 辽河 유전 탐사국 당 부서기를 거쳐 1985년 국무원 석유공업부 부부장으로 영전해 베이징에 입성했다.

1988년 석유부가 국영석유회사들로 나눠지자 그는 페트로 차이나(Petro China)로 자리를 이동했고 1998년 페트로 차이나 사장을 끝으로 32년 석유인생을 뒤로 했다.

1998년 저우융캉은 신설된 부서인 초대 국토부 부장에 임명됐다. 그 해 그는 중국 공산당 지도부들에게 편지를 써 서기동수(西气东输 · 서쪽의 천연가스를 동쪽으로 운반해 오는 계획)를 건의했고 강한 추진력을 보이기도 했다. 1년 후 그의 능력을 높이 평가한 공산당 지도부는 그에게 지방정부 경력을 쌓게 하기 위해 쓰촨성 서기로 임명했다.

저우융캉은 자신의 비서출신인 지원린과 궈융샹을 쓰촨성에 데리고 갔다. 이 밖에도 쓰촨성에서 리충시, 리춘청 등의 새로운 심복들을 만들었다. 이들 역시 현재 모두 체포됐다. 그 틈바구니에서 측근들과 가족들은 축재를 했다.

강한 성격과 추진력을 높게 산 공산당 지도부는 2002년 저우융캉을 공안부장으로 임명했다. 공안계통에서 일해 본 적이 없었지만 공안부장으로 취임한 후 그는 낮술을 금하라는 등의 간단하면서도 구체적인 공안수칙 5개항을 발표하고 엄격히 수행토록 해 공안의 군기를 잡았다. 5개항을 필두로 공안부에는 개혁의 바람이 불었고 조직은 쉽사리 장악됐다. 저우융캉의 권력은 드높아졌고 그를 따르는 인사들은 눈덩이처럼 불어났다. 이와 함께 부패의 그늘도 짙어져만 갔다.

2007년 10월, 17차 당 대회에서 저우융캉은 쩡칭훙의 지원을 받아 상무위원에 올랐다. 그는 뤄간 罗干의 후임으로 중앙정법위원회 서기를 맡았다. 중앙정법위원회 서기는 공안, 검찰, 법원, 무장경찰을 통할하는 막강한 자리다. 무소불위의 칼을 휘둘러서였는지 그에게 원한을 산 사람들도 많았다. 2009년 가을에는 그의 고향인 시첸터우 西前头촌에 있던 부모의 묘가 파헤쳐지고 시신이 훼손되는 사건이 발생하기도 했다.

2012년 11월 상무위원을 퇴임한 이듬해인 2013년 4월 자신의 몰락을 예견하고 체념한 듯 모교인 쑤저우 苏州 고등학교를 방문했다. 그 해 10월에는 모교인 중국석유대학 60주년 경축행사에 참석했다. 저우융캉이 퇴임 후 행했던 단 두 번의 공식행사였다. 중앙기율위원회의 조사가 시시각각 그의 목을 조여 오는 상황에서 저우융캉은 모교와 고향을 찾아 때 묻지 않고 순수했던 젊은 시절의 기억들을 되짚었다.

그리고 두 달이 지난 2013년 12월 1일 시진핑 주석의 비서실장이자 경호실장인 리잔수 栗战书[37]당 중앙판공처 주임이 자택에 있던 저우융캉을

---

37) 중국에서 새로 출범한 '안보'와 '개혁' 분야 양대 권력기구 실무 책임자에 시진핑 주석의

모처로 조용히 압송했다.

저우융캉의 가족들도 모두 화를 당했다. 저우위안싱 周元兴, 저우위안칭 周元青 등 두 동생은 형과 달리 초등학교만 졸업한 후 집에서 농사일을 했다. 하지만 저우융캉이 입신양명한 후 두 동생들은 지역에서 위력을 떨쳤다. 저우융캉이 쓰촨성 서기로 일하는 동안 큰 동생 저우위안싱은 우량예 五粮液 지역대리상 자격을 따냈으며, 작은 동생인 저우위안칭은 아우디 대리상 판권을 취득했다.

두 형제의 집에는 저우융캉에게 잘 말해 달라는 청탁방문으로 끝없이 손님이 몰려들었다. 당시 저우위안칭의 아우디 차량 번호판은 '99999'이었다. 다섯 개의 9가 있다고 해서 지역 내에서 '구오지존'(九五之尊 · 황제를 뜻함)으로 불렸다.

화는 2013년 12월 찾아왔다. 경찰은 두 차례에 걸쳐 저우위안싱의 집을 압수수색했고 가산을 몰수해 갔다. 그는 2개월 후 암으로 사망했다. 동생 저우위안칭과 그의 아내도 체포됐다. 두 형제의 아들들도 권력의 그늘 아래 축재를 했으며 현재 구속된 상태다.

'호랑이'를 잡기 위한 노력은 사실상 2012년 겨울부터 시작되었다. 이후

최측근으로 분류되는 리잔수 당 중앙판공청 주임과 왕후닝 당 중앙정책연구실 주임이 발탁됐다. 리잔수 주임은 국가안전위원회 판공실 주임을 겸임하고 시진핑 주석의 최고 정책 브레인 왕후닝 주임은 중앙전면심화개혁영도소조 판공실 주임을 맡았다. 국가안전위는 테러 위협 등 국내 치안 문제와 영유권 분쟁 등 외교적 사안에 대처하면서 국가안보 문제를 총괄하는 권력기구다. 특히 왕후닝 주임은 시진핑 주석의 외교 · 안보 분야 책사로 통하는 인물이다. 그는 시진핑 주석이 외빈을 접견하거나 해외 순방을 할 때 빠지지 않고 가장 가까운 거리에서 수행한다.

조사를 받거나 체포된 거물급 인물로는 쓰촨성 당 부서기 리춘청 李春城, 쓰촨성 부성장 궈융샹 郭永祥, 쓰촨성 정협 주석 리충시 李崇禧, 국무원 국유자산감독관리위원회 주임 장제민 蒋洁敏, 공안부 부부장 리둥성 李东生, 하이난 海南성 부성장 지원린 冀文林 등이 있다. 돌이켜보면 2년 넘게 진행된 반부패 운동의 핵심이 그 시작부터 거물급 '호랑이' 저우융캉을 조준하고 있었음을 알 수 있다.

화를 입은 저우융캉 관련 인물들은 그가 석유업체 근무 시절 형성된 석유방, 쓰촨성 근무 시절 인연을 맺은 쓰촨방, 공안부와 중앙정법위원회 근무 시절 함께 일했던 공안방 그리고 비서방으로 나눠진다. 석유방 쓰촨방 공안방 비서방에 더해 아들, 며느리, 사돈 동생가족들까지 저우융캉은 그야말로 '멸문지화'를 당했다.

멸문지화의 단초는 2012년 11월 시진핑 체제가 들어선 지 한 달 만인 그해 12월에 터져 나왔다. 쓰촨성 부서기였던 리춘청 李春城의 낙마 소식이 공개되자 중화권 언론은 저우융캉을 리춘청의 '몸통'으로 지목하며 비상한 관심을 나타냈다. 설마 상무위원까지 손을 대겠냐며 의미를 축소했지만 결국 리춘청의 낙마는 저우융캉 몰락의 서곡이었다.

곧이어 쓰촨방인 랑주 郎酒그룹 왕쥔린 汪俊林 회장이 조사를 받았으며, 2013년 1월 정법방인 후베이 湖北성 정법위원회 서기 우융원 吴永文이 낙마했다. 같은 달 청두 成都건설그룹의 장쥔 张俊과 청두 홍십자회 취숭지 曲松枝가 잡혀 들어갔다. 3월 쓰촨성의 조폭두목으로 알려진 진루 金路그룹 류한

刘汉이 조사를 받았으며, 4월에는 청두 싱룽 兴蓉그룹 탄젠밍 谭建明도 붙잡혔다. 6월 저우융캉의 비서출신인 궈융샹 郭永祥 쓰촨성 부성장이 낙마했다. 7월에는 쓰촨 밍싱 明星그룹의 리광위안 李广元회장, 청두 궈텅 国腾그룹 허옌 何燕 회장, 쓰촨성 대부호인 우빙 吴兵 등 쓰촨성 재계 인물들이 줄줄이 구속됐다.

8월부터는 석유방 인사들이 줄줄이 소환됐다. 란신취안 冉新权 페트로차이나 부회장, 왕융춘 王永春 다칭 大庆유전 사장, 왕다오푸 王道富 페트로차이나 탐사연구원장, 리화린 李华林 페트로차이나 부사장 등 저우융캉의 옛 부하들이 옷을 벗었다. 9월에는 장제민 蒋洁敏 국유자산감독관리위원회 주임(장관급)이 소환당했고 청두은행 마오즈강 毛志刚 회장이 붙잡혀 갔으며 저우융캉의 아들 저우빈 周滨의 친구인 중국해양석유유한공사(CNOOC)의 간부 미샤오둥 米晓东도 체포됐다. 이어 웨이즈강 魏志刚 페트로차이나 총경리, 다이샤오밍 戴晓明 청두 궁터우 工投 회장, 덩훙 邓鸿 쓰촨 컨벤션 관광그룹 회장도 잡혀 들어갔다. 12월에는 또 장관급인 리둥성 李东生 공안부 부부장이 체포됐다. 같은 달 원칭산 温青山 페트로차이나 총회계사, 쉬멍자 徐孟加 야안 雅安시 서기, 저우융캉의 비서였던 리충시 李崇喜 쓰촨성 정협 주석이 차례로 낙마했다.

2014년에는 본격적으로 비서방들의 체포가 이어졌다. 2월에만 선딩청 沈定成 페트로차이나 국제서기, 지원린 冀文林 하이난성 부성장, 량커 梁克 베이징시 안전국장, 딩쉐펑 丁雪峰 뤼량 吕梁시 시장, 류잉샤 刘迎霞 하얼빈 샹잉

翔鷹그룹 회장이 조사를 받았다. 그리고 7월 위강 余刚 중앙정법위원회 판공실 부주임과 탄홍 谈红 공안부 경위국 참모가 체포됐다.

비슷한 시기 저우융캉의 큰아들 저우빈 周滨과 며느리 황완 黄婉도 베이징에서 체포됐다. 1972년생인 저우빈은 아버지의 보호 아래 서남석유대학을 진학했다. 이 학교에서 맺은 친구들이 훗날 저우빈을 대리해 기업을 경영하며 온갖 특혜를 누리게 된다. 이들 역시 모두 체포됐다. 미국 유학시절 만나 결혼한 황완은 전 국무원 석유부장 황위성 黄渝生의 딸이다.

둘째 아들 저우한 周涵은 2000년대 초 아버지 저우융캉과 극심한 갈등을 빚고 현재는 인연을 끊은 채 지내고 있다.

저우융캉은 대학시절 학교동창인 왕수화 王淑华와 결혼해 저우빈 周滨과 저우한 周涵 두 아들을 뒀다. 왕수화는 2000년 의문의 자동차 사고로 사망했고 저우융캉은 곧이어 2001년 28살 연하인 베이징대 출신 CCTV 기자인 자샤오예 贾晓烨와 재혼했다.

저우융캉에 대한 조사는 철저하고 신중하게 진행되었다. 중국 정부는 저우융캉 사건에 대해 비공개 재판으로 장기간 함구했으며 각종 소문들이 항간에 떠도는 것을 수수방관했다. 그만큼 중대하고 복잡한 사건이었다는 뜻이다. 또한 시간적으로 완충기를 둠으로써 국내 정치 및 사회에 대한 충격을 최소화시키고자 한 것이기도 하다.

F12

연서 '혼자하는 저녁 식사'

중국 정부가 소문으로만 떠돌던 저우융캉 전 상무위원에 대한 사법처리를 공식 확인하면서 저우융캉이 부정축재뿐 아니라 조강지처 살해와 시진핑 암살까지 모의한 혐의가 있다는 보도가 쏟아지고 있다. 보시라이 사건 때처럼 저우융캉 사건도 각종 설이 난무하는 의혹으로 흐르는 양상이다.

해외에 서버를 둔 반중 성향이 강한 중국어 인터넷 매체 보쉰 博讯과 명경망(明镜网) 등은 '저우융캉이 쓰촨성 서기 시절, 28세 연하의 CCTV 여기자 자샤오예와 결혼하기 위해 조강지처를 살해했다는 혐의가 있다'고 보도했다. 살해혐의 의혹은 제법 구체적이다. 왕수화 王淑华 살해 지휘는 저우융캉의 오랜 비서인 궈융샹 郭永祥 전 쓰촨성 부성장이 맡았다고 한다.

이들 매체에 의하면 1990년대 말, 당시 쓰촨성 서기 저우융캉을 CCTV 수습앵커였던 자샤오예가 우연히 취재하면서 둘의 인연이 시작되었고 저우융캉은 28살이나 어린 자샤오예에게 둘만의 만남을 요구하였다고 알려졌다. 당시 CCTV 부사장이었던 리둥성 李东生이 둘의 관계를 눈치 채고 자샤오예를 정식으로 소개하면서 불륜이 시작되었다고 한다. 이를 계기로 리둥성은 저우융캉이 중앙정법위원회 서기에 오른 2009년, 전혀 연고가 없는 경찰로 변신해 공안부의 2인자인 부부장 자리에 오르게 되었다.

인터넷 매체에 따르면 자신의 임지인 쓰촨으로 직장까지 옮겨주며 자샤오예와 달콤한 밀회를 즐기던 저우융캉은 비서 궈융샹 郭永祥을 시켜 조강지처를 살해할 것을 지시했고 궈융샹의 지시를 받은 운전기사 두 사람이 두 대의 차량을 몰고 차를 양쪽에서 충돌했고 조강지처는 현장에서 즉사했다는 것이다. 교통사고를 위장한 청부살인 사건이었던 것이다. 체포된 기사 두 사람은 각각 15년형과 20년형을 언도받았지만 3-4년 뒤 모두 풀려났다. 청부의 댓가로 궈융샹는 후일 쓰촨성 부성장에 올랐고 두 기사는 석유관련 국유기업의 간부직에 오르는 보은을 받았다.

이후 중앙정법위원회 서기에 상무위원까지 꿰찬 저우융캉은 인터넷상에서 조강지처의 죽음과 관련된 어떠한 소식이나 심지어는 그녀의 이름까지도 검색되지 못하도록 철저히 통제하며 자신의 죄를 숨겨 왔다. 아울러 새 살림을 차린 자샤오예와 관련된 이런저런 자료들도 인터넷에서 삭제했다. 자사오예가 저우융캉에게 보냈다는 절절한 연서 '혼자하는 저녁 식사'도 함께 사라졌다.

저우융캉이 2002년 베이징 중앙 정가로 진출한 뒤 함께 올라온 자샤오예는 잠시 CCTV 경제채널에서 일하다 얼마 후 대중의 시선에서 사라진 뒤 막강한 남편의 그림자 뒤에서 매관매직의 매파역할을 하였다. 보시라이 전 충칭시 서기와 보시라이 사건의 주역인 왕리쥔 공안부장 등도 그녀에게 인사청탁을 하며 거액의 현금과 보석류를 건넸다는 보도도 있었다.

어머니의 억울한 죽음이 아버지 짓임을 눈치 챈 둘째 아들 저우한 周涵

은 아버지 저우융캉과 절연하고 청두 成都에서 조그만 책방을 하며 가족과의 왕래를 끊고 살고 있다.

미국의 인터넷 화교 매체 둬웨이 多维는 자샤오예 뿐만 아니라 '저우융캉의 내연녀로 알려진 CCTV 여기자 선빙 沈氷과 예잉춘 叶迎春, 오우양샤단 欧阳夏丹, 리샤오멍 李小萌이 체포됐다'고 보도하고 '중국의 민가천후(民歌天后 · 민요의 여신)라 불렸던 가수 탕찬 汤灿의 실종 미스터리' 등을 제기하였다.

저우융캉의 처벌설이 발표된 이후 인민일보는 논평에서 저우융캉의 양봉음위(阳奉阴违 · 겉으로만 따르고 속으로는 따르지 않음)와 자행기시(自行其是 · 자기가 옳다고 생각해 제멋대로 하는 것)는 절대로 용납될 수 없다고 경고하기도 했다. '패거리를 짓고 파벌을 조성하는 행위에 결연히 반대하며 당내에서 어떤 형태로든 비공식 조직의 활동을 벌이는 것은 절대로 용납될 수 없다'고 밝혀 쿠데타 기도설과의 연관 지어 해석할 수 있는 여지를 남겼다.

링지화 令计划 정협 부주석 겸 당 통일전선공작부 부장과 그의 가족, 친인척들이 잇달아 체포되고 쿠데타 기도설이 중국 언론을 통해 흘러나오자 이러한 관측은 더욱 설득력을 얻고 있다. 링지화 부장은 2007년부터 5년 동안 후진타오 전 주석의 중앙판공청 주임을 지내며 후진타오의 '복심'으로 통했던 인물로 시진핑 체제가 시작되면서 내내 조사설이 흘러나왔다.

링지화 부장 낙마에 앞서 중국 정가를 주름잡던 링지화 5남매도 모두 부패 혐의로 체포됐다. 링지화의 5남매는 노선(路線), 정책(政策), 방침(方针), 계획(计划), 완성(完成)이란 이름을 갖고 있다. 중국 공산당을 추종해 부친이 공산당 문건에 자주 등장하는 단어 5개로 자녀의 이름을 지었기 때문이다. 링지화 5남매는 이름에 담긴 부친 희망대로 공산당의 주요 간부로 성장했다. 넷째 링지화(계획)가 중앙판공청 주임에 오르면서 일족의 권력은 정점을 찍었다. 링지화 부장 일가는 산시 山西성 출신으로 재임 중 산시성의 석탄업계를 주무르면서 400억 위안에 달하는 거부를 쌓았다.

중국 당국은 이미 이른바 '산시방 山西幇 수사'와 관련해 링지화 부장의 둘째 형인 링정처 令政策(정책) 산시성 정협 부주석을 잡아들이며 이번 수사의 칼끝이 링지화 부장을 겨냥하고 있다는 점을 강하게 시사했었다. 시진핑 지도부는 링지화의 정치적 근거지인 산시성에서만 차관급 5명을 포함해 20여 명을 잡아들였다.

셋째 링팡전(방침)의 남편인 왕젠캉 王健康 산시성 윈청 运城시 부시장도 구속됐다. 링팡전과 함께 부패에 연루된 것으로 알려졌다.

다섯째 링완청(완성)은 신화통신 기자를 하다가 2000년대 투자회사 대표로 변신했다. 일족의 재산을 관리하던 링완청은 CCTV 앵커 출신 아내 리핑 李平과 함께 미국으로 탈출하여 망명 절차를 밟고 있는 것으로 알려졌다. 미국 정부가 링완청의 망명을 허용할 경우, 중국 정부가 강하게 반발할 것은 뻔하며 앞으로 미중 관계의 뜨거운 감자가 될 것으로 예상된다. 전·현직 고위 관료들에 대한 '당혹스러운' 정보들을 지니고 있을 수 있는 그의 정치적 망명은 중국 역사상 가장 치명적인 사건이 될 수 있다.

일찍 사망한 첫째 링루센(노선)을 제외하고 남매가 모두 사법처리를 앞둔 상황이다.

링지화 부장의 부인 구리핑 谷丽萍과 처남인 구위안쉬 谷源旭 헤이룽장성 공안청 부청장도 이미 체포돼 조사를 받고 있다.

외아들 링구 令谷(23세, 아버지와 어머니의 성에서 각각 한 글자씩을 따 왔다)가 베이징 시내에서 여성 2명을 태우고 페라리 스포츠카를 몰고 가다 음주 교통사고를 내고 사망한 사건도 문제가 되었다. 링지화 부장이 수하의 중앙경위국(中央警卫局 · 경호실 격)을 동원해 현장을 은폐했고 말이 새나가지 않도록 사고 처리를 처남인 구위안쉬에게 맡겼다는 것이다. 구위안쉬는 베이징 수도사범을 졸업하고 국영 CCTV 이론부에서 일하다 링지화 부장의 지원으로 헤이룽장성 공안청의 2인자로 발탁된 인물이다.

청소년 사회 운동가로서의 우아하면서도 청렴한 이미지를 보여줬던 부인 구리핑은 고속철 사업에 관여해 무려 40억 위안을 뇌물로 챙겼다는 사실이 드러나고, 아들의 교통사고 당시 중상을 입고 생존한 티베트 여성 1명을 살해한 혐의도 받고 있다. 구리핑 谷丽萍은 보시라이의 처 구카이라이 谷开来와 같은 베이징대 법대 출신으로 미모의 인재다.

더욱 충격적인 사실은 생방송 도중 간첩혐의로 체포됐던 CCTV 스타 앵커 루이청강 芮成刚이 대권 승계를 앞두고 있던 당시 시진핑 부주석 일가의 비리와 부정축재 관련 자료를 외국 언론에 넘기려 했고, 구리핑과 여러 해 동안 불륜 관계였다는 보도이다. 또한 구리핑과 루이청강을 조종한 것은 다름 아닌 시진핑의 대권 승계를 방해하려던 남편 링지화였다는 보도도 있었다.

링지화 부장은 당 이론지 〈구시 求是〉에 4,000자 분량의 기고문을 실으면서 '시진핑 정신'이란 표현을 16차례 사용했다. '시진핑 총서기가 강조했다'는 말도 8차례 반복했다. 살아남기 위한 몸부림이었지만 시진핑 주석의 칼날을 피하지 못하고 정협 회의 도중 체포되었다.

최근 당 지도부는 중앙기율검사위가 제출한 〈링지화의 엄중한 기율위반에 관한 심사보고〉를 통과시켰다. 심사보고에서 드러난 링지화의 혐의는 정치기율, 정치규범, 조직기율, 보밀기율(비밀준수)위반, 거액의 뇌물수수, 간통 등이다. 중앙기율위로부터 이 사건을 넘겨받은 최고인민검찰원은 "링지화를 체포해 조사를 벌이고 있다"고 밝혔다.

일부 중화권 매체는 링지화 부장이 이미 실각한 보시라이-저우융캉-쉬차이허우 등과 결탁해 정권 전복을 기도했다는 의혹을 제기해 왔다. 매체는 이들 4명을 '신(新)4인방'이라고 했다.

F13

음모와 배신

최근 중국 공산당 중앙정법위원회 전 서기 저우융캉 周永康의 사법처리(무기징역) 핵심이 '후진타오, 시진핑 암살 기도'로 좁혀진 가운데 중국 중난하이 中南海(베이징 공산당 고위층 거주지)가 최대 위기를 맞고 있다.

먼저 후진타오 암살 기도 사건의 배후는 장쩌민 江泽民 전 주석의 지시와 그 심복 저우융캉 周永康이 정변의 실행을 책임지고 쩡칭훙 曾庆红 전 부주석이 적극 지원했다.

2002년 16차 당 대회에서 장쩌민은 덩샤오핑 邓小平이 지목한 차차세대 주자 후진타오에게 권력이 이양되는 것을 달가워하지 않았다. 때문에 퇴임 후에도 정치에 개입하고자 자신은 당 중앙군사위원회 주석 자리를 유지하며[38] 쩡칭훙을 부주석으로 뤄간 罗干을 중앙정법위원회 서기로 상무위원에 진입시켰고 최측근 저우융캉을 공안부장으로 끌어 올려 '상왕부'(上王府)를 만들었다. 이 기간 후진타오는 세 차례 암살 위기를 맞게 된다.

---

38) 당 중앙군사위원회 역대 주석 : 마오쩌둥(1949-59년), 류사오치(1959-69년), 마오쩌둥(1969-76년), 화궈펑(1976-81년), 덩샤오핑(1981-89년), 장쩌민(1989-2004년), 후진타오(2004-12년), 시진핑(2012년-)

지난 2006년 5월 후진타오 주석은 칭다오 青岛에 도착해 베이하이 北海함대를 시찰한 적이 있다. 후진타오 주석이 미사일 구축함에 올라 시찰하던 중 갑자기 두 척의 군함에서 동시에 후진타오가 타고 있던 구축함을 향해 사격을 가해 해군 병사 5명이 즉사하는 사건이 발생했다. 국가 주석인 후진타오가 타고 있는 미사일 구축함을 대낮에 공격할 줄은 꿈에도 생각지 못했다. 후진타오 일행은 즉시 뱃머리를 돌려 전속력으로 함대의 작전 해역을 벗어나 안전한 해역으로 이동했다. 후진타오 주석 일행은 추가 공격을 피하기 위해 구축함의 헬리콥터를 타고 칭다오 기지로 간 후 베이징으로 돌아가지 않고 윈난 云南으로 향했다. 그 후 후진타오 주석은 며칠이 지난 후에야 베이징에 모습을 드러냈다.

사건 후 체포된 함정관계자의 자백에 따르면 발포 명령은 장쩌민이 내린 것이며 장쩌민의 심복이자 해군사령원 장딩파 张定发가 일으킨 것으로 파악됐다. 이들은 실수를 대비해 두 개 함정에서 동시에 사격하기로 했고 성공시 부하들에게 승진을 약속했다. 몇 달 후 장딩파는 베이징에서 사망했는데 들리는 소문에 의하면 죽기 직전에 사람의 형상이 아닐 정도로 비참한 최후를 맞았다고 전한다. 사령원의 갑작스런 교체와 함께 해군 부사령원 왕서우예 王守业 중장도 수뢰혐의와 난잡한 생활태도로 체포됐다.[39)]

후진타오 암살 기도 사건이 홍콩 매체에 폭로된 후 해군의 〈인민해군

39) 2006년 6월 관영 신화사의 왕서우예 王守业 중장 부패 사건에 의하면 톈진 天津대학 토목건축공학과를 졸업한 그가 군사경험이 부족한 병참 간부에서 일약 해군 부사령원(2001-06년)으로 승진가도를 달린 기간 중 1억 6,000만 위안 상당의 수뢰 혐의와 정부 5명과의 스캔들을 보도했다.

보〉 귀퉁이에 '당 중앙군사위원회 위원이며 해군사령원 장딩파 동지 지병으로 2006년 12월 14일 베이징에서 63세 일기로 별세'라는 부고가 짧은 이력과 함께 영정 사진도 없이 실렸다.

지난 2007년 10월 2일 중국 상하이에서 제12회 하계 스페셜올림픽이 열렸다. 국가 주석인 후진타오는 개막식에 참가해 올림픽 개막을 선포했다. 세계 160여 개 국가와 지역에서 온 1만여 명의 올림픽 선수 및 임원들이 황포강에 모였다. 후진타오는 상하이 외곽에 있는 씨쟈오호텔 西郊宾馆에서 주연을 베풀어 스페셜 올림픽 개막식에 참가한 귀빈들을 접대했다. 이날도 후진타오 암살 기도가 있었다. 중앙경위국은 후진타오가 투숙한 상하이 호텔 지하 차고 식품배달차 운전석 밑에서 2.5kg이나 되는 시한폭탄으로 추정되는 강력한 폭탄을 발견했다. 이번 암살 기도도 장쩌민과 상하이파 세력이 관련된 것으로 조사됐다.

2009년 4월 23일 중국 해군사상 규모가 가장 큰 다국적 해상 열병식이 칭다오 해역에서 열렸다. 29개국의 해군 대표단과 14개국 해군의 함정 21척이 황해에 집결했다. 지난 칭다오 베이하이 北海함대 암살 기도 사건 이후 후진타오는 군에 대한 제반적인 모든 사항에 대해 직접 관장했고 군의 작은 움직임에 대해서도 미리 대비를 해왔던 터였다. 그날 아침 9시에 시작되는 열병식 때 후진타오를 총격하는 '황해 암살' 계획을 준비하고 있다는 정보를 받았다. 그 정보를 받은 후진타오는 갑자기 일정을 변경해 먼저 29개국 해군 대표단 단장을 접견하고 동시에 암살을 시도하려는 관련

자들을 체포했다. 사건이 마무리된 오후 2시 경 후진타오는 열병식에 참석하였고 그의 곁에 선 당 중앙군사위원회 제1부주석이자 장쩌민의 측근인 궈보슝 郭伯雄은 경례를 할 때 손을 부들부들 떨었다. 세계를 놀라게 할 만한 또 한 차례 암살 사건은 실패하고 말았다.

세 번의 암살 미수 사건에 참여한 사람은 군대 내에 있는 장쩌민의 심복 뿐만 아니라 당 중앙정법위원회 서기 저우융캉도 있었다. 저우융캉은 충칭사건 발생 후 보시라이 薄熙来를 지지하며 그와 보시라이의 '모반' 계획이 해외에 알려지며 빠르게 몰락하게 됐다.

친청 秦城 감옥[40]에 수감된 것으로 알려진 저우융캉은 심복 보시라이 전 충칭 서기와 정변을 공모하여 시진핑 주석을 최소한 두 차례 암살 기도와 2012년 '3 · 19 정변'(무장경찰부대가 최고 지도부 소재지인 중난하이를 포위한 정변 미수 사건)을 시도했다. 이들의 계획은 18차 당 대회에서 시진핑을 퇴출시키고 보시라이를 권좌에 앉히려 했다. 쿠데타는 결국 왕리쥔의 도피와 폭로로 와해됐다.

---

40) 베이징시 창핑 昌平구 싱타오 兴寿진 친청촌에 위치한 친청감옥에는 보시라이 등 많은 고위층 인사들이 수감되어 왔다. 1977년 감금된 마오쩌둥의 부인 장칭, 보시라이의 아버지 보이보 薄一波와 그의 장인 구징성 谷景生 그리고 린뱌오 林彪의 수하였던 황융성 黄永胜, 우파셴 吴法宪, 리쭤펑 李作鹏 등이 수감됐었다. 또 류샤오치 刘少奇 전 국가 주석의 아내 왕광메이 王光美가 스파이 혐의로 12년간 수감됐었고 천시퉁 陈希同, 천량위 陈良宇 역시 수형했던 곳이다.

시진핑 암살 기도 사건은 저우융캉이 2012년 여름, 중국 지도부 회의인 베이다이허 北戴河 회의로 가던 시진핑의 차량 대열을 대형 화물차로 덮쳤고 또 한 번은 시진핑 주석이 중국 고위층 전용병원인 301병원에서의 건강검진 당시 독살하려 했다.

이는 왕리쥔 王立军 사건 조사 과정에서 보시라이와 저우융캉의 모반 계획이 드러나게 됐다. 왕리쥔 충칭시 공안국장의 미국 영사관 망명 시도 당시, 그는 저우융캉과 보시라이의 정변 계획을 미국측에 넘겼고 미국은 이를 시진핑에게 알렸다.

중국 공산당 18기 1중전회에서 시진핑 习近平, 리커창 李克强, 장더장 张德江, 위정성 俞正声, 류윈산 刘云山, 왕치산 王岐山, 장가오리 张高丽 7인이 상무위원으로 선임됐다. 그리고 후진타오 전 주석은 당 중앙위원회 총서기 사퇴와 당 중앙군사위원회 주석직 연임을 포기했다.

후진타오는 2002년 정권을 잡은 후에 장쩌민과 10년 동안 생사를 건 다툼을 지속했다. 이번 18차 당 대회에서 후진타오는 전면사퇴를 선언하고 장쩌민과 함께 물러남에 따라 중국 공산당 내에서 관례적으로 있었던 원로의 정치 간섭 관행을 철폐하며 대권을 완벽하게 시진핑 주석에게 넘겼다.

2002년 16차 당 대회에서 퇴임을 앞둔 장쩌민은 덩샤오핑이 지목한 후계자였던 후진타오에게 권력을 넘긴 후에도 당 중앙군사위원회 주석직에 눌러 앉아 뒤에서 지속적으로 정치적 간섭을 해왔다. 2007년 17차 당 대회에서는 자신의 측근인 우방궈 吴邦国, 자칭린 贾庆林, 리장춘 李长春, 저우융캉 周永康을 상무위원에 앉혔으며 중앙정법위원회의 수장이 된 저우융캉의 권력을 강화시키고 여러 차례 후진타오 암살을 시도했지만 미수에 그쳤다.

후진타오는 지금까지의 관습이 되풀이되는 것을 막기 위해 전면사퇴를 선언한 것이다. 또한 장쩌민의 정치적 간섭에 종지부를 찍기 위함이었다. 장쩌민은 2012년 11월 8일 당 18기 1중전회 개막식에는 참석했지만 15일 당 대회 마지막 날에는 모습을 드러내지 않고 홀연히 베이징을 떠났다. 홍콩언론의 논평은 '장쩌민이 떠날 때 초라했다'고 보도했다. 이로써 원로의 정치 간섭을 차단됐으며 시진핑 주석에게 권력 전부가 인계됐다. 이후 시진핑 주석은 여러 차례 후진타오의 높은 품격과 곧은 절개를 칭송했다.

시진핑 주석이 경제 관련 최고 의사결정기구인 당 중앙재경영도소조 조장에 취임했다. 재경영도소조조장은 1998년 장쩌민 주석이 주룽지 朱镕基 총리에게 넘겨준 이후 총리가 줄곧 맡아 온 자리다. 시진핑 주석이 중앙재경영도소조 조장까지 꿰찬 것은 외교 · 안보는 주석이 경제는 총리가 담당하던 중국의 '투톱 분권 시스템'이 무너졌다는 의미다. 나아가 시진핑 주석에게 '시 习 황제'란 별명이 붙은 것은 2세대 지도자 덩샤오핑이 권력 균형을 위해 채택한 '집단지도체제'가 더 이상 작동하지 않는 현실을 반영한다.

시진핑 주석 집권 이후 중국 정치의 특색이던 원로정치가 크게 약화됐다. 덩샤오핑은 1981년 후야오방 胡耀邦 총서기를 후계자로 지명한 뒤 천윈 陈云 등 '8대 원로'와 함께 막후 정치로 중국 정치를 움직였다. 이후 원로정치는 중국 정치의 전통처럼 여겨졌다. 덩샤오핑이 지명한 3세대 지도자 장쩌민은 덩샤오핑이 사망할 때까지 원로들의 눈치를 살폈다.

4세대 지도자 후진타오 주석 시절에는 장쩌민은 전·현직 최고지도부의 거주지인 중난하이 中南海에 '장쩌민 판공실'을 운영하며 상왕(上王)으로 군림했다. 그러나 시진핑 주석 집권 이후에는 이런 모습이 사라졌다.

장쩌민은 후진타오 시절 의전 서열에서 국가 주석 다음으로 호명됐지만, 시진핑 주석 집권 이후 장쩌민의 호명 순서는 최고지도부인 상무위원(7명)과 정치위원(18명) 뒤로 밀렸다.

과거 주룽지 朱鎔基 전 총리는 부패와의 전쟁에 나서며 "100개의 관(棺)을 준비하라. 그 중 하나는 내 것"이라고 말한 바 있다. 용기를 과장한 게 아니라 실제 반대파에 의해 죽임을 당할 수도 있다는 비장함을 담았던 이야기다. 시진핑 주석의 입장이 주룽지와 크게 다르지 않다. 개혁을 하려면 기득권이 부당하게 누리던 부패를 척결해야 한다. 기득권의 저항은 결사적이다. 반부패 투쟁이 전쟁이 될 수밖에 없는 이유다. 전쟁에서의 패배는 죽음과 직결된다. 부패를 척결하고 개혁의 심화를 이루기 위한 시진핑 주석의 투쟁은 그래서 목숨을 건 전쟁이다.

F14

킹 메이커 쩡칭홍 曾庆红

후진타오 집권 초기, 최대 라이벌이자 위협세력으로 상하이방(上海幇)의 대부인 장쩌민의 오른팔인 쩡칭홍이 등장할 것이라고 전망되었다.

장쩌민이 상하이에서 베이징으로 발탁돼 올라갈 당시 유일하게 데려온 측근이었던 쩡칭홍은 혁명 1세대 원로인 전 내무부장 쩡산 曾山과 홍군 보육원 창설자인 덩류진 邓六金의 아들이다.

쩡칭홍은 중국 국무원 석유부 또는 석유학원 출신의 권부 인맥인 '석유방' 출신으로 일찍이 석유방의 대부 위추리 余秋里의 비서와 석유부 부국장을 역임했으며, 뒤에 상하이로 내려가 시 부서기까지 올라 시 서기인 장쩌민을 보좌했다.

쩡칭홍은 1989년 톈안먼 天安门 민주화 운동으로 자오쯔양 赵紫阳 총서기가 실각(1987-89년)하자, 후임으로 전격 발탁된 장쩌민을 따라 베이징으로 가 장쩌민을 위해 정적을 제거하는데 앞장섰다. 당시 가장 큰 견제세력인 양상쿤 杨尚昆, 양바이빙 杨白冰 형제를 위시해 군부 세력이 강한 양씨 가문의 세력을 와해시켰고 베이징시 서기이자 최대의 정적이었던 천시통 陈希同 등 베이징방(北京幇) 간부 40여 명을 부패 혐의로 함께 제거하여 권력을 완전 장악했다.

양상쿤은 중국 8대 원로 중의 한 명이기도 하며 형식적인 국가 주석직(1988-93년)에 있었지만 장쩌민과 갈등관계에 있었다. 더구나 군부 내에 그의 지지자가 많은 것 역시 장쩌민에게는 걸림돌이었다. 양상쿤은 덩샤오핑과 함께 1989년의 톈안먼 광장의 민주화 시위를 군에 의한 진압에 대해 책임이 있는 것으로 알려져 있다. 천시퉁 역시 톈안먼 민주화 운동 당시 베이징시 서기로 강경 진압을 주도했던 인물이다.

쩡칭훙은 중국 공산당 15차 당 대회 이후 중앙정치국 후보위원과 중앙조직부장을 맡아 고위 관리를 승진시키는 큰 권한을 행사했다. 2002년 16차 당 대회 이후 그는 상무위원으로 국가 부주석과 중앙서기처 서기를 맡았다. 2004년 9월, 16기 4중전회에서 쩡칭훙은 당 중앙군사위원회 인사와 관련해 장쩌민과 갈등을 빚고 배신했다.[41] 이때부터 공청단을 권력배경으로 한 후진타오 주석과는 여러 가지 측면에서 다른 면모를 보였던 쩡칭훙은 장쩌민과 거리를 두고 후진타오에게 접근했다.

후진타오 진영은 장쩌민의 큰아들 장멘헝 江绵恒이 거액의 뇌물을 받았다

41) 장쩌민은 후진타오에게 당 중앙군사위원회 주석직을 물려주면서 심복인 쩡칭훙이 부주석이 되도록 약속하고 노력하였지만 실패하자 쉬차이허우를 부주석으로 격상시켰고 천빙더, 차오칭신, 장딩파, 징즈위안의 군 출신 4명을 위원으로 선출하였다. 16기 당 중앙군사위원회 구성은 주석 후진타오, 부주석 궈보슝 郭伯雄(당 중앙정치국 위원), 차오강촨 曹刚川(당 중앙정치국 위원, 국방부장), 쉬차이허우 徐才厚(중앙서기처 서기), 위원 량광례 梁光烈(총참모장), 리지나이 继耐(총정치부 주임), 랴오시룽 廖锡龙(총후근부장), 천빙더 陈炳德(총장비부장), 차오칭신 乔清晨(공군사령원), 장딩파 张定发(해군사령원)※2006년 12월 사망, 징즈위안 靖志远(제2포병대사령원)이었다.

는 이유로 체포를 통보하면서 당 중앙군사위원회 주석직을 사임할 것을 종용했다. 장쩌민은 쩡칭홍에게 부탁해 해결을 모색했지만 쩡찡홍은 이를 거부하고 오히려 군사위 주석직 사임을 권고했다.

2004년 후진타오가 장쩌민의 상하이방(上海幇)[42]과 일전을 벌일 때도 그는 후진타오 편을 들었다. 쩡칭홍은 장쩌민의 당 중앙군사위원회 주석이라는 오른 날개와 장쩌민이 차기 후계자로 생각하고 있는 상하이시 서기 천량위 陈良宇[43]라는 왼쪽 날개를 꺾어버리는데 결정적인 도움을 준 것이다.

17차 당 대회를 앞두고 장쩌민은 맹렬한 반격에 나섰다. 쩡칭홍의 나이 68세를 거론하며 은퇴할 것을 강력히 요구하였다.[44] 그러나 후진타오는

---

42) 상하이방(上海幇)에 소속된 주요 인사로는 우방궈 吴邦国, 자칭린 贾庆林, 쩡칭홍 曾庆红, 황쥐 黄菊(1938. 9. 28-2007. 6. 2), 리창춘 李长春, 우관정 吴官正, 류치 刘淇, 쩡페이옌 曾培炎, 장더장 张德江, 저우융캉 周永康, 류윈산 刘云山, 후이량위 回良玉, 화젠민 华建敏, 천즈리 陈至立, 천량위 陈良宇 등을 들 수 있다.

43) 1989년 톈안먼 민주화 운동으로 자오쯔양 총서기가 실각하자 후임으로 전격 발탁된 장쩌민 전 주석은 당시 베이징 서기이자 최대의 정적이었던 천시퉁을 1995년 부패 혐의로 제거하고 권력을 완전 장악했다. 장쩌민의 황태자였던 천량위 상하이시 서기도 같은 길을 걸었다. 그는 정치 기반이 허약했던 후진타오와 원자바오의 거시경제 조정 정책에 반기를 들며 저항하다 2006년 제거됐다. 당시 장쩌민 전 주석 등 쟁쟁한 상하이방 세력이 버티고 있었으나 부패척결이라는 명분론에 밀렸다. 장쩌민은 천량위의 체포에 대해 동의할 수밖에 없었지만 형사처분은 강력히 반대했다. 그러나 정치국 상무위원회는 2007년 천량위에 대한 기소를 의결했다. 상하이방의 우방궈, 자칭린, 리창춘 3명은 반대했으며 원자바오, 우관정, 뤄간 3명은 찬성했다. 장쩌민 계열인 쩡칭홍이 배신하고 기권해 3대 3인 상황에서 의장인 후진타오가 찬성해 천량위의 기소가 결정된 것이다.

44) 당 대회가 열리는 해를 기준으로 67세까지만 상무위원이 될 수 있다는 '칠상팔하'(七上八下 · 67세는 되고 68세는 안 된다)의 원칙.

쩡칭홍을 당 대회 비서장으로 임명하면서 맞섰다. 하지만 쩡칭홍은 과감히 은퇴를 결정하는 대신 후진타오에게는 시진핑의 상무위원회 진입 카드를 던졌다. 그리고 장쩌민에게는 이미 은퇴가 결정된 상하이방의 자칭린, 리창춘 두 명의 상무위원회 유임이라는 타협안을 제시했다.

마침내 후진타오와 장쩌민 그리고 쩡칭홍 3인은 시진핑이 상무위원으로 승진하는 문제에 대해 동의하게 된 것이다.

시진핑은 쩡칭홍이 맡았던 자리를 그대로 물려받았다. 상무위원으로 중앙서기처 서기, 국가 부주석, 공산당 중앙당교 교장, 홍콩-마카오 업무조정소조 조장을 겸임하게 된 것이다.

시진핑의 아버지 시중쉰이 국무원 부총리를 지낼 때 쩡칭홍의 아버지 쩡산 曾山은 신중국 탄생 이후, 상무부장을 거쳐 내무부장으로 두 집안이 매우 가까웠다.

두 사람이 친하게 된 것은 1979년 중난하이에서 함께 비서 생활을 하면서 부터다. 쩡칭홍은 부총리 겸 국가계획위원회 주임인 위추리 余秋里의 비서였고, 시진핑은 당 중앙군사위원회 비서장인 겅뱌오 耿飚의 비서였다. 중난하이에서 2년 정도 근무한 뒤 두 사람이 함께 일한 적은 없었지만 시진핑이 푸젠성 성장 시절 푸젠성에 있던 쩡칭홍의 어머니 덩류진의 친족을 잘 돌봐 주었고 베이징을 방문할 때면 쩡칭홍을 방문했다.

지난 2007년 17차 당 대회가 개막되기 직전 대부분의 언론매체가 리커창을 미래의 황태자 가능성을 점쳤다. 그해 9월 18일 일본 도쿄신문은 중국 공산당 소식통을 인용해 '리커창은 다음 달에 개최되는 17차 당 대회에서 중앙위원에서 두 급을 연이어 뛰어넘어 상무위원으로 승진해 후진타오의 자리를 이어 당 총서기가 될 가능성이 있다'고 보도했다.

하지만 저자는 한 언론을 통하여 '상무위원회가 9인을 유지하는 구조가 될 뿐만 아니라 3명이 물러나고 4명이 들어올 가능성이 많다'고 전망했다. 즉 16기 상무위원인 쩡칭훙, 우관정 및 뤄간 3명이 물러나고 상하이시 서기 시진핑, 랴오닝성 서기 리커창, 중앙조직부장 허궈창, 공안부장 저우융캉이 상무위원으로 들어갈 것이라고 예상했다.

이어서 상무위원을 연임하는 4명(후진타오, 우방궈, 원자바오, 자칭린)은 원래의 자리를 유지하고 서열 5위는 리창춘이 올라가며 6위의 부주석은 시진핑이 서열 7위인 부총리는 리커창이 맡고 8위의 중앙기율위원회 서기는 허궈창이 9위의 중앙정법위원회 서기는 저우융캉이 맡는다고 분석 평론한 바 있었다. 이 명단은 2주 후에 열린 17차 당 대회 결과와 같았고 서열도 일치했다.

미국에 서버를 둔 중화권 매체 보쉰은 시진핑 체제가 저우융캉 다음으로 사냥할 호랑이로 쩡칭훙 전 국가 부주석을 지목했다. 이 매체는 쩡칭훙이 이미 수감됐다는 소식도 있다면서 동생 쩡칭화이 曾庆淮의 딸인 쩡바오바오 曾宝宝가 자신이 설립한 기업 화양녠 花样年의 실적 발표 행사에 나타나지 않은 점으로 미뤄 비리 조사를 받는 것이 아니냐는 관측도 내놨다.

그러나 쩡칭훙은 태자당의 맏형 격이자 석유방의 대부로 장쩌민 전 국가 주석의 상하이방과 연합을 주도했던 거물이다. 쩡칭훙은 시진핑 주석의 정치적 스승이자 '킹메이커' 역할을 한 점에 주목해 사법처리 가능성은 적다고 분석된다.

중국 현 권력 서열 3위인 장더장 张德江 전국인민대표대회(전인대 · 국회) 상무위원장까지 사정설에 휩싸이고 있다. 이는 부패 척결이란 명분 아래 전 · 현직 지도부, 주요 계파 간 권력 암투가 치열하게 전개되고 있다고 판단되는 대목이다.

과거 정적을 제거하기 위해 부패척결을 활용했던 중국 지도부의 '부패의 정치학' 공식을 시진핑 주석도 예외 없이 적용하고 있는 셈이다. 또한 시진핑 주석의 반부패 칼끝이 장쩌민의 상하이방을 향하고 있다는 증거이기도 하다.

왕쭝난 王宗南 전 상하이 광밍 光明 식품그룹 회장이 검찰에 체포됐다. 그의 체포가 상하이 기업인과 상하이방을 겨냥한 반부패 사정의 신호탄이 될 것으로 예상된다.

후진타오 전 주석 집권 당시 5년 동안(2007-12년) 중앙판공청 주임을 지낸 링지화 令计划 전 정협 부주석 겸 통일전선공작부 부장뿐 아니라 궈보슝 郭伯雄 전 당 중앙군사위원회 부주석의 사법처리와 낙마설도 여전하다.

무기징역형을 선고받고 복역 중인 저우융캉과 보시라이 전 충칭시 서기, 조사 도중 방광암으로 사망한 쉬차이허우 당 중앙군사위원회 전 부주석과 함께 링지화를 '신4인방'으로 묶으려는 움직임이 일고 있기 때문이다. 신4인방은 시진핑 주석의 집권에 반대해 쿠데타를 기도했던 4명의 고위 간부 출신을 세간에서 일컫는 말이다.

쩡칭훙 중심의 태자당, 장쩌민 전 주석의 상하이방, 후진타오 전 주석이 좌장인 공청단파 어느 파벌도 시진핑 주석의 사정의 칼날에서 자유롭지 못하다.

27억 달러에 달하는 부정축재 의혹이 있는 원자바오 温家宝 전 총리, 체포설이 나도는 자칭린 贾庆林 전 상무위원, 전력업계의 대부 리펑 李鹏 전 총리, 허궈창 贺国强 전 중앙기율위원회 서기, 우관정 吴官正 전 중앙기율위원회 서기 등 비리설이 나도는 고위층은 그야말로 좌불안석이다.

현직 권력으로는 장더장 전인대 상무위원장, 류윈산 중앙서기처 서기, 장가오리 부총리 등 현직 상무위원과 후이량위 回良玉 전 부총리의 낙마 가능성이 점쳐진다. 정치적 성향과 부패 정도를 감안할 때 장더장과 후이량위가 낙마할 가능성이 크다고 분석된다.

장더장은 장쩌민계 인물로 좌파 성향이 노골적이란 이유에서다. 후이량위는 농업 담당 부총리 시절 100억 위안 규모의 대출에 관여한 비리 혐의가 최근 포착된 것으로 알려지고 있다.

시진핑 주석이 정적을 제거했던 전임 지도부의 행위를 답습하고 있다는 비판도 나온다. 장쩌민 전 주석은 1994년 천시퉁 陈希同 베이징시 서기를,

후진타오 전 주석도 2006년 천량위 陈良宇 상하이시 서기를 부패 혐의 등으로 축출했다. 권력 투쟁에서 패배한 이들은 반부패의 이름으로 단죄됐다.

그러나 저자는 시진핑이 강력하게 밀고 있는 장여우샤 张又侠 인민해방군 총장비부장(상장)의 당 중앙군사위원회 부주석 승진 소식이 18기 4중전회나 군 정치공작회의에서 나오지 않은 것으로 볼 때, 시진핑 주석의 권력이 공고한 상태에 이르렀다고 보기는 어렵다는 점과 반부패 사정 반발 세력들이 연합할 경우 시진핑 주석이 부패 척결에서 승리할 가능성이 크지 않을 것이라는 비관적인 시나리오를 제시한다.[45]

정치적 이해관계로 얽힌 서로 다른 계파가 힘을 합쳐 시진핑 주석과 일전을 불사할 것이란 전망이다. 시진핑 주석 체제 하의 정치 · 경제적 성향에 따라 파벌을 사회민주주의 세력, 당내 개혁 세력, 진보주의 세력, 중국 모델 옹호 세력, 신 · 구 좌파 세력으로 구분할 수 있다. 저우융캉의 조사가 발표까지 상당한 시간이 흐른 점과 비공개 재판으로 진행된 점은 이들 세력 간의 정치역학 관계가 작용하고 당내 저항도 만만치 않다고 분석되는 부분이다.

시진핑 주석은 상무위원들이 권력을 분점하는 집단지도체제를 무력화

45) 쉬차이허우 당 중앙군사위원회 전 부주석의 측근 장성 8명을 전격 연행해 조사에 나서면서 대대적인 군 숙청 작업이 시작됐다. 그러나 숙군작업은 쉬차이허우 부주석과 함께 해방군 쌍두마차였던 궈보슝 郭伯雄 전 중앙군사위 부주석, 창완취안 常万全 국방부장, 리지나이 李继耐 전 중앙군사위원 등 장쩌민파의 거센 반발을 넘어서야 한다.

시키고 대통령제와 같은 1인 지배체제를 구축했으나 외부에서 보듯 권력이 공고한 것은 아니다. 전임자인 후진타오 전 주석보다는 세지만 '상왕'인 장쩌민 전 주석의 권력도 여전히 작지 않다. 군도 아직 장악하지 못했다.

시진핑 주석은 중국을 이끄는 공산당이 심하게 부패해 당의 존립이 위험하다고 보고 권력 집중을 통한 개혁으로 당과 국가를 혁신해야 한다고 생각한다. 다만 개혁의 보폭이 너무 크고 어려운 방법만을 고집해 성과를 내기도 어렵다.

시진핑 주석이 추진하는 반부패와 법치 확립 등의 개혁이 성과를 내야 권력이 완벽해진다. 시진핑은 명실상부한 최고 지도자로서 양성 권력을 장쩌민은 퇴임했지만 음성 권력을 가지고 있다. 투쟁과 갈등이 불가피한 관계이고 주목해야 할 대목이다.

중국은 지도자 부패 문제를 공개하는 일을 극도로 꺼린다. 당의 이미지를 보호해야 하는 것은 물론이고 인민들의 불만이 폭발해 당이 수동적인 상태에 처할 수 있기 때문이다. 저우융캉이 문제가 된 것은 부패 때문이 아니라 보시라이 전 충칭시 당서기 등과 반 시진핑 쿠데타 기도를 모의했기 때문이다.[46]

---

46) 정치 게임의 결과 저우융캉이 혐의에 비해 가벼운 처벌을 받았다는 사실이 이를 추측케 한다. 훨씬 적은 뇌물을 받고도 사형 선고를 받은 하위 관리들과 달리 저우융캉이 사형을 면한 것은 그가 여전히 관대한 처분을 받고 있다는 것이다. 저우융캉에 대한 처벌이 가벼운 것은 배후에 정치 게임이 존재한다는 것이며 이번 결과는 저우융캉이 게임에서

베이징 정가 소식통들은 "시진핑과의 권력 투쟁에서 밀린 세력이 시진핑의 개혁을 지켜보는 상황"이라며 "개혁에 성과가 없으면 반대 세력의 권력 도전이 불거질 가능성이 있다"고 지적했다.

중국 공산당 정국은 항상 베일에 싸여 있어 한 치 앞도 예측하기 힘들다. 중국 베이징에는 수시로 짙은 안개가 끼고 있다. 현재의 중국 공산당 체제 내에서 중국 공산당 지도자의 어떠한 행동에 대해서도 낙관적인 기대를 갖기는 어렵다.

일부 카드를 들고 있다는 것을 보여준다고 분석된다. 부인과 큰아들이 증인으로 나선 점은 저우융캉이 가족을 보호하기 위해 다른 고위인사를 끌어들이지 않는다는 조건으로 수뢰액을 조정하기로 당국과 거래를 했다고 추측 가능한 부분이다. 장쩌민 전 국가주석과 쩡칭훙 전 국가부주석 등 원로들이 상무위원급 간부의 가족에 대한 조사 등을 방해해 사형 선고가 거의 불가능해졌다는 정보도 있다. 당국이 보시라이 전 충칭시 당서기 때와 달리 저우융캉 재판을 비공개로 진행한 것은 이미지 손상을 우려했기 때문이라는 분석도 가능하다.

F15

호랑이와 파리 잡기(打虎拍蝇)에 이어 여우사냥(獵狐)

시진핑 주석이 집단지도체제와 원로정치의 전통을 깨고 1인 지배체제를 구축한 힘은 어디서 왔을까.

그는 장쩌민, 후진타오와 달리 공산당 지분을 가진 혁명 원로의 후손인 '홍얼다이'(红二代)라는 태생적 우위을 갖고 있다. 문화대혁명 시절 7년간 하방되어 고난의 세월을 겪었고 이후 25년 동안 지방 생활을 통해 낮은 자리에서부터 한 계단씩 밟고 올라오면서 태자당 이미지에서 벗어날 수 있었다.

취임 뒤에는 공산당 일당독재를 공고히 한다는 명분을 내세워 정풍(整风)과 반부패로 민심을 얻으며 권력을 장악했다. 당원들의 근검절약 등을 지시한 당8조(党八条)와 사치 등의 금지 사항을 적시한 금6조(禁六条), 군인들의 금주 등을 명령한 군10조(军十条), 자아비판을 골자로 한 군중 운동, 반부패 기구인 당 중앙기율위원회의 전국 순시조 감찰 활동 등 각종 반부패 정풍 카드로 당 · 정 · 군 기강 잡기에 나섰다.

특히 저우융캉 사건을 통해 '상무위원은 건드리지 않는다'(刑不上常委)는 묵계를 파기함으로써 원로를 포함해 누구든 도전하면 제거될 수 있다는 경고장도 공표했다.

인민일보와 신화사 등 관영 매체에서는 18기 4중전회 개최 소식을 보도하면서 고위직과 하위직을 막론하고 18만 명 이상의 당정 관료들이 처벌받고 관직에서 물러났다고 발표하였다. 고위직을 일컫는 '호랑이'와 하위직을 의미하는 '파리'로 표현된 '타호박승'(打虎拍蝇)은 부패 사범을 일소하고 척결하는 이른바 시진핑 주석의 1단계 중국식 부패와의 전쟁이다.

이번 발표에서는 장차관급에 해당하는 성부급(지방 성급 기관과 중앙부서를 지칭) 이상의 고위 공직자가 108명이 포함되었는데 특히 보시라이 전 충칭시 서기, 저우융캉 전 상무위원, 쉬차이허우, 궈보숑 전 중앙군사위 부주석 등 정치국원급에 해당하는 경우 보통 '큰 호랑이'(大老虎)라고 불리워진다. 그 아래 급의 호랑이는 중앙위원급에 해당하는 경우로 성부급 간부와 국유기업 책임자들로 이쥔칭 중앙편역국 국장, 바이언페이 정치위원, 쑤룽 전 정협 부주석, 장제민 중국석유 이사장, 류테난 발전개혁위 부주임, 리동셩 공안부 부부장, 류테쥔 철도부장 등이 있고 국유기업으로 홍콩에 본부를 두고 있는 화룬집단의 송린 이사장, 중국석유천연가스집단의 두 명의 부총경리인 왕영춘, 리화린 등이 포함된다.

나머지로 성부급 이하 행정구역인 시 · 현 · 향 · 진의 당정 간부들과 자치조직인 가도판사처와 촌민 · 주민위원회와 같은 기층조직의 간부들 중 부패공직자들을 '파리'의 부류에 속한다고 할 수 있다.[47]

---

47) 직할시(直辖市)에는 구(区)와 현(县), 구 아래는 진(镇), 현 아래에 진과 향(乡)으로

호랑이급의 경우에는 한 달에 2명 정도의 고위급 공직자를 적발하였고 파리급 공직자의 경우에는 날마다 250명에 가까운 숫자가 해임처분을 당하고 있다는 발표이다.

이제 중국은 해외로 도피한 부패 사범을 잡는 '여우사냥'(례후 獵狐 · 엽호)에 나섰다. 여우사냥이란 국외로 도피해 재산을 은닉한 부패 관료들을 잡아들이는 중국 정부의 정책을 일컫는 말이다. 2011년 중국사회과학원 조사에 따르면 1990년대 중반 이래 1만 8,000여 명의 중국 부패관리가 약 1,900억 달러를 들고 달아났다.

2014년 추석과 10월 1일의 중국 국경절 연휴 기간에 출국한 1,100명의 관리 중 714명을 중국 당국은 도피로 판단하고 있다. 차오젠밍 曹建明 중국 최고인민검찰원 검찰장은 2008년부터 5년 동안 해외로 도피한 부패사범 중 6,694명을 체포했다고 밝혔다. 또한 '여우사냥 2014'로 한 해 700여 명의 국외 도피사범을 잡아들여 50억 달러의 재산을 국고로 회수했다.

중국의 부패 관료는 우선 홍콩이나 말레이시아 등 동남아로 가 여권을 위조한 뒤 제3국으로 향한다. 이들은 생활수준이 높고 교육 환경이 좋으며 대규모 화교 커뮤니티가 있어 편리한 미국과 캐나다, 호주가 3대 선호국이다. 도피범이 선호하는 이들 국가들이 중국의 사법체계에 불신을 갖고 있는 데다 정치범과 사형수 불인도 원칙에 따라 웬만해선 중국으로 인도하지 않기 때문이다.

편제. 가도판사처(街道办事处)는 현급시 정부의 파출기구로 우리의 동사무소 개념.

중국이 범죄인 인도조약을 맺은 나라는 현재 36개 국가에 불과하다. 이 때문에 중국 정부는 해외 도피 사범에 대해선 속수무책이라는 비난을 들었다. 그러자 시진핑 주석은 "톈뤄디왕 天罗地网(천라지망 · 하늘에 새 그물, 땅에 고기 그물) 같은 물샐틈없는 수사망을 펴서, 부패사범이 죄를 피하여 천당에 숨고 법망을 피해 해외에서 유유자적하는 일이 절대로 없게 하라"고 지시했다.

시진핑의 지시에 따라, 해외 도피사범을 송환하고 은닉자산을 회수하기 위한 천망(天网 · 하늘 그물)이 정식으로 개시되었다. 왕치산 王岐山 당 중앙기율위원회 서기는 "앞으론 부패 관리가 바깥에서 놀지 못하게 하겠다"고 으름장을 놓았고, 중앙기율위원회에 국제협력국을 만들어 해외 도피 관료의 체포를 위해 외국과 연락하는 업무를 전담케 했다.

이를 지휘하는 류진궈 劉金国 당 중앙기율위원회 부서기는 청렴과 공정의 대명사이다. 류진궈 부서기는 공안부 부부장이던 2012년 중국 CCTV가 선정한 중국인을 감동케 한 인물로 선정됐을 정도로 청렴성을 인정받고 있다. 국가로부터 분배받은 집을 장만하기 위해 4만 6,000위안을 대출받았던 류진궈의 부인은 지금도 임시직으로 일한다. 류진궈의 친인척 38명 중 허베이성 농촌 마을을 벗어난 인물은 단 한 명 없이 여전히 농민 신분으로 지내고 있다.

저우융캉 사건 수사조 부조장도 맡았다. 조장은 상무위원인 왕치산 당 중앙기율위원회 서기이며 중앙기율위에는 8명의 부서기가 있다.

중국은 아시아태평양경제협력체(APEC) 장관급 회의를 개최하면서 '베이징 반부패 선언'을 통과시키고 '반부패행동협력네트워크'(Act-Net)도 출범시켰다. 앞으로 해외로 나간 중국 관료의 가족이 직업 이상의 화려한 생활을 하게 될 경우 바로 감시 대상이 된다.[48]

여우사냥 4개월여 만에 미국, 캐나다, 스페인, 한국 등 56개 국가 및 지역을 뒤져 288명을 붙잡는 데 성공했다. 중국은 미국에 1,000여 명의 부패 사범 명단을 통보한 것으로 알려진다. 호주 경찰은 중국이 요구한 7명의 부패 사범에 대한 재산을 동결하고 조사를 하겠다는 입장을 밝혔다. 이 중엔 정치적으로 민감한 인물도 포함돼 있다.

윈난 云南성 서기를 역임한 가오옌 高严이다. 그는 중국 건국의 주역 중 하나인 가오강 高岗의 아들이자 리펑 李鹏 전 총리의 측근이다. 그가 중국 국가전력공사 총경리였을 때 부총경리가 바로 리펑의 아들인 리샤오펑 李小鹏 산시성 성장이었다. 가오옌이 중국으로 압송될 경우 커다란 정치적 파장이 일 전망이다.

시진핑 주석의 권력집중이 가속화하면서 정치적 라이벌이었던 리커창 총리의 존재감마저 희미해지고 있다. 처음엔 정치적 필요에 따라 상무위원들의 합의로 시진핑에게 권력을 몰아주었지만 이제는 그의 막강한 권력

---

48) 가족들을 이미 해외로 보내 놓은 뒤 자신도 언제든 옷을 벗고 떠날 생각만 하는 중국 공무원을 뜻하는 뤄관 裸官(기러기 공무원)이 한 조사에선 118만 명에 이르는 것으로 집계됐다.

과 카리스마 앞에 다른 상무위원조차 도전하지 못하는 상황이 된 것이다. 이에 따라 시진핑 주석은 같은 상무위원이지만 '상무위원 이상의 특별한 존재'라는 인식이 확산되고, 서방 언론은 중국의 '시 习 황제'(Emperor Xi)라 부르기에 이른 것이다.

시진핑 주석은 러시아 TV와의 인터뷰에서 "먹기 좋은 고기는 다 먹어치웠다. 모두 씹기 힘든 딱딱한 뼈만 남았다"고 비유하며 저우융캉을 필두로 하는 석유방 등이 권력을 남용해 천문학적 숫자의 재산을 축재한 현상을 비난했다. 시진핑 주석의 언급대로 들어난 중국 당 · 정 · 군 고위인사들의 부패 규모는 상상을 초월한다.

저우융캉의 경우 900억 위안에 달하며, 특히 중국군 부패의 '핵심 인물'로 여겨졌던 쉬차이허우 당 중앙군사위원회 전 부주석이 심각한 비리로 조사를 받는 상황이었다. 이러한 사태를 막는 데는 국가 주석이 직접 챙기지 않으면 안 되는 상황이었으며 이는 공산당의 존립 자체를 위협하는 상황이었다. 시진핑 주석에게 모든 권한을 집중하는 것은 국내적으로 이런 배경이 작용하고 있다.

더욱이 중국 부상에 강력한 장애물로 등장한 미국 오바마 정부의 '아시아 회귀'와 일본 아베 정부의 재무장 및 우경화는 중국에 강력한 리더의 출현을 부르고 있다. 강력한 대외정책을 펴나갈 카리스마 있는 리더에 대한 요구가 커졌다. 특히 군부는 강경한 대외정책과 군비확장정책의 선두에 서 있다. 시진핑 주석이 군부대 시찰에서 "언제든지 전쟁할 수 있는 준비를 갖추고 전쟁을 하면 반드시 승리하는 군대가 돼야 한다"고 강조하는 것도 이런 배경에서 나왔다.

시진핑 주석이 강력한 리더십을 구축할 수 있었던 또 하나의 요소는 중화민족의 위대한 부흥이라는 '중국의 꿈'을 제시하여 인민에게 자긍심을 심어 주었다는 점이다. 인민적 자긍심을 고취하여 공산당 통치를 자랑스럽게 여기도록 하는 정치 슬로건이다. 나아가 중국 지도부는 서방식 민주주의가 갈등과 비효율로 인해 중국 실정에는 맞지 않는다는 이데올로기도 적극 전파하고 있다. 넓은 영토와 다민족국가인 중국에서 자유 민주주의를 도입하면 민족 간 · 지역 간 갈등으로 국가가 분열될 수밖에 없다는 논리를 펴고 이것이 먹혀들고 있다.

시진핑 주석은 당 대회나 전인대에서 "다른 나라에서 나쁜 경험을 배우지 않을 것이며 다른 나라의 제도를 그대로 베끼지도 않을 것"이라고 강조하고 있다. 또한 시진핑 주석은 "서양의 7가지 가치와 싸워 이겨야 한다"고 반복해서 강조했다.

7가지 가치란 서구 시민사회, 자유시장, 민주주의, 독립된 미디어, 언론자유, 인권, 사법부 독립 등을 말하며 이러한 가치가 공산당 체제를 위협하도록 놔두지 않겠다고 강조한 것이다.

중국의 1인당 소득이 7,000달러에 육박하면서 중국 인민들은 '빵' 이상의 가치와 정치적 이념을 원하고 있다. 중국 공산당은 이런 염원이 민주화 요구로 분출되지 않도록 민족주의와 애국주의를 적극 조장하고 있다.

또한 시진핑 주석은 우주왕복선 선저우 神舟에 부인 펑리위안의 노래 '희망의 초원에서'(在希望的田野上) CD를 같이 넣었다. 후베이성 우한의 수해현장 방문 당시 바지를 걷어 올리고 왼손에 우산을 든 채로 현장 사람들과 얘기를 나누는 모습이나 베이징의 골목길 식당을 찾아 주민들과 어울려 만두를 먹는 모습으로 인민에게 '친근한 지도자' 이미지를 심어 주려는 고도로 계산된 연출을 하고 있다.

당 기관지 인민일보는 '신(新)설계사 시진핑'이란 기사에서 덩샤오핑이 개혁개방의 총설계사였다면 시진핑은 새로운 단계의 개혁노선의 신설계사라고 칭송했다.

이제 시진핑 주석은 중국을 세계의 중심에 놓으려 하는 동시에 자신을 중국의 중심에 놓으려 한다.

국내적으로 시진핑 시대는 '경직된 사회'가 될 가능성이 높다. 2014년 18기 4중전회에서 '의법치국'을 강조했다. 취임 후 2년 동안 정풍 및 반부패 운동을 통해 당을 손보는 식으로 당내 권력 기반을 구축했다면 이제는 법치를 내세워 국가에 대한 통치를 강화하겠다는 것이다. 그러나 이는 권력자의 법의 남용을 막으면서 동시에 비판적 인사에 대한 탄압도 가능하게 한다. 학문과 사상에 대한 통제가 강화되고 언론자유를 제한하며 인터넷에 대한 검열도 강화될 것이다. 홍콩 민주화 운동 과정에서 드러났듯이 중국 지도부는 공산당 일당체제를 위협하거나 대체할 가능성이 있는 새로운 정치체제의 출현을 금기시하고 있다.

서구 사회는 중국의 메시지를 종종 오해하곤 한다. 중국에 대한 서구인들의 이해는 편견으로 가득 차 있다. 시진핑 주석이 말하는 '중국몽'(Chinese Dream)의 이상은 국가(민족)의 부흥이다. 서구적 가치관이 어디서나 통용되는 것이 아니며, 이러한 가치들이 중국을 비롯해 모든 국가에 있어 중요한 요소이긴 하지만 중국은 이제 국제사회에서 책임 있는 이해 당사자(responsible stakeholder)이다.

서구 사회는 중국이 더 이상 대안이 없을 때, 그 언젠가 중국 정부는 인민과 권력을 나누게 되고 중국 경제의 모순들이 한데 뒤섞여 자유화될 때 현재의 체제를 변화시킬 것이라고 예측한다. 그러나 아직 그때는 도래하지 않았다.

홍콩의 경우처럼 중국의 평균보다 훨씬 부유하며 중산층도 두텁고 공기오염도 덜하지만 그렇다고 해서 완전한 자유를 누리고 있지는 않다. 지역 매체는 언론자유를 보장받지 못하며 시민들은 보통 선거권을 인정받지 못한다. 시민들은 개인의 권리가 아닌 국익을 우선시하는 체제 안에 갇혀 있다. 이는 실질적 법치주의인 법의 지배(rule of law)가 아닌 형식적 법치주의인 법에 의한 지배(rule by law)이다. 국수주의적이고 자기중심적인 생각은 매우 위험하다.

중국은 언제나 그렇듯 내부적으로는 자신만이 최고라는 낡은 습관에 젖어 위기를 깨닫지 못하고 그들만의 신화에 빠져 있다. 당원 8,000여 만명으로 세계 최대의 정당이 된 현재 중국 공산당은 장기 집권이 가져다 준 부패를 적극 척결하지 못하면 시장경제의 잘못된 이해와 계획경제식 사고방식에 익숙한 현실에서 나온 중국 그래프 경제는 중국을 더욱 위험에 빠뜨린다. 미래가 우리가 그린 원래 그림대로 되지 않듯이 중국은 정책을 끊임없이 수정 보완해 나아가는 노력을 경주해야 한다.

국내적으로 지속적인 경제발전과 성장과실의 분배를 통해 사회 안정을 이뤄내고 국제적으로는 미국 등과 평화로운 지구촌을 만들어 중화민족의 위대한 부흥을 실현할 수 있을지 세계가 지켜보고 있다.

18기 4중전회에서는 〈시진핑의 일련의 중요 강화(讲话) 정신〉을 〈덩샤오핑 이론〉 〈장쩌민의 3개 대표론〉 〈후진타오의 과학발전관〉 등과 같은 당의 지도 사상으로 처음 적시했다. 이는 시진핑 주석이 권력을 공고화하기 위해 여전히 권력 집중 작업에 총력하고 있음을 보여주고 있다.

F16

포스트 시진핑 '6세대 리더'는

중국 정치의 하나의 원칙인 거따이친뎬 隔代钦点(격대지정)은 현재 지도자가 대를 뛰어 넘어 차차세대 지도자를 지명하는 것을 가리킨다. 덩샤오핑 전 주석이 살아있을 때인 1992년 덩샤오핑은 장쩌민 주석 다음 지도자로 후진타오를 결정하였고, 2002년 장쩌민은 후진타오 주석 다음 리더로 시진핑을 발탁한 것을 가리킨다. 2012년 18차 당 대회 이후 대권을 시진핑 주석에게 넘긴 후진타오 전 주석은 2022년 과연 거따이친뎬의 파워를 발휘할 수 있을까?

중국 정치의 또 하나 원칙인 칠상팔하(七上八下 · 67세는 되고 68세는 안 된다)에 따르면 당 대회가 열리는 해를 기준으로 67세까지만 상무위원이 될 수 있다. 이 원칙에 의하면 현재 중국 공산당 상무위원 7명 가운데 시진핑 주석과 리커창 총리를 제외한 나머지 5명은 2017년 19차 당 대회에서 모두 은퇴해야 한다.

따라서 장춘셴 张春贤 신장 新疆 위구르자치구 서기, 멍젠주 孟建柱 공안부장, 귀진룽 郭金龙 베이징시 서기, 류치바오 刘奇葆 쓰촨성 서기, 한정 韩正 상하이시 서기 등은 정치위원 진출 가능성은 높지만 치상빠샤 七上八下 인사원칙에 따라 6세대 리더와는 거리가 있다.

현재 구도대로라면 후춘화 胡春华49)광둥성 서기, 쑨정차이 孙政才50)충칭시 서기, 저우창 周强51)최고인민법원장이 빈자리를 우선 차지하게 될 가능성이 큰 것으로 예상된다.

2022년 출범 예정인 제6세대 지도부의 '3대 주자'로 불리는 공청단파의 차세대 주자인 후춘화 광둥성 서기와 쑨정차이 충칭시 서기 이 두 사람은 1963년생이며 저우창 최고인민법원장이 1960년생이다. 따라서 1965년 이후 태어난 간부들이 이들과 함께 차기 지도부를 구성할 것으로 예상된

---

49) 후진타오 주석에게 덩샤오핑이나 장쩌민 같은 힘이 있다면 현재 '6세대 리더'로 가장 떠오르는 사람은 후춘화 胡春华 광둥성 서기다. 후베이 湖北성 투자 土家족의 가난한 농민의 아들로 태어난 후춘화 서기는 '리틀 후진타오'라는 별명을 갖고 있을 정도다. 그의 강점은 업무능력 책임의식이 풍부한 티벳 경험이다. 그는 티벳에서 20년 동안이나 근무하며 후진타오 주석의 눈에 들었다. 후진타오 주석은 그를 후계자로 키우기 위한 경력관리 일환으로 2008년 4월 허베이 河北성 성장으로 보냈다. 하지만 멜라닌 파동으로 영아 30만 명이 신장결석 증상을 겪었고 11명이 사망하는 곤혹을 치렀다. 그럼에도 불구하고 그는 1년 반 만에 내몽고 서기로 승진했다.

50) 쑨쩡차이 孙政才 충칭시 서기도 후춘화 저우창과 함께 '6세대 리더'의 선두 그룹을 형성한 '3두 마차' 중 한 명이다. 산둥성 룽청 荣成현 출신인 그는 원자바오 총리가 찍은 '거따이친뎬 총리'로 알려지고 있다. 그는 산둥 라이양농학원(현 칭다오농학원)을 졸업한 뒤 베이징 농림과학원에서 옥수수 대가인 천궈핑 阵国平교수 아래서 석사와 박사를 받은 '옥수수 전문가'다. 43세인 2006년에 농림부장으로 발탁됐으며 원자바오 총리의 배려로 2009년 11월 지린성 서기로 승진했다.

51) 저우창 周强 후난 湖南성 서기도 후진타오 주석이 키우는 후계자 후보다. 후베이 湖北성 황메이 黄梅현 출신인 그는 38세인 1998년 리커창에 이어 공청단 중앙제1서기가 됐다. 8년 동안 근무한 뒤 2006년 후난성 대리성장으로 옮긴 뒤 2007년에 후난성 서기로 승진했다. 그는 중국경제체제개혁 연구원으로부터 '중국 개혁개방 30년이 낳은 걸출한 인물'이라는 평가를 받기도 했다. 하지만 그는 시난 정법대학을 졸업한 뒤 사법부-공청단-호남성으로 이어지는 탄탄대로를 걸어 기층경험이 부족하다는 지적을 받고 있다.

다.[52] 후춘화 서기는 '리틀 후진타오'로 불릴 만큼 공청단의 대표적인 젊은 차세대 주자다.

이렇게 되면 공청단계의 현직 최고 리더인 리커창 총리와 더불어 공청단 계열이 7명의 상무위원단 가운데 4명을 차지하게 돼 공청단이 최상층 권력 집단을 장악하게 될 가능성이 커진다.

현재 중국의 부부장급 이상 간부 가운데 100여 명이 되는 '류링허우'(1960-69년 출생자)가 관건이다. 크게 부각된 '3두 마차'를 포함한 이들 가운데 6세대 리더가 등장할 것이다.

이 중에는 태자당은 리샤오펑 李小鹏(리펑 전 총리 아들) 산시성 부성장, 판위에 潘岳(류화칭 당 중앙군사위원회 전 부주석 사위) 환경보호부 부부장, 리즈췬 李志群(리펑칭 전 상무위원 아들) 국유중점기업감사회 주석 등이 있다. 공청단 출신으로 저우창 周强 최고인민법원장, 루하오 陆昊 공청단 중앙제1서기, 쑨진룽 孙金龙 허페이 合肥시 서기, 쟈오용 赵勇 허베이성 부성장 등이 있다.

---

52) 현재 중국에서 1965년생 이후 성부급 고위 관리는 모두 15명이다. 1965년생 자오이더 赵一德 저장성 당 비서장, 천강 陈刚 구이저우성 구이양시 서기, 장안순 张安顺 지린성 서기, 왕링쥔 王令浚 칭하이성 조직부장, 쑨서우강 孙守刚 산둥성 선전부장, 런쉐펑 任学锋 광둥성 광저우시 서기, 장샤오란 张晓兰 간쑤성 기율위 서기, 마오차오펑 毛超峰 하이난성 정법위 서기, 1966년생 판루이핑 范锐平 쓰촨성 조직부장, 천강 陈刚 베이징시 부시장, 1967년생 루하오 陆昊 헤이룽장성 성장, 좡옌 庄严 지린성 선전부장, 덩샤오강 邓小刚 시장자치구 정법위 서기, 1968년생 왕샤오 王晓 칭하이성 부성장, 양웨 杨岳 푸젠성 푸저우시 서기가 있다.

마오쩌둥에 의해 시작된 미래 지도자 양성 계획은 문화대혁명으로 중단되었다가 덩샤오핑이 "당도 망하고 나라도 망한다"(亡党亡国)며 예비간부 육성을 지시하자, 1982년 천윈 阵云이 중앙조직부에 청년간부국을 만들었다. 당이 간부를 관리한다는 당관간부(党管干部) 원칙에 따라 1985년 10만 명의 예비간부 명단이 작성됐다. 이 가운데 장관급 예비간부는 1,054명으로 17 · 18기 중국 공산당 상무위원 중 2명을 제외하고 모두 이 리스트에 포함됐다. 20년 앞을 내다보고 국가지도자를 육성한 셈이다.

2012년 11월 8일 시진핑을 중심으로 하는 '5세대 리더 그룹'이 중국 새로운 역사의 닻을 올렸다. 이들은 1949년 신중국이 건국된 이후에 태어난 신세대이다. 문화대혁명 시절 농촌과 공장으로 하방(下方) 당해 극심한 고통을 겪었지만 정식 대학교육을 받은 첫 지도자 그룹이다. 개혁개방의 현장에서 성장의 열매와 부(富)의 양극화 그리고 공산당의 부패를 몸으로 체험한 '모순 세대'이기도 하다.

마오쩌둥-덩샤오핑-장쩌민-후진타오-시진핑으로 이어지는 중국 리더십은 배고픔을 해결하는 '수학적 과제'에서 배아픔을 풀어야 하는 '윤리 · 철학적 과제'로 변했다. 그들은 이제 중국을 세계 최대 경제대국 G2에서 글로벌 슈퍼파워 G1으로 발전시켜야 하는 과제도 안고 있다. 어쩌면 그들은 '대장정'과 '신중국 건국' '개혁개방'보다 훨씬 더 풀기 어려운 숙제를 받은 것이다.

장쩌민과 시진핑의 경우처럼 중국의 최고 지도자는 경쟁의 선두에 섰던 사람보다는 전혀 생각하지 못했던 '다크 호스'가 차지하는 경우가 많았다. 앞으로 10여 년 뒤에는 중국 경제규모가 미국을 제치고 세계1위(G1)가 될 것이 확실하다. 이에 따라 경제시스템은 물론 정치적 민주화도 상당히 진행될 것이다. 현재 촌장으로 제한되어 있는 직접선거 범위가 확대되고 사회적 요구도 점차 높아질 수밖에 없을 것이다. 그만큼 6세대 리더는 변수가 많은 '이동 목표'(Moving Target)인 셈이다.

지금까지는 정치 지도자들의 협상과 타협에 의해 차세대 리더가 낙점을 받았지만 앞으로는 스스로 능력을 발휘하고 인민들의 지지를 확보하는 게 중요해질 것이다.

시진핑 주석은 주요 부처 부장 · 주임 25명 가운데 절반 이상을 유임해 정책의 연속성 · 안정성을 중요시했다는 평가를 받았다.

중국의 화폐 정책을 책임질 저우샤오촨 周小川 인민은행장과 위안구이런 袁贵仁 교육부장, 완강 万钢 과학기술부장, 먀오웨이 苗圩 공업 · 정보부장, 겅후이창 耿惠昌 안전부장, 인웨이민 尹尉民 인력자원 · 사회보장부장 등 후진타오 시대 임명된 장관급 인사 16명이 자리를 지켰다.

그러나 18차 당 대회를 통한 인사배치에서 왕양 汪洋 전 광둥성 서기와 리위안차오 李源潮 전 중앙조직부장이 상무위원에서 탈락하자 많은 이들이 "이 명단은 중국 공산당이 사악하고 구제불능인 당임을 보여 준다" "자유개혁파 대표 주자조차 선택되지 않았다. 이 당이 붕괴되지 않는다면 하늘을 거스르는 것이다" "이번 인선은 자유개혁파, 보편적 가치를 옹호하는 인물들을 걸러내고 보수적이고 반개혁적인 극좌파 세력을 중용했다"며 중국 공산당은 바로 지금 이 막다른 길을 가고 있다고 비판했다

18차 당 대회를 전후로 미국 영사관에 진입한 왕리쥔 사건으로 문화대혁명의 좌파 부활을 시도했던 보시라이가 낙마했다. 이후 중국 내에서는 민주주의에 대한 지지 목소리가 쏟아졌고 언론은 계속해서 정치와 사법 개혁을 외쳐 중국에 일대 변화가 일어날 것처럼 보였다.

그러나 당내 민주주의 우파노선을 주장하던 왕양과 리위안차오는 상무위원 진입에 실패했다. 당내 보수파와 당 원로들의 이익을 위협할 수 있는 개혁을 말했기 때문에 중국 공산당내 이익단체에 의해 밀려났다.

'광둥 모델'로 알려진 왕양 汪洋의 개혁에서 가장 큰 장애는 바로 중국 공산당 제도 자체였다. 비록 원자바오의 전폭적인 지지를 받긴 했지만 후진타오는 좌편향된 정치 입장을 표명했다. 엄격하게 말하자면 후진타오는 원자바오에 동의하지 않았으며 좌파 중에서 중도좌파에 해당한다.

후진타오는 18차 당 대회 정치보고에서 "기치를 바꾸는 잘못된 길을 걷지 말아야 한다"고 하자, 왕양은 "중국 공산당 당원들은 모두 개혁자이며 그렇지 않았다면 오늘이 있을 수 없다. 개혁은 당의 전략적인 선택이며 중국은 개혁개방의 길을 따라가야 한다"고 이의 제기했다.

왕양 汪洋은 공청단파 출신으로 후진타오와 동향이다. 보시라이가 낙마하기 전부터 왕양은 보시라이의 가장 큰 라이벌이었다. 왕양은 덩샤오핑

의 관심과 원자바오의 신임으로 광둥성에서 장쩌민의 정치적 생명이라고 할 수 있는 〈3개 대표론〉과 후진타오의 〈과학적 발전관〉을 경제성장 방식의 변화로 '사상해방 운동'을 시작해 광둥성 내에 광둥성 전 서기 장더장 张德江과 리창춘 李长春의 부하들을 포함한 장쩌민파 세력을 소탕하기도 했다.

또 당 중앙정법위원회의 저우융캉 인맥과 전 광둥성 부서기 왕리만 黄丽满 등을 숙청하고 매체를 통해 상하이방의 추문을 폭로했다. 이중에는 장쩌민의 정부(情妇) 천즈리 陈至立와 장쩌민의 아들 장멘헝 江绵恒이 결탁한 부패 흑막 등이 포함돼 있다.

왕양은 이처럼 장쩌민파 세력에 맞서 대대적인 공격에 나섰다. 2012년 5월 왕양은 "인민의 행복이 당과 정부의 은혜라는 잘못된 인식을 반드시 타파해야 한다"고 발표하고 "개혁은 당과 정부에서부터 시작해야 한다"며 목소리를 높였다. 또 광둥성에 최초로 '관리 재산신고제도'와 선전 深圳에서는 '공회 직선제'를 솔선해서 실천했다.

이외에도 왕양은 광둥에서 부패척결 운동을 벌여 수백 명의 관리를 쌍규(双规 · 공산당 당규를 심각하게 위반한 당원을 구금 상태에서 중앙기율위원회에서 조사하는 것)에 처했다.

중국 여론은 중국 공산당 개혁을 가장 많이 이야기한 인물이 원자바오 전 총리였다면 가장 많은 행동을 취한 인물은 바로 왕양 부총리라고 평가한다.

가장 큰 변수로 꼽혔던 리위안차오 李源潮 중국 공산당 전 중앙조직부장도 18차 당 대회에서 상무위원 진입에 실패하였다. 공청단계의 대표 주자인 리위안차오와 상하이방의 거두인 장쩌민 전 총서기가 지원하는 것으로 알려진 류윈산 상무위원 간 경합은 당내 계파 간 세력전의 하나로 해석되기도 했다. 결국 리위안차오는 시진핑 주석이 2인자 시절 갖던 요직인 국가 부주석에 임명됨으로써 '제8의 상무위원'으로 부활했다.

18차 당 대회 인사 개편의 핵심은 사실상 덩샤오핑의 '경제적으로는 우파, 정치적으로는 좌파'의 길을 반복한 것이다. 중국 인민들의 지지와 성망이 높은 리위안차오와 개혁파의 기수 왕양의 상무위원 진입 실패는 중국 공산당의 본질이 전혀 바뀌지 않았다는 것을 의미한다.

18기 인사에 대해 많은 추측이 있지만 주로 왕양이 너무 우파적이고 리위안차오는 리펑 전 총리의 강력한 방해 때문이라고 한다.

1950년생인 리위안차오 李源潮는 공청단파인 동시에 태자당 멤버이다. 베이징대학 경제관리학 석사 출신과 하버드 대학 연수를 다녀와 영어가 유창할 뿐만 아니라 후진타오 시절 중앙서기처 서기, 당 중앙조직부 부장으로 비교적 평가가 좋은 편이다. 그가 중앙서기처 서기로 있을 때인 1989년 6·4 민주화 운동 당시 보수파들로부터 강경하지 못하다는 지적을 받았으며 그 후 10여 년간 승진이 정체되기도 했다.

18차 당 대회 직전 장쩌민파는 리위안차오가 해외에 정부가 있고 아들이 불법으로 큰 재산을 축적했다는 소문을 퍼뜨렸다. 하지만 음악대학 교수인 그의 아내와 관계가 아주 좋으며 아들 역시 사업과는 무관한 학생으로 밝혀졌다.

리위안차오는 장쩌민파가 제거하려는 인물임이 분명하지만 후진타오는 왜 이런 인사 개편에 동의한 것인가? 후진타오는 리위안차오의 상무위원 진입을 유보하면서 중앙의 가장 중요한 자리에 배치했다. 그는 능력으로 볼 때 차기 상무위원 진입이 유력한 인물로 꼽혀 왔다. 즉 계속 당 중앙조직부[53]를 장악하고 인사권과 관리들의 신상에 대한 실권을 장악하는 동시에 국가 부주석을 맡겨 거따이친뎬 隔代钦点를 생각하였다.

그러나 공청단 간판주자인 리위안차오 부주석도 최근 그의 가족이 중국 벤처사업가로부터 일본 교토에 있는 호화주택을 뇌물로 받았다는 의혹에 휘말렸다. 후진타오 전 주석의 복심으로 불리며 공청단의 핵심 인물이었던 링지화 정협 부주석은 사정당국의 조사를 받고 있다.

공청단의 대표주자인 리커창 총리 역시 자신의 건강문제와 시진핑 주석이 경제권력까지 장악하면서 힘이 빠지고 있다.

---

53) 중국 공산당 중앙조직부(中国共产党中央组织部)는 인사를 주관하는 기관이다. 중국 공산당 중앙에 우수한 인재를 발탁하거나 간부를 양성하는 역할을 수행한다. 역대 중앙조직부장은 펑전(1949－53년), 라오수스(1953－54년), 덩샤오핑(1954－56년), 안쯔원(1956－66년) － 문화대혁명으로 업무 정지. 장위펑(1975－77년), 후야오방(1977－78년), 쑹런충(1978－83년), 차오스(1984－85년), 웨이젠싱(1985－87년), 쑹핑(1987－89년), 뤼펑(1989－94년), 장취안징(1994－99년), 쩡칭훙(1999－2002년), 허궈창(2002－07년), 리위안차오(2007－12년), 자오러지(2012년－현재)이다.

공청단 제1서기 출신으로 '리틀 후진타오'로 불리며 시진핑 주석의 뒤를 이어 최고 지도자로 유력한 후춘화 胡春华 광둥성 서기 역시 2017년 상무위원에 진입하고 2022년 총서기에 오를 것이란 전망이 많았다. 하지만 현재 흐름대로라면 그의 앞길이 순탄치만은 않을 전망이다.

시진핑 주석은 원로의 정치 간섭을 배제하고 전임 지도자가 낙점한 지도자 후보군을 무작정 선출하지 않는다는 방침을 이미 정했다. 시진핑 주석은 새 상무위원에 측근들을 기용하려 할 것이고 후진타오의 공청단은 그 과정에서 장애물이 될 수도 있다.

현재 중국은 개혁개방 이후 사회경제적으로 질적 도약을 위해 꿈틀대는 제2의 과도기에 놓여 있다. 이 시기 중국 시대적 요구는 지도자들이 과거 성공의 경험을 넘어 과감하게 인식을 전환하는 것이다. 권력은 총구에서 나온다는 인식은 바뀌어야 한다. 중국 공산당이 장악하고 있는 군은 진정한 국민의 군대가 아니다. 군의 '국유화'가 필요하다. 중국 정부는 무제한의 정부 권력이 제한적인 정부 권력보다 더 강하다는 인식을 버려야 한다. 현대 중국은 사회적으로 다이내믹한 다원화와 다변화 과정에 있다. 이는 전사회적 혁신과 창조성을 추동할 수 있는 사회적 동력이기도 하다.

손자병법에 금빛 매미는 허물을 벗어야 만들어진다는 금선탈각(金蝉脱壳)의 계책이 있다. 변화와 혁신은 현재 중국의 핵심 키워드이다.

F17

홍콩 우산시위와 '반 센트럴 점령'의 배후 장더장 张德江

시진핑 주석 정권 출범 이후 쌍두마차 체제의 한 축이었던 리커창 李克强 총리가 '실무형 총리'로 전락한데 이어 사퇴 압력까지 받고 있다는 일부 언론 보도가 나왔다.

언론은 "리커창 총리가 과중한 업무 때문에 지병인 당뇨병이 악화해 업무를 감당하기 어렵고 퇴임 압력을 받고 있다"고 보도하면서 "리커창 총리에 대한 '중도 하차' 압력이 시진핑 주석의 '1인 지배체제 확립'과도 관계가 있다"고 분석 보도했다.

중국 지도부는 만일 리커창 총리가 총리직에서 물러나면 퇴임 후 전인대 상무위원장을 맡아 명목상 당 서열 2위를 유지하도록 안배해 놓았다고도 보도했다. 또한 언론은 장더장 张德江 현 전인대 상무위원장의 앞으로의 거취에 대해선 아무런 언급을 하지 않은 채 후임 총리 후보로 쑨정차이 孙政才 충칭시 서기, 왕양 汪洋 부총리, 한정 韩正 상하이시 서기 등이 거론되고 있다고 주장했다.

그러나 이를 심층 분석해 보면 베이징대 경제학 박사, 역대 최연소(38세) 공청단 제1서기, 최연소(44세) 허난성 성장, 17기 당 중앙 상무위원, 부총리에 이어 시진핑 주석과 함께 제5세대 지도부의 한 축을 구성하는 리커창 총리의 낙마를 의미하는 것이 아니다.

최근에 벌어진 여러 가지 정황을 보면 위급한 상황에 놓인 장쩌민파 상무위원 장더장 张德江,54) 류윈산 劉云山,55) 장가오리 张高丽56)의 목숨을 걸고

54) 장더장 张德江 1946년 랴오닝 遼宁성 타이안 台安 출생. 장쩌민의 각별한 관심 탓에 '장쩌민의 아들'이라는 의미의 '장더장'(江德张)이라는 별명을 얻었다. 장쩌민 방북 수행 직후 옌볜조선족자치주 서기와 지린 吉林성 서기로 중용됐다. 이어 저장 浙江성, 광둥 广东성 서기로 잇따라 영전했다. 보시라이 사건의 최대 수혜자가 장더장이라는 분석도 있다. 보시라이 사건 직후 부총리와 충칭 서기를 겸임해 어수선해진 충칭을 빠르게 안정시킨 것이 상무위원 진입의 발판이 됐다는 것이다. 광둥성 서기 시절인 2000년대 초반 사스(SARS) 사태가 터지면서 초기 대응실패 등의 책임을 추궁당해 정치적으로 퇴출당할 뻔한 위기와 각종 농민 시위 등에 대한 무장 진압 등으로도 악명이 높았다. 저장성 원저우 温州 고속철도 사고 때는 교통 분야를 총괄하는 부총리 신분이어서 구설에 올랐다.

55) 류윈산 劉云山 1947년 산시 山西성 신저우 忻州 출생. 네이멍구 지닝 集宁 사범학교를 졸업하고 교사로 근무하다가 1975년부터 7년간 신화통신 주재기자로 일했다. 네이멍구 부서기와 중앙선전부 부부장으로 임명되면서 중앙 무대에 진출했다. 2002년 선전부장 자리에 오르면서 정치국에 입성했다. 중국 특색 사회주의와 중화민족이라는 개념을 선전하는 일등공신이라는 평가도 있지만 혹독한 언론 통제와 인터넷 검열의 주범이라는 비판도 받고 있다. 현재 당 중앙서기처 서기다. 중앙서기처는 당의 사무국에 해당하며 선전부장, 조직부장, 판공청 주임 등을 통솔하는 역할을 한다. 통상 중앙서기처 서기가 국가 부주석을 겸해왔지만 상무위원 진입이 좌절된 리위안차오 李源潮가 국가 부주석을 맡았다.

56) 장가오리 张高丽는 장더장과 함께 '장쩌민가(江家)의 양장(两张)'으로 꼽힌다. 장쩌민의 후광을 업고 성장해 왔기에 붙여진 별명이다. 장가오리는 쩡칭훙 曾庆红이 주도하고 있는 석유방으로 분류된다. 1946년생으로 푸젠 福建성 샤먼 厦门대 경제학과 졸업 후 광둥성 마오밍 茂名시에 있는 마오밍석유공사에서 일했다. 경영 능력을 인정받아 CEO에 올랐고 나중에 부성장에 임명됐다. 2000년 장쩌민 주석이 자신의 정치이념인 삼개대표론(叁个代表论)을 발표한 곳이 바로 마오밍이었다. 그만큼 장쩌민의 신임을 얻고 있다는 얘기다. 광둥성 서기로 일했던 2002년부터 2007년까지 광둥성의 GDP 규모는 무려 80%나 커졌지만 각종 시위를 무력 진압한 것으로 악명이 높다. 성장을 강조하는 것은 상하이방 정치인들의 전형적인 속성이다. 상무 부총리와 수도권 통합사업을 이끌 '징진지'(베이징, 톈진, 허베이의 약칭) 공동발전영도소조 조장을 겸한다. 수도권 통합 사업은 시진핑 주석의 '1호 공정'이라 불릴 정도로 가장 신경을 쓰고 있는 사업 중 하나다.

시진핑 주석에 맞서고 있는 이야기다.

시진핑 주석은 브라질, 아르헨티나, 베네수엘라, 쿠바, 남미 4개국을 차례대로 순방했다. 특히 반미노선을 취하는 베네수엘라와 쿠바를 잇달아 방문하면서 미국을 견제하고 중남미에서의 영향력 확대를 노렸다. 이는 오바마 대통령이 중국의 앞마당 일본, 한국, 말레이시아, 필리핀을 방문하면서 중국을 견제한데 대한 맞대응으로 해석되고 있다.

시진핑 주석의 남미 4개국 순방 기간(2014년 7월 13일-23일) 동안 장쩌민파 상무위원들이 분분히 북경을 떠났다. 상무위원이며 국무원 부총리인 장가오리는 푸젠성으로 역시 상무위원이며 당 서기처 서기인 류윈산은 칭하이 青海성으로 또한 상무위원이며 전인대 상무위원장인 장더장은 7월 18일 광동성 선전 深圳에서 홍콩 행정장관 량전잉 梁振英을 비롯하여 6개 경제단체장과 회견을 했고 7월 19일 홍콩 건제파(建制派) 대표와 만났다.

그런데 시진핑 주석의 남미 4개국 순방 출발 다음 날인 7월 14일 난징군구는 공중관제를 실시하여 상해와 북경으로 오가는 모든 비행 노선들을 대량으로 취소하는 사건이 있었고, 상해 TV가 잠시 중단되는 상황들이 발생했다. 인터넷상에서는 장쩌민의 부인 송주잉 宋祖英이 부패와 비리의 두 가지 혐의로 조사를 받았다는 뉴스가 올라왔고 장쩌민계의 2인자인 쩡칭홍의 동생인 쩡칭회 曾庆淮와 송주잉의 여동생 송주위 宋祖玉가 '사고가 났다'(出事)는 소식이 떠돌았다.

이보다 앞서 한 홍콩매체는 정협 전 주석이었던 자칭린 贾庆林이 '이미 체포되었다'는 보도가 있었다.

7월 23일 시진핑 주석은 남미 순방 후 곧바로 베이다이허 北戴河로 향했고, 언론들은 '또 다른 연극을 한바탕 준비할 것'(另一场大戏)이라고 보도했다.

장더장, 류윈산, 장가오리 상무위원은 현재 장쩌민파의 최고 세력이자 대변인이다. 이들은 모두 장쩌민에 의탁해 그의 파룬궁 탄압을 적극적으로 도우며 정계에 진출했다. 장쩌민 집단은 협상을 통해 18기에 이들을 상무위원으로 배치했고, 현재 그들은 장쩌민파를 위해 곳곳에서 시진핑 주석과 맞서고 있다.

붕괴상태에 놓인 장쩌민 집단은 장더장의 전인대를 통하여 '전인대의 최고 권력은 주석을 바로 파면시킬 수 있다'는 글로 시진핑 주석에 도발했다. 또한 당 선전을 주관하는 류윈산은 중국 관영매체 인민일보 사설을 통해 홍콩 문제를 자극했다.[57)]

---

57) 중국의 언론은 공산당 중앙선전부(中央宣传部)가 총괄 통제하고 있다.

1. 중국의 주요 신문은 중국 공산당 기관지인 인민일보(人民日报), 환구시보(环球时报), 광명일보(光明日报), 해방군보(解放军报), 공인일보(工人日报), 경제일보(经济日报), 중국 공산당 청년단 기관지인 중국청년보(中国青年报), 중국 공산당 이론지인 구시(求是) 유력지방(상하이)지인 문회보(文匯报) 등이 있다. ※ 발행부수 순
2. 중국의 방송은 전국에 227개의 라디오 방송국이 있고 텔레비전 방송은 전국에 247개의 텔레비전 방송국이 있다. 중국중앙전시대(CCTV)를 비롯한 일부 지방 텔레비전 방송국들은 위성을 통해 방송함에 따라 가시청 지역을 확대해 나가고 있다.
3. 중국에는 국영통신사로 신화통신사(新华社)가 있는데 국무원 직속기관으로 모든 내외신 뉴스를 총체적으로 관할한다. 신화통신사는 홍콩 마카오를 포함한 중국내 각 지역에 33개 국내지사와 해외 5개 총국 100개 지사가 있다. 중국신문사(CNS)라는 통신사가 있는데 이는 해외 화교에 대한 선전을 주목적으로 운영된다.

중국 공산당 전인대 사법위원회 부주임 리션밍 李慎明은 인민일보에 '중국 보통선거제는 혼란을 야기시키고 심지어 내전을 초래할 것'이며 '주석직은 없어도 된다. 주석은 정부가 아니고 국무원에서는 그에게 일을 보고하지 않는다. 중국의 최고 권력은 전인대이다'는 글을 게재했다.

장더장은 전인대 상임위원장과 홍콩-마카오 조화조직 조장의 권력을 남용했다. 2014년 8월 31일 중국 전인대는 홍콩 행정장관 선출에서 보통선거권을 제한했고, 이는 결국 홍콩 우산시위를 야기했다. '우산시위'로 알려진 홍콩 '센트럴 점령'은 9월 28일 시작됐다. 경찰은 최루탄을 동원해 이를 진압했고 이에 분노한 시민들은 거리로 쏟아져 나왔다. 장더장이 홍콩에서 사건을 일으킨 것은 홍콩이 혼란한 틈을 타 시진핑 체제를 무너뜨릴 기회를 노리는 것이라고 분석된다.

시진핑 당국은 예기치 못할 정권의 변수(중국 공산당 체제와 장쩌민 집단은 언제든지 정치 쿠데타를 일으킬 수 있다)를 가져올 것을 생각하고 홍콩에 군대를 동원하지 않는다는 전제하에 홍콩 우산시위에 대한 전권을 홍콩 행정장관 량전잉 梁振英에게 넘겨주었다. 그러나 량전잉은 홍콩 범죄세력을 동원해 '센트럴 점령' 시민들을 구타했다.

10월 4일, 10만 홍콩 시민들이 집회에 참여했고 장쩌민 집단은 인민일보의 홍콩 '센트럴 점령' 사건에 관한 사설을 통해 좀 더 명확하게 위협적인 신호를 보냈고, 홍콩은 막대한 인명피해를 입는 사건이 발생할 것이라고 위협했다.

장쩌민 집단은 '센트럴 점령' 시위에는 관심이 없고 '책임을 묻는다'는 명목으로 중국 공산당 최고 권력을 빼앗을 기회를 찾고 있었다. 전인대 상무위원장 겸 홍콩-마카오 조화조직 조장 장더장은 베이징을 방문한 홍콩 공롄회 工联会와 한 시간 반 동안 만남을 가졌다. 공롄회와 만남에서 장더장은 보통선거를 보류하고 '반(反)센트럴 점령' 연맹을 결성할 것이라고 했다.

홍콩 행정장관 량전잉은 장쩌민파의 2인자 쩡칭훙과 함께 양성해 놓은 약 1,500명 지하당원과 공롄회 등 특수조직을 동원시켜 '반 센트럴 점령' 시위대를 결성했다.

장쩌민 전 주석의 생일인 8월 17일, 홍콩 행정장관 량전잉은 직접 홍콩의 거의 모든 친장쩌민파 인사들과 지하당원 그리고 특수조직을 동원해 '반 센트럴 점령'에 참여했고 간접적으로는 장더장이 사건의 배후에 있었다.

많은 중국 인민들은 홍콩이 자신과 관련 없는 지역이라며 홍콩 정국에 별 관심을 보이지 않았다. 시위 79일 만에 홍콩 민주화 시위 마지막 캠프도 철거됐다. 하지만 홍콩 정국의 변화를 무시해서는 안 된다. 홍콩은 중난하이 양 파벌 간의 마지막 전쟁터이기 때문이다.

과거 장쩌민파들은 일부 성시를 장악했다. 저우융캉은 쓰촨성과 신장자치구, 쩡칭훙은 상하이시, 지젠예 季建业는 난징시, 뤄즈쥔 罗志军은 장쑤성, 지원린 冀文林는 하이난성, 완칭량 万庆良은 광저우시, 친광룽 秦光荣은 윈난성,

쑤룽 苏荣은 장시성을 장악했다. 하지만 저우융캉, 쑤룽, 완칭량 등이 낙마하고, 쩡칭훙이 비밀리에 감금되자 남은 장쩌민파들은 드러나게 활동할 수 없었다.

이제 남은 곳은 홍콩뿐이다. 이곳은 쩡칭훙이 수십 년간 공들여 기반을 닦은 곳이다. 그래서 홍콩은 장쩌민이 시진핑에게 반격을 가하는 마지막 카드가 되었다.

2014년 6월 10일 장쩌민은 류윈산에게 〈홍콩 백서〉를 출간하게 했다. 홍콩 시민을 분노케 해 시진핑 주석을 곤란하게 하고 혼란 중에 모종의 일을 벌이기 위해서였다.

시진핑 진영도 적극적인 조치를 단행했다. 6월 27일 중앙기율위원회는 완칭량 万庆良 광저우시 서기를 체포했다고 발표했고 6월 30일에는 쉬차이허우의 당적을 박탈하고 군사법원으로 이송하는 동시에 완칭량을 면직 처분한다고 공식 발표했다. 사실 완칭량은 쩡칭훙이 배치한 홍콩 특무와의 주요 연락책이었고 광저우시는 홍콩 장쩌민파의 후방 기지였다. 완칭량이 체포된 후 홍콩에 대한 장쩌민파의 통제력은 크게 약해졌다. 쩡칭훙, 완칭량이 체포되자 장쩌민은 할 수 없이 장더장에게 홍콩 임무를 맡겼다.

지난 7월 19일 장더장 전인대 상무위원장이 선전 深圳에 간 것은 장쩌민파의 '마지막 근거지'인 홍콩에서 8월 17일 '반 센트럴 점령' 시위운동을 주도하기 위한 사전 준비 때문이었다. 그는 이 시위를 통해 당일 생일을 맞은 장쩌민을 축하하고 시진핑 진영을 압박하려 했다.

장더장은 이 시위 활동을 위해 홍콩의 지하당원을 총동원 했고 중국 대륙에서 조직들을 동원해 인원수를 채웠다. 이를 위해 1-2억 위안의 자금이 사용된 것으로 추정된다. 하지만 '반 센트럴 점령' 시위에 참여한 유력 인사는 매우 적었고 대다수 홍콩 시민들도 홍콩 사회를 분열하려는 이번 시위를 거부했다.

그동안 시진핑 주석은 장쩌민파 고위 간부 여러 명에게 연이어 반격을 가했다. 그 중에는 쑤룽 苏荣 전 정협 부주석과 장더장의 부하인 바이언페이 白恩培전 윈난성 서기[58]가 포함됐다. 7월 29일, 저우융캉이 정식 조사에 처해 졌다. 9월 1일, 중국 언론들은 장쩌민파 핵심 인물인 저우융캉 전 상무위원이 공개재판을 받게 될 것이라고 보도했다.

전국인민대표대회 상무위원장인 장더장은 전인대를 이용해 잇따라 시진핑에게 도전하고 있다. 2012년 11월, 시진핑이 주석에 오르면서 노동교화제[59]를 폐지하려 하자 장더장은 전인대를 통해 이를 지연시켰다. 그러

58) 바이언페이 전 윈난성 서기는 숙부인 바이즈민 白治民이 푸젠성 서기, 작은할아버지 바이루빙 白如冰과 바이둥차이 白栋才가 각각 산둥성과 장시성 서기를 지냈다. 3대에서 네 명의 성 서기가 나온 집안이다. 부인 장후이칭 张慧清 윈난성 정협 상무위원도 최근 낙마했다. 현재 두 사람에 대한 처벌이 어느 정도 수위에 이를지 속단하기는 어렵지만 정치적으로 낙마했을 개연성이 다분하다.

59) 중국 공안이 위법행위로 판단할 경우 재판없이 최장 4년간 감금한 채 강제 노동과 사상 교양을 하는 제도. 1950년대부터 중국 공산당에 비판적인 인사들을 교화 목적으로 시행되었으나 인권침해와 권력남용의 대표적 사례로 국내외에서 끊임없는 논란이 되었다. 2012년 11월 시진핑이 주석에 오르면서 노동교화제 폐지에 대한 논의가 시작되다가

자 시진핑 정부는 장더장이 연루된 선전 深圳항공 사건을 발표하며 그에게 강력한 경고의 메시지를 전했다.

또 다른 장쩌민파 상무위원인 장가오리 张高丽는 선전深圳시 서기를 역임하면서 선전 프로젝트 사건과 톈진 펀드 사건에도 연루된 것으로 알려졌다.

2014년 8월 하순에 열린 정협(中国人民政治协商会议 · 전국인민정치협상회의)에서 왕치산 王岐山60) 중앙기율위원회 서기는 반부패 보고를 발표했다. 이어 왕치산은 정협 상무위원회에 참석해 류윈산이 주관하는 당 선전에 대한 '언론 감독'을 언급했다.

위정성 俞正声61) 정협 주석도 폐막식에서 반부패를 주제로 발언했다. 위

2013년 11월 18기 3중전회의 주요 개혁 조치의 하나로 노동교화제 폐지가 결정되었다.

60) 1948년 산시성 출생. 왕치산은 문화대혁명 기간 중인 1969년 산시성 옌안현 농촌의 인민공사에 배치됐다. 왕치산의 일생에서 가장 소중한 만남도 이 기간 동안 이뤄졌다. 나중에 상무위원과 부총리에 오른 공산당 원로 야오이린 姚依林의 딸 야오밍산 姚明珊을 만나 결혼하게 된다. 그보다 다섯 살 아래인 시진핑도 이때 만난다. 하방 생활을 끝내고 시베이 西北대학 역사학과에 진학했다. 이후 88년부터 금융 분야에서 일하게 된다. 그의 능력을 알아보고 중앙은행인 인민은행 부행장에 발탁한 사람은 장인 야오이린의 후임 부총리로 중국 경제개혁을 이끈 주룽지 朱镕基였다. 그는 장인에 이어 중국 경제와 금융을 지휘하는 부총리가 됐다. 대규모 자금투입과 시의적절한 부양책으로 중국이 2008년 세계 금융위기를 헤쳐 나가는 데에도 역량을 발휘했다. 금융계에서 일할 때의 주도면밀함을 중앙기율위원회에서 그대로 발휘했다. 그는 공산당의 나이 제한 내규에 따라 2017년 11월로 예정된 19차 당 대회를 끝으로 모든 공직에서 물러나야 한다.

61) 위정성 俞正声 정협 주석은 현 지도부 중 가장 화려한 집안 배경을 갖고 있다. 부친은 초대 톈진시 서기를 지낸 위치웨이 俞啓威이고 팔로군 종군기자 출신인 어머니 판진 范瑾은 베이징시 부시장을 역임했고 저명한 역사학자 판원란 范文瀾의 여동생이기도 하다. 이 때문에 태자당의 좌장 역할을 하고 있다.

정성은 현재 직면한 부정부패는 전례 없는 수준이라며 "더는 반부패를 망설였다간 당도 나라도 모두 망할 것"이라고 밝혔다.

위정성이 장악한 정협은 '니둥더 你懂的'[62] 방식으로 저우융캉 체포를 지지하는 신호를 보냈다. 이번 양회기간 동안에 다시 한 번 왕치산의 반부패를 지지하는 강도 높은 발언을 통해 위정성 정협 주석은 시진핑 주석, 리커창 총리, 왕치산 중앙기율위원회 서기와 정치적 동맹을 맺었음을 보여 주었다.

62) 영어 'you know'에서 유래됨. 말을 하지 않아도 마음 속에 뻔한 것을 구태여 말할 필요가 없다.

F18

토끼와 거북이를 연못에서 경주하도록 해야 한다.

19세기를 영국이 주도하고 20세기를 미국이 주도했던 것처럼 세계의 화폐가 집중되는 중국은 21세기의 주역이 될 것이라는 중국인의 아름다운 상상만큼 중국에 대한 서양인의 이해는 편견으로 가득 차 있다.

'자본의 유혹'에 빠져 있는 중국은 마치 세계를 향해 햄버거를 대신하여 썩힌 발효두부(臭豆腐)를 소개하고 있고 거대한 중국문명은 문화혁명의 거대한 프로젝트에 가려져 중국인들은 평균적 바보로 비쳐지고 있다.

훌륭한 문명국가임에도 불구하고 중국 발전모델은 쓰촨 샤브샤브(四川火鍋)처럼 무엇이든 만들어 내는 … 1962년 덩샤오핑의 "흰 고양이든 검은 고양이든 쥐를 잘 잡는 것이 좋은 고양이다"라는 구호는 정치학자 루시안 파이 Lucian Pye의 지적과 같이 '현대 세계를 분명하게 이해한 사람들이 아니고 중국 전통의 게임규칙에 더 익숙한 사람들이고 폐쇄적인 정치 시스템으로 스스로 음모론의 신봉자가 되어 가는' 모습으로 보여지고 있다.

21세기 세계를 이끄는 하나의 축으로 등장한 중국은 그들의 신화에서 스스로 깨어나야 한다. 1만년의 역사에서 스스로 외쳐 왔던 중심국(中国)이 되려면 나아가 이제 세계의 중심 중국(China)이 되려면 인류 보편적 가치의 문명적 자각에서 출발해야 한다.

중국인들이 세계적으로 자랑하는 만리장성이 중국의 폐쇄적 구조를 드러내는 치욕적인 유적인 것처럼, 진시황의 분서갱유와 같은 류샤오보劉晓彼 사건이 재현되어서는 안 된다.

1989년 후야오방胡耀邦이 세상을 떠나자 중국에서는 뜻밖의 격렬한 반응이 일어났다. 죽음은 사람들의 정서와 상상력을 자극한다. 마치 1976년 저우언라이周恩来의 죽음이 10년 문화대혁명에 대한 인민들의 분노를 폭발[63] 시킨 것처럼, 후야오방의 죽음은 정체되고 부단하게 방치되어 온 좌절과 억압을 폭발시킬 돌파구로 나타난 것이다. 후야오방의 사망은 긴장되고 혼잡하고 시끄러운 사회정서를 하나로 결집시켜 집중적인 폭발을 가능하게 했다.

1989년 4월 15일 후야오방이 사망한 후 5월 13일 이래 베이징에서는 베이징대학과 베이징사범대학을 중심으로 전국에서 모인 학생대표들과 시민들은 톈안먼 天安门 광장에서 단식 연좌시위를 계속했다.

5월 15일 소련의 고르바초프가 베이징에 도착했으나, 17일 발생한 100만 명이 넘는 대규모 시위로 일정을 변경해야만 하는 사태가 발생했다. 이에 당국은 학생들의 시위를 난동으로 규정하고 베이징시에 계엄을 선포했다.

---

63) 1976년 4 · 5사건을 의미. 중국 총리 저우언라이가 1976년 1월에 세상을 떠난 뒤 많은 사람은 자발적으로 기념활동을 시작했다. 이 활동은 사인방(四人幇) 비판뿐만 아니라 당시 정부 고위층에 대한 정치투쟁의 성격을 띠고 있어 공산당의 비판과 탄압을 받았고 덩샤오핑도 이 활동에 연루되어 당 내외의 모든 직무를 박탈당했다. 이 사건은 1978년에 재평가되었고 이에 연루된 사람들도 모두 복권되었다.

한편 학생들의 요구에 유연한 대응을 보이던 중국 공산당 총서기 자오쯔양 赵紫阳의 행방이 묘연해지고 그의 해임설이 떠도는 가운데 덩샤오핑의 후계자로 알려진 양상쿤 杨尙昆 국가 주석과 리펑 李鹏 국무원 부총리 등 강경파가 주도권을 잡았다. 이들은 6월 3일 밤, 인민해방군 27군을 동원하여 무차별 발포로 톈안먼 광장의 시위 군중을 살상 끝에 해산시켰으며, 시내 곳곳에서는 수천 명의 시민 학생들이 시위 진압과정에서 죽거나 부상했다.

이에 항거하여 6월 4일 베이징 톈안먼 광장에서는 팡리즈 方励之 등 지식인[64)]을 중심으로 민주화를 요구하는 대규모 시위가 일어났다.

그러나 중국은 이 사건을 반혁명 폭동으로 규정하고 참가한 학생과 지식인들 다수를 체포하고 탄압하였다. 이 때문에 운동 지도자의 대부분은 국외로 피신하고 재외 유학생은 귀국을 거부하였으며 파리에서는 민주중국진선(民主中国阵线)이라는 반정부 조직이 결성되었다. 중국 지도부 중 운동에 호의적이었던 자오쯔양 당 총서기는 정치적 책임을 물어 실각하고, 장쩌민 江泽民 상하이 上海 시 서기가 당 총서기로 선출되었다.

이 사건은 당시 중소회담 취재차 입국했던 외신기자들에 의해 즉각 전세계로 보도되었고, 미국을 비롯한 유럽 여러 나라는 이와 같은 비인도적 처사에 항의하고 강력한 비난성명을 냈다. 이른바 '피의 일요일'로 불리는 이 사건 이후 많은 서구의 기업인과 경제학자들은 중국의 경제적 성공을

64) 반체제 물리학자 팡리즈 方励之는 베이징 주재 미 대사관에 피신해 있다가 1990년 6월 미국으로 망명하였고 베이징 사범대 교수 류사오보 劉晓彼, 가오신 高新, 허우더젠 候德健 등을 6·4 사군자라 칭한다.

중국 문화와 정치의 특수성으로 귀결하고, 왕조적 정부에 의한 '커멘딩 하이츠'(commanding heights)[65]라 표현하였다. 강력한 힘으로 자기만의 신화를 고집하는 중국의 이미지가 형성된 것이다.

언젠가 저자가 참석했던 중국 학술회의에서 중국 렌샹聯想그룹 류촨즈柳传志 회장이 했던 연설이 생각난다.

"외국의 기업을 토끼에 비유하고 중국 기업을 거북이에 비유한다면 거북이와 토끼의 경주에서 토끼가 쉬지 않으면 거북이의 대책은 두 가지다. 첫째, 어떻게 토끼를 따라 배워서 토끼의 능력을 거북이가 배양할 수 있느냐 하는 점이고 둘째, 어떻게 거북이가 잘 달릴 수 있는 환경을 만드느냐 하는 것이다. 예를 들어 토끼와 거북이를 연못에서 경주하도록 해야 한다"는 그의 연설에서 저자가 받은 언어적 긴장감은 충격적이었다.

중국은 이제 더 이상 자신에 대한 그 어떠한 서구의 비평에도 신경쓰지 않고 기존의 국제 시스템과 가치관에 도전하고 있다.

중국인들은 엄격한 규정에 의해 모종의 경계선 안에 가두어져 있다. 모든 중국인이 한손에 아이폰을 들고 흰색 레시버를 귀에 꽂고 다른 한 손엔 코카콜라를 들고 마실 수 있지만 TIME지나 BBC방송을 보려면 지정된 호텔에 들어가야 한다.

---

65) 커멘딩 하이츠(commanding heights)는 다니엘 예르긴과 조셉 스테니슬로의 공동저서 〈The Battle for World Economy〉에서 '국가에 의해 설정된 경제목표를 위해 국가가 경제의 모든 시스템을 통제하려는 행위' 를 말한다. 원 뜻은 전쟁터에서 적의 동태를 빠짐없이 감시할 수 있는 고지를 말한다.

중국은 자유와 개방의 경계선을 분명하게 밝혀 주고 있는 〈네 가지 항목〉의 기본원칙이 있기 때문이다. '반드시 사회주의 노선을 견지해야 한다' '프롤레타리아 독재를 견지한다' '마르크스 레닌주의와 마오쩌둥의 사상을 견지한다'는 원칙과 가장 핵심적인 '반드시 공산당의 영도를 견지한다'는 개혁의 전제 조건이고 최종 목표가 그것이다.

구글은 2010년 1월 중국에서 철수를 선언했다. 중국의 '단어 경고 시스템' 문제만은 아니었다. 서구와는 다른 문명을 가지고 있는 중국의 시스템을 이해하지 못했기 때문이다. 이데올로기와 실용주의라는 양 극단 사이를 진자운동 하듯이 시기를 장악하고 통제하고 있는 시스템을 말이다.

예를 들어 환구시보(环球时报)는 1993년 인민일보에 의해 창간되었다. 환구시보는 이름과는 달리 글로벌한 의식이 매우 부족하고 협소한 민족주의 정서를 대변하는 경로로 역할을 하고 있다. 1989년 공산주의 신념에 커다란 금이 가자, 그 틈을 메울 뭔가가 필요해 만들어진 것이다. 즉 환구시보는 이데올로기의 진공을 비집고, 왜곡 어용된 민족주의를 전달하는 이데올로기의 산물이다.

인민일보와 환구시보는 서로 다른 모습을 하고 있지만 인민일보는 정확한 정부의 지도방향을 환구시보는 끊임없이 그런 지도방향을 전달하고 있는 중국의 선전 시스템이다.

그 시스템은 때로는 관용적이며 자유롭고 개방적이고 실용적이며 진보적인 모습을 지어 보이면서, 인민들에게 또 하나의 새로운 세계가 도래했다고 착각을 일으키게 하고 있다.

중국 정부는 굉장히 기민하고 무원칙하고 시의 적절하게 자신의 모습을 변화시킨다. 그러나 중국 정부는 언제나 어떠한 도전이나 세력균형도 용납하지 않았다.

1949년 이전까지 베이징 톈안먼에는 현재의 마오쩌둥 초상화보다 좀 더 큰 장제스 초상화가 걸려 있었다. 일본군 항복문서를 받은 뒤부터 장제스가 타이완으로 가기 전까지 3년 정도 걸려 있었다. 천명이 바뀐 것이다. 그러나 이후 마오쩌둥은 그가 서둘러 만들어 낸 국가의 근대적인 겉모습은 개인의 창조물에 머물렀고, 중국 인민들은 그 사적인 성격을 완전히 제거할 수 없다는 딜레마에 갇혀 버렸다.

2012년 미국 타임지가 세계에서 가장 영향력 있는 100인으로 선정된 왕양 汪洋 부총리는 시카고에서 개최된 연례 통상회의인 통상무역합동위(JCCT) 회의에서 "미국이 전 세계 경제 발전을 이끌고 세계 질서를 확립한 것에 대해 우리는 명확히 인식하고 있고, 우리는 이 질서를 기본적으로 받아들이고 있으며, 미국이 중국의 이런 태도를 더 많이 이해하기를 희망한다"고 역설했다.

지난 2012년 2월 중국 국가 부주석 자격으로 미국을 방문한 시진핑은 '신형 대국관계'라는 용어를 최초로 언급했다. 신형 대국관계는 미국과 국제사회가 G2 경제체 중국의 자격과 권리를 인정하고 존중해 달라는 내용이 주 핵심이다. 2001년 중국의 세계무역기구(WTO) 가입이 중요한 변화

를 불러왔듯이 이제 중국은 개혁의 기회를 찾고 있다.[66)]

그러나 중국 정부는 최근 기독교 교회들에 대한 단속을 강화하고 교회 안으로 침입해 꼭대기에 걸린 십자가를 철거했다. 중국은 헌법에서 종교의 자유를 보장하고 있지만, 반드시 정부 통제를 받는 기독교삼자운동회나 천주교애국회 소속 교회와 성당에서만 예배와 미사를 열도록 의무화돼 있다. 중국에서 교회 신자가 꾸준히 증가해 오는 2030년이면 2억 4천만 명 선으로 미국을 제치고 세계 최대 기독교 국가가 될 전망이다. 교회와 십자가가 현행 건축법 등 실정법 위반 사실여부는 차지하더라도 중국은 세계 질서를 명확히 인식하고 있지 않고, 이 질서를 기본적으로 받아들이려는 태도를 보이지 않는다.

유구한 역사를 지닌 중국은 21세기 초에 와서 다시 부상했다. 그러나 그것은 부강(부국강병)일 뿐 문명이 아니다. 문제 인식은 바로 문명적 자각에서 출발해야 한다. 중국은 계몽과 문명에 입각한 보편의 길을 가야 한다. 특히 개혁개방으로 시장화된 사회에서 중국 지식인의 역할은 공공성 구현과 중국 민주주의 발전에 기여할 보편적 가치관을 찾아야 한다.

---

66) 시진핑 주석은 2013년 11월, 당 18기 3중전회에서 집권 1기(2012-17년) 중, 중점 시행할 경제제도, 정부직능, 법치, 국방 등 16개 분야 60개 개혁과제를 확정했다.

F19

개혁의 키워드

세계 어느 나라 못지않게 인터넷 문화가 발달한 중국에서도 그 시대를 풍미하는 많은 유행어를 생산하고 있다. 언어의 딱따구리라는 별명을 가지고 있는 야오원쟈오즈 咬文嚼字(문장과 글귀를 되씹는다는 의미) 잡지사는 시진핑 주석이 이끄는 5세대 지도부 출범 이후 몇 가지 유행어(keywords)를 선정했다. 선정된 몇 가지 키워드를 통하여 중국 사회의 의미 있는 시대적 가치를 읽어 보고자 한다.

1. 시다다 习大大(습대대)

시다다는 시진핑 주석의 애칭이다. 기원에 대해서는 불분명하지만 이 용어는 두 가지 이유로 이미 인터넷이나 각종 매체를 통해 널리 사용되고 있다. 시진핑 주석은 산시성 출신으로 산시성에서는 자신의 아버지나 아버지와 같은 세대에 대한 존칭으로 '다다'(大大)를 붙이는 관습이 있다. 중국 인민들의 시진핑 주석에 대한 존경의 표현이다. 또 다른 이유는 시진핑 주석의 친근한 이미지가 인민들로부터 인정받고 있다는 것을 암시한다.

2. 딩청서지 顶层设计(정층설계 · Top-level design)

딩청서지는 원래 시스템 공학에서 나온 말로 '정점에서부터 어떤 프로젝트에 대해 종합 기획한다'는 의미다. 우리는 상위 전략 또는 통합 설계라고 사용되어지며 중국에서는 정치용어로 정부의 전략적 관리를 말한다.

2014년 11월 13일 당 기관지 인민일보는 거대 권력을 거머쥔 시진핑 주석에게 "중화민족의 위대한 부흥이라는 '중국의 꿈'(中国梦)을 실현할 총설계사(顶层设计师)"라는 명예로운 호칭을 붙였다. 사실상 시진핑 주석의 위상을 중국 현대사에서 '개혁개방의 총설계사'(总设计师)로 불려온 덩샤오핑 수준으로까지 끌어올렸다는 해석이 나온다.

3. 신창타이 新常态(신상태 · New Normal)

새로운 시기에 접어든 중국 경제를 표현했다. 시진핑 주석은 2014년 5월 허난성 순시에서 이를 처음 제기한 뒤 수차 강조했다. 2014년 12월 당 · 정 경제대책회의인 중앙경제공작회의에서 중국 경제가 신창타이[67]에 진입했음을 공식 선언했다. 또한 아시아 · 태평양각료회의(APEC) 기간 중에도 시진핑 주석은 각종 연설을 통해 '중국 경제의 새로운 정상'에 대해 재차 설명하곤 했다. 새로운 정상은 경제 분야만을 가리키는 단어는 아니다. 그동안 관례로 간주되어 왔던 공공경비에 의한 접대도 지금은 사라져 가고 있다. 새로운 정상은 인민들의 마음속에 있는 가장 소박하고 상식에

---

67) 중국경제의 '새로운 상태'(신상태 · 新常态)를 나타내는 말로 시진핑 주석이 2014년 5월 중국 경제가 개혁개방 이후 30여 년간의 고도 성장기를 끝내고 새로운 상태로 이행하고 있다고 말하면서 처음 사용했다. 미국 자산운용사 핌코의 공동 최고경영자였던 엘 에리언이 글로벌 금융위기 이후의 미국 경제를 설명하기 위해 만들어 낸 신조어 뉴 노멀(new normal)의 중국판이라 할 수 있다. 신창타이의 4대 특징으로 중고(中高)속 성장, 구조 변화, 성장동력 전환, 불확실성 증대 등을 제시했다. 우선 중국 경제는 과거 연 10% 내외 고속성장 시대에서 연 7% 안팎의 중고속 성장 시대에 진입했다.

준하는 행동을 통해 자리잡은 최상의 위치라는 것을 알 수 있다.

중국 경제의 새로운 화두인 신창타이는 그 동안의 고속성장이 끝나고 중고속성장이 새로운 정상(正常)으로 받아들여지는 뉴 노멀(new normal)시대에 진입했음을 말한다. 무리하게 고속성장을 추구하지 않는 현실적 노선으로 축을 옮기고 기업 · 금융개혁 등을 추진하여 경제효율을 높인다는 방침이다. 즉 성장 속도는 낮아지지만 성장의 질은 높아지는 뉴 노멀을 택한 것이다. 기존 성장 패러다임으로 설명할 수 없는 비정상(anomaly)들, 즉 금리를 인하해도 돈이 돌지 않고 부동산 경기는 오히려 후퇴하는 상황 등이 자주 발생하면 이를 해결할 새로운 패러다임의 등장이 필요하다.

4. 따후 파이잉 打虎拍蝇(타호박승)

우리말로는 '호랑이와 파리 잡기'로 해석된다. 시진핑 주석이 첫 취임 연설에서 '부패한 호랑이와 파리 전원 척결'(打虎拍蝇) 등 성역 없는 사정을 강조한 것이다. 이래 실제로 부패 공직자들이 직위 여하를 막론하고 추풍낙엽처럼 쓰러졌다.

총리급이었던 저우용캉 전 정치국 상무위원 겸 당 중앙정법위 서기, 부총리급이었던 쉬차이허우와 궈보슝 전 정치국 위원 겸 당 중앙군사위원회 부주석을 의미하는 대형 호랑이와 적발된 108여명의 성 · 부급 이상 고위층 공무원을 호랑이(虎)로 중하위층 부패 관리를 파리(蝇)로 해외로 도피한 부패사범을 잡는 '여우사냥'(례후 獵狐 · 엽호)으로 비유하여 말한다.

'호랑이와 파리 잡기'는 현대 중국의 혁신과 창조성을 추동할 수 있는 사회적 동력이기도 하다.

5. 돤야스 断崖式(단애식)

'깎아지른 듯한 낭떠러지'를 말하는 단애(断崖)는 범위나 폭이 넓고 기세가 맹렬해서 결과가 상상할 수 없을 정도를 말한다. 우리말로는 급강하, 수직낙하 등으로 풀이한다.

2014년 7월 16일 사정 컨트롤타워인 당 중앙기율위원회는 뇌물수수 등 부패에 연루된 윈난 云南성 쿤밍 昆明시 서기 장톈신 张田欣과 장시 江西성 당위원회 비서장 자오즈융 赵智勇에 대해 당적 박탈과 동시에 장톈신은 부처장급으로 자오즈융은 과원으로 강등한다고 발표했다. 특히 자오즈융은 7급이나 강등되었는데 이를 두고 언론에서는 '돤야스 강등'이라고 불렀다. 그 외에도 주식시장 등에서 '돤야스 주가 폭락'이란 표현을 쓰고 있다.

6. 이파쯔궈 依法治国(의법치국)

2014년 10월 20일부터 23일까지 열린 18기 4중전회의 핵심 의제가 법에 의한 지배인 의법치국(依法治国)으로 선정되어 국가 통치의 전반적 문제가 검토됐다. 개혁개방 이후 당 중앙위원회 전체회의에서 법치가 주제가 된 것은 이번 회의가 처음으로 이번 의제가 선정된 데는 저우융캉 전 정치국 상무위원 겸 중앙정법위 서기에 대한 비리 혐의가 결정적으로 작용한 것으로 알려졌다. 또한 누구라도 법과 규율을 위반하면 반드시 처벌되어야 한다는 시진핑 주석의 의지를 함축한 개혁의 키워드라 할 수 있다.

7. 니동더 你懂的(니동적 · You know)

2014년 3월 2일 정치협상회의(정협 · 국정자문기관) 뤼신화 吕新华 대변인이 저우용캉 처리에 관한 질문을 받자 "누구나 직위 고하를 막론하고 당 기율과 국법을 어기면 엄격한 처벌을 받습니다. 나는 이렇게 밖에 답할 수 없습니다. 아시잖아요"라는 대변인의 재치있는 답변으로 이후 "아시잖아요"가 유행되게 되었다. 크게 두 가지 경우에 쓰이는데 하나는 모두 다 아니 더 말할 필요 없다는 의미와 또 하나는 민감한 화제를 제기할 때 말하기 싫다거나 말할 수 없다거나 말하기 불편하다는 뜻으로 사용된다. 다소 신비스럽게 많이 쓰는 사교용어가 되고 있다.

또한 웨이보(중국판 트위터) 등 인터넷에서 최대 유행어가 된 '죽을 짓 하면 죽는다'는 'no zuo no die'로 영어 번역해 해외 사이트에까지 소개하고 있다. zuo는 '줘 作'의 음역이다. 현재 중국 사회와 정치 상황을 가장 잘 표현하고 있고 중국 모든 부문에서 반부패 분위기가 고조되고 있음을 잘 표현하고 있다.

8. 돤서리 断舍离(단사리)

'돤서리 断舍离' 는 일본에서 온 한자말로 50만 독자의 가정과 직장생활을 변화시켰다는 2009년 12월 야마시타 히데코 山下英子가 일본에서 출간된 화제의 서적이다. 한국에서는 2011년 〈버림의 행복론〉이란 이름으로 번역 출판되었던 이 책은 중국에서도 베스트셀러가 되었다. 불필요한 물건을 끊고(断) 남은 폐기물은 버리고(舍=捨) 물건에 대한 집착에서 벗어나면(离) 마음이 평온해지고 행복해진다는 것이다. 이제 '돤서리 断舍离'는 현대를 살아가는 중국의 생활철학이 되었다. 중국 의사들은 "고혈압을 치료하려면 돤서리 하라"고 주문하기도 한다.

9. 중궈멍 中国梦(중국몽)

2012년 11월 29일 시진핑 주석이 국가박물관에 전시된 '부흥의 길'(复兴之路)을 견학했을 때 중국의 꿈에 대해 언급하며 "지금 모두가 중국의 꿈에 대해 말한다. 나는 중화민족의 위대한 부흥을 실현하는 것이 근대 이후 중화민족의 위대한 꿈이라고 생각한다"고 말했다. 그리고 2013년 3월 17일 열린 18기 1중전회 폐막식에서도 시진핑 주석은 "중국의 꿈은 민족의 꿈이고 중국인 개개인의 꿈이기도 하다. 우리가 단단히 뭉쳐 합심해 공통의 꿈을 실현하기 위해 분투한다면 꿈을 실현하는 힘은 한없이 강해지고 우리 한 사람 한 사람이 자신의 꿈을 실현하기 위해 지불하는 노력만큼 가능성도 커진다"고 말했다.

10. 가오다상 高大上(고대상 · Luxury, Large, Level up)

'가오레이 高端 다치 大气 상당츠 上档次'의 7글자를 3글자로 압축한 것이다. 중국 TV극인 무림외전(武林外传)과 갑방을방(甲方乙方)에서 사용된 "고급스럽고 격이 다르다" 뜻이다.

2013년부터 유행했지만 당시는 큰 주목을 끌지 못했다. 2014년 들어 '가오다상' 사용이 중국 전 인민의 유행어가 되었다. 사용 범위가 광범하여 사람, 물건 등 모두에 가오다상이라는 용어를 쓰고 있다.

11. 멍멍다 萌萌哒(맹맹달)

멍(萌)은 '싹틀 맹'이지만 귀엽다는 의미로 쓰인다. 두 자를 겹쳐 써 매우 귀엽다는 뜻을 가지며, 다(哒 · 오랑캐 이름 달)는 '~ 의' 뜻을 가지는 더(的)와 같다. 매우 귀여운으로 보면 되겠다. 2014년 11월 시진핑 주석을 따라 펑리위안 여사가 대양주를 방문했을 때 코알라 곰을 안고 있는 사진을 보고는 많은 중국 네티즌들이 '멍멍다'라고 찬탄한 바 있다.

12. 바샹구이딩 八项规定(8항규정)

2012년 12월 4일 당 중앙정치국은 회의를 소집해 업무의 기풍을 개선하고 대중과 긴밀하게 협력하는 체제를 구축하기 위해 '당 중앙의 여덟 항의 규정'(8项规定)을 심의 채택했으며 당과 각 분야에 전파해 엄격하게 구현할 수 있도록 요구했다. 2013년 6월 18일 개최된 당의 '군중노선교육실천 활동' 정책회의에서 시진핑 주석은 "실천 활동의 주요 임무를 작풍건설에 집중시켜 '4가지 바람' 문제를 집중적으로 해결하겠다"고 강조하였다. 판쓰펑 反四风(반4풍)은 형식주의, 관료주의, 향락주의, 사치풍조를 일컫는다. 지금껏 강력한 실천력과 함께 중국 사회 전반에 뿌리내리고 있다. 시진핑 주석 취임 후 2년간은 한 마디로 '금지'의 해이기도 했다. 중앙정부가 내놓은 각종 금지령은 30개 항목 이상이었고 일부 간부는 "관리가 되는 것도 쉽지 않다. 웨이관부이 为官不易(위관불역)"라고 불만을 토로하곤 했다.

13. 징진지 京津冀일체화(베이징 · 톈진 · 허베이 일체화)

개혁의 전면적 심화 원년부터 시작했지만 오랫동안 진전이 없었던 베이징(징 京), 톈진(진 津), 허베이(지 冀)[68]의 통합이 2014년 들어 실질적인

68) 중국 성시의 명칭은 크게 춘추전국시대부터 내려오는 그 지역의 명칭을 따거나 그 지역

진전을 보이고 있다. 시진핑 주석은 징진지 공동발전을 국가전략으로 격상한다고 발표했다. 이후 국무원은 징진지 공동발전의 지도 그룹과 판공실을 설립해 장가오리 부총리를 필두로 사업을 촉진시키고 있다.

14. 선치 神器(신기 · artifact)

중국의 고대 신화 중에는 하늘을 여는 도끼라는 카이톈푸 开天斧 등 10대 신기(神器)가 있었다고 한다. 고대에는 사람으로서는 풀 수 없는 신기한 현상들이 많았기 때문에 신(神)의 힘으로 밖에 돌릴 수 없었다.

현재는 새로운 기물이나 첨단 과학기술제품을 선치 神器라고 부른다. 예를 들면 상하이 교통경찰이 주정차 위반 차량 단속을 위해 차량 바퀴에 채워 차량을 움직이지 못하게 하는 쇄차기(锁车器 · 자동차 잠금장치) 등 법집행 도구 등에 '선치'를 많이 도입하고 있다.

15. 민주성화후이 民主生活会(민주생활회)

중국 공산당의 군중노선교육실천 활동은 18차 당 대회 이후 중앙당의 선진성과 순결성을 유지하기 위해 취한 중요한 조치다. 이후 각급 당원 및 지도 간부는 '민주생활회'(民主生活会)를 열고 상호 비판 및 자아비판을

에 있는 산이나 강에서 유래되었다. 또 각 성은 명칭 외에 하나 이상의 약칭을 가지고 있는데, 예를 들어 허베이 河北성은 황허 黄河의 북쪽에 있기 때문에 얻어진 명칭이다. 약칭은 지 冀라고 하는데 이것은 허베이성이 있는 곳이 고대에 지조우 冀州가 있던 곳이기 때문이다. 허난 河南성은 황허 黄河의 남쪽에 위치하기 때문에 얻어진 명칭이다. 고대에는 위조우 豫州가 있던 곳이므로 약칭을 위 豫라고 한다. 타이항 太行산맥을 기준으로 동쪽의 산둥 山东성은 춘추시대에 노(鲁)나라 땅이었기 때문에 루 鲁라고 하고 서쪽의 산시 山西성은 춘추시대에 진(晋)나라 땅이었기 때문에 진 晋이라고 한다.

실천하고 있다. 취안선화가이거 全面深化改革(전면심화개혁)은 18기 3중전회에서 '개혁의 전면적 심화에 있어서 약간의 중대한 문제에 관한 중앙의 결정'이 의제로 채택되었고 이후 중앙정부가 솔선수범해 시진핑 주석을 위원장으로 하는 '개혁의 전면적 심화를 위한 지도자 그룹'(深改小组 · 심개소조)을 설립했다.

16. 뤼수이칭산 綠水青山(녹수청산)

'푸른 물과 맑은 자연'을 뜻하는 이 말은 지도자의 연설에서 자주 제기되고 있다. 각종 환경오염으로 고통받고 있는 중국에 대해 에코문명 건설에 대한 새 지도부의 관심 정도를 상징하고 있다. 18차 당 대회 보고는 총 12개 장으로 후반부 8장에 '생태문명 건설'을 구성하였다. 보고는 '중국 특색의 사회주의'를 설명하던 기존 사위일체(四位一体)에 생태문명 건설을 추가하여 오위일체로 확장함으로써 자원절약 및 환경친화형 사회건설 추진을 선언했다.

17. '역사적 전환기의 덩샤오핑'

1980년대 초반 덩샤오핑이 지방 시찰에 나섰다. 광둥성 선전의 특구 개발지를 둘러본 뒤 근처의 농가를 찾았다. 남루한 행색의 노파가 살고 있는 농가의 재산이라곤 오리 3마리가 전부였다. 표정이 무거워진 덩샤오핑이 발길을 돌리려는 찰나 헛간에서 꽥꽥 오리 울음소리가 들렸다. 한사코 막아서는 노파를 뿌리치고 헛간 문을 열어 보니, 밖으로 나오지 못하게 꽁꽁 묶어 둔 오리 수십 마리가 한꺼번에 발버둥을 치고 있는 게 아닌가. 순간 노파는 “용서해 주십시오. 잘못했습니다”라며 땅바닥에 엎드렸다. “이렇게 오리가 많은데 왜 3마리 밖에 기르지 않는다고 했소”라고 묻자 “그 이상이면 자본가가 된다고 해서 … 죄송합니다. 3마리만 남기고 모두 없애겠습니다”라고 답했다. 국영 TV에서 실화를 바탕으로 한 48부작 드라마 〈역사적 전환기의 덩샤오핑〉에 나오는 장면이다.

개혁 · 개방 초기 중국 각지에선 소형 상점과 영세업체들이 우후죽순처럼 생겨났다. 아무리 규모가 큰 것도 종업원은 7명을 넘기지 못했다. 마르크스의 〈자본론〉에서 종업원 8명 이상을 둔 고용주를 자본가로 기술했다는 이유에서 였다.

18. ‘5월 35일’

중국의 인터넷 공간에만 존재하던 아주 특별한 날이다. 그레고리 역법을 무시하는 이 표현은 1989년 톈안먼 사건이 일어난 ‘6월 4일’이라 쓰면 인터넷에서 모조리 삭제되기 때문에 만들어졌다. 지금은 바로 그날을 가리키는 ‘5월 35일’도 삭제 대상에 포함됐다.

웨이보나 웨이신(we chat) 등 중국의 모바일 공간에 ‘캉스푸가 진열대에서 사라졌다’(康师傅下架了)는 제목의 단문이 유행했었다. 댓글이 주렁주렁 달리고 퍼 나르기 속도가 빠른 걸 보면 핫 뉴스임에 틀림없었다. 캉스푸는 버젓이 슈퍼에서 팔리고 있는데 이게 무슨 말인가?

‘캉스푸 康师傅’는 중국에서 인스턴트 라면의 대명사로 통용되는 브랜드 명칭이다. ‘하가’(下架)는 진열대에서 내려놓는다는 뜻인데 고위 관직에 있던 사람이 사법기관에 잡혀가는 등의 이유로 자취를 감춘 경우에 쓰이기도 한다. 중국 네티즌들 사이에서 캉스푸는 저우융캉 周永康 전 정치국 상무위원을 가리키는 은어였다.

19. 시씨외교(习氏外交 · 습씨외교)

시진핑 주석 취임 후 치국(治国) 스타일을 단명하게 보여주는 대국외교의 해가 됐다. 중국은 현재 미얀마, 라오스, 인도, 베트남, 네팔, 부탄, 태국, 말레이시아, 싱가포르, 일본, 필리핀, 대만 등 20여 개 국가와 영토분쟁을 하고 있다. 해당 지역이 갖는 지정학적 중요성, 지하 광물자원과 수산자원 확보 등 다양한 정치적 · 경제적 목적을 달성하기 위한 중국 정부의 전략으로 분석된다. 동중국해 방공식별구역 설정에서부터 주변 국가에 대한 '핀 포인트 외교'(点穴式外交 · 침술외교)에 이르기까지 중국의 특색 있는 대국 외교가 속속 전개되었으며 그로 인해 시진핑 주석의 외교 스타일을 시씨외교라 칭하게 됐다.

20. 청개구리

중국의 최대 정치행사인 2015년 양회(전인대와 정협)에서 시진핑 주석은 "몇 번의 식사, 몇 잔의 술, 몇 장의 카드(상품권)가 '천천히 끓는 물 속의 청개구리'(温水煮青蛙 · 온수자청와)를 만든다"고 경고했다. 작은 변화를 무시하면 부지불식간에 삶아져 죽는다는 '청개구리론'을 내세워 반부패 강화를 재천명한 것이다. 또한 시진핑 주석이 제창한 '4개 전면'(四个全面)을 국가 통치이념과 전략으로 확정했다. '4개 전면'은 전면적인 샤오캉(小康 · 모든 국민이 의식주를 해결한 상태) 사회 건설, 전면적인 개혁심화, 전면적인 의법치국(依法治国)과 전면적인 당풍쇄신, 종엄치당(从严治党)을 말한다. 시진핑 주석이 2014년 12월 장쑤 江苏성 시찰 때 처음 제기한 이후 반복해서 강조하고 있는 말이다. 이는 시진핑 주석 집권 이후 중국의 꿈(中国梦)을 실현하기 위한 통치이념으로 시진핑 주석 집권기간 내내 반복해서 강조될 것으로 보인다.

세계 반부패운동을 주도하는 비정부기구(NGO)인 국제투명성기구(TI, Transparency International)가 전 세계 175개국에 대한 부패인식지수를 발표했다. 1995년부터 부패인식 지수(CPI, Corruption Perceptions Index)를 만들어 매년 발표하고 있는데, 이 지수는 개별국가의 공공 부문이 얼마나 부패했는지에 대한 경영인 · 전문가 · 국제 평가기관 등의 분석을 토대로 작성된다. TI가 발표한 중국의 순위는 100점 만점에 36점으로 시진핑 주석이 '부패와의 전쟁'을 선포하며 강력한 개혁을 추진하고 있음에도 불구하고 100위에 그치고 말았다. 2011년부터 조사에 포함된 북한은 8점을 받으며 4년 연속 꼴찌였다. 소말리아와 공동 최하위였다. 이 밖에도 리비아(166위), 아프가니스탄(172위) 등 중동 · 아프리카 국가들이 하위권을 이뤘다.

가장 청렴한 국가로는 91점을 얻은 덴마크와 뉴질랜드가 공동 1위에 올랐다. 핀란드와 스웨덴은 3 · 4위를 기록하며 북유럽의 자존심을 지켰다. 아시아에서 가장 청렴한 국가로는 84점을 얻은 싱가포르가 7위로 가장 높았고 일본(15위), 홍콩(17위), 대만(35위) 등이 뒤를 이었다. 한국은 55점으로 43위를 차지했다.

중국 지도부는 2014년 12월 5일 시진핑 주석 주재로 정치국 회의를 열고 사정 사령탑인 당 중앙기율위원회가 보고한 〈저우융캉의 엄중한 기율 위반사건에 대한 조사보고〉를 심의 · 통과시키는 한편 저우융캉 전 정치국 상무위원에 대한 당적 박탈 및 사법기관 이송을 결정했다. 다음날 최고인민검찰원은 저우융캉을 정식 체포했다고 밝히면서 "직위를 남용해 가족과 친척, 친구 등의 기업 활동 등을 지원해 거대한 이익을 얻도록 도와줬고 본인과 가족도 거액의 뇌물을 챙겼다"고 발표했다. 또 중국 톈진天津시 제1중급인민법원은 2015년 6월 11일 저우융캉에게 무기징역을 선고하였고, 1심 선고공판에서 저우융캉은 항소를 포기함으로써 그의 사법처리가 마무리됐다. 당 기관지 인민일보는 "당의 부패 처벌에 대한 굳건한 결심을 선포한 것"이라고 의미를 부여했다.

이 같은 조치에 대해 중국의 언론들은 "반부패 투쟁의 위대한 승리"라고 절찬했다. 사실 시진핑 집권 후 낙마한 차관급 이상 고위층 만 108명이나 되고, 마침내는 총리급에 대한 성역 없는 사정을 구현했으나 "정치캠페인이 계속되고 있어 관리들이 복지부동이다. 사업 인허가가 이뤄지지 않는 등 공무원의 일 처리가 불투명하며 업무 효율도 낮다"며 중국 주재 외국 관계자들은 불만을 표출한다.

북한에서 횡령이 이뤄진다면 장성택의 경우처럼 총살되기 때문에 부패관료의 수는 많지 않겠지만 청렴도가 높다고 할 수는 없다. 중국에서도 당 고위층이 실각했다지만 중국 인민들이 중시하는 것은 공정과 투명성이다.

여기서 언급된 키워드의 대부분은 중국의 당 · 국가 체제, 나아가 중국 사회 자체가 안고 있는 근본적인 병폐를 암시하는데 바로 '만연한 부정부패 문화가 지속되고 있다'는 것이다. 이에 2012년 말부터 중국 지도부는 반부패캠페인을 시작했다. 관료 부패척결 차원에서 공무접대 · 향응비, 해외출장비, 관용차 구입비를 지칭하는 삼공경비(叁公经费)를 대폭 축소하였다.

특히 시진핑 주석이 "목숨을 걸겠다"며 부패 척결의 날을 세우자 사치품 소비가 뚝 떨어졌다. 한때 중국인들이 유행처럼 프랑스 보르도 와이너리(포도주 양조장)를 사들였지만 중국의 반부패 개혁으로 와이너리 구매를 꺼리고 있다. 중국 부자들에게 프랑스 와인과 와이너리는 부의 상징으로 통했다. 샤토, 라피트, 로칠드와 같은 고급 와인은 최고의 선물이었다. 중국은 연평균 보르도 와인 43억 5,400만 위안 어치를 수입하고 중국인을 새 주인으로 맞은 보르도 와이너리는 9㎢로 보르도 와인 생산지의 20%에 달했다.

하지만 사치 풍조를 척결하고 선물 수수를 금지하며 공무원들에게 호화 회식을 삼가고 명품을 구입하지 못하게 하는 부패 척결이 명품 시장에만 국한되지 않고 광범위하게 이뤄지고 있다는 점이다.

중국 전역에 매장 400여 개를 운영하고 있는 월마트가 중국 매장 25개를 폐점하겠다고 발표했다. 또 중국 당국이 공무원들의 골프장 회원카드 보유, 골프장 부지 등에 대해 정밀 조사를 벌이는 것으로 전해지자, 상하이 자유무역구는 골프장 건설을 투자 대상에서 제외하였다. 베이징 등 중국 전역의 주요 지역으로 확대될 가능성이 높다.

중국 지도부의 눈에 골프는 부패 척결의 상징성이 강한 아주 좋은 타깃이지만 문제는 중국이 세계 골프시장에서 차지하는 비중이다.

지도자들은 미래의 꿈을 국민에게 제시한다. 그것을 통해 기대와 희망을 갖게 한다. 시진핑 주석은 덩샤오핑이 1979년 내놓았던 전면적 소강사회(小康社会)를 공산당 창당 100주년인 2021년엔 이루겠다고 했다. 소강사회는 논어 예기(禮记)편에 나오는 이상 사회다. 또 하나는 신중국(중화인민공화국) 수립 100주년인 2049년까지 사회주의 현대화를 완성한다는 것이다. 중화민족의 위대한 부흥이라는 꿈의 실현이다. 중국 인민들은 그 꿈을 기다리며 오늘을 살아간다. 이제 중국 정부는 인민의 존엄과 행복을 생각해야 한다.

제 2 부

부자 중국 하지만 가난한 중국인의 경제

제2부

부자 중국 하지만 가난한 중국인의 경제

F1

중진국 함정(middle-income trap)에 빠진 중국

개혁개방 이후 고도성장에 따른 중국의 부상은 더 이상 찻잔 속의 이야기가 아니다. 이러한 중국의 부상을 가능하게 만든 것이 바로 중국 공산당임을 알게 된 세계인들은 공산주의 역사가 끝난 것이 아니고 새로 시작되고 있는 것이 아닌가 하는 생각에 이르렀다.

영국 파이낸셜 타임즈의 북경특파원 리차드 맥그리거 Richard McGregor는 〈공산당(The Party), 2010〉이라는 저서를 통하여 중국 공산당의 특별한 메커니즘을 '보이지 않는 곳에서 보이지 않는 손을 통해 중국의 부상을 이끌어 낸 중국 공산당은 신처럼 중국 사람들이 있는 곳에는 어디든지 함께 있지만 절대 보이지는 않는다'고 표현했다.

중국 공산당 창당 이후 시대에 따라 당의 성격이 수차례 바뀌면서 변화를 거듭하는 중국 공산당을 중국의 전통 기예 변검술(变脸术)에 비유하는 학자도 있다. 필요에 따라 매번 얼굴이 바뀌기 때문이다.

사실 중국 공산당은 개혁개방으로 지금까지 적대했던 자본주의 정책을 도입하고 현대화를 위한 경제정책을 추진하는 실용적인 정당으로 다시 태어났고 거대한 산업경제를 리드하기 위해서 과거 노동자 농민 군인 중심의 노농병(劳农兵) 정당에서 명문대학 출신 석박사 중심의 엘리트(technocrat) 정당으로 변화했다. 또한 중국 공산당은 구소련 붕괴 이후 레닌식 공산주의는 더 이상 중국 공산당의 모델이 될 수 없고 지금 중국 공산당이 만들어 가고 있는 현실이 진정한 공산주의라는 극찬도 있다.

그러나 중국 공산당은 언제나 그렇듯 내부적으로는 자신만이 최고라는 낡은 습관에 젖어 위기를 깨닫지 못하고 그들만의 신화에 빠져 있다. 당원 8,000여 만 명으로 세계 최대의 정당이 된 현재 중국 공산당은 장기집권이 가져다 준 부패를 적극 척결하지 못하고 시장경제의 잘못된 이해와 계획경제식 사고방식에 익숙한 현실에서 나온 중국 그래프 경제는 중국을 더욱 위험에 빠뜨린다.

사상 최대 최고의 달러 보유고와 수출액, 성장률을 자랑하는 중국과 신용등급 강등 위협에 시달리고 있는 미국 및 유럽 국가들의 엇갈린 행보를 보면서 많은 학자들은 우려하는 환율전쟁 다음 목표인 중국을 걱정한다. 미국과 유럽 국가들은 언제 어디서든 자국의 이익을 최우선으로 하는 판을 짜고 있다.

나아가 일부 학자들은 '팍스 시니카'라는 중국식 패권 구조가 군국주의와 민족주의를 기반으로 하기에 위험하다고 간주하는 중국위협론에 동조하기도 한다. 위협론은 중국의 야심적인 군 현대화 계획과 점차 강해지고 있는 중화주의가 주변국들에 불안감을 안겨주면서 주변지역의 안정을 해할 것이라는 예측이다. 대개의 서구 학자들은 이런 중국패권론 혹은 위협론을 펼치고 있다. 중국을 바라보는 서구인들의 이해는 그렇게 편견으로 가득 차 있다.

중국 위기론자들은 세계경제가 심각한 위기를 맞이하자 중국 발전과정에서 나타난 일부 문제들을 지적하며 회의적인 시각을 제기하고 있다.

노벨경제학상 수상자인 폴 크루그만Paul Krugman은 중국을 포함한 아시아 경제의 고성장 기적은 노동과 자본의 양적 투입을 늘려서 이루어진 것이지 기술진보와 생산성 증가를 통한 성장은 미약했다고 경고했다. 한발 더 나아가 아시아 경제는 성장 한계에 부딪힐 것이라고 결론 내렸다. 이러한 부정적 요소들의 영향을 과도하게 평가하며 나타난 중국붕괴론 또는 중국 위기론은 중국 경제의 긍정적 요소와 내재적 성장논리를 과소평가하고 중국 전반적 형세를 오판하고 있다.

그런데 중국의 위기는 다른 곳에 있다. 지금까지 중국 경제를 끌어 올렸던 엔진은 투자와 수출이었다. 세계경제 침체와 함께 중국에 대한 외국인의 직접투자(FDI)도 최근 큰 폭으로 감소하였고 확대될 전망이다. 유로존의 위기로 중국의 대유럽 수출이 어려워지고, 미국에 대한 밀어 넣기

수출도 크게 늘어났다. 미국이 벌리는 환율전쟁으로 중국의 상품경쟁력은 커다란 타격을 입고 있다. 원가전쟁에 휘말려 수출액은 꾸준히 상승하지만 결국은 석유, 석탄, 철강 등 원자재를 수입하는 데에 달러를 쏟아 붓고 있다.

중국은 믿었던 2개의 엔진에 문제가 생기자 내수강화의 제3의 엔진을 가동시켰다. 그러나 그동안 4조 위안에 달하는 경기부양책만 믿고 몸집만 키운 중국 기업들은 비용전쟁에 휘말리면서 극심한 타격을 입었다.

건설경기가 둔화되면서 실업자는 계속 늘어나고 있고 더욱이 부동산 거품이 걷히면서 소비의욕도 줄어 내수시장은 크게 위축되고 있다. 심각한 인플레이션과 노동비용의 가파른 상승, 서민 자산 위축에 따른 구매력 감소는 기업실적 추락으로 이어졌다. 불패의 중국 성장률은 연속 우측 하향으로 향하는 그래프를 보여주고 있다.

시장경제의 잘못된 이해

중국에 있어서 좌우대립은 이데올로기와 실용주위를 의미한다. 그러나 시장경제에 대한 우(右)의 잘못된 이해로 지금과 같은 수많은 사회적 문제가 발생했고 이는 좌(左)의 강한 반발로 중국의 경제는 정체되거나 심지어 후퇴하고 있다. 대부분의 자본주의 국가에서는 전기, 항공, 통신, 은행, 보험, 석유화학 등은 모두 민영화에 착수했고 민간이 운영한다. 또한 국가는 무상의료, 무상교육, 임대주택, 그 보조금의 대출과 감세를 지원한다. 그러나 중국은 시장경제의 잘못된 이해의 하나로 국유기업의 개혁, 부동산 규제 등의 사회문제를 반대로 생각하고 있다. 정부의 역할은 공정한 발전을 위한 환경을 구축하는 일이지만 중국에서는 그런 모습을 전혀 기대할 수 없다.

중국은 정부 주도의 5개년 발전 계획처럼 고유의 가치관과 계획을 갖고 있다. 그러나 시진핑 주석이 언급한 '중국 에너지 혁명'은 기술 혁신으로 시장을 선도하는 것이 아니라, 정부가 전 국토의 에너지를 철저히 관리·감독해 공산당의 정치력을 공고히 하고 공기 및 수질, 오염으로 불거진 인민들의 불만을 감소시키며 해외 자원 및 기술력 의존도를 낮추기 위한 포석이다.[69] 더불어 중국은 국유기업 체제를 통해 자신들의 국가 자본주의가 건재하다는 것을 보여주고 있다.

국유기업 규모 면에서 세계 1위부터 7위까지가 모두 중국 기업이다. 중국의 순이익 상위 10대 기업과 상위 500대 기업 중 300곳도 모두 정부 소유다. 수년간 중국 국유기업들의 성장은 중국 경제발전에 지대한 공헌을 해왔다. 결국 중국 인민들이 최종적으로 몰리는 업종을 보면 수익률은 낮

69) 중국 국무원은 '에너지발전전략 행동계획'(2014-20년)을 통해 스모그와 온실가스 배출을 줄이기 위해 에너지 소비구조를 개편하겠다고 밝히면서 비화석 연료의 비중을 2020년까지 15% 수준으로 높이겠다는 목표를 제시했다. 또 중국 에너지 소비에서 가장 큰 부분을 차지하는 석탄은 2020년까지 연간 소비량을 42억 톤에서 늘리지 않기로 했다. 특히 2020년까지 스모그가 심한 베이징, 톈진, 허베이, 산둥 등 4개 지역의 석탄 소비량을 2012년 대비 1억 톤 감축할 방침이다. 아울러 전체 에너지 믹스에서 석유가 차지하는 비중을 현재 18% 수준에서 2020년까지 13% 수준으로 조정하기로 했다. 적당한 시기에 동부 연안 등에 원자력 발전소 건설도 추진한다는 방침이다. 내륙에 원전을 건설하는 방안의 타당성도 연구하기로 했다.

은데 비하여 세금 부담률은 가장 높은 공통점을 지닌 요식 서비스 및 농산물 가공, 제조업 및 수출입업, 도소매업 및 물류업, 부동산 및 중개업이다. 이들 민간업체와 자영업자는 85% 이상의 일자리와 전체 세금의 83.5%를 부담하고 있다.

고속도로, 풍력 발전, 고속철 등의 대형 프로젝트가 중국 전역에서 요란하게 추진되고 있다. 이들의 공통점 역시 처음부터 높은 목표, 위대한 목표, 경이로운 목표를 설정하고 동원할 수 있는 모든 자원을 끌어드리는 대약진식의 개발이다.

중국 정부가 내수 진작을 위해 고정자산에 미친 듯이 투자하고 기록을 갱신하는 모습들은 결국 한낱 뜬구름에 불과하고 냉혹한 현실을 맞이할 것이다.[70]

대표적으로 2009년 상하이의 전체 경제 규모는 싱가포르나 홍콩을 뛰어넘었다. 고속성장세를 기록한 상하이의 통계 데이터에 따르면 2006년부터 2010년에 이르는 제11차 경제개발 5개년 계획 기간 동안, 시의 GDP

---

70) 중국 정부가 2009년 글로벌 금융위기 이후 투자를 통한 대대적인 경기부양에 나서면서 5년 동안 6조 8,000억 달러를 낭비한 것으로 중국 국가발전개혁위원회(NDRC)의 쉬처徐策 연구원은 분석했다. 2009년과 2013년의 경우 비효율적인 투자는 그해 중국 경제 전체 투자액의 거의 절반에 이르는 수준이라고 지적했다. 낭비된 투자 대부분은 철강이나 자동차 산업에서 이뤄졌다. 중국 국가발전개혁위원회는 최근 들어 1조 위안에 달하는 인프라 프로젝트를 승인했다. 이들 프로젝트 대부분이 2015년 초 착공했다. 또 중국은 새 실크로드 구축과 관련해 아시아와 유럽을 잇는 국가들에 약 400억 달러의 인프라 투자를 하겠다고 공언하기도 했다.

는 1조 7,000억 위안에 이르렀고 비교가격으로 계산했을 때 연간 11.1%의 성장세를 기록했다. 5년 동안의 GDP를 모두 합치면 약 6조 위안이 넘는다. 이 중 고정자산 투자를 통한 성장률은 2조 3,000억 위안이나 된다.

이 액수를 쉽게 표현하면 상하이는 1㎢를 개발하기 위해 4억 6,000만 위안의 돈을 들였다는 이야기다. 이러한 대규모 개발 프로젝트에 투입되는 자금은 어디서 나오는 것인가. 바로 국유은행이다. 중국에서 대규모 투자를 통한 경제성장이 더 이상 지속될 수 없는 이유이다.

저자는 전반적인 글로벌 경제가 하락 추세로 접어들었다고 진단하고 향후 10년 동안 스태그플레이션이 세계를 휩쓸 것으로 내다본다. 이 책에서 거듭하여 강조하는 보다 구체적인 중국 경제의 문제점을 살펴보면, 먼저 주택시장의 부동산 가격의 거품 문제다.

현재 중국 부동산 가격은 40-50% 정도 떨어져야 한다고 보고 있다. 다시 말해서 부동산 시장의 거품이 50%에 이른다는 얘기다. 부동산 시장이 침체되면서 베이징, 상하이, 선전 등 70개 주요 도시의 미분양 주택은 25-40개월 치로 급증했다. 중국 GDP에서 부동산이 차지하는 비중은 19%나 된다.

중국의 주택 가격은 적어도 한 달 소득으로 1㎡를 구입할 수 있는 수준이어야 한다. 특히 베이징 같은 곳은 주택의 경우 평균 1㎡당 가격이 6만 위안 대에 근접하고 있다. 대량의 농민공이 도시에 뿌리를 내리지 못하는 주요 원인으로 부동산 거품과 호구 제도를 지적한다. 이들의 정착을 위하여 저렴한 임대주택을 대량으로 지어야 한다.

또한 현재는 무엇보다 거품 붕괴의 위기를 현명하게 극복하여 부동산 시장의 연착륙을 실현할 방도를 고심해야 한다. 대량의 미분양 부동산이 늘고 있고 새로운 부동산의 개발 역시 축소되고 있다. 1992년 일본의 부동산 거품 붕괴와 1997년 홍콩의 부동산 시장이 그 예로 중국 부동산 거품은 빠져야 한다.

다음은 수출 감소와 위안화 평가의 문제다. 중국이 고속성장을 유지하려면 수출의존 모델을 버리고 내수 성장을 기초로 한 산업구조로 전환해야 하고 동시에 환율의 자유태환을 실시해야 한다.

중국의 수출총액은 GDP의 40%를 차지하지만 글로벌 경제의 하락으로 인해 중국 수출이 점차 감소하고 있고, 향후 10년 동안 중국 수출의 연간 성장률은 8% 내지 6%로 떨어질 가능성이 높다. 소비자물가지수(CPI)는 2011년 대비 2014년 말 상승률 6%에서 1.4%로 떨어져 5년래 최저치를 기록하고 있다.

중국 생산자물가지수(PPI)도 같은 기간 2.7% 하락하며 연속 33개월 마이너스 성장세를 보이고 있다. 제조업 구매관리지수(PMI)는 49.6으로 하락했으며 철강, 판유리, 비료, 알루미늄, 조선, 태양광 패널에서 건설자재에 이르기까지 고속 성장기와 2009년 경기부양 이후에 과도하게 늘린 설비 탓에 물가 하락이 불가피하게 된 것이다.

중국 정부가 경제의 중심축을 투자에서 내수로 돌리는 경제구조개혁에 나서자 중국 기업들이 염가 공세로 과잉설비와 재고를 해소하는데 발 벗고 나서 디플레이션 압력이 커졌다는 얘기다.

상황이 이러니 중국의 명목 성장률은 2014년 8%로 2011년에 비해 거의 반 토막 났다. 그 사이 GDP 대비 총부채 비율도 250%로 80% 포인트 높아졌다. 디플레이션 압력으로 실질금리가 급등한 탓이다. 같은 기간 중국의 소비자물가로는 실질금리가 4%로 2배 뛰었고, 생산자물가로는 0%에서 8%로 폭등했다. 이 여파로 중국 GDP에서 이자 비용이 차지하는 비중은 15%로 2배 높아졌다.

중국이 성장 둔화를 가속화하는 일련의 악재를 해소하는 데는 오랜 시간이 걸릴 것으로 예상된다. 중국 인민은행이 최근 기준금리를 인하[71]하는 등 앞으로도 한동안 통화완화 기조를 고수할 게 분명하지만 중국의 구조적인 디플레이션이 과도한 부채와 급격한 인구 고령화와 맞물려 선진국 통화정책에 반향을 일으킬 것이다.

그동안 중국은 위안화 평가절상으로 인하여 임금 인상과 원가 상승으로 노동집약형 수출산업의 타격은 매우 커 국제무역에서 시장 점유율이 크게 떨어졌다. 미국은 여전히 위안화를 현재보다 24% 이상 평가절상 해야 한

71) 중국 경기하강 압력이 뚜렷해지자 2014년 11월 통화당국인 인민은행이 2년 4개월 만에 대출 및 예금 기준금리를 인하했다. 1년 만기 대출 기준금리를 5.6%로 0.4%포인트 낮추고 1년 만기 예금 기준금리는 0.25%포인트 낮춘 2.75%로 조정했다. 환매조건부채권(레포 RP) 발행금리를 종전 3.40%에서 20bp(1bp=0.01%포인트) 낮춘 3.20%로 인하했다. 12월에는 수차례 RP 발행을 중단하며 시장 유동성 공급에 나섰다. 2015년에도 인민은행은 기준금리를 추가 인하하고, 지급준비율을 낮추는 등 통화완화에 나설 것으로 예상된다.

다고 요구하고 있다.

저자가 보기에 중미간 무역에서 긴장관계를 완화하는 가장 좋은 방법은 중국이 미국 기업들의 상하이 상장을 허용하는 것뿐이다. 또한 금리를 상향 조정하고 필요하다면 위안화도 대폭 평가절상 해야 한다.

셋째는 사회 양극화 문제다. 저자는 중국의 소득불평등이 세계 최고 수준이라고 지적한다. 도시와 농촌간 빈부격차는 중국의 고질적인 문제점이고 빈익빈 부익부의 양극화 문제에 대해서 사회보장 제도의 확립 등 충분한 해법을 제시해야 한다.

중국 정부가 가장 손쉽고 급진적으로 선택할 수 있는 정책으로 중국 국유기업의 주식을 인민들에게 골고루 배분하는 정책을 권한다. 국유기업의 민영화를 통한 재원확보와 시장경제의 정착은 보편적인 소강사회로 가는 험난한 가시밭길의 첫걸음이다.

넷째는 중국 인구의 노령화 문제다. 저자는 앞으로 20년 동안 중국은 일본과 한국처럼 인구 노령화와 인구이윤의 역전이라는 어려움에 봉착할 것으로 내다본다.

최근 중국의 성장률 둔화는 중장기적인 추세로 보이지만 결국 중국의 '중진국 함정' 논란을 둘러싼 쟁점은 노동인구 감소와 인구 보너스 효과의 소멸이다. 더욱이 앞서 언급한 부동산 거품과 중국의 산아제한 정책 자체가 인구의 노령화와 전체 인구 감소를 재촉하는 역할을 하고 있다. 이러한 인구의 노령화는 디플레이션을 초래하게 된다고 단언한다.

정부가 부채를 통해 인구 노령화의 원가를 부담하면서 다시 디플레이션을 자극하게 되는 악순환이 전개되고, 채무 이자가 너무 높아져 지불불능 상태에 빠지게 될 때 나타나는 인플레이션은 피할 수 없게 된다.

Black China

베이징 과학기술대학 자오샤오赵晓 교수는 "중국 경제는 최근 10년 이래의 최악의 상황을 맞이할 것"이라고 주장한다. 지금까지 중국 경제를 이끌어온 3대 동력인 인구 보너스, 수출 보너스 및 부동산 보너스가 소멸되고 있다는 것이다. 인구 보너스의 소실로 인해 임금이 상승할 것이고 위안화 절상과 해외 수요 약화로 수출이 둔화되면서 순수출의 성장 기여도가 마이너스가 될 것이라는 게 그의 설명이다. 아울러 부동산 규제는 더욱 강력해져 주택구매 제한, 대출 제한 등으로 인해 부동산 투자가 얼어붙을 것이라고 본다. 이렇게 3대 엔진이 동시에 꺼지면 중국 경제는 '성장의 황혼기'에 들어서게 될 것이라고 말한다.

일본이 디플레이션에서 벗어나겠다며 엔화 약세(엔저) 공세를 펴고 있는 것처럼 중국도 위안화 가치를 절하할 수 있다. 그러나 이는 다른 아시아 국가들의 통화 약세를 부추겨 환율전쟁을 촉발할 수 있고 위안화 환율이 연속 평가절하된 것은 중국경제가 좋지 않음을 나타내는 것이다.

중국 거시경제 수치의 하강 속도가 예상보다 빠르게 나타나고 있다. 주택 거래량은 큰 폭으로 하락하고 금융주와 부동산주의 주가가 고점에서 30%나 떨어졌다. 시멘트와 철강, 구리 등 원자재 가격도 하락세를 면치 못하고 있다. 원자재를 비롯한 중국의 수입 규모는 2006년 대비 2012년에는 4배 늘었지만 2014년 연초 대비 연말 15% 줄었다.

중국 은행들의 건전성에 대한 우려도 나타난다. 매년 2조 달러의 신규 대출 중 절반이 문제를 안고 있으며, 문제의 대출 중 절반 정도만이 회수 가능한 상황이니 결국 부실채권이 약 5,000억 달러에 이른다.

중국 경제의 거품이 붕괴하면 상황이 두바이[72)]의 경우보다 1,000배는 심각할 것이라 보는 학자도 있다.

저자는 대체로 중국 정책 담당자들이 경기하강 위험을 저평가하는 측면이 있지만 "만약 대외경제 환경이 악화한다면 정책 기조와 구체적인 대응 방법에서 분명한 변화가 필요하다. 긴축이 지나쳤던 2008년의 전철을 밟

---

72) 두바이는 아랍에미리트의 일곱 토후국 가운데 하나이다. 부르즈 할리파라는 높이 810m 세계 최고층 160층인 건물과 인공섬 더 월드, 야자잎 모양의 팜 아일랜드, 맨해튼보다도 큰 워터프런트 섬, 또 다른 초고층 빌딩 알 부르즈 등을 건설하며 그곳의 중심 도시이며 최대 도시이다. 1882년 영국과 독점보호조약(두바이를 오토만 제국의 어떤 공격도 영국이 보호해 준다는 조약)을 하고 그 보호하에 들어갔다. 두바이는 인도와 유럽의 중계 무역항으로서 당시 인도를 식민지로 삼았던 영국에게는 지정학적으로 중요한 곳이었기 때문에 오토만 제국에게도 빼앗길 수 없었다. 그 후 1950년대에 영국은 두바이에 전기, 전화 서비스, 공항을 두바이에 건설하였다. 1966년 두바이에 유전이 발견되어 수많은 일자리를 찾아온 이민자들로 인구가 늘어나기 시작하였고 두바이는 유전으로 벌어들인 수출자금을 바탕으로 현대화를 본격 시작하였다. 1991년에 일어난 걸프 전쟁은 두바이에 커다란 변화와 중흥기가 시작되었고 사막의 기적이라 불린다. 하지만 2008년 미국발 금융위기 직후, 2009년 11월 25일 두바이 정부는 국유기업 두바이월드의 채무 지급유예를 선언하였는데, 이것을 두바이 쇼크라고 부른다. 경제 불황으로 두바이에 거주하는 인구 대부분을 차지하는 외국인이 감소조짐을 보이기 시작하면서 여러 가지 정책을 세우고 있다.

지 말아야 한다"는 비교적 온건한 시각의 평가를 한다.

여기서 "긴축이 지나쳤던 2008년의 전철을 밟지 말아야 한다"는 것은 무엇을 의미하는 것인가? 2007년에서 2008년 사이의 인플레이션은 주로 외부적인 요소에 의해 일어났지만 중앙은행이 문제의 근원을 처리하는데 있어 진지하지 못하고 정부의 미숙한 정책으로 개혁을 위한 절호의 기회를 놓친 것이다. 결국 20조 위안이나 되는 재정자금과 레버리지 효과[73]까지 더해지면서 2011년과 2012년 인플레이션이 불어 닥쳤다.

사실 2004년 이전의 지난 10년간 무역흑자는 매년 300-400억 달러에 불과했지만 2005년 1,000억 달러 고지를 밟은 뒤 꾸준히 증가했다. 2006년 무역 흑자액은 1,775억 달러, 2007년에는 2,622억 달러를 넘어섰다.

그러나 2007년부터 인플레이션이 나타나기 시작했고 2008년 정부가 집계한 인플레이션은 위험수위를 넘어선 5.9%를 기록하자 정부는 대출을 엄격히 제한하고, 경기과열과 인플레이션 방지정책을 고수하면서 지나친 긴축정책을 펼쳤다.

그 결과 물가가 지속적으로 하락하는 디플레이션, 즉 화폐의 명목가치가 오르면 실질적인 빚 상환 부담이 커지고 소비자들은 물가가 더 떨어지기를 기다리며 소비를 미루게 되는 현상이 나타난다.

---

73) 사채나 은행 차입금 등의 부채를 이용함으로써 자기자본의 이익률이 상승하는 효과. 부채에 대한 확정지불이자보다도 자본의 운용에 의해 발생하는 이익이 크다면 자기자본의 이익률은 상승한다. 그러나 레버리지 효과(leverage effect)를 높이기 위해 차입금을 과도하게 들여온다면 불황이 닥쳤을 때 금리 부담이 커진다. 최근 기업들은 이런 위험성을 줄이기 위해 레버리지 비율을 낮추는 추세이다.

일본의 장기불황 배경에도 디플레이션이 있었다. 최근 중국 경기하강 위험으로 중국발 디플레이션 전이 가능성 우려는 이미 세계경제에 큰 파장을 미치고 있다.

국제유가가 반 토막 난 것은 원유를 수입 소비하는 입장에서는 호재일 수 있지만 중국의 디플레이션이 그 배경이 됐다는 측면에서 좋은 소식만은 아니다. 특히 중국의 디플레이션이 설비과잉에 따른 구조적인 문제로 갈수록 심각해지고 있는 것은 세계경제 전체가 디플레이션에 취약해 졌음을 반증하는 것이다.

선진국들은 결국 이 같은 디플레이션 환경을 예상하는데 실패했고, 각국 중앙은행이 초저금리 정책 아래 막대한 경기부양 자금을 풀며 상황을 역전시키기엔 힘겨워 보인다.

통화정책 효과가 제한적인만큼 이젠 정부의 대응이 불가피하다. 이제는 각국 중앙은행이 반(反)디플레이션(anti-deflation) 해법을 정부에 넘겨야 할 때다. 중국 정부는 과도한 투자와 GDP주의에서 벗어나지 않으면 인플레이션의 저주에서 벗어날 수 없다.

'인플레이션은 화폐착각(money illusion)이다. 그 신비의 베일 안을 드려다 보기란 쉬운 일이 아니다' - 미국 경제학자 밀턴 프리드먼 Milton Friedman

F2

중국식 인플레이션

중국식 인플레이션이란 무엇인가? 이를 설명하기 위해 두 가지 예를 들어 살펴본다. 중국 혁명전쟁 말기에 국민당 정부는 전쟁물자를 확보하기 위해 돈을 직접 찍어내면서 사람들은 갑작스러운 변화에 크게 당황했다. 예전에는 쌀 한 가마에 100위안이면 되었지만 갑자기 돈이 시장에 과도하게 풀린 뒤로는 200위안을 내야 했기 때문이다. 물가가 두 배로 뛰고 인플레이션의 충격은 삽시간에 나타나 서민의 삶과 가장 가까운 분야에서 그 영향은 파급되었다.

또 다른 인플레이션은 고속도로, 풍력 발전, 고속철 등 대형 프로젝트를 추진하면서 돈을 찍어내는 경우다. 앞의 경우와는 다르게 업스트림(upstream)[74]에서 시작되는 인플레이션이다. 예를 들면 대규모 토목사업을 추진하기 위하여 10조 위안의 돈을 찍어내면서 등장한다. 단기간에 많은 철근, 콘크리트, 기계를 필요로 하기 때문에 결과적으로 생산능력의 확대를 유발한다. 이 과정에서 대규모 토목, 건설사업과 관련된 수요를 만족시키기 위하여 추가적 통화, 예를 들어 20조 위안을 또다시 발행해야 한다. 통화를 계속해서 남발하는 악순환이 일어나는 것이다. 겉으로 보기에는 인프라 구축 프로젝트에 동원되기 때문에 서민에게 직접적인 영향을

74) 기업의 영업활동 가운데 제품과 용역생산의 첫 단계에서의 활동 또는 수익을 지칭한다. 석유회사의 경우를 예를 들면 원유 탐사와 생산은 상류활동이고 정유 및 제품의 판매와 수송은 하류활동(downstream)이다.

주지 않을 듯하다.

그러나 첫 번째 인플레이션의 경우, 국민당 정부가 통화를 남발하고 서민들 손에 충분한 돈이 들려 있어 국민당 정부가 그 원인임을 쉽게 알 수 있으나 두 번째 인플레이션의 경우, 과도하게 통화를 발행했더라도 자금의 흐름이 정부와 프로젝트 참여 국유기업간에 이루어지며 기업의 이익이 일부 특정인의 지갑으로 들어간 뒤 서서히 시장으로 나오면서 일부 고가 상품의 물가가 서서히 꿈틀거리기 시작해 서민들이 이를 깨닫기는 쉬운 일이 아니다. 따라서 대부분의 서민들은 해당 제품을 가능한 사지 않거나 덜 사려고 한다. 그러나 기업이익과 특정인의 비자금이라는 형태의 자금이 일부 공산품 가격을 큰 폭으로 끌어올리며 다운스트림으로 파고들어 주택 임대료와 서민 생필품 가격을 끌어올리고 소비자가 돈의 가치가 예전만 못하다고 인지하는 순간 물가는 올라가고 더 이상 내려가지 않는다.

지난 30여 년에 걸쳐 과도한 통화발행에 따른 결과로 나타난 인플레이션은 세 차례로 1985년의 경우, 중국 내 통화 유통량이 63.3% 증가하고 당시 인플레이션은 6%를 기록했다. 이를 해결하기 위해 중국 정부는 인프라 건설사업 축소, 대출 억제, 경제희생이라는 대가를 치르고 인플레이션을 잡을 수 있었다.

1988년의 경우, 당시 4-5년 동안의 통화공급 증가율이 174%를 기록하고 정부의 임금개혁 정책으로 임금인상이 큰 폭으로 인상되는 바람에 물가가 무섭게 치솟아 민영기업 60%가 파산하였다. 구체적으로 쌀값이 하룻밤 사이에 0.15위안에서 0.8위안으로 뛰어오르는 등 물가가 여섯 배 이상 급등하였다. 결국 정부는 수천 개에 달하는 건설 프로젝트를 모두 중단시키는 초강수로 인플레이션을 다시 잡을 수 있었다. 임금과 물가가 번갈아 가며 상승하는 나선형 인플레이션이 유발된 것이다.

1995년에서 96년의 경우, 1992년 덩샤오핑의 남순강화(南巡讲话)[75] 이후 통화량이 대폭 증가하면서 1993년 인플레이션율이 13.2%를 기록하고 1994년에는 21.7%까지 치솟았다. 여기에 지난 경우와는 달리 민간자본이 부동산과 주식시장에 몰려들어 가세하는 위력을 보였다. 결국 중국 정부는 예금금리를 12%선으로 끌어올리는 등 초강경 금융정책을 실시하였고 국유은행에 대한 구조조정을 단행했다. 그 결과 1996년 하이난海南 지역 등의 부동산 거품이 꺼지면서 폭락했고, 중국 증시도 두 차례에 걸쳐 폭락했다.

세 차례의 인플레이션을 보면서 저자는 매우 흥미로운 사실을 찾을 수 있었다. 인플레이션의 원인이 단순한 통화량의 증가나 시장경제의 이해 부족만이 아니었다는 점이다. 지금까지 알려진 특수한 국내 사정이나 내부적 원인보다 더 무서운 외부적 요인이 존재했음을 발견했다.

---

75) 1989년 톈안먼 민주화 운동과 1991년 소비에트 연방이 붕괴하자 중국 내부에서는 개혁개방 정책을 둘러싼 "자본주의냐 사회주의냐"(싱쯔싱서 姓资姓社) 논쟁이 일어났다. 이에 덩샤오핑이 1992년 1월부터 2월일까지 우한武汉, 선전深圳, 주하이珠海, 상하이上海 등을 시찰하고 "자본주의에도 계획이 있고 사회주의에도 시장이 있다"는 담화를 발표하였다. 이는 이념논쟁을 정면 반박한 것으로 톈안먼 민주화 운동으로 일시 중단됐던 개혁개방 정책은 다시 추진되었고 민영기업 육성, 400여 가지의 규제완화 등 경제 개방에 속도가 붙었다.

설명에 앞서 독자들에게 몇 가지 질문을 하겠다. 인플레이션이 어느 날 갑자기 오는가? 대규모 건설 프로젝트를 위한 재정투입과 철도건설이 하룻밤 사이에 세워지는가? 아니다. 대출이나 대규모 토목공사에 따른 영향력이 경제 전반으로 확산되려면 적어도 1년 반 이상이 걸리고 인플레이션 효과는 즉각적으로 나타난다. 사실 이것이 문제는 아니다. 그보다 더 중요한 외부적 요인은 미국의 치밀한 작전과 중국이 그 계략에 말려들고 있다는 문제이다.

미국은 양적완화[76]를 통해 수입 인플레이션이라는 기습공격을 시도한다. 미국 연방준비은행(FRB)의 두 차례에 걸친 양적완화 조치로 20조 위안이나 되는 천문학적인 자금투자를 추진하면서 발생했던 문제가 중국으로 번진 것이다.

쉽게 표현하면, 모두가 다 알듯이 중국은 세계의 공장이고 미국은 최대 수입 소비국이다. 미국은 경기부양을 위한 양적완화 조치로 돈이 풀렸고, 중국은 종이컵부터 시작해 신발, 의류, 가발 등 소비품과 타이어, 냉장고, 에어컨 등 공산품에 이르기까지 필요한 모든 것을 미국에 수출한다.

결국 미국의 유동성 달러가 어디로 가는가? 중국이다.

---

76) 양적완화(量的缓和 · quantitative easing)는 금리 인하를 통한 경기부양 효과가 한계에 봉착했을 때, 중앙은행이 국채매입 등을 통해 유동성을 시중에 직접 푸는 정책을 뜻한다. 금리중시 통화정책을 시행하는 중앙은행이 정책금리가 0%에 근접하거나 혹은 다른 이유로 시장경제의 흐름을 정책금리로 제어할 수 없는 이른바 유동성 저하 상황하에서 유동성을 충분히 공급함으로써 중앙은행의 거래량을 확대하는 정책이다. 다른 나라에는 자산 거품을 초래할 수도 있다.

2008년 9월 리먼브라더스 사태 이후 글로벌 금융 불안이 실물부분으로 빠르게 확산되면서 경기침체가 심화되자 주요국 중앙은행은 정책금리를 대폭 인하하였으나 효과를 보지 못하였다. 이러한 상황을 타개하기 위해 미국과 영국 중앙은행은 비전통적 통화정책 수단인 양적완화 정책을 실시하였다.[77)]

결국 중국은 수출을 통한 외화예금이 2009년 4,532억 달러, 2010년 4,481억 달러, 2011년 3조 1,800억 달러를 더해 20조 위안을 보유하게 되었다. 미국의 유동성 달러는 레버리지 효과까지 더해지면서 2010-11년 수입 인플레이션은 기승을 부렸다.[78)]

---

77) 미국 FRB는 2008년 11월 유동성을 공급함으로써 사실상 양적완화 정책을 시작했으며 정책금리를 제로 수준으로 낮추면서 대차대조표상의 자산 부채 규모를 확대하는 정책을 상당기간 지속할 것임을 천명하였다. 1차 양적완화(QE1)는 2008년 11월 1,000억 달러 규모의 정부보증모기지채권(GSE · direct obligations)과 5,000억 달러 규모의 모기지유동화증권(MBS · mortgage backed securities)을 매입하는 등 2010년 1분기까지 총 1조 7,000억 달러가 투입되었다. 2차 양적완화(QE2)는 2010년 11월 6,000억 달러 규모의 추가 양적완화가 2011년 6월까지 투입되었다. 그리고 고용전망이 확실히 개선될 때까지 매달 450억 달러의 국채 매입과 400억 달러의 모기지증권을 매입하고 0% 수준의 기준금리를 2015년 중반까지 유지하기로 한다는 QE3를 시행하였다. 이후 저금리의 풍부한 자금이 풀리면서 마이너스 경제성장률이 2009년 1%대의 플러스 성장에서 2014년 상반기 4.6%까지 회복되었으며 실업률이 하락하는 등 경기부양 효과가 나타났다. 이에 따라 2014년 10월 연방공개시장위원회(FOMC)는 양적완화 종료를 선언하였다.

78) 지렛대를 의미하는 레버(lever)에서 파생된 말로 지렛대의 원리라는 의미를 갖고 있다. 재무적 측면에서는 타인자본을 지렛대 삼아 자기자본 이익률을 높이는 효과를 일컫는다. 가령 1백억 원의 자기자본으로 10억 원의 순익을 올렸다고 할 때 자기자본 이익률은 10%가 되지만 자기자본 50억 원에 타인자본 50억 원을 도입해 10억 원의 순익을 올리게 되면 자기자본 이익률은 20%가 된다. 타인자본을 조달하여 투자를 했을 때 얻을 수 있는 투자수익률이 조달비용보다 높다면 충분한 레버리지 효과를 가질 수 있다. 또 지렛대가 길면 길수록 더 많은 무게를 들어 올릴 수 있는 것처럼 높은 부채비율은 더 큰 수익으로 연결될 수 있다.

중국 내부에서는 3대 메이저 석유회사인 중국석유(PetroChina) 중국석유화공(Sinopec) 중국해양석유(CNOOC) 등 국유기업들이 원자재 가격을 인상하면서 기업들의 원가상승 압박은 즉각 확산되었다.

이들은 기술적으로 서민들이 인지하기 어려운 항공권에 포함된 유류할증료로부터 시작해 몇 차례 유가인상을 꾀하다가 결국 채소나 물건을 운반하는 생계형 트럭이 사용하는 디젤유 공급부족 사태와 함께 유가인상을 발표하고 결국 높은 인상폭을 받아들인다.

또한 중국 정부가 2009년 이전까지 사용하지 않았던 자산을 경기부양책으로 4조 위안을 풀었다. 이에 2009년 통화공급량이 60조 위안을 넘는 수치를 보이고 고정자산 투자액 비율도 38.32%를 기록했다. 이렇게 해서 중국은 산업 전반에 걸쳐 비이성적인 투자 수요가 촉발되었다.

대규모 통화가 유입됨에 따라 과도한 수요가 발생하고 노동력에서 자원까지 모든 가격이 대폭 인상되는 인플레이션을 맞게 되었다. 즉 외부적 요인인 외화예금과 내부적 요인인 원자재가격 인상, 정부투자 이러한 요인이 물가상승-임금인상-물가상승으로 이어지는 나선형 모습을 그리며 인플레이션을 유발한 것이다.

일본 노무라 증권은 〈2015년 아시아 거시경제 전략 전망 보고서〉를 통하여 2015년 중국 GDP 성장률이 2014년 7.4%보다 낮은 6.8%를 기록할 것이며 2016년에는 계속해서 6.5%까지 떨어지는 심각한 쇠퇴기에 빠질 것으로 전망했다. 중국 경제가 지닌 불확실 요소인 부동산 침체, 실물 경제와 엇갈리고 있는 주식 시장, 소비력, 금융개혁, 화폐남발정책, 긴축정책, 지방정부 부채, 미국 화폐정책 등의 태생적 한계를 돌파하지 못하면 저속 성장을 인정할 수밖에 없다.

중국 정부는 국유기업의 독점가격 상승을 경계하고 규제 대상이 가격이 아닌 거래량이라는 점을 명심해야 한다. 중국은 금리 시장화를 실시해 민간은행과 국유은행이 경쟁하는 금융 개혁을 착수해야 한다. 그래서 민간자본이 제도적으로 진입해 시장화된 금리로 유동성 자금을 흡수해야 된다.

F3

인플레이션의 저주

문제는 인플레이션이다. 중국의 인플레이션은 2008년과 2011년에 위험수위인 5%를 넘어 각각 5.9%와 5.4%를 기록했다. 2010-11년 중국 기업 평균 임금상승률은 GDP 성장률인 8%를 뛰어넘는 9.8%를 기록했다. 2011년 전체 기업들 중 80% 이상이 임금 인상을 하였고 평균 인상폭은 15%선이었다.

인플레이션의 즉각적 파급으로 임금인상과 원가상승으로 비용우위를 잃은 중국 제조업계는 고부가가치 산업들은 원청국으로 되돌아가고 저부가가치 산업들은 저개발국으로 이전하는 결과를 초래했다.

해외 기업들의 중국 진출은 한때 큰 내수시장도 매력적이었지만 무엇보다 생산비가 저렴했기 때문이다. 하지만 이젠 반대로 '엑소더스 차이나'가 본격화되고 있다. 가파른 인건비와 원자재 상승, 환경규제 등이 주요 원인이다.

일본계 유니클로는 2010년부터 중국에서 방글라데시로 공장을 옮겨 원가 절감 등의 효과를 얻고 있다. 중국 내 나이키사의 생산공장에서 만든 신발제품이 전체 생산율의 35%를 차지했으나, 2010년 베트남 생산공장이 비교우위를 앞세우며 전체 생산율의 37%를 기록하면서 세계 최대 생산기지로 부상했다.

다국적 기업들은 질 높은 노동력에다 영어를 사용하기 때문에 많은 기업들이 필리핀을 주시하고 있고 베트남, 캄보디아, 미얀마 등 저임금 신흥국들은 노동집약적 경공업 투자 유치를 위해 경제특구 설치나 확대에 나서고 있는 만큼 중국은 더 이상 기업의 천국이 아니라 기업의 무덤으로까지 불리는 오명을 받고 있다.

중국 인민은행은 〈통화정책 보고서〉를 통해 물가상승과 수입 인플레이션에 대해 '인민은행은 인플레이션과 글로벌 유동성 자금 흐름에 대해 주목하고 있다'고 평가했다. 미국과 일본을 포함한 선진국들의 양적완화를 지목하면서 인플레이션에 대해 경계심을 드러냈다. 각국의 양적완화가 스필오버 효과(spillover effect)와 함께 글로벌 자본 유입의 변동성을 심화시키고 있다는 지적이다.

인민은행은 환매조건부채권(RA)[79] 발행을 포함한 공개시장 조작으로 기록적 규모의 유동성을 금융시장에서 회수했다. 이것은 중국이 수입 인플레이션을 심각하게 우려하고 있고, 통화정책의 우선순위가 인플레이션 억제에 있음을 반영한다.

---

79) 환매조건부채권(还买条件附债券 · Repurchase Agreements)-금융기관이 일정 기간 후 확정금리를 보태어 되사는 조건으로 발행하는 채권. 주로 금융기관이 보유한 국공채나 특수채 신용우량채권 등을 담보로 발행하므로 환금성이 보장되는 이점이 있다. 또 채권을 실물거래하는 것이 아니라 중앙은행에 맡겨 둔 기준 예치금을 대차거래하는 형태로 이루어지며 질권 및 담보를 설정할 수 있다. 발행 목적에 따라 여러 가지 형태가 있는데 흔히 중앙은행과 시중은행 사이의 유동성을 조절하는 수단으로 활용된다. 운용 기간은 1-30일에서 3개월 정도가 적합하며 길게는 1년까지 만기를 지정할 수 있다.

이는 저자가 앞서 제기했던 외부적 요인을 검증하는 대목이다. 그러나 실질적인 효과를 낼지는 의문이다. 왜냐하면 중국은 관리변동환율 제도를 택하고 있고, 중국이 지금처럼 달러 보유고가 계속 늘어간다면 중국 서민의 생활비가 미국과 비슷한 수준으로 결국은 빈부의 차가 극심한 중국인의 고달픈 삶은 심각한 상황으로 치닫기 때문이다.

1인당 연간소득을 비교해 보고 또 낮은 소득과 비싼 생활비로 얼마 되지 않는 중국인의 가처분소득으로 비교해 보면 상황은 좀 더 명확하게 파악할 수 있다.

이를 조금 더 설명하면 중국 젊은이들이 애플 앱 스토어에서 1달러에 구입하던 노래가 2달러로 올라가도 고정환율 때문에 여전히 6.40위안에 계산되어 2달러가 되어도 위안화로는 차이를 체감하지 못한다. 여기서 문제가 발생한다. 중국은 엄청난 경제 성장을 이루고 있지만 환율은 그대로라는 점이다. 달러 유동성 확대로 달러가 흔해 빠졌고 8% 정도의 경제성장률에 따른 중국의 실물경제(시장가격)와 환율이 동떨어지게 되는 현상이 일어나고 인플레이션은 더 크게 발생한다.

중국 내에서는 환율이 제동장치를 하지 못하고 오히려 경기를 과열시켜 인플레이션을 유발시키는 것이다.

쉽게 생각해 보면 중국은 환율이 낮은 이점으로 싼 자국제품이 잘 팔리니까 계속 투자하고 확대 재생산하다 보면, 경기는 과잉성장에 달러가 계속 모이게 되고, 엄청나게 모인 달러는 자국 위안화에 비해 환율은 낮으니 실물경제와 큰 차이를 보이게 되어 결국 인플레이션이 유발하게 된다.

콜라를 미국에서 사면 1.5달러인데 중국에서 위안화로 사면 12위안, 즉 2달러가 되버린다. 물론 미국에선 유동성 확대로 값싼 소비재를 부담 없이 수입하고 소비자들은 달러로 지불한다.

결국 중국 경제는 높은 물가와 주춤한 성장을 경험하며 스태그플레이션 단계로 접어들고 있다. 중국 정부가 금리인상을 활용한 긴축정책을 펴고 있음에도 불구하고 물가상승률은 꺾이지 않고 경제 성장세만 둔화되고 있는 것이다.

중국의 소비자물가지수(CPI) 상승률은 정부의 목표인 4%를 일찌감치 넘어서 식료품과 원자재 가격 상승 때문에 2011년 5.4%를 기록한데 이어 고공행진을 지속하고 있다.

물가상승률을 억제하기 위한 중국 정부의 긴축 정책 때문에 경제성장률은 지속적으로 줄어들고 있다. 즉 중국 국내총생산(GDP) 증가율은 낮아지고 CPI 상승률은 5%대로 높은 수준을 지속하며 성장 둔화를 겪고 있음을 확인시켜 주고 있다.

더욱이 인민은행 보고서에서 지적하듯이 노동 증가세가 둔화되면서 노동집약적 상품이나 서비스, 농산물의 가격은 계속 상승한다. 인구보너스 효과가 사라지면 중국은 향후 중장기적으로 내부적인 압력에 따른 인플레이션에 끊임없이 시달릴 수 있다. 중국 통계국의 자료에 의하면 노동력 공급의 변곡점을 2013년으로 발표했다.

중국과 미국간 물가가 비슷한 물품으로 돼지고기, 소고기, 닭고기가 있다.(㎏당 중국 : 미국의 최고 가격이 각각 40 : 45위안, 45 : 50위안, 18 : 19위안) 중국의 소득은 제3세계에 불과하지만 생활비만은 선진국에 견주어 결코 뒤지지 않는다는 것을 설명한다.

영국 컨설팅업체 머서 Mercer가 세계 214개 도시를 대상으로 조사한 물가 순위 결과(아이패드 2, 맥도날드의 빅맥 햄버거, 영화관 입장료, 1일 호텔 숙박료 가격 비교)에 따르면 베이징이 16위, 상하이가 25위, 뉴욕과 파리가 공동 27위로 발표됐다.

조금 더 쉽게 스타벅스 아메리카노 커피 한 잔 가격이 서울 4100원, 뉴욕 2477원, 암스테르담 3614원, 도쿄 3633원인데 비하여 베이징은 3679원이다.

지금 눈앞에 펼쳐진 참상, 통제력을 벗어난 인플레이션은 중국 정부에 공포감을 주기에 충분하고, 낮은 소득과 비싼 생활비로 폭스콘의 노동자 자살[80]은 계속될 것이다.

---

80) 폭스콘은 애플의 아이폰과 아이패드 등을 하청 생산하는 세계 최대 주문자상표부착생산(OEM) 회사이며 중국 14개 공장에서 노동자 120만 명을 고용하고 있는 중국내 최대 민간기업이다. 2009-10년 폭스콘에서 노동자 18명이 연쇄 자살했다. 중국 개혁개방 이후 30여 년 동안 이어져온 저임금 무노조 대량생산 모델의 상징이었던 폭스콘은 노동자들을 병영식으로 관리하고 장시간 노동 유독한 화학물질 사용이 이들의 죽음으로 알려지기 시작했다. 폭스콘은 이후 임금 인상과 야근 감소 등의 조처를 취해 왔다. 폭스콘의 변화는 '중국 모델'에 지각변동을 예고한다. 중국 곳곳의 공장에서 노동자들의 파업이 급격히 늘고 있다. 1980년대 이후 출생한 중국 신세대 노동자들은 강한 권리 의식을 가지고 있으며 노동력의 다수가 되면서 노동력 부족이 심화돼 노동자들의 협상력도 높아지고 있다. 시진핑-리커창 지도부도 저임금 모델과의 결별 내수중심 성장 모델로의 전환을 경제 목표로 내걸고 있다.

보통 인플레이션은 초기에는 눈에 잘 띄지 않는 구조적 문제로 물가가 상승하지만 중반기에 들어서서는 정책부실 문제에서 기인한다.

2009년 중국 정부는 4조 위안 규모의 경기부양책과 10대 산업 진흥 계획을 내놓았다. 2010년에도 계속하여 신에너지 분야에 5조 위안을 투자했다.

고속철 투자를 발판으로 10대 산업 진흥 계획에 포함된 철강, 물류산업, 설비제작, 비철금속, 선박의 5대 산업을 육성시키겠다는 계획이었다.

고속철 건설에 가장 많이 사용되는 철강생산을 위해 수도강철은 허베이河北 차오페이뎬曹妃甸에서 스스로 세계 최대 규모의 용광로를 만들었다.

철을 녹이는 용광로나 제강 설비 규모가 클수록 생산에 유리한가? 아니면 단위 에너지나 생산원가가 절약되는가? 이런 주장을 뒷받침하는 이론적 객관적 자료는 그 어디에도 없다. 그럼에도 불구하고 기존의 용광로보다 훨씬 많은 비용을 들여 세계 최대 규모의 용광로를 만들고 결국은 품질은 크게 떨어진 제품을 생산하고 말았다. 이 때문에 수도강철은 50억 위안의 손실을 입었다. 과거 중국 용광로는 4,500m³였으나 수도강철은 5,500m³짜리 용광로 2기를 만들었다.

같은 업계의 바오강宝钢[81]도 세계 최첨단 제철기술로 연간 150만 톤의 철강제품을 생산한다는 보고서로 10억 위안의 손실을 입었다.

---

81) 상하이바오강집단(上海宝钢集团公司 · Shanghai Baosteel Group Corporation) 1998년 설립. 중국 최대의 철강기업으로 연산 2,000만 톤 규모의 철강 생산능력을 갖추고 스테인리스강, 베어링강, 고급 건축용 강재, 석유수송관, 가전용 강재, 파이프라인용 강판, 전기강판, 선박 건조용 강판, 자동차용 강판 등을 생산하고 있다.

중국철강공업협회가 발표한 자료에 의하면 2010년 중국내 26개 주요 철강재 시장 재고량이 전년대비 5.5배 증가한 1,578만 톤을 기록했다.

중국 정부가 경기부양책으로 투자한 4조 위안은 철강재 소비로가 아니라 생산으로 간 것이다. 다시 말해 값싼 자전거 보급이나 건축자재가 아닌 제철소 신형용광로 건설이나 고속철 레일 생산에 쓰였다는 것이다.

중국은 고속철 첫 개통 6년 만에 고속철도 세계 1위국이 됐다. 2004년 시속 200㎞의 고속철 기술을 시작으로 2008년 자주 기술로 시속 350㎞의 첫 고속철인 베이징-톈진노선을 운행했다. 2010년에는 시속 380㎞의 CRH 380A 개발과 실험속도 최고 486.1㎞를 넘는데 이어 600㎞대 고속철도도 개발 중이다.

시속 250㎞이상의 고속철 총연장은 세계 최대인 1만 3,000㎞에 달하는 것을 비롯해 중국의 철도 노선은 9만 3,000㎞로 지구 두 바퀴를 돌 수 있는 길이이며 운행속도, 건설규모, 발전 속도 등에서 타의 추종을 불허할 정도로 급속하게 발전해 왔다.

중국이 고속철에 눈뜬 것은 1978년 덩샤오핑이 일본을 방문하면서다. 당시 덩샤오핑은 도카이도 东海道 신칸센 新幹線을 타고 도쿄-교토 구간을 이동하면서 일본의 고속철 기술에 경악했다.

일본은 1964년 도쿄올림픽 때 세계 최초의 고속철 신칸센 운행을 시작했다. 반면 당시 중국의 평균 철도속도는 43㎞에 불과했다.

중국 고속열차는 화해호(和谐号 · CRH)로 불리운다. 중국은 그간 시장과 기술을 맞교환하는 '이시장 환기술'(以市场 换技术) 전략으로 고속철 기술 확보에 진력했다. 거대 소비시장을 이용해 유리한 조건에서 고속철 선진국의 기술을 확보했다. 일례로 설계시속 250km의 준(準)고속철인 CRH-1은 캐나다의 봄바디어, 설계시속 300km를 넘는 CRH-2는 일본의 가와사키, CRH-3은 독일의 지멘스, CRH-5는 프랑스의 알스톰 기술을 기초로 제작했다. 이런 이유로 중국의 철로에는 세계 각국의 고속열차가 동시에 돌아다니는 기현상이 벌어진다. 대개 고속철은 전기와 신호, 통신 등의 이유로 단일모델이 선호된다.

지난 2011년 7월 저장성 원저우 温州에서 40명이 죽고 200명이 다친 고속철 추돌사고 때도 마찬가지였다. 당시 뒤에서 들이받은 D301열차(CRH2-E)는 일본 '신칸센 E2계' 열차를 모델로 한 고속열차였고 앞에서 들이받힌 D3115(CRH1-B) 고속열차는 캐나다 봄바디어 모델이었다.

중국 정부의 구상은 4개의 종축과 4개의 횡축으로 고속철을 깔아 국토 전역을 촘촘하게 연결하는 것이다. 시진핑 주석은 '신(新)실크로드 경제벨트'라는 개념을 제시했다. 유럽, 중앙아시아, 동남아시아 등을 아우르는 경제벨트를 건설하는데 고속철은 필수불가결한 핵심 인프라라고 분석하고 이를 위해 현재 인도 등 20-30개 국가와 고속철 협력 방안을 논의하고 있다.

중국의 고속철도 건설비용은 기타 국가에 비해 20%가량 낮은 수준이다. 중국의 고속철 건설비는 km당 3,300만 달러로 외국업체들의 5,000만 달러에 비해 35%가량 더 저렴한 셈이다. 중국 고속철은 건설비용이 워낙 저렴해 일본 · 프랑스 · 독일 등 고속철 3대 강국과 견주어도 수출경쟁력이 있지만 고속철 수주 과정에서 특허 분쟁이 제기될 가능성도 높다.

또 중국 양대 고속철 기업인 중국남차(中国南车 · CSR)와 중국북차(中国北车 · CNR)가 합병해 세계 최대 고속철 중차집단(中车集团 · CCR)으로 재탄생했다. 고속철을 국가 전략사업으로 육성하고 있는 중국은 중차집단 출범을 통해 글로벌 경쟁력을 한 차원 높일 수 있을 것으로 기대하고 있다. 그러나 매출 이윤 등에서 시너지 효과가 예상되지만 미국과 유럽연합, 일본 등 경쟁국가 및 기업으로부터 반독점 소송을 겪을 가능성도 높다.

고속철 문제만이 아니다. 중국이 수출하는 태양광 발전 상품이 이탈리아의 항구에 먼지를 뒤집어 쓴 채 산더미처럼 쌓여 있고 중국 내 태양광 발전 시장은 심각한 과잉과 발전원가 역시 높아서 적자를 면치 못하고 있다.

2010년 유럽경제 호전으로 독일, 체코, 이탈리아, 스페인으로부터 중국 태양광 발전업계는 예상했던 것보다 훨씬 큰 성공을 거두었다.

태양광 패널과 부품생산 기업은 일반적으로 17%의 수출환급에 의존하지만 2009년 중국 정부의 10대 산업 진흥 계획에 의한 4조 위안 규모의 투자와 2010년 신에너지 분야에 5조 위안 규모의 투자로 이상 과열현상이 나타났다. 18개 성과 10여 개 도시에 대형 프로젝트가 진행되고 있고 저장성 카이와介化현에는 무려 57개 태양광 발전 기업이 있다.

이로 인해 2011년 다결정 실리콘 총 생산량은 10만 톤을 초과했다. 중국 총 수요량은 1만 7,000톤이며 전 세계 수요량의 두 배가 되는 양으로 심각한 생산과잉이다.

중국은 EU집행위원회가 최근 중국산 태양광 패널이 생산비 이하로 유럽 시장에 들어와 유럽 업체들에 피해를 주고 있는 것을 시정하기 위해 반덤핑 관세를 부과할 방침을 정하자 EU측을 초청해 태양광 패널의 승인 가격에 대한 협상을 벌였으나 아무런 성과 없이 끝나 양측의 무역 갈등이 고조될 전망이다.

중국은 EU의 태양광 패널에 대한 반덤핑 관세 부과를 피하기 위해 수출 단가를 높이는 것이 자국 기업에 유리할 것으로 판단하고 EU측과 가격협상에 나섰다.

중국 태양광 패널업계에서는 EU측이 반덤핑 관세 부과 방침을 이미 굳힌 뒤 명분을 쌓기 위해 협상에 나섰기 때문에 형식적인 태도로 일관할 것이라서 업계의 피해가 불가피할 것이라는 우려 섞인 전망도 나오고 있다. EU는 2012년 9월부터 중국산 태양광 패널에 대한 반덤핑 조사를 시작한 데 이어 11월에는 중국 정부가 불공정하게 태양광 패널 생산업체에 보조금을 지급하는지 조사에 착수했었다.

태양광 발전업계의 가장 큰 문제는 태양광 패널의 생산원료인 다결정 실리콘[82]이 그동안 부족했다는 점이고, 중국 태양광 패널 생산능력이 세

82) 다결정 실리콘(polycrystalline silicon) 단결정 실리콘 영역의 집합체이며, 단결정 실리

계 최고라는 점이다. 그동안 다결정 실리콘은 수입에 의존해야 했고 기업들은 앞 다투어 태양광 패널을 생산해, 결국 다결정 실리콘 수입량은 폭발적으로 증가해 매달 평균 100%를 넘어섰다. 높은 원가 비용을 부담한 뒤 남는 것은 약간의 가공비뿐이었다.

또한 다결정 실리콘 산업은 자본집약형이어서 자산 부채 역시 60%에 달한다. 뿐만 아니다 다결정 실리콘 산업은 세계에서 가장 큰 환경오염의 원인이다. 환경오염 정도가 일본의 방사능 오염 수치와 별 차이가 없다.

다결정 실리콘 생산에 투입되는 에너지 소비는 철강생산에 필요한 에너지 소비를 능가한다. 이로 인해 탄소 달러가 빠져나가는 결과를 가져왔다. 생산과정에서 발생하는 사염화 실리콘 폐기물과 태양광 발전 기업들의 개발로 네이멍구内蒙古 대초원의 사막화는 점점 더 심각해지고 있다.

더 기막힌 것은 태양열 자가발전 후 쓰고 남은 전기를 국가전망(国家电网)과 시스템에 송전할 수 없다는 것이다. 중국 계량기는 사용양에 따라 덧셈만 하지 뺄셈을 못하기 때문이다.

태양에너지 발전은 원가가 석탄의 11-18배, 메탄가스의 7-11배, 풍력에너지 발전보다 6-10배가 더 들어 대부분의 국가에서는 보조금을 지급한다. 그러나 중국으로서는 기본적으로 이런 보조금을 지급할 여력이 없다.

콘보다 전기적 성질은 뒤지지만 집적회로에서의 전도체나 전극으로서는 우수한 성질을 갖는다. 원자가 3차원적으로 질서 정연하게 배열된 실리콘으로 LSI 등 집적회로의 기판으로 이용되고 있다. 지붕 위에 태양에너지 패널을 설치하는데 이 패널이 다결정 실리콘으로 만든 것이다.

풍력에너지 경우도 마찬가지다. 2004년 중국의 풍력 발전은 6개 업체에 불과했으나 지금은 10배가 넘는 70-80개로 늘어났다.

전 세계 10여 개의 풍력발전기 생산공장이 이를 가만히 놔둘 리 없다. 오래된 중고 설비를 팔았고 결국 전국 풍력발전기 고장률은 20%에 이르고 있다. 2011년 2월 서북전망의 간쑤성 주촨酒泉 풍력기지에서 고장으로 598대의 풍력발전기가 멈추는 사고로 84만 kW의 전력이 날아갔다.

국가전력감독위원회는 기준에 미달인 설비 설계, 건설기술, 그리드 접속 불량, 관리능력 부족을 지적했다. 기술이 없는 중국은 설계도까지 사와서 풍력발전기를 생산했다. 70-80개에 이르는 업체 중 70개 업체가 설계도를 구매한 것으로 알려져 있다. 한 대 생산할 때마다 로열티 지급은 물론이고 이 산업은 수출이 불가하며 설비와 관련된 기술 역시 고칠 수 없다.

중국이 계속 풍력 발전을 추진한다면 이 역시 생산과잉에 직면하게 될 것이다. 이미 중국 최대 풍력발전기 생산업체 진펑커지金风科技 총이익률은 30%에서 18%로 떨어졌고 풍력발전기 가격 역시 16% 하락했다.

풍력 발전은 바람이 멈추면 어떻게 하나? 그것은 화력 발전이 보충해야 하고 풍력발전소를 건설할 때 만일에 사태에 대비해 화력발전소를 세워야 한다.

중국은 풍력 발전을 화력 발전으로 전환하는 기술을 보유하고 있는 걸까? 중국 업체들은 이것이 핵심 기술임에도 전혀 알지 못한다. 이럴 바에야 화력발전소를 짓는 게 낫지 않을까 싶다.

2009년 10대 산업 진흥 계획 중에는 전기자동차 연간 50만대 생산, 플러그인 하이브리드 자동차 생산, 신에너지 자동차 판매 보급률 5% 달성 등이 포함되어 있다. 전기자동차는 한때 미국과 일본에서 붐이 일었지만 불안정한 성능과 충전 인프라 구축의 어려움으로 실패했다. 그런데도 중국은 저탄소 환경보호를 외치며 전기자동차 개발을 외친다. 전기자동차의 핵심인 충전과 축전의 핵심기술을 장악하지 못한 채 말이다.

우선 축전의 문제에서 비용량(比容量 · 단위 무게나 단위 부피당 전지의 용량) 문제가 있다. 가솔린차는 350㎞를 가는데 30리터 정도의 휘발유가 필요하지만, 전기자동차는 400㎏이나 나가는 리튬 소재의 축전지를 사용해야 한다. 축전지의 무게가 자동차의 1/3을 차지해 평균 연속운항 능력에 영향을 끼친다.

양산화 과정에는 더 큰 문제가 있다. 해외시장이 존재할 수 없고 중국 내에서는 충전 인프라를 구축해야 한다. 국영 송전기업인 남방전망(南方电网)에 따르면 선전深圳에 세워진 2,000여 개의 충전소가 사실상 대부분 방치상태라고 밝히고 있다.

상하이 시정부는 전기자동차를 구입할 경우 10만 위안의 보조금 지급을 지원하지만 소비자는 외면하고 있다.

비야디 比亚迪(BYD · 중국 하이브리드 자동차 생산회사)는 한번 충전으로 160㎞를 운행할 수 있다고 하지만 시험주행 결과 100㎞에 불과했다. 주행반경이 50㎞에 불과하다는 것이다. 이 차로 시외에 나갔다가는 추가충전 없이는 절대로 시내로 돌아오지 못한다.

저자가 아는 한 전기자동차는 시스템 공정의 문제이다. 전력구조, 송배전, 충전소 등을 포함한 시스템 배치가 계획적으로 선행되어야 한다. 또한 지적소유권의 함정을 아는 사람은 리튬전지 관련 특허가 미국에 몇 개나 있는지 인터넷에서 찾아봐야 한다. 비야디 관련 자료는 그 어디에서도 찾아볼 수가 없다.

F4

연쇄적인 디폴트(채무불이행) 위기

중국 정부의 적정 인플레이션 목표치를 4.5%로 볼 때 중국은 이미 인플레이션 말기 현상들을 보이고 사회불안 현상마저 나타나고 있다. 2011년 중국 물가상승률은 위험수위인 5%를 넘어 5.4%를 기록했다. 그러나 중국 정부는 심각한 고민 대신 외환보유고와 수출액 갱신, 국유기업의 최고 수익만을 이야기하고 있다. 이머징 국가들 대부분이 공통적으로 인플레이션으로 고통받고 있고 인도의 경우 10%를 상회하는데 중국은 그 절반 수준으로 통제하고 있음을 자랑한다.

하지만 인도 경제의 60% 이상이 가계지출로 이루어진데 비하여 중국의 가계지출은 중국 전체 경제의 29%이다. 즉 중국의 경제는 무서운 물가로 시장이 얼어 붙어 있고 가계지출이 없거나 대부분 비정상적인 절약을 하고 있음을 의미한다. 또한 중국 가계지출 대부분은 부동산 가치 상승으로 인한 신용지출에 의해 파생된 것이다. 2009-10년 부동산을 통해 창출된 이익은 무려 40조 위안에 달했다.

중국 정부는 인플레이션과 자산버블의 리스크를 주시하지만 결국은 버블을 터뜨려 인플레이션을 잡던지 인플레이션을 확대시켜 버블을 보호하던지 둘 중 하나를 선택해야 한다.

경제전문 칼럼니스트 마틴 울프 Martin Wolf는 중국 경제는 향후 3가지 위기를 겪게 될 것이라고 전망했다. 먼저 투자의 급격한 감소는 결국 디플레이션을 유발하게 될 것이며, 또 부동산 거품 문제 등으로 인해 중국내 재정과 신용 시스템이 위기에 빠질 것으로 내다봤다. 중국 내 가계 저축률은 낮아지지 않는 대신 기업에서는 자금이 빠져 나가는 현상도 발생할 가능성이 높다.

물론 중국 정부가 적극 나서서 닥쳐올 운명을 피해나갈 가능성을 완전히 배제하지는 않았다. 하지만 그는 비관적 입장에 무게를 두고 '사고'가 일어날 가능성이 더 높으며 다가올 10년은 중국에게 험난한 시기가 될 것이라고 강조했다.

중국 부동산 시장은 이상한 현상을 보인다. 하나는 일반적인 거품현상이고, 다른 하나는 과잉공급이다. 공급이 많으면 가격이 떨어지는 것이 경제의 기본원칙인데 거품과 과잉공급이 상존하고 있다.

중국의 부동산 거품 가능성이 세계경제 전체에 심각한 걱정거리가 되고 있다. 그렇다면 지금 중국에 실제로 그런 거품이 존재하는가? 아니면 중국에 거품이 일어나고 있다는 주장은 과장일 뿐인가? 그런데 유감스럽게도 그 어떤 경제학 교과서에서도 아직 그런 진단 검사방법을 알려주지 못한다.

1990년대 말까지 중국에는 민간 토지시장이나 주택시장이 없었기 때문에 이용할 수 있는 자료는 제약이 있고 단지 10여 년 전과 이후의 자료를 비교할 수 있을 뿐이다. 그래서 중국 주택거품 문제는 의견이 엇갈리는 경우가 드물지 않다.

이용 가능한 자료들을 살펴보면, 지금 중국의 부동산 가격이 매우 위험한 수준이며 추가적인 가격 상승에 대한 기대치가 조금이라도 떨어지면 부동산 가격이 급락하는 사태가 얼마든지 초래될 것임을 예상할 수 있다. 저자가 이런 결론을 내리게 된 근거 가운데 가장 먼저 꼽고 있는 것은 중국의 주택가격이 사상 최고 수준에 이르렀고 또 급등했다는 것이다.

지난 10년 동안 실질 주택가격은 두 배 이상 뛰어올랐고, 특히 가파르게 상승한 시점은 2007년 초와 2009년 초였다. 최근의 통계를 보면 2010년 1분기 중 실질 주택가격 상승률이 연 41%라는 기록적인 수준에 이르렀다.

미국 예일대학의 로버트 실러 교수가 2003-05년에 미국 주택가격이 유지 불가능한 수준이 됐다고 확신하게 된 이유는 단지 주택가격이 높아졌다는 것만이 아니었다. 임대료 대비 주택가격 비율(PRR · Price Rent Ratio)과 소득 대비 주택가격 비율(PIR · Price Income Ratio)이 사상 최고 수준에 이르렀다는 것이 확신의 이유였다.

중국의 주택가격/임대료 비율(PRR)에 관한 정보가 널리 공유되고 있지 않지만, 2007년 이후 중국 내 주요 8개 도시의 PRR을 보면 3년 동안에 30% 이상 상승했다. 특히 베이징의 상승폭이 컸다.

베이징에서는 이 비율이 2007년의 26.4에서 2010년 1분기에는 45.9로 74%나 뛰어올랐고 항저우, 상하이, 선전에서의 비율도 급등해 40%를 넘어섰다. 쉽게 이야기하면 2007년 이후 현재 항저우 임대료나 집값이 65배로 치솟았다는 것이다.

중국내 주요 8개 도시의 주택가격/소득 비율(PIR · 1999년-2010년)의 변화 추이를 보면, 그동안 중국의 도시지역에서 소득이 빠른 속도로 증가했고 PIR도 상승했음을 보여주고 있다.

중국 정부의 자료를 보면 주택가격 상승은 토지가격 급등에 있음을 알 수 있다. 중국 정부는 여전히 도시지역 토지를 대부분 소유하고 있으며, 사용자에게 장기 임대하고 있기 때문에 주택 매매가격과는 별도로 토지가격의 움직임을 관찰할 수 있다.

베이징의 실질토지가격지수는 2003년 이후 750% 이상 올랐으며, 그 가운데 절반 이상은 2008년 이후 2년 동안에 상승한 것임을 보여 준다. 좀 더 분석해 보면 중앙정부의 통제를 받는 국유기업이 이런 토지가격 상승 과정에서 중요한 역할을 했음을 알 수 있다.

2008년 베이징 올림픽 이후에 이런 토지가격 상승이 일어났고, 2010년 전반에 또 한 차례 토지가격이 급등했다. 이 같은 사실은 최근의 토지가격 상승이 중국 정부의 경기부양 정책과 관계가 있음을 시사한다.

중국의 주택가격이 의미 있는 급락을 할 때 그 잠재적 파급효과가 어느 정도가 될지 또한 그런 근거가 되는 요인들이 본격적인 경제위기를 초래할 것인지에 대한 연구가 필요하다.

중국 정부는 2010년 국유토지 유상 분양으로 전년대비 106.2% 증가한 3조 위안의 수익을 가져왔다. 특히 상품성 주택 준공 면적은 전년대비

40.02% 증가한 580만 채를 기록했고, 2011년 정부의 1,000만 채 주택공급 계획으로 또다시 기록을 갱신했다.

그러나 이러한 기록과는 달리 중국 최대 부동산 개발업체 바오리保利 그룹의 2010년 순이익은 전년대비 40% 증가한 50억 위안을 기록하였지만, 기업의 현금 유동성은 1,772%나 떨어졌다. 다시 표현하면 중국 부동산 개발업체들의 2010년 토지 취득은 28.4% 증가했지만, 중국 정부는 그들로부터 70%의 땅값을 받지 못했다.

2011년 정부의 부동산토지증치세 실시와 주택구매 제한 조치에 의한 고금리 정책으로 신규주택 판매량이 40%에 머물렀고, 은행의 부동산 개발 대출제한으로 자금난에 봉착한 것이다. 더욱이 2012년 중국 정부는 10조 위안에 달하는 지방정부의 부채를 해결하기 위하여 헥타르 당 100만 위안으로 지정한 토지 약 150만 ㎢를 판매했다.

결국 정부의 1,000만 채 주택공급과 지방정부의 토지 판매로 부동산 업체는 큰 위기에 직면하고 있다. 쉽게 표현하면 현재 가장 호황을 누리는 선전深圳의 부동산은 기존 공급된 주택이 팔리려면 1년 이상의 시간이 걸리고 다롄大连의 경우 7년 반, 우한武汉의 경우는 8년이 소요된다.

부동산과 지방정부의 부채가 중국 경제의 2대 뇌관으로 떠오르고 있다. 현재 중국 부동산 시장은 인플레이션과 디플레이션의 촉매제 역할을 하고 있다. 부동산 시장이 인플레이션 사이클에 돌입하면 지방정부의 부채는 큰 폭으로 증가해 부동산 시장 상승을 주도하게 되고, 만약에 디플레이션

사이클로 진입한다면 지방정부는 파산위기에서 벗어나기 위해 토지를 투매해 부동산 업체와 지방정부간의 할인전쟁은 불 보듯 뻔한 상황으로 결국 부동산 시장은 무너지고 우려하는 은행의 위기로 치닫게 될 것이다. 그러면 중국 정부와 은행의 긴축정책 수순은 불가피하고, 통제력을 벗어난 시장은 악순환을 거듭하게 된다.

글로벌 금융위기를 극복하기 위해 지난 2009-10년, 2년간 중국 은행들이 신규대출로 푼 17조 6,000억 위안의 대부분이 부동산 시장으로 흘러들어가면서 생긴 거품이 붕괴할 것이라는 우려도 커지고 있다.

부동산을 포함해 관련 산업인 철강과 비철금속, 시멘트, 화학, 가구, 기타 연관 산업을 포함해 관련 재고를 합하면 중국 GDP를 능가할 것이다. 이들 재고를 모두 소화하기 위해서는 매년 시중에 공급하는 유동성이 40%씩 늘어나야 하기 때문에 부동산 거품을 막는 것은 사실상 불가능하다.

중국 정부는 부동산 거품을 잡기 위해 지난 2010년부터 계약금 비율을 상향 조정하고, 두 채 이상 주택구입을 제한하는 등 고강도 부동산 대책을 펼치고 있다. 또 단기적으로는 2015년 3월부터 '부동산 등기제' 시행으로 벌써 시장 위축 움직임이 드러나는 상황이다. 부동산 등기제는 부동산이 부패관리들의 부정축재의 수단으로 이용됐다는 점 때문에 부동산 소유 등을 투명하게 하고 세수를 높이겠다는 목적에서 추진된 조치다. 그 결과 중국 70대 도시 중 54곳의 신규주택 가격이 하락하는 등 부동산 시장이 급격히 얼어붙고 있다.

부동산 시장의 냉각으로 당장 중국 지방정부가 비상이 걸렸다. 중국 경제의 잠재위기 중 하나인 지방정부 부채와 관련한 인용 가능한 공식 통계로 중국 심계서가 발표한 〈전국 정부부채 심계결과〉에 의하면 2010년 말 기준 중국 지방정부 부채는 GDP의 27% 수준인 10조 7,000억 위안에 이르렀고 두 번째 발표한 2013년 6월 기준 중국 정부 총부채는 30조 3,000억 위안으로 GDP의 56%이며 지방정부 부채총액은 GDP대비 31% 수준인 17조 9,400위안 이다.

문제는 2010년 말 기준 중국 지방정부 부채가 10조 7,000억 위안이었음을 감안하면 2년 반 동안 67% 증가한 점이다. 그 중 절반이 2년 안에 만기로 돌아왔다.

또한 2012년 중국 명목 GDP가 2010년 대비 28.6% 성장했고 동 기간 동안 지방정부 재정수입(세수, 중앙정부 보조금, 토지양도 수익 포함)이 연 평균 성장률인 15%를 감안하면 지방정부 부채 증가율이 부담스러운 수준이라는 것이다. 중국 정부는 지방정부 부채 부도 우려에 지방정부가 직접 채권 발행을 허용하기로 했던 종전 방침을 백지화했다.

그러나 지방정부 부채비율이 GDP대비 31%로 그다지 높지 않다. 중앙정부 부채와 합쳐서 보더라도 GDP대비 60% 미만으로 일본(226%), 이탈리아(111%) 등 부채대국은 물론 상대규모로 보더라도 미국(80%), 독일(83%), 프랑스(90%)보다 훨씬 낮다. 아직 여유가 있는 셈이다.

다만 중국 정부는 지방정부 부채가 빠르게 늘고 있다는 사실을 감안하면서 이에 따른 문제와 잠재적 리스크에 더욱 주의를 기울여야 한다.

토지개발권을 독점하고 있는 중국 정부는 2010년 두 차례의 부동산 시장 규제 이후에도 임대료 상승폭이 70.4%에 달했고 지방정부 재정수입에서 토지임대료가 차지하는 비중이 76.6%에 달해 지나친 의존도를 보이고 있다. 이는 전체 GDP에서 고정자산 비중이 46.6%에 달하는 수치이다.

또한 은행 전체 대출금 중 부동산 대출 비중은 20%로 약 9조 위안에 이른다. 그러나 부동산 담보대출, 합법적인 부동산 담보대출 시스템 밖의 신탁대출, 부동산 관련(건설, 기계 등) 대출을 더하면 60%를 넘는다.

중국 정부가 토지독점을 포기하고 긴축적 통화정책을 유지해야 부동산 가격 상승을 막을 수 있다. 지방정부가 토지를 높은 가격에 팔기 위해 공급을 줄이다 보니 집값이 상승할 수밖에 없고, 농민이 토지를 마음대로 거래할 수 있도록 허용되면 토지 공급확대로 부동산 가격이 안정되고 농민의 수입도 늘어날 수 있다.

중국은 부동산 가격 상승을 과도한 행정적 간섭을 통해 해결하려고 시도해 왔다. 그러나 이런 방식은 단기적으로 효과가 있을지 몰라도 시장의 수급을 왜곡시켜 많은 부작용을 낳는다.

중국 부동산 시장의 거품 현상을 많은 전문가들이 2006-10년 미국의 부동산 위기와 흡사하다고 언급하고 경고하고 있으나, 중국의 부동산 시장의 본질은 미국과 다르기 때문에 속단하기는 이르다.

현재 중국의 도시화율은 당시 미국보다 현저히 낮으며, 중국 부동산 시장의 거품 현상은 중앙정부의 제어에 의해 충분히 방지할 수 있다. 이러한 이유로 중국의 부동산 시장은 과거 미국이나 일본과 같은 버블 붕괴현상이 발생하지는 않을 것이라 전망한다.

미국 주택시장의 위기는 소비자 신용기준이 완화되고 매력적인 금리의 모기지 상품이 출시되어 규정되지 않은 대출로 인한 부채 수준이 너무 높아졌기 때문에 발생했다.

현재 중국의 가구당 부채 수준은 미국의 49%에 훨씬 못 미치는 18%에 불과하다. 중국 가구의 낮은 부채비율은 신용에 의한 주택수요를 높일 수 있는 유동성으로 작용할 수 있으며, 향후 몇 년간 지속적으로 수요를 억제해 나간다면 부동산 버블 붕괴는 충분히 막을 수 있다는 결론이다. 다만 공급과잉 현상으로 부동산 시장의 경기침체가 투자 감소로 이어지고 있어 수요를 조절할 수 있는 정책은 반드시 필요하다.

중국 부동산 가격이 급락한다면 세계경제는 궤도를 이탈하게 될 것이라는 위험성을 인식한 중국 정부는 안정적 관리를 우선 목표로 할 것을 밝혔다. 천정가오 陈政高 중국 주택도시농촌건설부장은 최근 "부동산 정책의 첫 번째 목표는 안정"이라고 강조했다. 신용평가사 무디스 Moody's는 최근 중국 부동산 개발업체의 신용등급을 낮춘데 이어 스탠더드 앤드 푸어스(S&P)도 신용 강등을 경고했다.

중국 사회과학원은 '1-2선 도시의 집값은 하락세를 멈출 것으로 보이지만 3-4선 도시의 부동산 조정기간은 상당히 오래 갈 것'이라고 예측했다.

F5

신창타이 新常态(신상태 new normal · 새로운 표준)

중국의 부동산 시장에 거품이 상당히 끼어 있다는 사실은 현재 많은 이들이 지적하고 있는 사실이다. 미국을 비롯한 주요 자본주의 국가들이 부동산 시장의 과열로 거품이 터진 상황에서 후발주자인 중국이 그 실패를 그대로 답습한다는 사실은 참 아이러니하다.

현재 중국 건설업은 GDP에서 차지하는 비중이 19%를 상회해 세계 최고 수준이다. 2위는 역시 높은 속도의 경제성장을 이루고 있는 후발 자본주의 인도, 3위는 부동산 활황으로 경기를 부양시켰다 파산지경에 이른 스페인이다. 한국이 7.4%인 점을 감안하면 그 비중이 어느 정도인지 짐작할 수 있다.

신용위기 이후 수출 감소로 인한 성장을 중국은 건설경기 부양으로 메우고 있는 실정이다. 서구 선진국처럼 체계적인 연구개발(R&D)을 통한 원천기술 축적이 있었던 것도 아니고 이른바 세계의 공장으로 값싼 종이컵만 생산하다 그 역할이 축소되었을 때 차선은 무엇인가?

최근 들어 중국 정부는 내수와 소비 진작을 위해 총력을 다 하는 모습이다. 중국 정부는 과도한 수출의존에서 탈피해 중국 내수와 소비 진작을 수단으로 경제성장을 도모하고 중국인의 부를 늘릴 방침이다.

하지만 과거와는 달리 단순한 정책이 잘 먹혀들지 않고 사회가 점점 더 복잡해져 통제력을 벗어나고 있다. 예컨대 부동산가격은 정부정책에 따라 잠깐씩 빠지긴 했어도 꾸준히 올라 중국인에게는 가장 믿음직스러운 투자 수단으로 자리 잡았다.

지난 정권 말기 때 주춤했던 부동산 시장은 새 지도부가 들어서자마자 심상찮은 분위기를 보이고 있다. 시장지표들을 종합해 볼 때 부동산 시장이 바닥을 쳤다는 시각이 서서히 고개를 들고 있다. 하지만 물가상승이 걸림돌이다. 채소 곡물류의 가격이 상승하면서 이로 인해 전반적인 물가 상승이 우려되는 상황이다.

내수를 살리고 도농간 격차를 해소하면서 인민의 부를 더욱 늘려가는 선순환을 생각하면 부동산 시장을 억누르면 안 되고, 부동산 시장을 방관하자니 물가가 걱정인 것이다. 세계경제 반등이 무산되면 중국도 스태그플레이션을 겪지 말라는 법이 없다.

소비 진작을 통해 경제를 성장시킨다는 계획에도 한계가 있다. 중국인은 부를 쌓는다고 해도 이를 소비로 연결하기보다 사회보장 정책이나 미래의 삶이 불안하기 때문에 저축하려는 성향이 강하다. 재테크 수단이 다양한 것도 아니어서 결국 부동산으로 갈 수밖에 없다.

2014년 12월 11일 시진핑 주석은 2015년 거시경제 운영방향과 목표를 중앙경제공작회의에서 "중국 경제가 2015년에 적지 않은 도전과 어려움에 직면하고 경기하강 압력도 비교적 클 것으로 보인다. 신창타이 新常态라는 새로운 경제발전 시대에 주도적이고 적극적으로 적응해야 한다"라고 밝혔다.

신창타이는 글로벌 금융위기 이후 세계경제 특징인 저성장 · 저소비 · 고실업 현상을 의미하는 뉴 노멀(new normal · 새로운 표준)의 중국판이다. 미국 경제상황을 설명하기 위해 만들어진 뉴 노멀이 중국 경기둔화와 맞물리면서 세계의 주목을 받고 있다. 불과 몇 년 전까지 10%대의 고속성장을 누리던 중국이 7%대의 중속성장으로 빠르게 전환되고 있다.

중국 정부 산하 국유기업으로 지난 2009년 세계 500대 기업 중 372위에 올랐던 중국철강그룹(SINOSTEEL·中钢集团)이 디폴트(채무불이행) 위기에 내몰렸다. 경제성장 둔화가 중국 경제의 근간인 중앙 국유기업까지 위태롭게 만들고 있는 셈이다.

2014년 중국 GDP가 목표치 7.5%에 미달해 1분기 · 2분기 GDP 성장률이 7.4%, 7.5%를 기록했고 3분기에는 7.3%로, 글로벌 금융위기 영향을 받았던 2009년 1분기(6.6%) 이후 가장 낮은 수준에 머물렀다. 4분기에는 재정지출 확대, 금리인하에도 불구하고 3분기보다 떨어져 2014년 전체 GDP 성장률은 7.3%를 기록했다.

경기둔화의 직접적 원인은 무엇인가? 중국 경제를 이끄는 3마리 마차인 소비, 투자, 수출이 총체적으로 부진했다. 2014년 소비증가율은 11.5%로 8년 만에 최저 수준을 기록했다. 투자는 더 심각해 고정자산 투자가

15.9% 증가해 2013년(19.6%)에 크게 못 미쳐 경기둔화 최대요인으로 투자부진이 꼽힌다. 투자증가율이 어디까지 떨어질지에 대해 13% 이하, 혹은 10% 이하 등 다양한 분석이 있지만 모두가 투자가 부진할 것이라는데 동의하고 있다. 수출입은 3.4% 증가했는데 수출은 2조 1,000억 달러로 5.7% 늘었지만 수입은 1조 7,800억 달러로 0.8% 증가하는데 그쳤다. 수입이 부진한 것은 중국 국내 경기가 그만큼 안 좋고 주변국 기여도가 낮아지고 있다는 의미다. 중국이 세계경제에 미치는 기여도는 34%로 미국(17%), 유럽(8%)을 추월했다.

신창타이는 '구조적인 성장 감속'이다. 중국만의 현상은 아니고 어느 나라든 고속 성장한 다음에는 (성장)감퇴기가 찾아온다. 한국과 일본 역시 비슷한 경험을 했다. 다만 국가별로 구조적 감속 이유가 다른데, 중국 성장둔화는 몇 가지 원인으로 분석할 수 있다.

첫째, 자원배치 효율이 낮아지고 있다. 개혁 · 개방 이후 농업(1차 산업)이라는 효율이 낮은 부분에서 효율이 높은 제조업(2차 산업)으로 이동하는 과정에서 성장속도가 빨랐다. 이제는 제조업에서 서비스업(3차 산업)으로의 산업구조 고도화가 이뤄지고 있다.

중국 정부도 3차 산업을 성장동력으로 생각하고 지원을 아끼지 않고 있다. 제조업 과잉투자가 생산과잉을 촉발했고 3차 산업이 많은 일자리를 창출할 수 있기 때문이다.

2014년 산업별 성장률은 1차 산업 4.2%, 2차 산업 7.4%, 3차 산업 7.9%로 정부 의도대로 고도화가 이뤄지고 있다. 문제는 3차 산업 노동생산성이 2차 산업보다 낮다는 것이다.

산업구조를 최적화하면서 3차 산업을 키우려면 부득이하게 성장률이 떨어지는 상황을 감내할 수밖에 없다.

두 번째 원인은 임금, 토지, 자본 등 요소공급 효율이 하락하기 때문이다. 과거에는 중국이 값싼 임금과 토지가격으로 경쟁우위를 누렸지만 점차 경쟁력을 잃어가고 있다. 더 싼 노동력을 찾아 동남아시아로 기업이 떠나는 '메이드 인 차이나'에서 '엑소더스 차이나'로 바뀌고 있다.

기술습득 효율도 하락했다. 중국은 선진국 기술을 빠르게 습득해 세계의 공장으로 성장했다. 하지만 이제 중국 기술도 국제적으로 앞선 위치에 도달해 혁신이 필요하다. 지난 30년은 기술혁신 없이도 손쉽게 돈을 벌었지만 상황이 달라졌다. 하지만 자주적 기술혁신은 쉬운 문제가 아니다.

자연환경 제약도 증대했다. 인체에 유해한 스모그 등 대기오염 감축을 위해 공장가동 중단 및 감축이 필요한데 성장 측면에서 악재다.

마지막으로 외부경쟁 압력 증대도 영향을 미쳤다. 인건비 상승 등으로 미국, 일본, 한국뿐 아니라 동남아 국가들도 경쟁국으로 부상했다. 또 무역장벽을 피하기 위한 자유무역협정(FTA) 체결 증가로 수출환경이 악화됐다.

기업 연쇄도산과 금융기관 악성채무 증가, 부동산 거품 현상은 뉴 노멀 시대에 중국이 겪게 될 큰 리스크 요인이다. 고속성장기에는 물건을 만들면 팔 수 있었지만 이제는 생산과잉을 피할 수 없다. 생산과잉으로 판로 잃은 기업이 대출을 상환하지 못하면 은행 부실채무가 불가피하다. 실제로 중소 민영기업 경영난 사태가 상하이, 난징, 항저우, 닝보 등 창장삼각주 동부 연해지역에서 중서부 내륙으로 확산되고 있다.

중국 민간 기업부문 채무는 2012년 말 58조 6,700억 위안으로 GDP 대비 113%를 기록했다. 경제협력개발기구(OECD)가 권고한 90%를 초과한 만큼 경각심을 높여야 한다. 기업 파산으로 실업자가 증가하면 사회혼란도 불가피해 중국 정부는 생산과잉을 주시해야 한다.

글로벌 경기둔화 뿐 아니라 도시화 진척이 예상보다 더디고 고령화 현상으로 주택수요가 떨어져 부동산 경기가 얼어붙었다. 1가구 1자녀 정책을 수십 년간 시행한 결과 주택구매 계층인 30-40대가 부모, 조부모, 외조부모 등으로부터 집을 물려받아 주택 공급보다 수요도 감소했다.

부동산이 중국 경제에서 차지하는 비중이 15-20%라는 점을 감안하면 집값 하락에 대한 우려는 당연하다. 하지만 중국의 부동산 리스크는 통제 가능한 수준이라고 판단한다.

부동산이 급락해도 주택 가격은 여전히 대출 대차잔액보다 높아 '마이너스 자산', 즉 저당물 압류 붐이 나타나지 않을 것이기 때문이다. 다시 말해 집값이 폭락해도 은행이 손실을 감당할 수 있는 수준인 만큼 금융기관 도산사태는 벌어지지 않을 것으로 예상된다.

중앙경제공작회의에서도 부동산에 대한 언급이 거의 없었는데 이는 부동산 리스크가 중국 정부 통제범위 내에 있다는 의미다.

중국 정부가 일대일로(一带一路 · 육해상 실크로드 경제권 구축), 징진지京津冀(베이징 · 톈진 · 허베이 약칭)일체화 개발, 창장长江 개발 등 강력한 재정투자로 경기둔화를 어느 정도 상쇄할 것으로 본다.

시진핑 주석은 중앙경제공작회의에서 '힘 있는 재정정책'이라는 표현을 썼는데 앞서 언급한 것처럼 재정지출은 확대될 것이다. 하지만 경기둔화로 재정수입이 줄어 적자재정 편성이 불가피하다. 통화정책은 금리인하, 은행지급준비율 인하 등을 통해 시중에 통화공급을 늘릴 것으로 보인다.

환율은 달러 강세 현상으로 위안화 약세(평가절하)가 상당기간 지속될 전망이다. 하지만 좀 더 넓게 보면 중국 성장률이 6%대로 떨어져도 미국경제가 3% 성장을 유지한다면 미국보다 두 배나 높다. 이런 추세를 보면 장기적으로 위안화는 평가절상될 가능성이 높다. 위안화 약세 추세가 내내 지속되지는 않을 것이다.

중국은 미국 국채를 사들이면서 의도적으로 저평가된 위안화 정책을 고수한다. 수출주도 국가경제를 통제하겠다는 계산도 있지만 중국인들의 트라우마, 화폐불안에 있다. 공산주의 최대 채권자 중국이 자본주의 최대 채무자 미국에게 돈을 빌려 주고 있는 것이다. 이에 따라 이미 시장에서는 위안화 가치가 오르고 미국 국채수익률이 떨어지는 등 후폭풍이 불어 닥치고 있다. 미국의 3차 양적완화 확대 조치가 발표되면서 달러당 6.25위안대에서 6.13위안대로 가치가 상승(환율하락)했다.

IMF는 2009년부터 외환보유에 불균형이 생기면 금융 안정성이 손상될 수 있다는 논리에서 각국에 외환보유고를 지나치게 높이지 말라고 권고해왔다. 이것은 중국이 환율조작을 통한 수출 증대의 결과로 외환보유고를 높이고 있다는 미국의 인식과 맞아떨어지는 것이다. 이에 선진국들의 위안화 절상에 대한 기대가 높아짐에 따라 중국과 선진국간 환율 논쟁 및 무역 마찰이 증가했다.

한 나라가 통화를 증발하면 그 통화량의 대외가치는 하락하고 실질금리 하락이 통화 약세를 유발하여 수입 감소와 수출이 증가해 그 나라의 생산과 소득이 증가하는 효과가 있다.

미국이 양적완화 정책을 시행하는 1차 목적은 국내 실질금리를 낮춤으로써 국내 소비와 기업 투자를 촉진하고자 하는 것이다. 양적완화 정책이 촉진한 소비와 투자 증가는 곧 그 나라의 생산과 소득 증가로 이어지게 되고, 이는 곧 2차적인 수입 증가로 이어져 교역상대국의 생산과 소비 증가에도 기여하게 된다는 것이 거시경제학의 기본이다.

다만 양적완화 정책을 실시하는 나라는 대내적으로 유효 수요가 부족하고 인플레이션 압박이 없는 상태여야 소비와 투자 증대가 소득과 생산 증대로 이어지고 중장기적인 수입 증가까지 이어진다는 전제조건이 붙는다.

IMF 연구보고서에 의하면 미국의 1차 양적완화 정책이 교역상대국 소득을 0.3% 증가시켰다고 보고하고 있다.

그러나 저자가 반복해서 강조했듯이 중국은 인플레이션이 문제다. 중국은 오히려 소규모라도 유로화 표시 자산매입을 늘려 선진국의 위안화 절상 압력을 완화하는 동시에 중국의 역할을 대외적으로 부각시키는 방향을 택해야 한다. 중국은 달러 독점체제에서 달러, 유로, 엔, 위안화의 과점체제로 재편되는 국제통화 체제에 다각적인 대응방안을 마련해야 한다.

F6

중국(中国 · China)은 왜 중국(中国 · middle state)인가?

중국은 선진국들의 양적완화 정책으로 물가상승 가능성이 상존하고 있고, 해외자본의 유입에 따른 유동성 증대 불안도 있다. 이는 인플레이션 압력으로 작용할 수 있어 신중한 통화정책을 유지하면서 물가조절에 나서야 한다.

중국 중앙은행인 인민은행은 대형 국유은행들의 독과점 구조개혁을 통하여 선진국들의 양적완화 정책에 따른 인플레이션 위험에 대비하고 금리와 환율결정 시장화를 점진적으로 추진해 위안화 결제비중을 늘리기 위해 노력하기로 했다.

정부가 지분을 보유하고 있는 대형 상업은행의 시장 독과점 구조를 개선하고 지배구조 변화를 지속적으로 펼칠 방침이다.

그러나 중국 금융시장은 선진국에 비해 개혁 경험이 부족하고 지역간 불균형 문제가 심각해 전국 단위의 일시적 금융개혁이 불가능하다.

지금 중국은 위안화의 국제화를 놓고 열띤 토론이 이루어지고 있다. 여기서 자본개방의 우려보다 중국 은행들은 금리 시장화와 환율 시장화를 통해 서비스 품질을 먼저 토론해야 한다. 이를 위한 방법은 단순하다. 민간자본의 은행업 진출이다. 중국 은행들의 서비스 품질을 높이는 방법은 지폐를 빨리 세는 문제가 아닌 은행 문턱을 낮추는 것이다.

문제는 국유기업의 개혁이다. 국유은행들의 독과점 구조개혁과 선진국들의 양적완화 정책에 따른 금리와 환율결정 시장화, 지방정부의 부채 문제 등의 금융개혁과 석탄, 석유, 철강, 전기, 통신 등 국유기업의 구조개혁도 시급한 문제들이다.

에너지 효율 이용도 문제이다. 중국의 에너지 이용 효율 실태를 보면 단위 GDP에 따른 에너지 소모는 일본의 7배, 미국의 6배, 인도의 2.8배이며 주요 제품생산의 에너지 소비는 선진국에 비해 평균 40% 이상 높다. 중국은 전 세계 원유의 8%, 전력은 10%, 석탄은 31%, 알루미늄 19%, 구리 20%, 철강 30%를 소모한다. 또 2011년도 대비 원유 수입은 6.8% 증가했고 구리 수요는 14.1%나 증가했다.

특히 현재 경제개발 발전단계에서 그 어떠한 자원으로 대체할 수 없는 석탄의 문제는 중요하다. 전 세계 주요 에너지 사용 중 석탄의 비중은 평균 30%에 이르지만 중국은 70%에 달한다.

2006년까지 중국은 세계 2위의 석탄수출국이었다. 당시 저자가 본 네이멍구의 노천탄광은 놀라움과 부러움을 가져다 주었다. 하지만 전력수요의 급증과 함께 화력발전량이 증가하고 따라서 발전용 석탄의 수요도 증가해 2009년부터 중국은 세계 2위의 석탄수입국이 되었다.

2011년 중국의 석탄수요는 2010년과 비교해 7.3% 증가하고, 공급은

4.8% 증가한 33억 8,000만 톤에 달했다. 중국의 석탄수입은 국제 석탄가격 상승을 부채질했을 뿐만 아니라 석탄운송비도 상승시켰다. 중국뿐만 아니라 인도 등 아시아 경제대국의 석탄수요 증가와 2011년 호주 퀸즈랜드 Queensland 지역의 홍수피해로 석탄공급이 줄어들어 석탄가격이 상승했다.

2011년 겨울, 중국 산시성 최대 전력사용 부하가 1,732만 kW에 달했지만 산시성 내 전력은 320만 kW 부족했다. 원인은 석탄 부족이었다. 중국 발전소의 석탄부족 문제는 흔한 일로 발전소마다 겪는 심각한 문제이다. 호주나 남아프리카가 경제대국이 아니듯 석탄이 경제에 미치는 영향은 그리 큰 편이 아니다. 그러나 석탄수출국이었던 중국이 석탄수입국으로 위치가 바뀌고 석탄부족을 겪는 것은 문제가 있다는 것이다.

정부가 시장에 간섭한 결과이다. 만약 정부가 시장에 간섭하지 않았더라면 중국 전역에서 이렇게 많은 석탄을 필요하지 않고 자원부족까지 야기하는 경제혼란을 야기하지 않는다.

2011년부터 국가발전개발위원회는 끊임없이 석탄 기업에 대한 약담[83]을 진행해 왔으며 시장거래 계약에 관여해 왔다. 또한 국가발전개발위원회는 중국 내 석탄 생산기업의 합병과 구조조정으로 산시陝西성 내에서만 석탄기업 수를 기존 522사에서 120사로 감축시켰다. 그러자 2011년부터 후난, 후베이, 장시, 충칭 등 여러 지역에서 구조적 석탄부족 현상이 나타

83) 중국 특색의 상거래로써, 우선 예약을 한 후 특정상황이나 사정에 대하여 상호간에 조정해 나가는 전통 거래방식.

났다.

중국 석탄의 거래는 주로 친황다오秦皇岛84)에서 이루어지며 이곳 가격이 곧 국내 석탄시장의 지표가 된다. 예전에 후난, 후베이, 장시, 충칭지역들은 인근 지역에서 석탄을 공급받았으나, 이제는 친황다오에서 가져다 써야 한다. 친황다오 석탄수입가에 내륙운송비를 더해야 한다.

중국의 석탄 매장량은 2010년 2,794억 톤으로 세계 매장량의 27.2%를 차지한다. 2010년에는 세계 생산량의 절반가량인 35억 톤의 석탄을 생산했다. 그럼에도 중국은 세계 2위의 석탄 수입국이다.

2010년에 1억 6,500만 톤을 수입해 들여왔다. 전세계 석탄 수입량의 17.9%다. 석탄이 중국 에너지 소비의 70.5%를 차지하기 때문이다. 세계 평균인 29.6%의 두 배를 넘는다.

장기적으로 중국의 석탄수요는 더 늘어날 것으로 전망된다. 중국의 기술로는 안전하고 효율적인 원자력 발전소를 짓기가 어렵고, 수자원 부족으로 수력 발전도 힘들다. 비용 대비 고효율의 석탄이 가장 현실적인 에너지 대안인 셈이다. 실제로 석탄을 이용한 전력생산 비중은 79%에 달한다.

또 다른 이유는 2008년 글로벌 금융위기 이후 중국 내 석탄생산 기업들은 구조조정을 거쳤다. 연간 생산량 90만 톤 이하의 소규모 광산 대부

---

84) 허베이河北성 동부, 보하이渤海만에 면한 도시. 본래 작은 섬이었으나 바다를 메워 육지와 연결하고, 베이징北京–산하이관山海关간 철도와 지선으로 연결하였다. 부동항으로 석탄과 석유를 운송하며, 중국 북부 연안항로로 중요한 위치를 차지한다. 또한 징한京汉철도(베이징–한커우)가 지나며 다친大秦철도(다롄–친황다오)의 종착지이다.

분이 폐쇄되어 생산량이 크게 줄었다. 그러나 석탄수요는 경제성장세에 맞춰 공급을 크게 웃돌았다.

2009년 중국이 석탄 순 수입국으로 돌아선 것은 이 때문이다. 모자라는 만큼 수입한 결과다.

중국 석탄 매장지역의 약 58%가 산시와 네이멍구 지역이다. 이곳 석탄 품질은 고효율을 필요로 하는 화력발전소의 수요에는 못 미치고 광맥이 깊어지고 인건비도 올라 채굴 단가마저 상승하고 있다.

신장지역[85] 석탄 품질은 상대적으로 우수하나 철도건설이 늦어져 채산성이 크게 낮다. 결국 중국 화력발전소마저 원가절감을 위해 수입석탄을 선호하는 형편이다.

전력, 철강, 시멘트, 태양광 발전 생산업체의 엄청난 석탄수요로 수입석탄 수요는 더욱 증가할 것으로 전망된다. 2010년과 비교했을 때 2011년 석탄수요는 7.3% 증가했다. 공급도 4.8% 증가한 33억 8,000만 톤에 달했다. 중국의 석탄수입은 국제 석탄가격의 상승을 부채질했을 뿐만 아니라 석탄 운송비도 상승시켰다.

---

85) 신장 新疆 위구르 维吾尔자치구는 석유와 천연가스 매장량 중국 1위, 석탄과 철광석 매장량 2위 등 막대한 부존자원과 중앙아시아의 경제 군사적 전략 요충지로서의 가치도 커 중국의 매력적인 옥토이다. 광물자원은 총 128종이 매장되어 있으며 그 중 베륨, 리튬, 장석, 사문석, 점토 등 8종의 매장량은 전국 1위이고 이외 주요 자원으로는 망간, 크롬, 납, 아연, 동, 몰리브덴, 소금, 석면 등이 있다. 자원 개발의 여지는 풍부하나 자금부족으로 제대로 이루어지지 못하고 있는 실정이다. 이 중에서 석유 매장량은 각각 30억 톤(전국의 30%)이며, 천연가스는 5,100억m³(전국의 34%)에 달한다. 특히 석유 생산량은 매년 증가하고 있고 전국 총생산량에서 차지하는 비중은 16%까지 상승했다.

현재 다탕大唐 제2발전소 하루 석탄 사용량은 1만 5,000톤 정도로 이 발전소는 현재 20만 kW/h 용량의 발전기 가동이 중지됐다. 석탄가격이 상승한 2008년 이후 산시山西, 윈청运城, 진청晋城, 창즈长治 등지의 화력발전소는 저마다 화넝华能, 다탕大唐 등 서로 다른 회사에 소속되어 있지만 공통적으로 적자를 면치 못했다.

석탄이 부족하면 난방공급 안전계수 역시 영향을 받는다. 석탄 공급이 넉넉하다면 여러 대의 발전기를 동시에 가동하거나, 발전기에 문제가 생겨도 다른 발전기를 가동할 수 있다. 그러나 현재와 같은 석탄부족 상황에서는 1개의 발전기에 매달려야 한다. 정상적인 난방을 위해서 발전기에 문제가 없기를 바랄 수밖에 없는 위험한 상황이다.

중국은 이미 잘 알려진 것과 같이 철광석, 석탄과 같은 특정상품에 있어 최대 소비국이다. 특히 철광석이나 석탄의 경우 주요 광산개발업체인 BHP 빌리톤 BHP Billiton, 리오틴토 Rio Tinto, 엑스트라타 Xtrata, 베일 Vale 등에 크게 의존하고 있다.

리오틴토 Rio Tinto 사건

2009년 7월 중국 공안당국이 호주 철광석업체인 리오틴토사 직원 4명을 산업스파이 혐의로 체포·구속하는 사건이 발생했다.

저자가 추적 조사한 바에 의하면, 리오틴토사 직원들은 중국측 관계자들에게 뇌물을 제공하는 등 부적절한 방법을 사용해 철광석 거래가격 등 기밀정보를 빼낸 혐의를 받고 있다. 구속된 리오틴토 상하이사무소 수석

대표인 중국계 호주인 후스타이 胡士泰와 중국인 직원 류차이쿠이 刘才魁, 거민창 葛民强, 왕융웨이 王勇为 등 3명 외에 다른 중국 철강업계 관계자들도 이들에게 기밀정보를 제공한 혐의로 체포되었다.

미국 CIA에 해당하는 중국 보밀국(保密局)은 체포된 리오틴토사 직원들이 "6년 동안 스파이 행위를 해 왔으며 이로 인해 7,000억 위안의 손실을 끼쳤다"고 주장하고 있다.

스티븐 스미스 호주 외교부장관은 "중국은 국제사회의 사업 관행과 국제적인 시각에 대해 보다 진지하게 생각해 볼 필요가 있다"며 우회적으로 구금된 직원들의 석방을 촉구했다.

케빈 러드 Kevin Rudd 호주 총리도 "중국이 이 사건을 어떻게 처리할 지 세계가 주시하고 있다"고 경고성 메시지를 보내며 외교적 해결 방안을 모색했지만 중국 정부의 입장은 단호하다.

사실 사건의 배경은 그동안 리오틴토가 중국과 철광석 가격 협상을 벌여왔고, 리오틴토사 직원 구속사건은 가격 협상과 관련되어 있다.

리오틴토는 이미 한국, 중국, 타이완의 제철회사들과 33%의 할인율을 적용하는 2009-10년 철광석 가격 협상을 완료했다. 반면 중국은 40-45%의 할인 폭을 요구하면서 마찰을 빚어왔다.

그보다 더 직접적인 이유는 중국의 리오틴토 인수 계획이었다.

2007년 리오틴토는 캐나다의 알루미늄 기업인 알칸 Alcan을 380억 달러에 구매하면서 거의 파산할 뻔 했다. 리오틴토가 여기에 묶여 있는 동안 BHP 빌리톤이 리오틴토 인수를 시도했었다. 세계 최대 광산사인 BHP 빌리톤은 경이적인 이익을 창출하며 라이벌사인 리오틴토의 인수의사를 밝혔다. 당시 BHP 빌리톤은 중국의 높은 수요와 함께 비용절감을 통한 수익 창출로 수익이 192억 달러에서 235억 달러로 22% 증가했었다.

BHP 빌리톤은 중국이 가장 큰 수요의 중심에 있고 중국 광산업 분야에서 침체는 당분간 없을 것이며 향후 중국 시장에 대한 자신감에서 인수를 추진했다.

중국은 양 기업이 합병될 경우, 원자재 가격이 독점되는 것을 우려해 리오틴토 주식 9%를 195억 달러에 사들여 이러한 시도를 차단했다.

당시 중국은 제일 큰 소비자일 뿐만 아니라, 중국 국영 알루미늄 기업인 치날코 Chinalco는 리오틴토의 대주주였다. 또한 리오틴토는 치날코가 자신들에게 투자 액수를 두 배 늘릴 경우, 이사진에 자리를 주고 중요한 광산들에 대한 직접적인 소유권을 주겠다고 제안했었다.

하지만 원자재 가격이 다시 상승하기 시작하면서 리오틴토는 자신들이 제안한 거래를 취소시켰다. 리오틴토는 새로운 주식 발행을 통해 자본을 조달했으며, BHP 빌리톤과 함께 자신들이 보유한 호주의 필바라 Pilbara 지역에 있는 거대한 철광석 광산의 운영을 통합하려 했었다.

한때 기업위기를 겪으며 중국 자본을 끌어들이기 위해 안간힘을 쓰던 리오틴토가 시장이 회복되면서 자신들이 제안한 거래를 취소하면서 중국의 눈에 벗어난 것이었다.

중국은 분개했으며 또한 이 두 기업이 필바라 지역의 철광석 운영을 통합할 경우 철광석 가격에 대해 지나치게 많은 영향력을 행사할 수 있다고 긴장했다.

중국의 분노는 여기에서 그치지 않았으며 리오틴토의 직원들을 뇌물 수수혐의와 상업기밀을 유출하려 했다는 혐의로 구속한 것이다.

호주 정부는 리오틴토 직원 구속사건 이후 중국의 리오틴토 인수를 무산시켰고, 이어 자국 내 철광 석탄개발업체에 순이익의 30%선의 자원세를 부과해 자국 석탄의 수출경쟁력을 일부러 낮췄고, 광산 소유권을 이전할 때 당국의 허가를 받는 방향으로 정책을 바꿨다. 원자재 수출에 대한 통제 역시 강화했다. 자국 자원에 대한 보호조치를 통해 빗장을 걸어 잠그는 것이다.

한편 BHP 빌리톤의 리오틴토 합병 시도는 2008년 금융 위기가 찾아오면서 무산되었다.

2011년 중국 여러 지역에서 정도는 다르지만 대부분 전력 부족을 경험했다. 전력 공급 제한은 시멘트 기업의 생산량에 직격탄으로 작용했다. 이는 수요와 공급 그래프, 시멘트 가격에도 미묘한 변화를 불러왔다. 그 결과 2011년 1분기 중국 시멘트 평균 가격은 톤당 387위안으로 전년 같은 기간 대비 13% 상승했다. 결국 석탄부족은 전력량 감소를 가져오고 전력 공급 제한은 시멘트, 철강 등 생산 소비재 가격 상승으로 이어졌다.

시멘트의 경우에 2011년 1분기 평균 가격이 전년 대비 13% 상승한 톤당 387위안이었으나 3월 말 15% 상승했다.

철광석 수요 역시 꾸준한 상승세를 보이고 있으며 이에 따라 가격 또한 상승세를 보이며 최근 철광석 가격은 톤당 160달러로 과거 15개월 동안 가장 높은 가격대를 보였다. 철광석 수입량은 2012년 12월에 최고치를 기록하며 전년 대비 8.4% 증가했다. 철광석 수입 총액은 956억 달러, 7억 4,360만 톤이다.

중국이 제조업 대국으로 성장하면서 철광석 수요가 갑자기 상승했다. 철광석 최대 소비국으로 매년 세계 철광석 생산량의 절반을 소비한다. 그러면 중국철강공업협회는 방대한 양의 구매자로서 세계 철강시장에서 가격협상 발언권이나 공급과 수요에 의한 가격협상 결정권이 있는 것인가?

결론부터 이야기하면 아니다. 중국은 발언권이 없을 뿐만 아니라 국제 주요자원의 게임 룰을 모르기 때문에 세계 3대 철광석 공급상인 리오틴토, BHP 빌리튼, 콤파냐 발레 도 리오 도체에게 휘둘리고 있다.

중국은 2009년 세계 최대 자동차 생산국이자 소비국이 되었다. 그만큼 석유가 필요하다. 특히 자동차 디젤유 수요가 절대적으로 높아 그동안 디젤유 순수입국이자 휘발유 순수출국으로 자리매김해 왔다.

중국은 산유국으로 원유 가공능력은 2010년 4억 7,700만 톤으로 10여 년간 72.8% 증가하였고 시노펙 Sinopec은 전세계 3대 정유회사이며 페트로차이나 PetroChina는 세계 9위이다.

그런데 2010년부터 이상하게 3대 메이저 국유 석유업체들이 디젤유 순수출국으로 변화시켜 버렸다. 국유 석유업체가 디젤유 과잉생산, 저유시설 문제로 대량 해외 덤핑 수출하여 디젤유 파동을 가져왔다.

기업이윤 극대화를 위해 국내 판매량을 제한해 가격폭등과 수요충격이 일어났다. 2010년 중국 3대 석유 국유기업은 2,650억 위안을 벌어들였다. 하루에 약 3,000만 위안을 벌어들인 것이다.

중국 석유기업은 해외 덤핑 수출하고, 중국 내에서는 디젤유 부족으로 파동이 나면서도 어떻게 기막힌 이윤을 남길 수 있었을까? 중국 내 독점 공급 루트를 갖고 있기 때문이다.

2010년 시노펙의 직영주요소는 2만 9,601개이며, 개인주유소는 고작 515개이다. 페트로차이나 역시 마찬가지로 직영주유소 수는 1만 7,996개이며 개인주유소는 602개에 불과하다. 국유기업이 생산과 유통, 판매를 모두 독점하고 있어 가격 탄력성이나 소비자 보호 서비스는 생각할 수가 없는 경제 시스템이다.

원유가격이 단순히 수요와 공급에 의해 가격이 결정되는가? 모든 주요 자원 가격은 미국의 월스트리트의 제약을 받는다.

2002년 중국은 철광석을 수입하면서 7,000억 위안의 손해를 보고서야 이 시장의 가격결정 메커니즘을 배웠다. 리오틴토와의 협상에서 혹독한 수업료를 지불하면서 말이다.

또한 중국에서 생산하는 철강 대부분은 기술적인 장점이 전혀 없는 중하급이어서 판매 수익을 낼 수가 없고, 기술을 요하는 특수강 같은 제품은 사와야 하는 국제 철강시장에서 항상 피동적인 상황이다.

국유기업의 시장독점은 통신업계에서도 마찬가지다. 통신은 느리고 비싸며 광대역 서비스를 제공할 동력도 가격을 인하할 필요성도 느끼지 못한다.

중국인의 통신요금은 홍콩에 비해 무려 469배나 비싼 요금을 지불해야 하고 차이나모바일 Chinamobile, 차이나유니콤 ChinaUnicom, 차이나텔레콤 Chinatelecom 3대 기업은 기간망 독점과 국제 인터넷 출구를 독점하고 있어 사용요금을 마음대로 인상한다.

이동전화의 불합리한 비용으로 중국인들은 차이나모바일 경우, 로밍요금을 지불해야 된다. 예를 들어 베이징 외곽에 거주하면서 시내로 출근하는 직장인이 근무하는 회사빌딩 입구에서 전화를 받으면 시내통화 요금을 내지만 빌딩 안에 들어와서는 베이징 北京이 아니라 허베이 河北 로밍 roaming이 된다. 그래서 이동이 많은 중국인들은 로밍요금 때문에 전화를 2대씩 가지고 다닌다.

자연자원인 통신주파수를 기업이 사용하여 이익을 얻는 만큼 주파수 이용료를 지불해야 함에도 중국 통신업자들은 비용을 지불하지 않는다. 유럽의 경우 3G 무선주파수 사업 허가를 위해 통신사업자는 국민 1인당 평균 219유로를 지불한다. 중국의 경우 사업 허가 비용을 지불하지도 않으면서 이동전화 요금은 유럽에 비해 훨씬 비싸다.

3G 이후 네트워크 표준은 가장 중요한 문제임에도 중국은 여전히 그 점을 깨닫지 못하고 다른 국가들에 비해 8년이나 늦게 시장에 뛰어들었다. 3G TD 기술표준이 미성숙해 신규사업 진출은 물론 새로운 LTE 4G TD 기술표준 영역 개발에 대해서 고려조차 하지 않고 있다.

다시 말해 2011년부터 선진국은 속도 개선과 특정지역 사용자 주파수 과다에 따른 트래픽 최소화를 위해 4G에 대대적 투자가 이루어졌고 4G 기술을 채용한 LTE사업 손익분기점은 2014년에 도달했다. 그러나 중국은 수명이 다한 3G 사업에 5,000억 위안을 쏟아붓고 있다. 중국 3대 통신사들의 네트워크망은 아직 온전히 구축되어 있지 않고 단말기의 브라우징 속도를 높이는데만 주력하고 있다.

중국 공업정보부의 자료에 의하면 중국 전체 휴대폰 가입자 10억 8,000만 명 가운데 3G 사용자는 3억 명 수준으로 3G 사용자 1억 2,000만 명이 3G 단말기를 가지고도 2G 기능만 사용하는 현상을 보이기도 하며, 차이나모바일 경우 2G 사용자 한 명을 3G 사용자로 전환하는데 600 위안의 비용이 소요된다.

통신산업의 방향과 네트워크 발전의 공조화를 위한 선진 각국의 노력은 주로 정부 주도하에 이루어진다. 1989년 이후 20여 년간 침체의 늪에 빠진 일본 경제는 미국의 MS, 인텔, 아마존 등 미국 IT군단에 밀린 결과라는 연구보고서도 있다.

중국의 세금은 조그만 과일가게를 열어도 영업세 5%, 부가가치세 4-17%, 영업세와 부가세 총합의 7%인 도시건설세, 영업세와 부가세 총합의 3%인 교육세, 영업세와 부가세 총합의 2%인 지방교육세, 인화세(印花稅),[86] 도시토지사용세 등 대략 15개 항목의 세금을 내야 한다.

---

86) 금융위기 이후 경제 활성화를 위해 자금을 풀어 온 중국 정부가 세수 부족을 이유로

또한 중국은 세계에서 가장 비싼 고속도로 통행료를 내야 한다. 전세계 유료 고속도로 중 70%를 차지하는 중국 고속도로는 통행료 외에 도로 보수 유지비를 유류세에 포함시키고 2급 도로인 경우에 따로 터널 교량비라는 이름으로 요금을 부과한다. 원자재가격 파동, 비싼 임대료, 임금, 세금, 물류비 등 비용 우위를 잃어버린 중국의 중소기업은 마치 오성홍기로 불리우는 중국 국기에서 홍색을 빼버린 것과 같은 모습인 것이다.

2011년 세계 3대 신용평가 기관 중 하나인 피치Fitch사는 중국 은행권에 부정적 전망을 제시했다. 피치가 제시한 데이터를 보면 지방정부의 채무불이행과 부동산, 인프라 건설 개발업체의 파이낸싱 대출(PF) 관련 비중이 높다는 것이다. 공상은행, 교통은행, 베이징은행, 건설은행, 중국은행 순으로 나타났다.

피치사는 이들 은행들이 하나같이 부실채권을 떠안고 있으며 자금 확보에 소홀하고 은행 고유의 대출보다 파생상품 판매로 은행 위기가 터질 확률이 60%에 달한다는 회의적 평가를 내놓았다.

건설은행이 고속도로 등 고정자산 투자에 대한 대출금은 3조 2,700억 위안으로 전체 대출액의 82%에 해당한다. 이름대로 건설에만 충실한 은행이다. 그런데 건설은행의 가장 무서운 위기는 지방정부의 채무불이행에 있다.

걷기 시작한 것으로 경제활동을 하고 있거나 경제 교역에 참가하는 이들을 징수대상으로 삼는다. 징수범위가 넓고 가벼운 세 부담이 특징이다.

지방정부 채무 중 80%가 은행 대출인데다가 윈난 云南성, 쓰촨 四川성, 하얼빈 哈尔滨 도시투자채권, 광저우 건설투자채권 등 문제가 하나씩 드러나기 시작했다. 현재 도시채권 발행처는 483곳으로 문제발생 이후 채권 발행에 성공한 도시투자채권은 단 한 곳도 없으며 채권시장에서는 투매하기 시작했다. 지방정부의 채무는 독립적인 위기가 아니라 이리저리 엉켜 있어 더욱 우려스럽다.

중국은행관리감독위원회의 자료에 따라면 2011년 각 지역의 대출총액은 9조 1,000억 위안이라 인용했지만 정확성에 의심이 간다. 외국 정부의 통계자료는 중국 전역의 위안화 대출 잔액이 47조 위안으로 이 중 지방정부 파이낸싱 대출총액은 약 14조 위안으로 추정했다. 인용 가능한 공식통계로 중국 심계서가 발표한 〈전국 정부부채 심계결과〉에 의하면 2013년 6월 기준 중국 지방정부 부채총액은 17조 9,400위안으로 GDP대비 31% 수준이다.

수년 전부터 제기돼 온 중국 통계조작과 세계 최고 수준의 변동성을 보이는 중국 증시는 시장 논리를 거부하는 '금융 공산주의'라는 지적을 받고 있다. 중국 기업들의 신용등급도 믿을 수 없다는 비판이 제기되고 있다.

중국 10대 부동산 개발 업체 중 하나인 에버그란데(헝다디찬 恆大地產)는 중국 신용평가사로부터 최고등급인 AAA등급을 받았다. 이에 반해 국제 신용평가사들은 30억 달러가 넘는 부채 등을 고려해 에버그란데 회사채에 투기 등급인 '정크'를 부여했다. 중국 시장과 당국은 심각하게 왜곡됐다는 '신뢰 게임'을 벌려야 한다.

F7

게임의 룰을 모르는 중국

누리엘 루비니 Nouriel Roubini 뉴욕대 교수가 지적한 것처럼 유럽 재정위기, 미국의 더블딥(경기회복 뒤 재침체), 중국의 경제 성장둔화(경착륙) 등으로 인한 퍼펙트 스톰(perfect storm)같은 세계경제의 변화 속에서 중국은 무엇을 준비해야 하는가?

최근 몇 년간 세계 경제를 압도했던 이상 현상들과 시장의 불규칙적인 변동의 원인을 저자는 국제적인 이전(hand-off)으로 설명한다. 즉 중국은 새로운 부의 탄생과 이동현상에 초점을 맞추고 세계경제 변화의 속성과 변화를 주도하는 원동력을 규명해야 한다.

또한 중국은 세계경제가 도달하게 될 변화의 지향점에 대한 전망과 분석을 해야 한다. 세계경제의 이상 징후, 이해할 수 없는 변화와 구조적 변화의 진행, 변화에 따른 국제 금융체제의 구조재편 방향도 살펴야 한다.

나아가 중국은 새로운 변화를 향해 나아갈 때 맞닥뜨리게 되는 함정이나 장애물을 제대로 관리하기 위해서 시장 참여자(투자자, 국유기업 관리자, 중국 정부)가 취해야 할 태도, 리스크 관리 능력의 향상, 경영 모델을 적용한 효율적 투자관리 방법 등을 연구해야 한다.

저자가 이야기하는 국제적인 이전(hand-off)의 다른 설명으로 중국인들은 새로운 글로벌 룰 대신 중국인들만의 사고와 게임 규칙으로 최대한 이익을 얻는데 집중한다는 점이다.

많은 사람들은 중국이 주도하는 국제질서 '팍스 시니카'(Pax Sinica)가 과연 어떤 형태로 구체화될지 궁금해하고 있다. 하지만 오늘날 미국이 주도하는 국제사회와 향후 중국이 주도할 수도 있는 국제사회를 비교할 때, 가장 큰 차이점은 다른 국가들과 가치를 공유하며 자신의 방향으로 따라오기를 원하는 미국과 반면에 중국인들은 세상을 바꾸려 하지 않는다는 점이다. 변화의 주체로 나서길 원하지 않기 때문이다. 오히려 세상에 적응하려 한다는 점이다.

이민자들의 나라 미국은 다양한 인종과 민족이 화학적으로 결합하는 용광로(melting pot)와 같다. 이를 통해 새로운 정체성을 만들어 냈다. 미국의 매력 중 하나는 이주민들을 미국인으로 변화시킬 수 있었다는 것이다. 변화에 능한 미국이 글로벌 어젠다를 바꾸는 것은 놀라운 일이 아니다. 특히 미국은 세계의 룰을 만드는 국가이기 때문이다.

이것이 바로 저자가 강조하고 우려하는 미국식의 논리적이고 전략적인 사고방식이며, 반대로 신화에 빠진 중국식 사고방식의 한 단면인 것이다. 중국인들은 스스로 중국을 이해하지 못하고 세계인을 이해하지 못한다. 그래서 中国(China)은 언제나 中国(middle state)일 수밖에 없는 게임의 룰이고 중국은 항상 게임의 규칙을 따라가야 하는 rule-taker이다.

1985년 선진 5개국(미국 · 영국 · 프랑스 · 서독 · 일본)의 중앙은행 총재들은 뉴욕 프라자호텔에서 회담을 열고 프라자 합의(Plaza Accord)라 불리는 외환레이트에 관한 합의문을 발표했다. 이 회의에서 미국은 무역 적자를 해소하기 위해 외환율의 인위적인 조정과 엔화, 마르크화의 평가절상을 유도하고 합의했다.

그 결과 일본은 사상 최대의 엔고 현상을 맞이하게 되고 일본 정부는 수출업계를 구제하기 위해 금융완화 정책을 시행했다. 그러나 시장으로 흘러나온 시중은행의 막대한 유동성 자금은 수출제조업체가 아니라 주식과 부동산 시장으로 몰렸다. 환율인하로 수출제조업의 수익은 떨어지고 반대로 폭등하는 주식시장과 프리미엄이 붙는 부동산 시장은 매력적이었다. 그러나 채 10년도 안 되는 시간 동안 주식 부동산 신화의 단꿈은 어느 날 갑자기 사라지고 찾아온 '헤이세이平成 10년 불황'은 악몽이었다.

중국 경제에서도 버블이라는 용어가 자주 언급되고 있다. 특히 요즘처럼 이상하리만큼 과열되고 있는 중국 부동산 경기와 주식시장을 설명할 때 빠지지 않는 것이 "일본 버블경제 때의 상황과 비슷하다"는 지적이다.

환율은 미국 달러와의 교환비율이 아니라 정치 목적을 수행하는 방법 중 하나이고, 그것은 위안화 평가절상 압력을 받고 있는 중국의 운명을 가리키는 것이다.

2010년 3월 130여 명의 미 하원 의원들은 티머시 가이트너 재무부장관과 게리 로크 상무부장관에게 중국을 환율조작국으로 지정할 것을 촉구하는 서한을 보냈다. 그 시기에 중국 원자바오 총리는 양회에서 위안화가 절대 저평가되지 않았다고 발언함으로써 미 · 중 환율전쟁은 피할 수 없는 형국이 되어 버렸다.

같은 시기에 중국 매스컴은 중국이 처음으로 독일을 추월해 최대수출국으로 중국 경제가 바오바保八 다시 말해 8% 경제성장률을 유지했고 중국 실업자 수는 2,000만 명에 불과하다는 또 한 번 환상 속에 빠지기 충분한 보도로 일관했다.

미국의 실업률이 10%를 넘고 있고 도시 공원에는 노숙자들로 넘쳐나고 있는데 중국의 실업자가 2,000만 명에 불과하다니 … 미국을 포함한 선진국들 입장에서는 중국을 정조준하는 충분한 이유가 생긴 것이다.

오늘날 월가에서는 중국 금융시장 위험에 대해 경고 사인을 보내고 있다. 중국 당국이 경기 부양을 위해 지금껏 고수해 온 완화 기조가 문제를 일으킬 수 있다는 의미다.

일본 노무라野村 증권은 최근 보고서에서 중국이 인플레이션 위험 속에서 현재의 금융완화 기조를 고수하면 내년에 금융위기를 맞을 것이라고 경고했다. 신용평가기관 무디스Moody's도 중국 지방정부자금조달기구LGFV의 과중한 차입 부담과 채무불이행 가능성에 대해 경고하고 있다.

중국 인민은행장에 연임된 저우샤오촨周小川은 최근 브리핑에서 LGFV에 대한 여신 1/5이 위험하다고 경고했다. LGFV 채무는 9조 1,000억-14조 5,000억 위안으로 중국 GDP 중 18-30%에 달하는 것으로 집계했다.

이러한 금융위기 상황에서 위안화 평가절상 문제와 관련한 환율전쟁이 시작된다면 중국은 그들의 신화속의 한 장면인 벼랑 끝의 배수진(背水陣)으로 내몰리는 형국이라 할 수 있다.

중국은 실제도 그러하고 "우리는 심각한 실업문제에 직면하고 있다"라고 보도해야 한다. 중국 실업자 수가 2,000만 명에 불과하다는 보도를 미국의 입장에서 보면 이는 무역 불균형과 재정적자의 원인이 중국에 있음을 보여주는 나아가 시민들의 적개심을 불러일으키기 충분한 원인 제공이 된다.

그러나 중국은 이러한 지적에도 불구하고 "우리는 이미 세계 최대 수출국이다. 당신들이 우리를 공격하면 제품원가가 상승할 것이고 수입 소비하는 당신들의 고통은 더욱 클 것이다"라는 생각을 가지고 있다. 하지만 미국 시민들은 중국의 수출품들을 사도 그만, 안사도 그만이다. 종이컵이나 값싼 의류가 꼭 필요하거나 급한 것이 아니지 않는가 … 더구나 미국의 입장으로서는 그것이 꼭 메이드 인 차이나일 필요도 없다.

미국이 중국을 환율 조작국으로 지정하면 중국 정부는 6개월 이내에 미국과 환율문제와 관련한 협상을 하여야 하며 여기서 미국의 요구에 만족하지 못하는 결과가 나오면 미국은 슈퍼 301조[87]를 발동한다. 미 슈퍼

---

87) 슈퍼 301조(Super 301 article)는 미국이 교역상대국의 불공정 무역관행을 제거하기 위해 우선협상대상국과 우선협상관행을 지정하고 통상협상을 추진하거나 혹은 이를 거치지 않더라도 무역보복조치를 단행할 수 있도록 한 미국 통상법상의 강제규정이다. 1974년 제정된 미국 통상법 301-309조까지를 〈일반 301조(Regular 301조)〉로 통칭하는 반면 1988년 종합무역법에 의해 보복조항을 한층 강화한 310조를 〈슈퍼 301조(Super 301조)〉라고 부른다. 슈퍼 301조가 일반 301조와 다른 점은 크게 세 가지다. 첫째, 교역상대국의 품목별(담배, 쇠고기, 포도주 등) 혹은 분야별(보험 통신 지적재산권 등) 불공정 무역관행의 제거를 위한 통상협상을 추진하도록 하는 기존의 제301조와는 달리 특정 국가의 불공정 무역관행을 제거하기 위해 포괄적으로 우선협상대상국을 지정하여 통상협상을 추진하도록 규정하고 있다.

둘째, 불공정 무역관행에 대한 조사개시 권한과 보복조치 권한을 대통령으로부터 미국

301조가 발동되면 중국은 미국에 수출하는 모든 수출품에 대하여 27.5%의 관세를 부담해야 한다. 27.5%는 미국이 현재 중국에 요구하는 평가절상의 폭이다.

중국 대부분의 수출제조업체 평균 수익률이 3%이다. 그런데 만약 5%의 평가절상이 이루어진다면 중국 수출제조업체들은 모두 문을 닫아야 하며, 만약 10%의 평가절상이 이루어진다면 중국 경제는 심각한 충격으로 공황의 늪에 빠지고, 만약 20%의 평가절상이 이루어진다면 중국은 붕괴한다.

환율문제는 교과서에서 이야기하는 달러와 위안화의 교환비율을 이야기하는 것이 아니라 무역수지와 재정적자를 보존하고자 하는 미국의 정책일 뿐이다.

지금의 중국이 그러하듯이 1985년에는 일본이 미국의 최대 채권국이었다. 중국은 최대 채권국이라는 자신감과 G2라는 자부심 속에 삼국지에 나오는 제갈량과 같은 묘책을 생각하며 스스로의 신화에 갇혀 있다. 더욱이 지금 중국의 모습은 과거 일본의 전철을 그대로 답습하고 있고 미국의 치밀한 의도를 간파하지 못한 채 스스로의 운명을 받아들이고 있다.

통상대표부로 이관시키고 보복조치의 결정과정에서 필요한 경우에 한해 대통령의 재량권을 인정한다.

셋째, 미국 정부가 업계의 요구 없이도 특정 국가를 불공정 무역관행 국가로 지정하여 협상과정을 거치지 않더라도 곧바로 무역보복조치를 취할 수 있다. 슈퍼 301조의 발동절차는 먼저 미통상대표부가 국가별무역장벽 보고서를 제출한 날로부터 180일 내에 우선협상대상국 관행을 지정하고 이에 관한 보고서를 상원 재정위원회와 하원 세입세출위원회에 제출한다.

오바마Barack Obama 미 대통령은 2009년 9월 뉴욕에서 열린 G20 정상회의에서 중국을 겨냥해 "대국인 중국은 경제의 지속 가능한 균형 성장을 위해서 무역불균형을 해소하는 게 중요하다"라고 발언하였다. 또한 2009년 10월 선진 7개국(G7) 재무장관 및 중앙은행 총재들은 터키 이스탄불에서 "중국은 위안화 환율의 더욱 자유로운 변동을 허용하고 위안화 가치를 평가절상 해야 한다"는 성명을 발표하였고 그 해 11월에는 APEC 21개국이 공동으로 위안화 절상을 촉구하였다.

때를 맞춰 미국과 선진국들은 중국산 제품에 대해 특별보호 조사를 시작했다. 2009년 9월 중국에서 수입되는 타이어에 대해 향후 3년간 기존 관세 4%에서 추가 관세 25-35%를 부과하는 결정을 시작으로 10월에는 중국산 강선(wire strand)과 스틸 그레이팅(steel grating)에 대해 보복관세를 부과하고 11월에는 중국산 유정관(油井管)에 최고 99.14%의 반덤핑 관세를 부과했고 중국산 아트지, 인산칼륨(KPP), 인산이수소칼륨(MKP) 등에 대해 반덤핑 및 반보조금 관세를 부과했다.

EU도 중국산 강관에 39%, 알루미늄 제품에 30%의 반덤핑 관세를 향후 5년간 부과하기로 결정했고 중국산 신발에 대해 16.5%의 반덤핑 관세를 최소 15개월 연장하기로 결정했다. 이 같은 대중국 무역보호 조치는 브라질과 아르헨티나로 확산되고 중미 타이어 특별 세이프가드[88] 발동

88) GATT 가맹국이 발동하는 긴급수입제한조치. 특정 품목의 수입이 급증하여 국내 업계에 중대한 손실이 발생하거나 그 우려가 있을 경우 관세 및 무역에 관한 일반협정(GATT) 가맹국이 발동하는 긴급수입제한조치이다. 대중국특별세이프가드는 2001년

이후 신발, 방직물 등 수입제재 품목 또한 늘어났다.

2009년 11월 오바마 미 대통령은 일본, 한국, 싱가포르에 이어 중국을 방문하였다. 방중으로 양국간 쌍무무역의 물꼬를 틀 것이라는 중국의 기대와는 달리 '미중관계는 가장 중요한 쌍무관계'라는 입장만 표명하고, 25분간의 짧은 시간 동안 만리장성을 구경하며 "very great"라고 한 마디만 던지고 떠났다.

2015년 초 중국 인민은행이 전격적으로 지급준비율을 0.5%포인트 내렸다. 중국이 돈의 물꼬를 더 열었다. 중국 인민은행이 신용(부채) 거품을 우려해 망설이던 조치다. 제조업 경기 흐름이 좋지 않다는 반증이다. 유로존(유로화 사용 19개국)의 양적 완화(QE)에 대응할 필요도 있었던 듯하다.

이유가 무엇이든 중국이 빚을 통한 성장 엔진을 다시 가동하기로 했다.

중국이 WTO 가입 때 회원국들에 의해 승인된 의정서에 중국으로부터 수입된 물품에 대해 종전보다 손쉽게 수입제한 등 세이프가드조치를 취할 수 있도록 하는 조항(특정국 물품 긴급관세)이 포함된데 따른 것이다. 이와 같은 대중국특별세이프가드가 도입되게 된 배경은 중국경제가 사회주의 경제에서 시장경제로 이행되는 과도기에 있어서 중국 내에서 통용되는 시장가격이 정상적인 시장가치를 반영하기 어렵다는 점과 이로 인해 비정상적인 가격을 가진 중국산 물품의 수입이 급격히 증가할 경우 해당국의 산업에 상당한 피해를 줄 것이 예상되기 때문이다. 특별세이프가드는 수입증가에 따라 시장 교란 현상이 발생했을 경우에 발동할 수 있어 수입증가로 국내 산업에 심각한 피해가 생겨야 한다는 일반 세이프가드의 요건에 비해 대폭 완화된 것이다. 피해의 개념도 일반세이프가드는 '심각한(serious) 수준'인데 반해 중국에 대해서는 '실질적(material)인 피해'로 규정하고, 절대적인 수입 물량과 무관하게 시장점유율에 근거한 '상대적' 수입증가에 따른 세이프가드 발동도 가능하다.

아주 익숙한 전략이다. 중국은 2007년 이후 2014년 말까지 국내총생산(GDP)을 7조 달러 정도 늘렸다. 그 사이 공공 · 민간의 빚은 21조 달러로 불어났다. GDP 1달러를 증가시키기 위해 빚 3달러를 키운 꼴이다.

영국 파이낸셜타임스가 "중국이 언젠가는 빚 때문에 위기를 맞을 수 있다"고 경고해 온 까닭이다. 여태껏 중국은 파이낸셜타임스 경고를 비웃기라도 하듯 굳건하게 견뎠다. 하지만 블룸버그통신이 최근 서방 투자은행의 분석을 근거로 "중국엔 숨겨진 외채 1조 1,000억 달러가 있다"고 보도했다. 2014년 중국 국내총생산(GDP)의 약 12%에 이르고 외환보유액 3조 8,877억 달러의 28% 남짓 되는 거액이다.

도대체 어떻게 생긴 빚일까. 미국 양적완화(QE)가 낳은 돌연변이다. 달러 캐리(dollar carry)의 일부다. 그렇다고 외국 헤지펀드 등이 중국으로 들고 들어간 자금이 아니다. 중국 수출 기업들이 끌어들인 돈이다. 그들은 수출 신용장을 홍콩 금융시장에서 할인하는 방식으로 값싼 달러 자금을 빌렸다. 그들은 위안화로 바꿔 상하이 그림자금융(shadow banking) 시장에서 돈놀이를 했다. 자금의 유입과 대출 과정이 모두 중국 정부의 통제 밖이었다.

중국의 숨겨진 외채는 전형적인 핫머니(hot money)다. 미국과 중국의 금리 차이와 위안화 가치 상승을 노린 돈이다. 미국 금리가 오르면 역류할 수밖에 없다. 캐리자금은 상대 국가가 대처할 틈을 주지 않는 게 특징이다. 여차하면 1조 1,000억 달러가 중국을 빠져 나갈 수 있다는 얘기다.

미국의 기준금리 인상이 신호탄일 수 있다. 중국 위안화 가치의 하락도 방아쇠가 될 수 있다.

중국 외환보유액이 많아 환란 가능성은 크지 않을 수 있다. 하지만 경제 위기엔 외환위기만 있는 게 아니다. 달러 캐리자금이 빠져 나가면서 중국 내에서 신용경색을 일으킬 수 있다. 부채 위기의 시작이다.

중국은 중국의 미래뿐만 아니라 세계의 미래를 결정하고 미래 인류사회에 큰 영향을 미칠 것이다. 그러나 자신의 특수성에 집착하는 나라가 어떻게 세계를 이끌어 나가는 비전과 방향을 제시할 수 있겠는가? 중국은 현대 세계를 분명하게 이해하지도 문명적 자각을 통한 인류 보편적 가치를 함유하지도 못한 채 폐쇄의 상징인 만리장성의 울타리 안에서 중국 전통의 게임규칙에 익숙하고 자신의 예외성만을 강조하며 스스로 음모론의 신봉자가 되어가고 있다. 중국은 만리장성을 무너뜨려야 한다.

저자가 중국은 Rule-maker로 도약할 것인가, 아니면 Rule-taker로 남을 것인가? 라고 강조한 이유가 여기에 있다.

F8

달러의 역습

중국은 1978년 개혁개방이래 지금까지 해 왔던 것처럼 경제정책 운영에 있어 누가 뭐라 하던 내 고집대로 하겠다는 일의고행(一意孤行)으로 고도성장과 외환보유고 수치를 고집하였다. 그러나 보유외환이 넘칠 정도로 많은 것이 꼭 좋은 것은 아니다.

부동(不動)의 외환보유고 1위국이었던 일본은 언제부터인가 외환보유고 쌓기를 거의 등한시해 왔다. 미국은 기축통화국이라 외환보유고를 쌓아야 할 이유가 애당초 없다. 일본은 얼마 전부터 아예 "잃어버린 세월을 만회하기 위해 엔화의 가치를 대폭 절하시키겠다"라고 공언하며 양적완화를 대대적으로 추진하고 있다.

미국은 적어도 최근 삼사년 동안 '경기부양을 위해서'라는 명분으로 대규모 양적완화를 추진해 외환시장에 간접적으로 개입해 왔다. 더 나아가 '헬리콥터 벤'이란 별명을 얻고 있는 FRB 전 의장 벤 버냉키 Ben Shalom Bernanke는 일본의 '잃어버린 10년' 상황에 대해 헬리콥터에서 돈을 뿌리듯 유동성을 투입해야 한다고 했다.

헬리콥터에서 돈을 뿌리듯이 유동성을 투입하면 결국 중국이 보유하고 있는 달러는 어떻게 되는가? 달러화 약세로 거액의 외화보유고도 달러화와 함께 동시에 평가 절하되어 앉아서 막대한 손실을 입는다. 또 미국 달러화의 지속적인 평가절하는 중국의 경제정책 전반에 악영향을 끼친다.

달러화 평가절하는 중국 화폐정책을 힘겹게 하게 될 것이고 중국 내 달러유통이 증가하면서 통화긴축 효과도 반감하게 된다. 달러화 약화는 결국 국제원자재의 조달비용을 높이게 되어 철광석 등 수입 가격이 상승하면서 공산품가격도 상승이 불가피해 거시경제에 부정적인 영향을 미친다.

또 다른 데이터를 분석해 보면 2011년 하반기 이후 중국의 외환보유고 증가 추세에 변화가 발생하고 있음을 볼 수 있다. 2011년 중국의 외환보유고는 16개월 만에 처음으로 감소세를 기록한데 이어 4분기에는 1998년 이래 처음으로 분기별 연속 하락세를 기록하였다. 2012년 2분기에 외환보유고가 다시 한 번 마이너스 성장을 기록하였다.

중국의 외환보유고 증가세가 주춤해진 것을 두고 월스트리트저널(WSJ)은 '외국인 투자자들이 중국에서 돈을 빼내고 있다는 증거'라고 해석했다. 중국의 외환보유고는 외국인 투자자들이 중국에 투자를 하면 달러화가 중국의 화폐인 위안화로 환전되는데 그 과정에서 중앙은행의 외환보유고는 증가하게 된다. 반면 중국에서 외국인 자금이 유출될 때에는 위안화가 달러로 환전되어 외환보유고는 감소한다.

WSJ는 중국 외환관리국의 자료를 인용해 2012년 중국의 자본수지가 1,173억 달러 적자를 기록했다고 보도했다. WSJ는 '중국과 세계경제의 불균형이 개선되는 신호'라며 '불균형을 조장했던 중국 인민은행의 외환시장 개입이 감소한 것'이라고 풀이했다. 인건비 상승 등을 이유로 해외자본이 빠져 나간 것이 아니라는 뜻이다.

세계의 공장으로 불리는 중국은 2011년까지 10년 넘게 경상수지와 자본수지 모두 대규모 흑자를 기록했다. 값싼 노동력을 쓰기 위해 해외투자금이 모이고 투자금을 바탕으로 생산된 물건이 수출품이 되는 선순환을 이뤘다. 중국은 이 과정에서 막대한 외환 유입이 위안화 평가절상을 초래하지 않도록 인민은행을 통해 외환을 매입해 왔다. 이를 통해 위안화 가치를 끌어 내려 수출부양과 자본유치를 확대했다.

실제 2011년 중국의 외환보유고는 3조 1,820억 달러 경상수지는 2,017억 달러, 자본수지는 2,211억 달러로 흑자였다. 그러나 2011년 하반기부터 중국의 외환보유고와 경상수지 증가폭이 크게 둔화했으며 자본수지는 적자를 기록했다.

미국의 저금리 정책과 달러화 약세로 중국은 이미 달러 자산 보유로 커다란 손실을 보고 있다. 중국 경제가 점진적으로 대외수출 의존도를 낮추고 내수를 확대하는 방향으로 발전해 나가면서 중국의 외환보유액 증가율에도 제동이 걸릴 것으로 보인다. 내수확대는 경제발전에 따른 원자재 수입량 급증으로 중국 외환보유액이 줄어들고, 중국 기업의 해외진출로 달러유출이 증가하고, 외국인 직접투자(FDI) 감소에 따라 중국 외환보유액은 점진적으로 하락할 것으로 보인다.

"중국의 외환보유고는 경기가 안 좋을 때는 축복이지만 경기상황이 괜찮을 때는 저주"라고 말한다. 경제상황이나 인플레이션 전망 등에 따라 외환보유고를 탄력적으로 조정하기가 어려운 상황을 빗댄 것이다.

중국 외환보유고의 약 2/3는 달러 자산, 1/4이 유로 자산으로 추정된다. 외환보유고의 약 92%가 달러, 유로 자산인 셈이다. 비밀을 유지하며 거대한 외환보유고를 운용해야 하는 중국 입장에서는 미국 국채시장만큼 풍부한 유동성과 환금성을 가진 시장을 찾기가 어렵기 때문이다. 그래서 전체 외환보유고의 60-70%가 미국 국채 등 자산에 쏠려 있어 투자 위험 또한 집중돼 있다.

중국은 외환보유고를 주로 미국을 비롯한 각국 국채나 금융채를 사들이는 방식으로 운용하고 있고, 최근 주요 국가들이 양적완화 정책을 쓰면서 금리가 하락하는 바람에 수익률이 연 2% 수준으로 낮아졌다.

최근 중국 국가외환관리국은 외환보유고 위탁대부 판공실(外匯儲準委託貸款辦公室)을 새로 설립했다. 운용방식이나 운용규모는 공개하지 않고 있으나 외환보유고를 안전하고 효율적으로 운용하기 위한 전담기구로 보인다.

IMF(국제통화기금)협정 제4조는 '회원국은 환율을 조작(manipulate)하는 것을 금해야 한다'라고 규정하고 있다. 2012년 IMF 보고서에 따르면 미국, 일본 유로존 국가는 최고등급인 1등급, 한국과 브라질은 2등급, 스위스와 싱가포르는 3등급, 중국은 5등급을 각각 부여받고 있다. 어떤 나라의 외환당국이 외환시장에 개입을 하면, 그 나라는 미국과 같은 나라로부터 환율 조작국이라고 지탄받고 경우에 따라 교역상의 보복조치까지 당하게 된다.

미 상원은 2011년 환율 조작국의 제품에 보복 상계 관세를 27.5%까지 매기도록 한 환율감독개혁법안을 통과시켰다. 엄밀히 따지면 외환보유고 쌓기는 조작에 해당하는 면이 있다.

중국은 세계 최대 채권국이다. 중국 외환보유고 3조 7,300억 달러(2015년 1분기 말)는 주로 미국을 비롯한 각국 국채나 금융채를 사들이는 방식으로 운용하고 있고, 이는 중국이 무상으로 미국에 돈을 빌려주는 상황이 되는 것이다. 선진국 양적완화에 따라 중국은 채무 부담을 고스란히 떠안는 형국이 되는 것이다. 이 같은 국제 금융환경 아래서 지나치게 높은 간접금융 비율, 그림자금융,[89] 높은 기업 부채율, 지방정부 부채 문제, 고리대와 같은 사금융 성행, 이율구조의 왜곡, 환율제도의 불완전성과 특수성 등 현재 중국 금융시장의 문제점은 셀 수 없이 많다.

특히 중국 금융당국의 감독으로부터 사각지대에 있는 그림자금융(shadow banking)이 중국 경제의 뇌관으로 부상했다. 2012년 말 중국 은행권의 대출과 지급보증 등을 합친 총 신용 규모는 중국 GDP의 135.7%이다. 하지만 그림자금융까지 포함하면 GDP의 198%에 이르는 것으로 분

---

89) 은행과 유사한 기능을 하나 엄격한 규제를 받지 않는 금융회사와 금융상품을 말한다. 증권사 채권보증회사 등 비은행 금융기관 외에 헤지펀드 자산유동화 상품 등도 포함된다. 은행의 손길이 미치지 않는 곳에 자금을 대주고 위험을 효율적으로 분산시키는 기능도 있다. 하지만 최초로 돈을 대주는 사람과 최종적으로 쓰는 사람 사이의 경로가 복잡해 금융회사 간에 위험이 전이될 수 있다. 경기가 좋을 때는 빌려주는 돈의 규모를 확 늘렸다가 나쁠 때는 급격히 줄이기도 한다.

석돼 2008년 125%에 비해 급속히 높아졌다.

세계 3대 신용평가사인 피치는 2008년 글로벌 금융위기 이후 중국의 총 신용은 GDP보다 빠른 속도로 증가하고 있으며, 세계적으로 보면 카타르에 이어 두 번째로 빠르다고 분석했다.

중국의 그림자금융 규모는 20조 위안으로 추정된다. 중국 은행감독관리위원회는 감시망에서 벗어난 그림자금융 시장이 연평균 25%의 증가세를 보이는 것으로 판단하고 있다.

지방정부의 채무도 중국 경제의 회복을 늦출 수 있는 위험요인이다. 제도권 은행들 역시 대출 증가 속도가 개발도상국 가운데 가장 빠른 수준이어서 대출이 부실화되면 중앙정부에 부담이 될 수밖에 없다.

중국 중앙은행인 인민은행은 독립된 금융기관이 아니라 국무원에 소속되어 있다. 따라서 중국 통화정책의 독립성을 유지하기가 어렵다. 인민은행은 줄곧 대규모의 헤지조작을 통해 외환시장 개입으로 인해 발생하는 유동성을 동결해 왔다. 중국과 같은 상황에서 자본계정 자유화 또는 대규모 자본 유출이 일어날 경우 재난적인 상황을 연출하게 될 것이 확실하다.

자본시장 개방에 있어 디폴트 상황의 지방정부 채무, 지하금융, 자산 거품 등 금융리스크를 제거하는 것이 가장 급하다. 물론 이런 문제들이 자본시장 자유화의 선결 조건은 아니지만 중국의 금융시장 안정을 위해서 반드시 해결해야 할 문제임은 틀림없다. 이는 중국의 자본시장 자유화보다 더욱 시급한 사안이다.

또한 자본시장 자유화에 앞서 중국은 환율제도 개혁을 완성해야 한다.

제대로 된 환율제도도 없이 섣불리 자본시장을 개방하면 국제 투기자본으로 인한 중국 금융시장의 교란을 방어하기 힘들다.

위안화 거래가 자유로운 상황에서 유연한 금리와 환율정책이 없다면 차익거래와 외국환 투기가 성행하면서 국가에 경제적 손실을 입힐 것이다.

일례로 지난해 유럽 채무위기가 악화돼 대량의 자금이 홍콩에서 빠져나갈 당시 홍콩에서 위안화 환율이 급격하게 하락했다. 중국 본토에서는 위안화가 너무 많이 평가절하 되는 것을 우려한 인민은행이 외환시장 개입에 나섰다. 이 때문에 홍콩의 위안화가 중국 본토보다 값이 싸지면서 위안화 환율 격차가 비교적 크게 벌어졌다.

당시 중국 기업을 포함해 중국에 진출한 외자 기업들은 상하이에서 위안화를 교환하는 것이 아니라 달러 수입을 홍콩에서 위안화로 전환했었다. 이와 반대로 위안화가 절상될 때 중국 당국이 절상 리듬 조절에 나서면서 홍콩의 위안화 가격은 비싸졌다. 이때 중국의 수입업체들은 홍콩에서 달러를 사들였다.

환차익 거래가 본래는 환율차를 해소시키는 역할을 하지만 환율 유연성이 결여된 상태에서 환율차는 장기간 지속된다. 외국 업체와 기관 또는 개인이 중국에서 얻는 환차익 소득이 결국 중국에게는 손실인 것이다.

환율과 금리의 유연성을 제고하는 것이 결국에는 차익 거래와 외국환 투기를 방지하는 효과적인 방안이다. 환율과 금리의 유연성 제고는 위안화 절상 및 급격한 절하 압력을 경감시켜 거시경제를 안정시키는 안전한 제방과 같은 것이 될 수 있다.

중국의 역할이 커지면서 중장기적으로 무조건 위안화는 강세가 될 것이라는 주장부터 달러 자산으로 구성된 중국 외환보유고가 달러 약세로 엄청난 손실 위험이 생겼고, 중국이 수출 촉진을 위해 다양한 수단으로 위안화를 절하시킬 것이라는 말까지 의견이 분분하다. 나름대로 논리가 있어 어느 경우도 가능해 보인다.

위안화 시세가 절상될지 절하될지는 잘 모르겠지만 한 가지 확실한 것은 있다. 중국이 최근 금융개방, 외환자유화를 더욱 적극적으로 표방하고 구체적인 조치를 취하기 시작한 이유인데, 중국 정부가 경상거래 이외에 자본거래를 위한 위안화 외환시장을 더욱 키우고 국제화할 것이란 점이다. 이는 위안화를 G2 위상에 걸맞은 국제통화로 하면서 동시에 해외로부터의 위안화 절상 압력을 피하고 때로는 조절하는 수단을 갖는다는 점에서 지금이 최적기라고 생각된다.

2014년 말 기준 중국 외환보유고는 3조 7,200억 달러에 달했다. 지난 2002년 말 중국의 외환보유고는 2,864억 달러에 불과하여 3,000억 달러도 못 미쳤던 점을 감안하면 지난 10년간 중국의 외환보유고는 12배가 넘게 증가한 셈이다.

중국의 외환보유고는 전세계에서 30.2% 비중을 차지하고 있다. 중국의 외환보유고는 전세계 중앙은행이 보유한 금 가치의 두 배에 이른다.

금값은 지난 2004년 이후 지금까지 263% 올랐으며 전세계 중앙은행의 금 보유 규모는 이 기간 거의 변하지 않았다.

중국 인민은행은 준비자산 다양화를 추진하고 있으나 "중국의 외환보유고에 비해 금시장은 너무 작다"며 표면적으로는 대량의 금을 매입하는 데 부정적인 입장이다. 그러나 미국은 외환보유고에서 금 비중이 75%지만 중국은 2%밖에 되지 않는다.

중국 인민은행은 지난 2009년 외환보유고에서 금을 1,054톤까지 늘렸다고 밝힌 이후 금 보유에 관해 어떤 입장도 밝히지 않고 있으나 중국은 그동안 금 수입을 꾸준히 늘려왔고 이 중 적지 않은 양이 인민은행 투자분으로 추정되며 실제 보유량은 그간 상당히 늘었을 것으로 보인다.

중국은 주로홍콩을 통해 금 수입을 늘리고 있다. 중국이 2012년 상반기 중에만 홍콩을 통해 도입한 금 순수입량이 212톤으로 전년 같은 기간에 비해 8배 가까이 증가했다. 중국의 금 수입이 급격히 늘어난 것은 민간분야의 투자용 수요가 증가한 탓도 있지만 대부분은 중국 인민은행의 금 보유량 확대에서 비롯된 것으로 분석되고 있다.

중국은 외화보유 자산 포트폴리오차원에서 금 보유량을 확대하고 선진국들의 양적완화에 따른 통화증발로 화폐가치를 보존하는 불확실성에 대한 대책으로 금 보유량을 높이고 있다. 결국 이것은 중국의 자산 증가이며 중국은 부자이다.

세계금위원회(World Gold Council)에 따르면 미국이 보유한 금은 8,133톤, 독일은 3,395톤으로 모두 외환보유고의 70%가 넘는 비중을 차지하고 있다. 3위는 이탈리아로 금보유량은 2,451톤이며 4위는 프랑스로 2,435톤이며 중국이 그 뒤를 이었다.

2006년 중국은 일본을 뛰어넘어 세계 최대의 외환보유국이 되었다. 2006년 중국의 외환보유고는 처음으로 1조 달러를 돌파한 이후 3년이 지나지 않은 2009년 2조 달러를 돌파하였다. 그리고 다시 2년이 지나지 않은 2011년 외환 보유고가 3조 달러를 돌파하였다.

지난 10년간 중국의 경제력이 급성장하면서 무역수출 증가 해외투자 유입 등으로 인해 외환 보유고가 크게 증가하였다. 중국이 지난 2009년 독일을 제치고 세계 1위 수출국으로 올라서는 등 수출 호조가 외환보유고 확대의 주원인이다.

브라질과 러시아, 인도 등 다른 브릭스(BRICs) 국가의 외환보유고도 2004년 이후 400% 확대됐으나 이들 3국의 외환보유고 총합은 1조 2,100억 달러로 중국의 1/3 수준이다.

참고로 2014년 말 기준 국가별 외환보유고 순위는 중국(3조 7,200억 달러 – 홍콩, 마카오 제외), 일본(1조 2,700억 달러), 사우디아라비아(7,200억 달러), 스위스(5,300억 달러), 러시아(4,900억 달러), 타이완(4,200억 달러), 브라질(3,600억 달러), 한국(3,600억 달러), 홍콩(3,100억 달러), 인도(2,900억 달러) 순이다.

F9

중국은 무엇을 준비해야 하는가?

침체에 빠졌던 미국과 일본 경제가 되살아나는 모습을 보이고 있다. 미국의 2015년 실업률은 5.7%로 2008년 12월 이후 가장 낮고 미국 증시는 연일 사상 최고치를 갈아 치우고 있다. 일본 증시도 '아베노믹스'로 경기 회복 기대감이 높아지면서 연초 이후 20% 가까이 올랐다.

미국 경제를 바닥에서 끌어올리고 있는 요인은 크게 세 가지다. 첫째, 셰일가스 혁명이라고 불리는 에너지산업 부흥이다. 진흙이 쌓여 만들어진 퇴적암층에 많은 양의 가스와 원유가 묻혀 있어 기존 기술로는 채굴이 불가능했지만 2007년 강력한 수압을 이용한 L자형 채굴 기술로 미국 내에서 본격적으로 생산하고 있다. 이에 따라 미국의 원유 순수입량은 2007년 하루 평균 1,300만 배럴이 넘었지만 최근엔 600만 배럴 이하로 떨어졌다.

2020년이면 미국의 원유생산은 사우디아라비아를 추월해서 세계 최대 원유생산국이 될 것이란 전망도 나온다. 셰일가스와 원유가 본격적으로 생산되면서 미국 내 에너지 가격이 하락하고 있고 경제활동도 활발해지고 있다. 골드만삭스는 셰일가스 혁명으로 경제성장률이 매년 0.11-0.27% 높아질 것으로 전망하고 있다.

둘째, 해외에 아웃소싱하던 공장들이 미국으로 돌아오면서 제조업이 부활하고 있다. 외국에 있던 공장이 자국으로 유턴해 오거나 국내에 제조시설을 새로 짓는 이른바 리쇼어링(reshoring)을 선택하는 기업이 최근 2-3년 사이 줄을 잇고 있다.

2012년 제너럴일렉트릭(GE)은 중국에 있던 세탁기, 냉장고, 전열기 공장을 미국 켄터키주로 이전했다. 심지어 중국기업인 레노버Lenovo도 노스캐롤라이나주에 PC제조 공장을 문 열었다. 이에 따라 미국의 생산과 일자리가 늘어나고 있다.

미국 제조업은 지난 10년간 중국의 저임금에 밀리고 글로벌 금융위기를 겪으면서 바닥까지 추락했다. 그러나 2009년부터 서서히 회복세를 보이기 시작하다가 최근엔 소비 회복과 해외공장이 미국으로 유턴하는 리쇼어링 흐름과 맞물리면서 분위기가 달라지고 있다.

2013년 2월 제너럴모터스(GM)의 자동차 판매는 전년 동기보다 7.2% 성장했다. 또 다른 미국 차 빅3인 포드와 크라이슬러도 각각 9.3%, 4.1% 성장했다. 자동차산업을 필두로 미국 제조업 지수는 2013년 2월, 1년 8개월 만에 최고치를 기록했다. 제조업 상승세는 기본적으로 가파른 소비 증가가 이끌고 있다.

최근 미국에서 공단지역을 중심으로 가계지출 증가와 함께 경기 회복세가 나타나고 있고 미국 소매 판매량은 2012년 6월 이후 줄곧 오름세다. 특히 2013년 상반기 소매 판매는 전년 동기보다 1.1% 늘어 예상치인 0.5%의 두 배 이상을 기록했다.

구글은 최근 안경처럼 착용하는 형태의 스마트 컴퓨터인 '구글 글라스' 공장을 캘리포니아에 짓기로 결정했다. 2012년 말 애플은 1억 달러를 투자해 미국에 컴퓨터 제조공장을 짓겠다고 밝힌데 이어 포드, GE, 월풀, 오티스 등도 이미 해외 생산시설을 미국으로 되돌렸거나 국내 투자에 나서고 있다.

제조업 리쇼어링 현상의 원인은 중국 등 아시아권의 가파른 임금 인상과 달러화 약세, 경영 효율과 지식재산권 보호, 물류비 절감, 시장 변화에 대한 빠른 대응 등이다.

미국 제조업 취업자 수는 2008년 금융 위기를 겪으면서 약 200만 명이 줄어든 상황이다. 미국 내에서 제조업의 영향력 자체가 과거에 비해 많이 줄었고, 미국 GDP에서 제조업 비중도 1950년 25%에 비해 2011년 12.2%로 떨어졌지만, 제조업 고용이 100만 명 늘어나면 제조업 이외 분야에서 일자리 200만개가 추가돼 전체 실업률을 2% 포인트 낮추는 효과를 가져 온다.

셋째, 양적완화를 통한 '버냉키 풋' 효과다. 최근 FRB가 실시한 3차 양적완화(QE3)를 버냉키 풋으로 비유하고 있다. 이것은 투자자들이 하락장에서 손실을 줄이기 위해 사용하는 투자 수단인 풋옵션에 빗대서 금융시장이 출렁일 때마다 버냉키 전 의장이 양적완화를 확대해서 투자자들의 손실을 막아 준다는 뜻이다.

과거 앨런 그린스펀 FRB 전 의장이 위기적인 상황일 때 금융자산 가격이 하락하지 않도록 금리를 인하하곤 했는데 그의 이런 방식은 투자자들이 손실을 억제하기 위해 풋옵션을 걸어두는 것 같은 효과를 기대할 수 있었다는 점에서 '그린스펀 풋'이란 용어가 생겨났다.

당시 FRB 이사였던 벤 버냉키는 그린스펀보다 더욱 이 같은 방식을 선호했고 특히 일본의 '잃어버린 10년' 상황에 대해 헬리콥터에서 돈을 뿌리듯이 유동성을 투입했어야 한다고 회고해 '헬리콥터 벤'이란 별명도 얻었다. 그는 그린스펀에 이어 FRB 의장이 되면서 금리를 제로 수준으로 내리고 자산을 매입하는 양적완화 정책을 구사했었다.

버냉키 FRB 의장은 필요시 QE3를 포함한 추가 경기부양조치와 경기위축에 대한 버냉키 풋이 유효함을 시사하였고, FRB는 2013년 초부터 양적완화 규모를 매달 400억 달러에서 850억 달러로 두 배 넘게 늘렸다.

미국의 QE3와 일본과 유럽 중앙은행의 무제한 국채 매입으로 인해 자산시장이 펀더멘탈[90]과 무관하게 강세장을 연출하고 있지만 인위적으로 부풀려진 가격이 계속 유지되기는 힘들 것이라는 경고도 있다.

글로벌 주요국 중앙은행이 일제히 통화완화에 나서는 움직임이 대부분의 자산시장에서는 호재로 작용하고 있지만 펀더멘탈과 자산 가격의 괴리가 영원할 수는 없다는 경고인 것이다.

특히 공격적인 금융완화로 기대를 충족시킬 만한 실물경기 회복을 이끌어내지 못할 때 자산시장의 냉정한 평가를 받게 된다. 현재 발생한 괴리가 해소되려면 경제 펀더멘탈이 대폭 강화되거나 자산 가격이 하락해야

---

90) 한 나라의 경제상태를 표현하는데 있어 가장 기초적인 자료가 되는 성장률, 물가상승률, 실업률, 경상수지 등의 주요 거시경제지표를 말한다. 펀더멘탈(Fundamental · 경제기초)은 환율의 변동과 관련되어 사용되는 일이 많은데 중장기적으로는 환율이 펀더멘틀즈의 상태에 따라 좌우 되지만 단기적으로는 펀더멘탈의 변화를 예상하고 변동한다. 또한 펀더멘탈은 국제경제 안정에 필요한 기초적인 조건들이며 펀더멘탈의 균형이 붕괴되면 각국 간의 통화가치의 변동이 발생하고 세계경제는 안정을 잃게 된다.

하는 상황이며 궁극적으로 투자자들이 맞게 될 결과는 정책자들의 행보를 통해 엿볼 수 있다.

결국은 달러의 실질 환율은 더 떨어지고 미국에 투자한 아시아 자금 가치는 하락한다. 달러화 자산에서 유로화 자산으로 세계적인 자본 유출을 초래할 것이다. 장기적으로는 불환화폐에 대한 불신을 불러올 수도 있다.

버냉키 풋은 중기적으로 유로화와 비교해 달러화의 가치와 세계적 역할을 약화시키게 될 것이다. 그리고 장기적으로는 넓은 의미에서 달러화폐에 대한 우리 인식마저 바꾸어 놓을지 모른다.

현재 달러의 가치는 엔, 유로, 브라질 헤알, 캐나다 달러, 호주 달러에 비해 떨어져 있다. 그럼에도 중국은 위안화가 달러에 비해 낮은 가치를 유지하는 환율정책을 고수하고 있다.

'약한 위안' 정책을 구사해 온 중국은 미국의 '강한 달러' 정책의 가장 큰 수혜국이다. 이는 급성장하는 중국 제조업분야의 생산력과 이 같은 환율 정책이 맞물리면서 새로운 국제 불균형(global imbalance)을 낳았다.

중국의 환율정책은 미국 시장에 수출하는 다른 국가들보다 경쟁 우위를 갖도록 했다. 위안화에 비해 평가절상된 화폐를 가진 국가들은 값싼 중국산 수입품 공세에도 시달려야 했다.

따라서 중국이 달러에 대한 위안의 가치를 낮게 유지하는 현 상황에서 달러의 약세는 위기에서 회복중인 세계 경제에 악영향을 미칠 수밖에 없다. 또한 중국의 환율정책은 미국에서 그랬던 것처럼 다른 나라에서도 무역 불균형과 일자리, 투자 유출을 야기할 수밖에 없다.

각국 정책 결정자들은 중국이 환율정책에 대해 계속 침묵과 수동적인 자세를 유지한다면 미국보다 더 큰 대가를 치러야 할지도 모른다는 강한 경계심으로 중국을 바라본다. 또 중국이 글로벌 경제에서 차지하는 비중이 높아질수록 위안화 환율은 공격받는다.

환율은 오늘날 중국 경제문제 가운데 가장 시급히 해결해야 하는 과제인 것이다. 그러나 환율과 중국제품 가격 경쟁력을 연동시키는 것은 정말 지나친 과장이다. 환율과 경상수지를 연결하는 논리는 더욱 취약하다.

중국이 막대한 무역수지 흑자를 기록한다고 믿고 있는 많은 학자들과 정책분석가들, 미국과 다른 국가들이 중국 정부가 위안화를 균형적 가치(equilibrium value) 이하로 유지하기 때문에 중국 정부에 위안화 평가절상을 확대하라고 압박하지만 그보다 먼저 중국이 유연한 위안화 환율을 채택하는 것만이 안전밸브와 충격흡수 기능을 할 수 있고 보다 확실한 G2로 나아가는 지름길이다.

설령 위안화가 가까운 미래에 절상된다 하더라도 무역에 미치는 영향은 미국 정부가 원하고 중국 정부가 두려워하는 것보다는 훨씬 작을 것이다. 그러나 중국 위안화는 여전히 정치적인 환율정책을 고수하고 있다.

결국 중국의 급속한 성장은 인플레이션을 유발할 것이며 위안화 가치 상승을 압박할 것이다. 단기적으로는 인플레이션이 지속되면서 위안화 가치 급상승은 일어나지 않을 것이다.

무역수지 흑자 감소보다 더 큰 걱정은 중국이 성장동력으로 투자에 지나치게 만성적으로 의존하고 있다는 점과 인플레이션이다.

중국은 GDP대비 거의 절반을 차지하는 투자가 이루어졌다. 이는 전세계 평균에 비해 두 배 이상이다.

중국의 투자 장려는 내수 진작보다 수입에 초점을 둔 것이다. 또한 물가 상승률은 중국의 무역 상대국 평균에 비해 높았으며 원자재 수입가격도 크게 올라 중국 사적부문 소비는 GDP대비 30%도 안 된다. 중국과 비슷한 성장 국면에 있는 국가들은 사적부문 소비가 GDP대비 60%에 달한다.

중국이 이처럼 투자에 집착하는 것은 중국 정부가 금융시스템에 깊숙이 관여하고 있기 때문이다.

그동안 중국 경제에서 내수 비중이 감소한 것은 중국 개인의 가처분소득이 줄었기 때문이다. 중국의 경제구조가 근로소득의 비중이 큰 농업에서 자본의 비중이 큰 제조업 이동으로 인한 근로소득 감소 때문이다.

건강보험, 연금 등 사회보장 제도가 불충분하고 교육비 부담이 커짐에 따라 저축이 늘어난 것도 원인이다.

중국 정부는 내수 진작을 위해 노동계층의 세금부담을 줄여야 한다. 현행 근로소득세 부담은 너무 높다. 물론 세금은 사회복지 예산 마련을 위해 꼭 필요하지만 이는 재산세, 양도소득세, 상속세 비중을 늘리면 해결된다.

금융위기 이후 중국 정부는 사회보장 제도를 강화했다. 지난 몇 년 동안 연금 범위의 확대, 국민건강보험, 초·중등교육 무상지원 등의 개선을 이루었지만 보험보장 범위를 더 넓히고 고등교육에까지 정부 지원을 확대해 나아가야 한다.

주택시장도 조정될 필요가 있다. 집값 상승으로 부동산 시장이 왜곡되면 소비가 억제된다. 투자수단이 부동산과 저축 등으로 한정된 것도 집값 상승의 이유이다. 재산세나 양도소득세로 투기 욕구를 억제하는 한편 금융시스템의 전반적 개선이 필요하다.

저우샤오촨周小川 중국 인민은행장도 지방금융개혁 시범실시에 이은 전국 확대방식의 금융개혁을 주장한 바 있다. 하지만 아직은 중국 금융시장은 선진국에 비해 개혁경험이 부족하고 지역간 불균형 문제가 심각해 전국 단위에서 일시적 금융개혁은 불가능하다.

최근 중국 인민은행은 대형 국유은행들의 독과점 구조개혁을 본격화하고 부동산 투기방지를 위해 대출규제를 강화하기로 했다. 또 선진국들의 양적완화 정책에 따른 인플레이션 위험에도 대비하기로 했다.

중국 정부가 지분을 보유하고 있는 대형 국유은행의 시장독과점 구조를 개선하고 지배구조 변화와 농촌과 중소기업에 대한 금융지원을 강화하며 현대적 금융시스템을 도입해 국제경쟁력을 배양해야 한다. 금리와 환율 결정 시장화를 추진하고 위안화 결제비중을 늘리기 위해 노력해야 한다.

서비스업 육성도 내수 활성화에 큰 도움이 된다. 현재 중국 고용시장에선 제조업 비중이 높다. 향후 수 년 동안 경쟁력 있는 서비스업은 일자리

창출에 핵심 역할을 할 것이다. 서비스업을 키우려면 국유기업이 독과점하고 있는 서비스업종의 진입 장벽을 낮춰야 한다.

위안화의 가치절상도 내수확대를 위한 필수 과제다. 위안화 가치가 상승하면 가계소득도 늘어나고 이렇게 되면 기업들이 서비스업으로 사업 영역을 넓힐 동기도 커진다. 결국 일자리가 생기고 소비자들의 상품 선택 범위도 넓어진다.

중국이 내수시장 활성화에 성공한다면 중국 경제는 새 시대(신창타이 新常态 · new normal)를 맞이할 것이다. 가파른 성장과 함께 높은 고용률과 사회보장제도의 확충도 가능해질 것이다. 서비스업이 늘어 제조업 비중이 줄면 원자재 부담도 덜 수 있다. 궁극적으로 중국 경제의 이런 변화는 세계 경제의 균형있는 성장에 기여할 것이다.

F10

변화의 키워드

21. 촹커 创客(창객)

최근 중국의 변화를 이해하는데 중요한 키워드 '창객'(创客)은 중국의 새로운 시대정신이다. 촹커 创客는 정보기술(IT), 인터넷, 모바일 등 기술 정보력 기반의 혁신 창업자를 뜻한다. 과거 제조업 중심이던 중국 경제는 새로운 패러다임 전환기에 들어섰다. 중국의 IT산업이 비약적으로 발전하고 인터넷과 모바일 플랫폼 중심으로 변화하면서 새로운 비즈니스 형태와 모델이 쏟아져 나오고 있다.

중국에 불어 닥친 창업 열풍은 2014년 290만 명이 중국 내에서 창업했다. 또한 벤처업계에 156억 달러의 자금이 투자됐다. 이는 투자금액 기준으로 미국에 이어 세계 2위, 한국의 10배가 넘는 규모다. 중국 정부는 세계 최대의 혁신 벤처강국으로 도약할 것을 자신하고 있다.

중국 정부의 지원도 매우 구체적이고 현실적이다. 최근 양회(兩会)에서 리커창 총리는 중국의 새로운 성장동력으로 혁신적인 창업을 적극 지원한다고 밝혔다. 중국 정부는 창업 지원펀드를 조성하고, 각 지방 정부를 독려해 혁신 창업회사들을 위한 인프라와 제도를 마련하는 데 힘을 쏟고 있다. 2015년 5월에는 '전자상거래 발전과 경제 신동력 강화 방안' 법규가 제정됐다. 이에 따라 전자상거래 기업의 시장 진입장벽과 시장 환경이 개선되고 취업 및 창업 지원 및 전자 금융서비스 강화 등 제도 개선이 본격적으로 진행되고 있다.

투자가 이뤄지면 대부분 미국 실리콘밸리의 경영방식이 도입된다. 회사는 이사회 중심의 투명한 경영체제를 갖추고, 투자자들은 창업 경영진에게 20%에 가까운 스톡옵션(주식매입선택권)을 부여해 회사의 성장을 독려한다. 사업이 성공하면 'BAT'(바이두, 알리바바, 텐센트)의 사례처럼 창업자들과 투자자들은 엄청난 부와 영광을 거머쥐곤 한다.

22. 샤오미 小米[91)]

무서운 기세로 성장하던 중국 스마트폰 업체들이 최근 주춤하고 있다. 글로벌 전자업계에서는 2014년 3분기를 기점으로 중국 스마트폰 시장 성장률이 세계 평균보다 낮아지기 시작해 구조적인 저성장 국면에 진입했다는 평가가 나온다. 그동안 내수시장 위주로 고공 성장 행진을 이어오던 샤오미와 화웨이, 레노버 등 '차이나 빅3' 업체들이 한계에 봉착한 게 아니냐는 분석도 나온다.

세계 최대의 모바일 전시회 'MWC 2015'에서 중국 업체들은 예년과 달리 놀랄 만한 신제품을 내놓지 못했다. 한 해 실적을 책임질 플래그십 제품도 없었다. 상대적으로 스펙이 떨어지는 중저가형 모델이 주류를 이뤘다. 모토로라를 인수한 레노버나 글로벌 유통망을 갖고 있는 화웨이는 여전히 긴장되는 경쟁 상대지만 샤오미는 내수 업체라는 평가다. 샤오미의

---

91) 2010년 설립된 휴대폰 제조업체로, 창업 4년 만에 중저가폰을 앞세워 세계 최대 휴대전화 시장으로 부상한 중국에서 뿐 아니라 세계 시장에서도 두각을 나타내고 있는 스마트폰 업체이다. 샤오미는 제품에서부터 신제품 발표회까지 애플을 모방하는 것으로 유명해 '차이나 애플'로 불리기도 한다.

내수시장 비중은 2012년 100%, 2013년 99.5%, 2014년 94.6%였다. 레노버는 유럽 시장 진출 등을 꾀하며 내수 비중을 줄여왔지만 2014년까지 여전히 76.4%였다. 화웨이도 절반 이상을 내수시장에 의존한다.

중국 업체들이 대륙을 벗어나지 못하는 가장 큰 이유는 특허 문제 때문이다. 이들 업체가 해외시장에 진출하기 위해 특허료를 정상적으로 지불할 경우 스마트폰 1대당 제조원가가 100달러 이상 올라 가격경쟁력이 떨어진다. 중국 업체들을 급성장시킨 비결이었던 '카피캣' 전략의 한계인 셈이다.

샤오미는 그동안 전략시장으로 공략해 온 인도에서 지난해 말 에릭슨으로부터 3G 기술 등 특허를 침해했다고 고발당해 제품 판매가 금지된 상태다. 최근 레이쥔 샤오미 회장은 "애플과 삼성 특허 때문에 미국과 유럽 스마트폰 시장에 곧장 진출하는 것은 무리"라고 공식적으로 밝히기도 했다. 삼성전자와 애플이 각각 최신작에서 '퀀텀 점프'라 할 정도의 혁신을 보여줌으로써 중국 업체들과의 기술 격차를 벌렸다는 분석도 있다. 2014년 '갤럭시 S5'가 공개된 다음 날 중국에서 모조품이 나왔던 것과 달리 갤럭시 S6는 공개된 후 아직까지 중국에서 짝퉁이 나오지 않는 이유이기도 하다.

23. 미국의 세기는 끝났는가(Is the American Century Over?)

이런 질문이 나온다는 자체가 이미 미국의 위상이 흔들리고 있다는 사실을 반영하고 있다. 일본을 제치고 세계 2위 경제대국으로 떠오른 중국은 향후 10년 내에 미국을 넘어 1위 자리에 오를 것이란 전망이다. 세계은행 자료에 따르면 중국의 국내총생산(GDP)은 구매력평가(PPP) 기준으로는 이미 미국을 추월했다. 과연 미국의 세기는 끝났는가?

중국이 설령 경제 규모에서 미국을 추월하더라도 국력의 세 가지 구성요소인 경제력과 군사력 그리고 소프트파워를 모두 고려할 때 결코 1위에 오를 수는 없다. 먼저 중국 경제는 취약하다. 중국은 덩치는 커졌지만 1인당 소득은 미국의 20%에 불과하다. 세계적으로 인정받는 25개 톱 브랜드 가운데 19개가 미국 제품이다. 세계 500대 기업 중 46%가 미국인 소유다. 중국은 무역에서 위안화 사용을 권장하는 정책으로 '금융 파워'를 키우고 있지만 현재 무역금융 중 위안화가 차지하는 비율은 9%에 머물고 있다. 반면 달러는 전체 무역금융의 81%를 차지한다.

인구 문제도 심각하다. 중국은 급속한 노령화로 2030년에는 어린이보다 부양해야 할 노인의 수가 더 많아진다. 반면 미국은 이민자 유입으로 2050년 인구가 42% 증가한 4억 3,900만 명에 이를 것으로 전망된다. 이들 이민자는 노령 세대를 돌봐야 하는 부담을 덜어주면서 경제에 활력소가 된다. 에너지 문제도 미국에 낙관적이다. 신기술 개발로 셰일가스 채굴이 가능해져 미국은 향후 200년간 에너지 걱정을 하지 않아도 될 것으로 내다본다.

군사력 측면에서도 중국은 미국의 적수가 되지 못한다. 2014년 중국의 국방비 예산은 1,320억 달러로 미국의 4분의 1 수준이었다. 중국의 군사비 지출은 2020년 미국의 절반에 이르고 2050년에는 미국과 비슷한 수준이 될 것으로 전망된다. 하지만 첨단 장비 등에서 미국을 따라잡기는 어렵다. 중국 해군력은 이제 겨우 중고 항공모함 한 척을 보유한 정도다.

미국은 항공모함 10척을 보유하고 오랜 기간 세계를 무대로 벌인 작전 경험을 갖고 있다. 현재 미국의 군사력은 중국과 비교할 때 10대 1로 우세하다.

더 큰 문제는 소프트파워에 있다. 중국은 다른 나라에 호감을 주는 문화와 도덕적으로 인정받을 만한 대외정책에서 초보 단계다. 공자학원을 세워 중국 문화를 알리는 일은 소프트파워를 키우는 데 도움이 된다. 하지만 중국은 일본, 인도, 필리핀, 베트남 등 이웃 나라와 영토분쟁을 벌이고 중화주의를 소리 높이고 있어 소프트파워 강화라는 목표를 이루기 어렵다. 반면 미국은 민주주의와 인권이라는 가치의 전도사로서 세계 100여 개 나라와 우호관계를 맺고 있다.

미국은 세계에서 가장 혁신적인 나라다. 2014년 연구개발비로 4,650억 달러를 지출해 전 세계 연구개발비의 31%를 차지했다. 세계 상위 20개 대학 중 17곳이 미국 대학이다. 미국민 90%는 미국의 민주적인 정부 시스템에 만족한다고 응답한다.

24. 일대일로(一帶一路)

일대일로는 중국이 주축이 돼 아시아, 유럽, 아프리카 3개 대륙 경제를 육로와 바닷길로 연결시키는 개발 협력 프로젝트다. 시진핑 주석의 야심 찬 글로벌 전략으로 신(新)실크로드로 불린다. 중국은 일대일로 추진 배경을 세 가지로 설명한다. 첫째, 공급과 생산설비 과잉, 4조 달러에 육박하는 과다한 외환보유액이다. 넘쳐나는 설비와 상품을 소비할 새로운 시장과 투자처가 필요하다. 둘째, 원유 광물 등 원자재의 대외의존도가 지나치게 높다. 지속적이고 안정적으로 경제 발전을 이루려면 원자재는 물론 이를 실어 나를 안전한 수송로 확보가 필수적이다. 셋째, 주요 공업시설과 인프라스트럭처가 연안에 지나치게 집중돼 있다. 외부 군사공격 시 단기간 내 초토화되지 않으려면 내륙으로 분산시켜야 한다는 군사적 고려다.

중국이 공개하지 않는 한 가지 배경이 더 있다. 미국의 중국봉쇄다. 미국은 막강한 군사력을 바탕으로 글로벌 영향력을 행사하고 있지만 중국은 아직까지 불가능하다. 그러나 경제적 이익 면에선 다르다. 중국이 미국보다 훨씬 많은 기회를 제공할 수 있다. 경제부터 출발해 정치 군사 분야로 협력을 확대하면 미국의 봉쇄망을 무력화할 수 있다는 판단이다. 일대일로를 이익공동체(경제)이자 운명공동체(정치 · 군사)로 표현하며, 중국이 세계에 제공하는 '공공재'를 강조하는 것이 바로 이런 연유다. 원대한 비전이 숨어 있는 전략적 포석이다.

중국은 주변 개발도상국들에 대한 인프라 건설 자금지원을 공언하고 있다. 도로, 철도, 항만 등 교통 인프라 건설을 최우선으로 지원하겠다는 것이다. 바로 이 지점에서 미국과 중국의 이익이 충돌한다. 미국과 일본이 세계은행과 아시아개발은행을 통해 해왔던 역할과 동일하기 때문이다. 이들 은행은 환경, 인권, 권력의 민주성 등 대출 조건이 까다롭고 혹독하다. 엄두도 못 냈던 차관을 쉽게 주겠다는데 마다할 나라는 없다.

문제는 막대한 자금이다. 중국은 AIIB와 실크로드 기금, 브릭스(BRICS), 신개발은행(NDB) 등을 통해 조달한다는 복안이다.

중국이 기존 시스템을 외면하고 굳이 새로운 기구를 만들려는 이유는 명확하다. 우선 세계은행, 국제통화기금(IMF) 등 국제금융기구에서 중국의 지분을 인정하지 않는 미국에 대한 불만이다. 또 자국의 영향력이 미치는 금융기구가 필요한 것도 사실이다. 이 때문에 서방은 중국 주도 금융기구들이 중국 외교정책의 도구로 작동하면 기존의 금융시스템이 약화될 수 있다고 우려하고 있다. 금융으로 돈을 버는 미국이 긴장할 수밖에 없는 이유다. AIIB의 성공적 출범으로 중국의 일대일로 사업은 더욱 탄력을 받게 됐다.

25. AIIB(Asian Infrastructure Investment Bank), 아시아 인프라 투자은행(亚洲基础设施投资银行 · 아주기출설시투자은행)

2013년 10월 시진핑 주석이 아시아 국가들의 사회간접자본 확충을 위해 설립을 제안했다. 2014년 5월 카자흐스탄에서 열린 아시아개발은행(ADB, Asian Development Bank) 연차 총회에서 자본금 규모와 중국의 분담 비율 등의 계획을 밝혔다. 2014년 10월 베이징에서 참여를 희망하는 21개국이 모여 양해각서를 체결하고 AIIB의 설립을 공식 선언했다. 2015년 말 공식 출범을 앞두고 있으며, 2015년 3월 말까지 참여하는 국가는 창립회원국으로 인정된다.

총 자본금 한도는 1,000억 달러로 예정되어 있다. 이는 아시아개발은행의 자본금 2/3에 달하는 액수로, 중국은 초기 자본금에 해당하는 500억 달러의 대부분을 부담했다. 나머지 500억 달러는 각국의 국내총생산(GDP) 비중에 따라 분배 예정이다. 가입국들은 자본의 일정 지분을 보태는 대신 사회기반시설 확충 프로젝트를 위해 AIIB의 투자를 받을 수 있다. 설립 후 추진될 첫 프로젝트는 신(新)실크로드 사업으로 예상된다. 이를 통해 중국 동부 연안과 동남아시아 국가를 연결해 대규모 경제협력지대를 구축할 계획이다.

상임이사회를 두지 않고 총회 · 집행부 · 비상임이사회의 형태로 운영할 것으로 밝혀지면서, 최대 주주인 중국에게 의사결정 권한이 집중될 것이라는 문제가 제기된 바 있다. 다만 영국을 포함한 유력 경제강국들의 참여가 늘어나면서 중국이 차지하는 투자금 지분의 불균형은 개선 가능성을 보이고 있다.

미국이나 일본 등 선진국들이 운영과 의사 결정을 독점적으로 주도하는 기존 다자개발은행(MDB, Multilateral Development Bank) 체제에 대한 불만과 한계로 인해 AIIB 참여를 선언하는 국가들이 늘어나고 있다. 또한 각국의 인프라 개발 수요에 비해 기존의 국제금융기구가 조달할 수 있는 자금이 한계가 있다는 점도 지적된다. 중국이 2014년 BRICS(Brazil, Russia, India, China, South Africa) 국가들과 국제금융기구인 신개발은행(NDB, New Development Bank)의 설립에 합의하면서, AIIB의 설립 선언 또한 미국 중심의 기존 국제 금융질서에 대한 도전으로 인식되고 있다.

동남아국가연합 중 유일하게 MOU에 참가하지 않았던 인도네시아를 비롯해 뉴질랜드, 독일, 프랑스, 이탈리아, 영국 등이 참여를 선언했다. 2015년 3월 일본과 미국은 공식적으로 불참을 선언했으며, 한국은 2015년 3월 26일 AIIB 참여를 결정하고 4월 11일 창립 회원국(Founding members)으로 확정되었다. 2015년 4월 15일 기준 총 57개국이 창립 회원국으로 확정되었다.

26. 남중국해(南中国海)

남중국해는 대만 해협에서 말라카 해협으로 이어지는 면적 350만 ㎢의 거대한 해역이다. 중국은 전체의 86%에 해당하는 300만 ㎢에 대해 영유권을 주장한다. 이 때문에 1970년대부터 베트남, 필리핀, 인도네시아, 말레이시아, 브루나이 등과 영유권 갈등을 빚어왔으며 1974년에는 중 · 베트남 간에 해전이 벌어지기도 했다. 이런 분쟁의 배경에는 남중국해 해저에 묻혀 있는 막대한 자원에 있다. 230억 톤의 석유와 7,500㎦의 천연가스가 매장된 것으로 추정한다. 세계에서 4번째로 많은 석유가 묻혀 있다는 것이다.

남중국해는 태평양과 인도양으로 진출할 수 있는 지정학적 요충지다. 말라카 해협에서 남중국해로 이어지는 해역은 한 해 세계 상선 통행량의 3분의 1을 감당한다. 물동량은 수에즈 운하의 6배, 파나마 운하의 17배에 달한다.

지금까지 남중국해의 군사 주도권은 미국의 손에 있었다. 항해 자유를 보호한다는 명목으로 미 태평양 함대가 휘젓고 다녔다. 중국은 미국과 패권 경쟁을 하려면 자신의 앞바다부터 장악해야 한다고 판단한다. 남중국해에 인공섬을 만들고 활주로를 깔아 군사 역량을 강화한 뒤 방공식별구역을 설정할 것이란 관측이다.

27. 희토류(稀土类)

2010년 9월, 중국과 일본은 동중국해의 무인도 센카쿠열도(중국명 댜오위다오)를 두고 날카롭게 대립했다. 양국간의 갈등을 일거에 정리해버린 희토류는 자원 무기화의 주인공으로 떠올랐다. 희토류는 란탄, 스칸듐, 이리듐 등 17종의 희귀 금속원소를 일컫는다. 화학적 성질이 매우 안정적이고 전도율이 높아 스마트폰과 2차 전지, 광학 렌즈 등의 첨단 전자제품의 원료로 쓰인다. 고성능 자석의 원료인 네오디뮴과 디스프로슘의 국제가격은 각각 1kg당 66달러와 350달러 안팎으로 형성되고 있다. 이는 5년 사이 최저 가격으로 20-30% 하락한 수준이다.

중국에는 전세계 희토류의 3분의 1가량이 매장돼 있다. 그러나 생산량으로는 전세계 공급량의 90% 안팎을 차지한다. 그런데 2015년 1월 중국 상무부가 희토류 수출 쿼터를 폐지했다. 1997년 이후 18년여 만이다. 이어 5월엔 재정부가 "희토류에 부과해온 25%의 수출세를 폐지한다"고 발표했다. 2009년 '천연자원과 환경을 보호한다'며 수출세를 신설한 뒤 6년여만의 조처다. 이러한 중국 당국의 조처는 2014년 8월 세계무역기구(WTO)의 '희토류 수출 제한 조처는 위법'이라는 결정을 받아들인 데 따른 것"이다.

희토류의 국제 시장가격 하락은 중국에서 희토류 가격 상승 붐을 타고 개인들이 무분별하게 채굴에 나선 탓에 공급량이 수요량을 넘는 과잉공급 사태가 벌어졌다. 게다가 2010년 일본과의 센카쿠열도 갈등 당시 중국의 희토류 자원 무기화를 목격한 세계 각국은 저마다 중국에 대한 희토류 수입 의존도를 줄이고, 수입처 다변화에 나섰다. 일본 정부는 오스트레일리아 광산업체인 라이너스를 지원해 말레이시아 희토류 제련 공장을 설립했다. 미국 역시 2013년 9월 하원에서 "전략적 중요성이 높은 광물자원의 국내 채굴사업을 강화한다"는 내용의 법안을 통과시켰다.

희토류의 희소성과 가격이 날로 떨어지는 상황에 직면한 중국 정부는 난립한 중국 내 희토류 채굴업계의 구조조정을 통해 지역별로 6개의 대형 희토류 업체로 통폐합하는 방안을 승인했다.

28. 선저우 神舟

1978년 실용주의 노선이 구체화되면서 과학기술체제의 개편이 시도되었다. 이후 8개년 과학기술발전계획(1978-85)이 입안 · 발표되었다. 1986년에는 하이테크산업 발전에 관한 계획(863계획)을 1986-2000년 과학기술발전계획으로 편입하여 실행하였다. 이 계획은 15년 동안 1만 명 이상의 과학 · 연구진을 투입해 생체공학, 우주 · 항공, 정밀전자, 정보기술, 레이저, 로봇 및 공장자동화, 에너지, 신소재 등에 연구개발 투자를 장려하고자 하는 계획이다.

1970년에 최초의 인공위성인 '동방(东方) 1호'를 발사한 이후로, 2003년에는 중국의 첫 유인우주선인 '선저우 5호'를 성공적으로 발사시킴으로서 유럽의 기술을 추월하였다.

2012년 6월 18일 중국의 유인우주선 '선저우 9호'는 지상 343km 높이의 지구 궤도에서 실험용 우주정거장인 '톈궁 天宫 1호'와 도킹에 성공했으며, 우주인 징하이펑 景海鹏이 진입하였다. 이로써 중국은 미국, 러시아에 이어 세계 세 번째로 유인 우주 도킹 국가에 이름을 올렸다.

중국의 달 탐험 계획은 지난 2004년에 시작되었는데, 무인 달 탐사선 '창어 嫦娥 1호'를 달 궤도에 진입시켜 각종 자료를 수집하였다. '창어 3호'는 무인 달 탐사 차량인 위투 玉兎[92])를 싣고 2013년 12월 14일 달 착륙에

92) 창어 3호에서 분리된 위투는 중국 기술로 제작된 가로 1m, 세로 1.5m, 높이 1.1m의

성공한 달 탐사위성이다. 창어 嫦娥는 중국 신화에 나오는 달의 여신이며 '위투 玉兎(옥토끼)'는 창어가 품에 안고 있는 전설의 동물이다. 창어 3호는 중국 3단계 달 탐사공정인 요(绕), 낙(落), 회(回) 중 낙에 해당한다. 요는 달 궤도를 선회한다는 의미로 창어 1호와 2호가 관련 임무를 성공한 바 있고, 낙은 달에 착륙한다는 의미이며, 회는 달 표면의 물질을 가지고 돌아오는 것을 뜻한다.

중국이 우주개발, 특히 달 탐험을 강력히 추진하는 목적은 국가 위상을 높이고 국민을 단결시키며 항공 기술, 재료공학, 생명공학, 전자공학 등 최첨단 과학 기술을 종합적으로 발전시키면서 미래의 에너지 자원을 확보하는 데 있다.

29. 대의멸친(大义灭亲)

2015년 '가오카오'(高考) 첫날인 6월 7일 치러진 전국 공통 논술시험의 주제는 〈아버지가 고속도로에서 운전 중에 전화통화를 하고 있는 것을 대학에 다니는 딸이 말리다 못해 중국판 트위터인 웨이보로 경찰에 신고한 것을 두고 자신의 생각을 담아 딸 혹은 아버지 아니면 이 사건 관련자에게 편지 형식으로 논술하시오〉였다. 법과 도덕 사이에서의 갈등, 직업 선호도 등 사회 이슈에 대한 수험생의 시각을 담을 수 있도록 출제됐다.

직사각형 모양으로 무게 140kg이다. 시속 200m로 움직이며 높이 20cm, 20도의 경사를 오를 수 있다. 레이더, 파노라마 사진기, 적외선 분광기 등 관측 장비가 탑재돼 있고 달의 지형, 지질 등을 관측한 자료를 지구에 전송하는 임무를 맡으며 약 3개월 동안 최대 5㎢를 탐사하고 임무가 끝난 후에는 지구로 회수되지 않고 달에 남는다.

이 작문시험 주제는 실제 발생한 사건을 배경으로 하고 있다. 후베이 湖北 공안이 이 사건을 접수했고 아버지는 정상을 참작해 경고처분, 한 딸에게는 100위안의 장려금을 주려했지만 딸이 거절한 사건이었다.

중국 가오카오 高考 주요 수험 과목인 논술 시험은 다양한 주제로 학생들의 사고와 가치관, 창의력을 평가하는 것으로 매년 사회적 관심거리가 된다. 특히 1952년부터 현재까지 60여 년간 이어진 가오카오 논술 주제엔 중국의 건국에서부터 개혁개방, 현대사회에 이르기까지 시대상이 반영돼 있다.

신중국 설립 직후인 1950-60년대 가오카오 논술 주제는 혁명정신을 강조하는 등 정치적 색깔이 뚜렷했다. '내가 잘 아는 혁명간부'(1953년) '대약진운동 중 가장 감동깊었던 한 장면'(1958년) '노동으로 단련되다'(1960년), '나를 고무시킨 혁명선열'(1961년), '5월 1일 노동절 일기'(1963년), '베트남 인민의 편지'(1965년) 등이 대표적이다.

문화대혁명 광풍이 불었던 1966년-76년까지 11년 동안에는 가오카오가 폐지됐다. 이후 1977년 치러진 가오카오에서 베이징 지역 논술 작문 주제로 '지난 1년간의 나의 분투'가 출제됐다. 당시 베이징 지역 가오카오 수석이 농촌에서 1년간 하방 생활을 서술한 작문은 공산당 기관지 인민일보에까지 게재됐다.

1980년대 이후부터는 지정된 주제가 아니라 좀 더 많은 창의력을 발휘할 수 있도록 다양한 작문 소재를 제공하는 방식으로 점차 바뀌었다. 학술보고서에서부터 만화까지 다양한 소재가 제공됐고 논술형식도 독후감 · 수필 · 감상문 · 편지글 등으로 다채로워졌다.

2000년대부터는 사회이슈 혹은 철학 · 인문학과 관련된 주제가 주로 출제됐다. '신뢰'(2001년), '영혼의 선택'(2002년), '바쁨'(2004년, 상하이), '포용'(2005년, 베이징), '도움'(2007년) 등이 대표적이다. 중국 쓰촨성 원촨 대지진이 발생했던 2008년 전국 논술 공통주제는 '지진예방과 구조'가 출제되기도 했다.

응시자 수는 2008년 1,050만 명으로 최고치를 기록한 뒤 연속 줄어들어 2015년 942만 명으로 집계됐다. 18개 성이 동일 문제지로 시험을 치르고 베이징, 상하이, 톈진, 장쑤, 광둥 등 일부 지역은 독자적인 문제지로 시험을 치른다. 지역별 논술시험 주제로는 '길'(푸젠성) '글과 인품'(저장성) '스타일'(톈진) '내가 존경하는 영웅과 딱 하루를 같이 생활한다면'(베이징) '분수와 샘물'(후베이성) '나비날개의 색깔'(안후이성) 등 다채로운 문제가 출제됐다.

30. 5대 도시권

중국 국무원은 후베이성 우한시와 후난성 창사시, 장시성 난창시를 잇는 삼각 벨트형 특대형 도시권을 개발(개발 대상 면적은 31.7만 ㎢)하고 인근 중소도시와 현도 함께 엮어 산업 클러스터로 만들기로 했다. 장강 중류 도시권 발전 계획은 2014년 4월 '중국국가신형도시화계획'이 발표된 뒤 처음으로 승인된 대형 도시개발 계획이다.

신형도시화는 리커창 총리가 강조해 온 정책으로 도로, 주택 등 양적 개발과 함께 복지 등 사회 안전망을 확대해 주민 소득수준을 올리고 내수를 진작시키겠다는 구상이다. 중국은 현재 후커우 戶口(호구) 기준으로

35% 가량인 도시화율을 2020년엔 45%까지 끌어올리겠다는 목표를 세우고 있다.

중국 정부는 양쯔강 중류 도시권을 베이징을 포함한 톈진, 허베이 등 환보하이만 도시권, 상하이가 있는 장강 삼각주 도시권, 광저우가 축인 주강 삼각주 도시권, 충칭 · 청두 대도시권과 어깨를 나란히 하는 5대 대도시권으로 발전시킨다는 구상이다. 중국은 5대 도시권에 20개 가량의 거대 산업도시권을 만들겠다는 목표를 세우고 있다.

중국은 장강 중류 도시권에 대대적인 사회간접자본 투자 계획을 제시했다. 우한-창사-난창 등 핵심 3개 중심 도시권을 연결하는 도로망을 건설하고, 기존의 베이징, 상하이, 광저우와 연결되는 도로도 확충할 계획이다. 각 도시의 에너지와 수리 시설, 인터넷망도 연결해 현대화 수준을 높이기로 했다. 신형도시화의 핵심인 복지 향상을 위해 교육 과학 기술 의료 서비스도 확충한다. 중국 정부는 이를 통해 1억 명에 이르는 중서부지역의 농민을 도시민으로 편입시키겠다고 밝혔다.

31. '세계 2,000대 기업'

미국 경제주간 〈포브스〉가 선정해 공개한 '2015년 세계 2,000대 기업'을 보면, 중국공상은행과 중국건설은행, 중국농업은행, 중국은행이 차례로 상위 1-4위를 차지했다. 1-3위까지는 2014년과 같았으나 9위를 차지했던 중국은행이 4위였던 JP 모건을 제쳤다. 이 잡지는 매출, 순익, 자산, 시가총액 등을 고려한 기업순위를 13년째 발표하고 있는데 1-4위를 모두 중국 기업이 차지한 것은 처음이다.

중국공상은행은 3년 연속 세계 1위를 지켰다. 워런 버핏이 이끄는 버크셔해서웨이가 5위, 제이피모건과 엑손 모빌, 페트로차이나, 제너럴일렉트릭, 웰스파고 등이 6-10위에 올랐다. 정보기술 기업 중에서는 애플이 12위를 기록했다. 애플의 자산규모(2,619억 달러 · 114위)는 작았지만, 시가총액(7,418억 달러)에서 1위를 차지한 영향을 받았다. 삼성전자 (18위) 마이크로소프트(25위) 구글(39위) 아이비엠(44위) 등이 50위권에 들었다.

2014년 기업공개를 한 중국의 전자상거래업체 알리바바는 269위에 진입했고, 세계 최대 소셜네트워크서비스(SNS) 업체인 페이스북은 280위에 머물렀다. 현대자동차(117위), 한국전력(171위), 신한금융(279위), 현대모비스(298위) 등이 300위권에 들었다.

32. 국가헌법일

중국이 12월 4일을 '국가헌법일'로 정하기로 했다. 부패혐의 처벌을 강화한 형법 수정안과 반테러법 제정안도 마련됐다. '법치'를 강조하며 막을 내린 중국 공산당 18기 4중전회의 후속 조치들이다. 시진핑 중국 국가주석은 중앙전면심화개혁영도소조 회의에서 "법치에 의거해 전면적인 개혁을 실시하겠다"고 말했다.

관영 신화통신은 "1982년 12월 4일은 전인대가 현재의 중화인민공화국 헌법을 제정한 날이기도 하다"고 보도했다.

부패 혐의 처벌을 강화한 형법 개정안도 윤곽을 드러냈다. 새 형법은 뇌물수수 공직자가 수수행위를 적발당하기 전에 자수하면 처벌을 면할 수도 있다는 기존 조항을 삭제했다. 권력을 남용한 공직자의 부당이득 범죄

행위를 본인뿐 아니라 친족 등으로 확대했다. 또 단순히 금품수수 규모로만 형량을 정하는 기존 조항에 죄질을 구체적으로 평가해 형량을 정한다는 부분이 추가됐다.

형법 수정안은 또 사형 죄목도 축소했다. 무기·탄약 소지, 위조지폐 제조, 강제 매매춘 등 9개 범죄가 사형 항목에서 제외돼 중국의 사형 선고 가능 범죄는 54개에서 45개로 줄었다. 2014년 중국의 사형집행 건수가 2,400여 건에 이른바 있다. 행정소송법도 소송 범위를 확대하고 행정기관의 법정기관 출석 규정을 강화해 일반인들에게 문턱을 낮췄다.

중국은 법치를 강화하면서 반테러법과 반간첩법 등 안보 분야법도 강화했다. 반테러법은 국가반테러주의 정보센터를 신설해 통합적인 정보 운용 시스템을 마련한다는 내용을 담고 있다. 이는 최근 분리독립을 요구하는 신장 위구르족들의 테러가 잇따른 데 따른 조처로 보인다. 반간첩법은 중국의 안전을 위협하는 조직에 가담해 정탐활동을 하고 국가기밀을 누설하는 행위 등 6가지를 간첩행위로 구체적으로 규정했다.

33. 노령인구 2억 명 시대

중국 국무원 민정부는 "60살 이상 노령인구가 전체 인구의 15%에 육박하는 2억 명 이상으로 집계됐다"고 밝혔다. 2000년 당시 중국의 60살 이상 인구 비율이 불과 2.9%였다는 것을 감안하면 가파른 노령화 추세다. 중국 사회과학원은 2030년이면 중국이 한국이나 일본 등을 제치고 세계 최고의 노령화 국가가 될 것으로 예측했다.

반면 만 16-59살 노동가능 인구는 2012년부터 2년 연속 각각 345만 명과 244만 명이 줄어, 2014년 9억 1,954만 명을 기록했다. 노령화가 중국 경제의 발목을 잡을 수 있는 최대 복병으로 떠오른 셈이다.

중국이 2014년 중국 공산당 18기 3중전회에서 30여 년 만에 한자녀 정책을 사실상 폐지하는 쪽으로 움직이기 시작한 것도 노동력 확보를 통해 노령화 문제를 타개하려는 노력의 일환이다. 중국 당국은 한자녀 정책을 폐지하면 매년 100만 명 정도의 인구가 늘 것으로 기대하고 있다. 그러나 기대가 충족될 지는 미지수다. 한자녀 정책 폐지로 인한 노동가능인구 증가는 최소 15년 이상이 지나야 효과가 나타난다. 또 경제적 여력이 부족한 젊은 부모들은 여전히 2명 이상의 자녀를 낳는 걸 꺼릴 수 있다. 이밖에 중국은 정년 연장을 통해 노동인구 감소를 최소화하려는 움직임도 보이고 있다. 정부는 최근 공무원 직급별로 55-65살 사이인 정년을 2-3년 가량씩 늘리는 계획을 마련 중인 것으로 알려졌다.

34. 좌·우파 장외 이념전

2014년 중국 공산당 18기 3중전회와 마오 탄생 120돌을 계기로 중국 좌·우파가 치열한 장외 이념전을 펴고 있다. 중국 내 좌·우파가 마오쩌둥 전 주석과 후야오방 전 총서기에 대한 역사적 평가를 두고 첨예하게 맞서고 있다. 좌파는 마오쩌둥 전 주석의 대표적 과오인 '대약진 운동'의 희생자 수가 부풀려졌다고 주장하고 나섰고, 우파들은 시진핑 주석의 아버지인 시중쉰 전 부총리 추모 분위기 속에서 개혁파의 시조격인 후야오방 전 총서기 재평가를 꾀하고 있다.

마오쩌둥 전 주석의 지지자이자 전직 관료인 양쑹린은 최근 펴낸 〈누군

가는 최후의 진실을 말해야 한다〉라는 책에서 "대약진운동(1958-60년) 동안 나쁜 기후조건 탓에 숨진 사람은 많아야 400만 명이다. 일부 학자들이 사망자수를 수 천만 명이라고 부풀려 마오쩌둥 전 주석과 공산당을 깎아 내리려 한다"고 주장했다. 관영 〈환구시보〉도 수학자인 쑨징셴의 칼럼을 통해 "다수의 이주민들이 사망자로 잘못 집계됐다. 실제 사망자는 250만 명 가량"이라고 주장했다.

대약진운동은 마오쩌둥 전 주석이 중공업화를 추진하려 집단농장 격인 인민공사를 만들어 주도한 대중운동이다. 하지만 중앙정부의 과도한 목표 설정과 지방·하급 단위의 허위 실적보고가 겹치며 20세기 최대의 기근을 초래했다. 학계에선 이 기간 동안 1,700만-4,500만 명 가량의 중국인들이 숨진 것으로 보고 있다. 대약진 시기 대규모 아사에 대한 조사 결과를 〈묘비〉라는 책으로 펴낸, 진보적 잡지 옌황춘추 炎黃春秋[93] 양지성 부사장도 "아사자 수를 축소하는 것은 역사를 부정하는 일"이라며, 사망자를 약 3,600만 명으로 추정했다.

이런 가운데 중국 개혁파들은 정치개혁·학생운동, 언론자유 등을 옹호

---

93) 옌황춘추는 1991년 개혁 성향의 공산당 원로들이 창간한 매체로, 주요 사건이나 민감한 이슈를 폭로하거나 당국의 정책에 비판적인 논조를 유지해 왔다. 후야오방 전 총서기의 큰아들인 후더핑 胡德平이 사장을 맡고 있으며, 루딩이 陆定一 전 국무원 부총리 아들인 루더 陆德가 상무부사장 겸 법정 대표인을 맡고 있다. 후더핑은 베이징대 역사학과를 나와 공산당 통일전선부 부부장 등을 지냈으며 현재 정협 상무위원이다. 시진핑 주석과는 친밀한 사이로, 개혁노선을 주창하다 실각한 부친의 뒤를 이어 중국 지도부에 "개혁의 기회를 놓치고 있다"는 등 비판적 논조로 유명하다.

하다 실각한 후야오방 전 총서기 재평가를 시도하고 있다. 정치개혁을 주창했던 원자바오 전 총리는 CCTV가 방영한 시진핑 주석의 부친 시중쉰 전 부총리의 다큐멘터리에 출연해 "시중쉰 동지는 후야오방 동지의 업무를 성심껏 도와 수많은 중대 정책을 실천했다"고 말했다. 후야오방의 사망으로 촉발된 1989년의 톈안먼 시위 탓에 중국 정치권에서 그의 이름을 공개적으로 거론하는 것은 금기시되어 왔다는 점에서 원자바오 총리의 이번 등장은 의외로 받아들여지고 있다.

중국 엘리트 사회 내부의 갈등과 무엇보다 중국의 새로운 노선들에 내재한 오류를 발견하는 논쟁이 있다. 현재 중국의 경제 노선은 크게 두 부류로 나뉜다. 하나는 사회진화주의 신우파다. 이들은 모든 국유기업을 민영화해 기업가정신이 자유롭게 분출되기를 원한다. 다른 하나는 평등주의 신좌파다. 정치분야는 자유주의자(liberalist)와 신권위주의자(neo-authoritarians)로 양분된다. 자유주의자들은 선거, 법치, 대중의 정치참여 등을 통해 국가권력을 축소하기를 희망한다. 반면 신권위주의자들은 이 같은 조치들이 기득권층의 부정부패, 정실자본주의 등에 도전하거나 이를 척결할 수 없는 관료화된 집단 지도체제를 낳을 것을 우려한다. 외교분야는 크게 국제정치의 기존 틀 안에서 중국이 일정한 역할을 담당하길 원하지만 신중함을 중시하는 소극적 국제주의자(internationalist)와 중국이 세계무대에서 좀 더 적극적으로 행동하길 원하는 국수주의자(nationalist)로 나뉜다.

35. '시자쥔 习家军'

시진핑집안 사람들이란 뜻이다. 시진핑 집권 초기 눈에 띈 건 '지강신군'(之江新军)의 약진이었다. 지강(之江)은 저장 浙江성을 대표하는 첸탕 钱塘강을 말한다. 갈 지(之)자처럼 굽이쳐 흐르기에 그런 이름이 붙었다. 여기선 저장성을 뜻한다. 따라서 지강신군이란 저장 출신 관료를 의미한다. 시진핑 주석은 2002년부터 5년 간 저장성 당서기로 근무했다.

지강신군의 대표적 인물 중 하나는 중사오쥔 锺绍军 중앙군사위 판공청 부주임이다. 샤바오룽 夏宝龍 저장성 당서기와 리창 李强 저장성 성장, 바인차오루 巴音朝鲁 지린 吉林성 당서기 등이 모두 저장에서 시진핑과 인연을 맺은 인물이다.

'민강구부'(闽江旧部)란 말이 나왔다. 민강은 푸젠 福建성을 대표하는 하천, 구부는 옛 부하를 뜻한다. 시진핑 주석은 저장으로 가기 전인 1985년부터 17년 동안 샤먼 厦门과 닝더 寧德 등 푸젠성 곳곳을 전전했다.

민강구부의 대표적 인물은 차이치 蔡奇 중앙국가안전위원회 판공실 부주임과 황쿤밍 黄坤明 중앙선전부 부부장이 있다. 이들은 시진핑과 20년 넘는 깊은 관계를 맺어 왔다. 베이징 부시장 겸 공안국 국장 왕샤오훙 王小洪은 시진핑 주석이 푸저우 당서기로 있을 때 푸저우 공안국 부국장이었다.

시진핑 주석과 같은 칭화 清华대학 출신을 '신칭화계'(新清华系)라 말한다. 신(新)이 붙은 이유는 장쩌민 집권 시절 주룽지, 후진타오, 우방궈, 황쥐, 우관정 등과 같은 칭화대 출신의 정치국 상무위원이 잇따라 배출되면서 대청(大清)시대란 말을 낳았기 때문에 이와 구별하기 위해서다.

신청화계의 핵심 인물은 시진핑 주석의 화공학과 동창인 천시 陈希다. 둘은 학창 시절 위아래 침대를 쓴 사이다. 천시는 시진핑의 출세와 더불어 칭화대 당서기에서 교육부 부부장, 랴오닝 辽宁성 부서기 등으로 승승장구했다. 현재는 중앙조직부 상무 부부장으로 시진핑의 인사(人事)를 주도하고 있다. 천시는 올해 천지닝 陈吉宁을 환경부 부장으로, 또 후허핑 胡和平을 산시 陕西성 부서기로 승진시켰다. 천시 자신이 칭화대 당서기로 있을 때인 2006년 이 두 사람을 칭화대 부총장으로 뽑은 적이 있다.

시진핑 주석의 용인술(用人术) 특징은 '철저하게 아는 사람을 쓴다'는 것이다. 지강신군과 민강구부, 신청화계가 다 그렇다. 반부패 투쟁의 선봉장인 왕치산 王岐山 중앙기율검사위원회 서기는 시진핑 주석과 문화혁명 때 한 이불을 덮고 자며 꿈을 나눈 관계다. 중국 경제의 밑그림을 그리고 있는 류허 劉鶴는 시진핑 주석의 베이징 101중학 동창이다.

36. 마천루(摩天楼)

마천루는 높이 150m, 층수론 50층 이상의 초고층건물을 가리킨다. 현재 미국은 533개, 중국은 470개를 갖고 있다. 현재 중국이 짓고 있는 것만 332개로 5년 후면 800개를 넘어선다. 2022년이 되면 중국의 마천루는 1,318개에 달해 536개에 머물 미국의 두 배 이상이 된다. 현재 지구상에서 세워지는 마천루의 87%가 중국에 있으며, 인류 역사상 지금만큼 하늘 가까이로 다가서고자 하는 건축 열기는 없었다.

1998년 금융 중심지인 상해 푸둥 浦东 루자쭈이 陸家嘴에 88층, 높이 421m인 진마오 金茂타워가 들어서면서 중국 최고(最高)라는 역사를 썼다. 2008년 진마오타워 옆에 101층, 492m 높이의 상하이세계금융센터

(SWFC)가 중국 제일의 고루(高楼)라는 명성을 얻었다. 옆에 121층, 높이 632m의 상하이타워가 2015년 준공을 목표로 건설에 박차를 가하고 있기 때문이다.

2017년 초 완공 예정인 후베이성 우한 武汉의 녹지(綠地)센터에 상하이타워보다 4m 높은 636m가 예정되어 있고, 광둥성 선전에 지어지는 핑안 平安 국제금융센터는 118층에 660m의 높이를 자랑할 전망이다. 2016년 봄 완공이 목표다.

현재 세계 1위는 아랍에미리트 두바이의 부르즈 칼리파로 163층에 높이는 828m다. 이에 도전장을 낸 게 위안다 远大그룹으로 후난 湖南성 창사 长沙 교외에 220층, 높이 838m의 스카이시티(天空之城)를 짓겠다는 것이다. 중국이 향후 10년 동안 마천루 건설에 쏟아 부을 돈만 1조 7,000억 위안에 달한다.

37. 차이나넷(Chinanet)

중국의 인터넷은 '글로벌 인터넷'과 중국 정부가 언제든지 서버를 통제할 수 있는 '차이나넷'(Chinanet)으로 나누어져 있다. 글로벌 인터넷은 중국 정부가 검열하고 외국의 모든 웹사이트를 원천적으로 차단하거나 속도를 떨어뜨려 접속을 불편하게 하면서 다른 한편으로는 구글 대신 바이두 百度, 트위터 대신 웨이보 微博, 페이스북 대신 런런망 人人网, 유투브 대신 요우쿠 优酷 등 일련의 복제 사이트를 활성화했다.

중국 정부는 우선 소셜네트워크에 대한 네티즌의 수요를 충족시켰다. 그런 다음 웹사이트 운영회사에 서버를 베이징에 설치하도록 해 필요하면 언제든지 데이터에 접근할 수 있도록 했다. 구글이 중국에서 철수한 것은 바로 이 조건 때문이었다. 구글은 서버 통제권을 확보하려는 중국 정부의 요구를 받아들일 수 없었던 것이다.

당국의 검열에도 불구하고 소셜네트워킹 활동이 활발한 이유는 첫째로 중국어의 특징에서 찾을 수 있다. 서방의 트위터나 중국의 트위터 복제 사이트인 웨이보는 1회 게재 가능한 최대 글자 수가 140 글자다. 영어로 140 글자면 평균 20 단어로 대략 한 문장에 해당하는데, 이런 구조라면 트위터 글쓰기 1회에 특정 이슈의 제목 정도만 쓸 수 있다. 그러나 중국어로 140 글자는 한 단락 정도를 담거나 혹은 특정 이슈 전체를 작성할 수 있다. 즉 중국 네티즌의 1회 트윗은 영어권 네티즌의 3.5회 트윗과 정보량이 비슷하다. 중국어로 마이크로 블로그를 의미하는 웨이보는 사실 트위터보다 페이스북의 복제 사이트에 더 가깝다. 웨이보는 중국 역사상 최초로 마련된 여론 광장이라 해도 과언이 아니다. 웨이보를 통해 중국인들은 자유에 대해 토론하고 다른 사람과 타협하는 방식을 익히기 시작했다.

현재 중국에서는 웨이보에 게재되는 모든 내용이 당국에 의해 저장되고 분석된다. 예를 들어 인터넷 상에 '다 함께 모이자' '만나자' '행진하자' 등의 게시글을 올린 뒤 약속 장소에 나가면 가장 먼저 현장에 도착해 있는 경찰을 발견하게 된다.

1989년 톈안먼 광장에서 벌어진 대규모 민주화 시위와 당시 100여 개 도시에서 연이어 벌어진 군중시위는 팩스 때문에 촉진될 수 있었다고 한다. 1999년 파룬궁이 기획한 연좌농성은 이메일과 휴대전화를 통해 조직되었다. 2005년의 반일 시위는 어떤 분명한 리더십과 조직의 선동이 없는 상황에서, 잘 알려지지 않았던 한 인터넷 사이트와 이메일, 그리고 휴대전화 문자메시지에 의해 불가사의하게 촉발되었다

38. '차이나 3.0'

중국인들은 역사 흐름을 30년 단위로 파악하는 전통이 있다. 지난 60년간 중국은 두 번의 역사적 발전 단계를 성공적으로 거쳤고, 바야흐로 '중국식 사회주의 3.0' 이라는 세 번째 역사적 단계에 들어섰다. 중국식 사회주의 1.0 시대는 1949년 신정부 수립 직후부터 78년까지를 일컫는다. 경제는 계획경제, 정치는 레닌주의, 외교는 혁명의 국제적 확산에 주력했다. 이 시기에 중국은 1인당 GDP가 500달러 수준에서 1,000달러에 이를 만큼 비약적으로 상승했다. 이후 덩샤오핑에서 장쩌민과 후진타오로 이어지는 30여 년은 차이나 2.0 시대다. 1979년부터 시작된 2.0 시대엔 절대 빈곤을 해소하고, 다른 한편으로는 절대다수 국민들의 소득과 소비를 높이는 방향으로 국가발전 목표를 옮겼다. 경제는 수출주도형 성장으로 특징되고 정치는 안정이 모든 걸 압도하며 외교는 조용히 힘을 기르는 도광양회(韬光养晦)의 시대다. 절대적 비중을 차지하던 공유제가 다양한 형태의 사유제로 차츰 바뀌었고, 계획경제도 시장경제에 조금씩 자리를 내줬다. 1인당 소득이 최소한의 생존을 유지할 수 있는 수준에 도달하자 이제 경제성장을 촉진하고 절대다수의 소득과 소비수준을 끌어올리려 했다. 최대치의 경제성장률을 달성하기 위해서는 사회 정의, 각종 노동권, 공중보건과 의료, 환경, 국방 등의 영역에서 많은 희생을 감수해야 했다. 이 때문에 사회 불안, 불평등, 불만이 조성됐고, 이는 여러 부작용을 낳았다. 2002년

에 1인당 GDP가 4,000달러를 초과하면서 중국은 샤오캉 小康사회, 즉 중진국 수준의 번영을 누리기 시작했다. 이 단계에서는 '중국식 사회주의 3.0 시대'로 명명될 새 사회주의가 태동할 것이다. 먹고 사는 문제는 더 이상 주요 관심사가 아니다. 중국식 사회주의 3.0 시대에는 공공재와 공공서비스 분야에 대한 실질적 투자를 확대하고 사회복지 수준을 비약적으로 높여야 할 것이다.

39. 〈China Fragile Superpower〉 '깨지기 쉬운 중국'

깨지기 쉬운 강대국 중국, 왜 쉽게 깨질 수 있는가. 사회주의 이데올로기가 더 이상 중국 정치체제의 정당성을 제공하지 못하고 또 개혁개방 이후 30여 년 동안의 압축 성장과정에서 축적된 모순, 즉 부패와 같은 사회적 문제가 곳곳에서 터지고 있다. 게다가 중국의 정치 지도자들은 국민의 선거로 뽑힌 인물들이 아니라 합법성이 결여돼 있다. 이런 상황에서 사회적 모순이 심해지면 국내정치가 불안해지고, 이를 강압적으로 해결하기 위해 대외적으로 배타적이고 민족주의적인 정책을 추진하면 중국에 정말로 위기가 닥칠 수 있다는 것이다.

중국의 지도자들에게 가장 끔찍한 악몽은 실직 노동자들과 가난에 찌들린 농민들, 그리고 학생들로 구성된 불만 세력들이 민족주의적 열정으로 똘똘 뭉쳐 체제에 저항하는 전국적 시위 운동을 감행하는 것이다. 중국의 과거 두 왕조는 민족주의적 혁명 앞에 무너졌다. 외부의 침략으로부터 나라를 지켜 내지 못한 지도자들을 비난하는 대규모 시위운동으로 1911년에는 청조가, 1949년엔 중화민국이 중국 대륙에서 패퇴했다.

1989년의 위기 이후, 중국의 지도자들은 그들이 '사회안정'이라고 부르는 것에 병적으로 집착하게 되었다. 그들은 질서와 번영을 유지하기 위해 공산당의 통치가 필수불가결하며, 중국과 같이 큰 나라는 공산당의 일당지배 없이는 내전이나 혼란 속에 빠질 수밖에 없다는 완곡어법으로 국민들을 설득하고 있다.

자오쯔양과 학생들에게 톈안먼 사건이 개인적 비극이었다면, 당 지도자들에게 이 사건은 '당과 국가의 생사가 걸린 전환점'이었다. 그날 이후로 중국의 지도자들은 또 다른 톈안먼 사건이 발발하여 자신들의 정권을 전복시킬 수 있다는 두려움을 안고 살게 되었다. 중국 공산당은 현재 정치안정을 최우선으로 삼고 있다. 공개적으로 표명하고 있지는 않지만, 당지도부는 안정을 유지하기 위한 일련의 방안을 갖고 있다. ① 당지도부의 분열이 공개적으로 드러나지 않도록 한다. ② 대규모의 사회적 동요가 일어나지 않도록 한다. ③ 군이 늘 당의 편에 서 있도록 한다. 이 세 개의 철칙은 서로 긴밀하게 연결되어 있다. 만약 1989년에 그랬던 것처럼 최고 지도자들 사이에 분열이 표면화된다면, 대중들은 처벌에 대한 두려움 없이 거리로 쏟아져 나올 것이다. 그리고 군대가 분열하거나 현 지도부를 버린다면 정권은 붕괴될 것이다.

중국 공산당 내에서 조직부와 선전부, 두 조직은 성역이다. 최고 지도자들이 권력을 유지하기 위해 그 두 조직에 의존하고 있기 때문이다. 중국 공산당 정권은 당근과 채찍을 사용하며 권력을 확고히 할 능력을 충분히 가지고 있다. 때문에 그들 스스로 권력을 내려놓고 위로부터의 민주화를 감행할 필요성을 조금도 느끼지 못한다. 내부 분쟁이 일어나지 않는

한 근본적인 정치 변화가 생기지는 않을 것이다.

중국의 내부적 취약성은 우리를 안심시키지 못한다. 중국의 급성장하는 국력보다 중국 내부의 취약성이 오히려 더 큰 위험요인이기 때문이다. 공산당의 통치 정당성 부족과 위기의식은 지도자들을 무모하게 행동하도록 만들 수 있다. 만약 중국의 경제성장이 둔화되고 내부 문제가 증가하면 중국의 지도자들은 '꼬리로 몸통을 흔들고 싶은'(wag the dog) 유혹에 빠질 수도 있다.

40. 중국인의 애국심

중국 공산당의 정치적 정당성은 사실 1945년 항일전쟁의 승리에 기반하고 있다. 중화인민공화국 건국 신화 또한 마오쩌둥과 공산당의 지휘 아래 중국 인민들이 어떻게 일제에 항거하며 50년 동안의 잔악하고 굴욕적인 압제를 벗어 버렸는지 1949년 이래 중국이 얼마나 영웅적으로 일본을 대적했는지에 대해 인민들에게 주입해 왔다. 자신감이 떨어지는 지도자일수록 반일 민족주의 정서를 부추긴다. 장쩌민은 마오쩌둥이나 덩샤오핑보다 일본에 훨씬 더 강경한 태도를 취했다.

중국 최고지도부는 최근까지 일본에 대한 대중의 반감을 자극하는 일이 미국이나 대만에 대한 분노를 일으키는 것보다 안전한 것으로 생각했다. 하지만 일본과의 관계를 악화시킴으로써 국내적 지지를 얻어내는 일은 일본 내에 반발세력이 형성되면서 조금씩 위험스러워지고 있다. 중국이 점점 위협적인 존재로 인식되면서 일본은 고이즈미 총리와 같이 중국에 대해 강경한 모습을 보이는 정치 지도자들을 지지하게 되었다. 중국으로부터 오는 위협을 인지하기 시작하면서 일본인들은 '평화헌법' 개정과 방위능력 강화에 관심을 갖게 되었다. 상대적으로 중국 인민들에게 있어 일본과의 관계는 '애국심의 문제'다. 그렇기 때문에 일본에게 무엇을 양보한다는 것은 그만큼 어려운 것이다.

센카쿠 열도/댜오위다오에 대해 중국과 일본은 각각 역사적 · 국제법적으로 자국의 고유의 영토라는 인식을 가지고 있다. 2010년 9월 일본의 해상보안청 순시선과 중국 어선이 충돌한 사건은 분쟁의 새로운 국면을 야기했다. 일본은 해당 선박의 중국인 선장을 구금함으로써 이를 외교문제화했고, 이에 대해 중국은 희토류의 대일수출을 금지하는 것으로 응수했다. 이에 위기의식을 느낀 일본 노다 정권이 2012년 센카쿠 열도의 국유화를 선언하면서 동 지역을 둘러싼 실질적인 군사적 충돌 가능성이 거론될 만큼 사태가 악화되었다. 이에 대해 중국 정부는 즉각 댜오위다오에 대해 영해기선을 선포하고, 해역에 해양감시선과 어업지도선을 파견하여 상시적인 감시활동을 전개할 것이라는 입장을 밝혔다.

2013년 4월 중국은 처음으로 댜오위다오가 자국의 핵심이익임을 공식화했다. 중국은 대해 자국의 핵심이익을 지키기 위해서는 군사력의 사용도 배제하지 않겠다는 입장이다. 2013년 말에 발족된 아베 정권은 일본의 영토는 일본 스스로의 힘으로 수호하며, 힘에 의한 현상 변경 시도를 용납하지 않을 것임을 수차례에 걸쳐 천명하고 있다. 현재 중국 선박이 일본이 주장하는 영해로 진입하는 일이 상시적으로 발생하고 있으며, 이에 대해 일본 역시 전투기를 발진하는 등 센카쿠 열도/댜오위다오 주변에서 양국의 군사충돌 가능성 역시 배제할 수 없는 상황이다.

제3부

믿지 못하는 사회 그래서 변하지 않는 사회

제3부

믿지 못하는 사회 그래서 변하지 않는 사회

F1

술(术)에 치우친 중국 문화

저자는 평소 중국 공무원들과 기업인들을 만나면서 그릇된 신화에 젖어 있는 그들의 모습을 발견하곤 했다. 때로는 그들의 비이성적인 문화에 당황하고 그들의 맹목적 집단주의를 걱정하기도 했다. 이러한 중국인의 이상심리는 비극적인 영웅을 숭배하고 존재자체가 불확실한 역사소설에서 고착된 중화 문화의 저주일 것이다. 특히 그 위치가 지도자일 경우 더욱 심하다.

중국인들의 잠재의식에서 리더 Leader란 일상생활에서나 업무에서 그 어떠한 실수나 잘못이 없는 완벽함을 의미하고 있다는 것을 오히려 저자가 뒤늦게 인식한 것이다. 보통의 삶에서도 중국인들은 결코 자신의 조그만 실수조차 인정하지 않는다. 이러한 사고방식은 본질적으로 중화 문화의 저급한 근성이 확대된 결과라 할 수 있다.

중국의 대표적 문화유산인 만리장성은 세계인의 눈에는 어떻게 비추어질까? 저자의 기억으로 오바마 미 대통령이 중국을 처음 방문해 만리장성을 유람하면서 "very great"란 표현 외에 그 어떠한 평가도 하지 않았던 걸로 기억된다.

스스로 세계의 중심, 중국(中国)이라 부르며 2,000년 동안 만리장성의 문을 걸어 잠그고 외부와 단절하며 살아 왔음을 의미한다. 중국인들 또한 그렇게 생각하며 살아 왔다. 그래서 대부분의 중국인들은 중국을 바라보는 세계인의 편견으로 가득 찬 시각을 이해하지 못하며, 스스로 비이성적인 신화에 젖어 사고하고 행동한다.

예를 들어 중국인들은 경제를 설명하면서 위기(危机)라는 단어를 위험(危)이 있으면 기회(机)가 따른다고 역설하고 해석한다. 그래서 세계인들은 상황에 따라 매번 바뀌는 술(术)에 치우친 중국의 문화에 대해 매우 부정적이다.

한국의 독자들은 Ⓚ 표식을 기억할 것이다. 한국 정부가 제시한 공산품 기준에 맞추어 생산된 상품에 붙이는 표시이다. 각국마다 자국 공산품 기준에 따라 제품을 생산하고 나름의 표식을 붙여 수출하였다. 그런데 언젠가 부터는 이 표시를 찾기가 어려워졌다. 이제는 모두가 세계적 기준인 ISO[94] 기준에 맞는 제품생산과 표시를 하기 때문이다.

중국은 G2 경제체 위치에서 이제는 세계 최초, 최고, 최대의 구호가 아닌 보편타당한 세계문화의 가치를 지키며 일반적 기준을 제시해야 한다.

세계의 중심국가 중국(中国)이 되려면 세계의 기준을 지키며(rule-taker) 세계의 기준을 제시(rule-maker)해야 한다.

정치학자 루시안 파이 Lucian Pye의 지적과 같이 현재 중국은 '현대 세계를 분명하게 이해한 사람들이 아니고 중국 전통의 게임규칙에 더 익숙한 사람들이고 폐쇄적인 정치 시스템으로 스스로 음모론의 신봉자가 되어 가는' 모습으로 보여지고 있다.

중국인의 행동과 사고에 가장 큰 영향을 미쳤던 역사의 인물은 누구일까? 가장 먼저 떠올린 사람은 저자뿐만 아니라 독자들도 제갈량(诸葛亮)을 손꼽을 것이다. 정말 남다른 지혜와 출중한 지략을 갖춘 인물로 중국인들이 존경해 마지않는 위대한 스승이자 모두가 그대로 닮고자 하는 구

94) ISO(International Organization for Standardization)는 국제 표준화기구의 약자이며, 1946년에 설립한 국제기구를 말한다. 주로 나라마다 다른 공업규격을 조정 통일하고 물자와 서비스의 국제적 교류를 유도한다. 또 과학적 지적 · 경제적 활동 분야의 협력을 증진하는 것을 목적으로 한다. WTO 등 기타 전세계 500개 지역 기관들과 협력한다. 12,000개의 ISO의 규격 수가 있다. 한 나라에서 한 기관만 회원으로 가입할 수 있으며 본부는 스위스 제네바에 있다.

루(Guru)이다.

허수아비를 실은 배로 조조(曹操)에게서 화살 10만개를 빼앗고, 남동풍의 힘을 빌려 적벽에서 대승을 거두고, 공성계(空城计)로 사마의(司马懿)를 물리치고 … 정말이지 하늘이 내린 모사가이다. 하지만 사실 여부를 떠나 이것은 중화 문화의 치명적 약점이다.

화살없이 전쟁을 계획하고, 겨울에 불 가능성이 전혀 없는 남동풍을 기대하고, 혹시나 하는 마음으로 빈 성마루에서 거문고를 타는 … 요행을 바라는 대표적 저확률 사건(event of small probability)이다.

오늘날 기업이 오래도록 살아남고 성장하려면 반드시 성숙된 전략적 사고를 수반해야 한다. 신화에 사로잡혀 경직된 사고로 세계를 바라보면 항상 중국은 고부가가치를 창출하지 못하고 종이컵 생산과 같은 제조업에 노동력만을 제공하는 삶을 이어가야 한다.

2009년 11월 버락 오바마 Barack Obama 미 대통령은 일본, 한국, 싱가포르에 이어 중국을 방문했다. 방중으로 양국간 쌍무무역의 물꼬를 틀 것이라는 중국의 기대와는 달리 오바마 미 대통령은 '미중관계는 가장 중요한 쌍무관계'라는 입장만 표명했다.

손님접대에 절대로 소홀히 하지 않는다는 중국 문화를 충분히 이해하고 있는 오바마 미 대통령은 예의상 쯔진청 紫金城과 바다링 八达岭 만리장성을 구경하면서 중국의 체면을 살리고는 36억 달러의 상하이 디즈니랜드 건설이라는 선물만 안고 돌아갔다.

오바마 미 대통령은 중국 방문길에 후진타오 胡锦涛 주석에게 바둑판과 바둑알을 선물하고, 25분간의 짧은 시간 동안 만리장성을 구경하며 "very great"라고 한 마디만 던지고 떠났다.

이를 두고 중국 언론들은 바둑판과 바둑알이 중미 양 대국의 관계를 상징하며 중국의 문명과 역사에 대해 미국은 'very great'라며 감탄했다고 보도했고, 미국 경제지 〈포브스〉는 '상하이 디즈니랜드는 오바마를 위한 선물'이라고 표현했다.

이것이 바로 저자가 강조하고 우려하는 미국식의 논리적이고 전략적인 사고방식과 신화에 빠진 중국식 사고방식의 한 단면인 것이다.

경제전문지 〈포춘〉이 발표한 '세계 500대 기업' 명단을 보면 중국 기업 100개가 이름에 올랐다. 10위권 내에 포함된 기업도 3개나 된다. 시노펙(SINOPEC · 중국석유화공)과 페트로차이나(PetroChina · 중국석유)는 미국 월마트(1위)[95]와 네덜란드의 로열더치셸(2위)[96]에 이어 3 · 4위를 중

---

95) 미국 최대의 할인매장. 창립자는 샘 월튼 Sam Walton(1918-92년)으로 벤프랭클린 잡화점을 운영하던 그는 1962년 아칸소의 조그만 도시에 자신의 첫 할인점을 열었다. "날마다 싸게 팝니다(Everyday Low Price)"와 "고객의 만족을 보증합니다"라는 슬로건과 급속한 체인망 확대를 통해 급성장을 할 수 있었다. 월마트는 저마진의 현실화 실현, 저가 전략과 저비용, 공급업체와의 제휴강화를 적절히 연계하였고, 컴퓨터시스템 등 신기술을 적극 도입하여 지속적인 성장을 누려왔다. 1990년대 마침내 미국 최대의 소매업체이던 케이마트(Kmart Corporation), 시어스로벅앤드컴퍼니(Sears, Roebuck and Company) 등을 따돌리고 세계 최대의 소매유통업체가 되었다. 또한 회원제 도매클럽인 Sam's, 식품 부문을 크게 강화시킨 Hypermart USA, 할인점과 슈퍼스토어의 혼합형인 'Supercenter' 등 새로운 업체도 개설해 나갔다. 아시아와 유럽, 아프리카 등 세계 곳곳으로 판매망을 넓히면서 매출액 규모 4,000억 달러, 세계 각지의 직원 숫자 210만여 명, 매출액 기준으로 세계 1위를 다투는 유통기업으로 자리잡았다.

96) 흔히 셸(Shell)이라고 알려진 로열더치셸그룹은 네덜란드 헤이그에 본사를 두고 있는 정유업체이다. 미국의 거대 정유회사였던 록펠러의 스탠더드오일컴퍼니의 석유산업 독

국국가전망공사(State Grid Corp of China · 国家电网公司)는 7위를 차지했다. 이는 또 한 번 중국이 환상 속에 빠지기 충분한 보도였다.

중국 국유기업은 중국 경제를 좌우하는 핵심 주체로 평가받고 있다. 중국에는 중앙에 5만 2,000개 지방에 10만 3,000개 등 총 15만 5,000개의 국유기업이 있다. 이들 국유기업이 보유한 자산총액이 무려 104조 위안에 달한다. 그러나 독점적 지위를 누리면서도 방만한 경영으로 적자 기업이 속출하면서 항상 비난 여론의 중심에 서 있다.

이 같은 적자경영을 탈피하고 사회주의 시장경제체제를 선도하기 위해 2013년 11월 중국 공산당 18기 3중전회에서 국유기업의 지분을 민간에 개방해 경영 효율성을 높이는 방안을 추진하기로 결정했다. 이후 중국 정부는 국유기업 지분을 민간에 매각하는 방안을 꾸준히 추진해 왔다.

첫 사례로 거대 석유회사인 시노펙의 영업판매사업부 지분의 30%를 민간에 매각하는 방안이 확정되기도 했다. 또한 일본 이토추 伊藤忠 상사와

점에 대항하여 네덜란드의 석유회사인 로열더치(Royal Dutch Petroleum Company)와 영국의 운송무역회사인 셸이 1907년 합병하여 탄생했다. 1890년 장 케슬러 Jean Kessler는 네덜란드 국왕 윌리엄 3세의 칙령에 따라 헨리 디터딩 Henri Deterding과 함께 석유를 탐사하고 생산하는 허가를 받아 로열더치 페트롤륨 컴퍼니를 세웠다. 1897년 마커스 사무엘 Marcus Samuel은 셸이라는 운송무역회사를 세웠다. 원래 원유 운송을 목적으로 여덟 개의 원유 저장탱크를 보유하고 있었던 셸은 1919년 멕시코이글정유회사를 인수하여 셸-멕스(Shell-Mex)라는 계열사를 세운 뒤 영국에서 셸과 이글이라는 브랜드로 석유를 판매했다. 1958년 아프리카 대륙에 진출하여 나이지리아에서 처음으로 석유를 생산했다. 카메룬, 이집트, 가봉, 가나, 리비아, 모로코, 남아프리카, 튀니지에서도 석유 생산시설을 운영했다. 2000년대 초반 셸은 태양에너지, 풍력, 수소발전, 삼림 분야의 '재활용' 사업에 뛰어들었다. 2010년 9월 셸은 브라질의 사탕수수 생산업체인 코산(Cosan)과 사탕수수를 원료로 한 에탄올 및 전력 생산을 위한 합작 사업을 전개했다.

태국 최대 기업인 CP그룹은 중국 국유기업인 중신그룹(CITIC · 中信集公司)에 1조 엔을 투자했다.

중국 국유기업이 외국 기업의 대규모 지분 투자를 받아들인 것은 이례적인 일이다. 이는 중국 정부가 외자 투자유치를 통해 국유기업을 개혁하려는 의도가 있다고 분석된다.

나아가 기업 경영자가 미래를 예측하는데 추가해야 할 이슈가 새롭게 등장했다. 그것은 기업을 바라보는 사회의 시각이다. 끊임없이 변화하는 사회를 깊이 있게 이해하고 기업에 대한 사회의 요구를 충족시키지 않으면 성장은 물론이고 존립 자체가 위험한 시대로 접어든 것이다.

2009년 조지 부시 대통령이 상속세 폐지 의견을 표명했을 때 미국의 부호 120명이 상속세 폐지를 반대하는 공동성명을 냈다. 중국인들은 이것이 이해가 가는가? 이것이 저자가 이야기하고자 하는 문화의 차이다.

프로테스탄티즘의 윤리와 기업의 도덕, 사회적 책임이 강조되는 서구 자본주의의 정신이다. 그러나 중국이라는 나라는 그렇게 자신의 백성을 가르치지 않았다.

아담 스미스A. Smith[97]의 〈국부론〉 탄생과 미국의 독립선언으로 미합

97) 아담 스미스(1723-90년)는 스코틀랜드 출신의 정치경제학자이자 윤리철학자이다. 후대의 여러 분야에 큰 영향을 미친 〈국부론(An Inquiry into the Nature and Causes of the Wealth of Nations), 1776〉의 저자이다. 아담 스미스는 고전경제학의 대표적인 이론가로 자본주의와 자유무역에 대한 이론적 기초를 제공했다.

중국이 탄생했던 1776년부터 1932년까지 150년 동안 서구 자본주의는 하나의 이데올로기에 순종했다.

사유재산을 근간으로 하고 개인의 이윤추구를 바탕으로 한 자유방임주의 경제 철학은 절대적 믿음을 가져다 주었다. 하지만 자유방임주의적 자본주의하에서 불평등은 점점 심화되고 1930년대 경제 대공황이 발생하자 자본주의는 스스로의 모순에 의해 무너질 수 있음을 알게 되었다. 자본주의는 개혁과 생존을 선택하고 다른 한편에서는 공산주의와 국수주의의 괴물이 등장하였다.

이에 자애롭고 유능한 정부를 만들어 국민과 경제를 혼란으로부터 보호해야 한다는 케인즈학파[98]는 1945년 종전부터 1969년까지 국가 경제학의 황금기를 가져왔다.

---

98) 케인즈 경제학(Keynesian Economics)은 20세기 영국의 경제학자 존 메이너드 케인즈의 사상에 기초한 경제학 이론이다. 케인즈 경제학은 공공 부문과 민간 부문이 함께 중요한 역할을 하는 혼합경제를 주장한다. 이는 시장과 민간 부문이 국가의 간섭이 없는 상태에서 가장 잘 작동한다고 주장하는 방임주의적 자유주의와는 상당한 차이가 있으며 실제로 케인즈 경제학은 여러 경제학자들이 방임주의의 실패로 인한 것으로 여기는 문제점들을 해결하기 위해 개발되었다. 케인즈의 이론은 거시경제적 흐름이 각 개인들의 미시적 행동을 압도할 수 있다고 말한다. 경제적 과정을 잠재 생산의 지속적인 성장으로 보는 18세기 후반 이후 고전 경제학자들의 관점과는 달리 케인즈는 (특히 불황기에) 경제를 이끌어 가는 요소로서 상품에 대한 총수요를 강조했다. 이런 관점에서 그는 1930년대의 높은 실업률과 디플레이션에 대해 거시적인 규모에서 대처하기 위해 정부가 정책적으로 소비를 유도해야 한다고 논했다. 불황 시기에 정부가 지출을 늘리면 보다 많은 돈이 유동되므로 시민들의 소비와 투자가 유도되어 경제가 정상 상태를 회복한다는 것이 케인즈의 주장이다. 이는 공급측면 경제학에 반대되는 의미로서 소비측면 경제학이라 할 수 있을 것이다.

1970년 미국의 금본위제 포기와 1973년 석유파동으로 원유값이 네 배로 폭등하자 세계는 스태그플레이션[99]과 높은 물가, 대규모 실업으로 그 전까지는 한 번도 경험하지 못한 경제 혼란이 왔다. 스태그플레이션의 황폐함 속에서 영국은 1979년 6월 마가렛 대처 수상이 등장하고 미국은 1980년 11월 로널드 레이건 대통령이 등장했다.

이 시기에 밀턴 프리드먼Milton Friedman과 시카고학파의 통화주의 추종자들은 자유시장이 왜곡되지 않는 범위에서 정부개입과 통화팽창으로 경제안정과 인플레이션 억제 등 자본주의 경제 균형을 유지할 것을 주장하는 '자본주의 3.0'을 제시했다.

정부의 완전고용 포기, 민영화와 자유시장 옹호는 1979년부터 2008년 리먼 브러더스가 무너질 때까지 30년간 지속되었다.

2008년 미국에서 촉발된 금융위기 속에서 월스트리트 점령(occupy wall street)운동은 대중으로부터 폭발적인 지지를 끌어냈다. 이들은 자본주의 3.0이 천사의 모습을 한 악인(惡人)들의 포장술에 불과하였다고 주장하며, 자유시장 논리에 근거하여 고삐가 풀어졌던 금융산업에 대한 규제를 강화하는 동시에 대기업의 탐욕을 억제하는 적극적인 정책을 정부에 요구

---

99) 스태그플레이션(stagflation)은 스태그네이션(stagnation)과 인플레이션(inflation)의 합성어로 거시 경제학에서 고물가(인플레이션)와 실업, 경기 후퇴(스태그네이션)가 동시에 나타나는 경우를 뜻한다. 이 경우 총공급이 줄어들어 물가가 오르고 GDP가 후퇴하며 이 결과로 투자 위축이 발생하여 실업률이 오르게 된다. 역사적으로는 1970년대 중동국가가 석유를 자원무기화하면서 석유공급을 인위적으로 감소했고 이로 인해 원유 공급가격이 급등하면서 전반적인 인플레이션이 발생했고 인플레이션 부담으로 경제침체가 오면서 실업률이 높아진 경험이 있다.

하였다.

전세계로 퍼져 나갔던 이 운동은 구체적인 정책 대안을 개발하지 못한 채 끝나고 말았지만 이제 지구촌은 자본주의가 더 이상 자유라는 명분으로 평등을 가로막지 못한다는 인식을 확실하게 갖게 하였다.

아나톨 칼레츠기 Anatole Kaletsky는 〈자본주의 4.0〉이란 책에서 사회는 대기업이 마지못해 동냥같이 제공하는 책임으로는 더 이상 만족하지 못한다고 지적했다.

이런 세계적인 전환기에 나타난 새로운 움직임이 '공유가치 창출'이다. 기업이 천사의 모습만 보이지 말고 천사의 마음을 가진 자본주의로 사회를 받아들여야 한다는 주장이다. 기업가치와 사회가치를 동시에 추구하자는 주장이다.

피터 드러커 Peter Drucker는 인간중심 자본주의라는 이상사회를 제시하면서 '오늘날 사회적이고 세계적인 모든 이슈는 숨겨진 사업 기회이다'라는 표현으로 인간중심 가치 창조 시대의 도래를 강조했다. 이렇듯 인간중심 가치 창출 방향으로 나아가는 자본주의를 '자본주의 5.0'이라고 부르고 있다.

이제까지 나타난 다섯 가지 자본주의 유형을 오른쪽에 시장지배, 왼쪽에 정부지배를 나타내는 수평선 위에 표시해 보면 다음과 같다.

먼저 시장의 능력을 믿는 아담 스미스의 고전경제학 자본주의 1.0은 오른쪽 끝에, 정부의 능력을 믿는 케인즈학파 자본주의 2.0은 왼쪽 끝에 놓인다. 그 다음으로 시카고학파 자본주의 3.0은 중간과 오른쪽 끝 사이에,

공유가치 창출 자본주의 4.0은 중간과 왼쪽 끝 사이에 놓여 있는 모습을 나타낸다. 마지막으로 인간중심 가치 창조를 주장하는 자본주의 5.0은 한가운데에 놓이게 된다.

기업 경영자는 이 위치에서 시장과 정부를 균형 잡힌 시각으로 보면서 기업과 사회 간의 조화로운 협력관계를 이끌어가게 된다. 즉 미래를 지향하는 기업 경영자라면 기업가치와 사회가치를 동시에 구현하고 더 나아가 인간중심 가치 창출을 핵심 전략으로 삼아야 한다.

중국은 1949년 공산당 집권 후 모든 조직에 공산당 당서기 제도를 둬 지배구조를 2원화했다. 기업도 마찬가지다. 중국을 이끄는 대기업에는 CEO와 공산당 당서기가 공존한다. 한 조직 내에서 CEO는 이윤 추구라는 목적을 위해, 당서기는 인민의 행복 나아가 중국 사회의 발전이라는 목적에 따라 대부분의 사업이 추진되고 완성된다. 이윤추구를 최우선시 하는 미국식 자본주의에서 이윤과 사회적 가치를 동시에 추구하는 중국식 자본주의는 '자본주의 5.5'의 글로벌 스탠더드 일 수 있다.

중국 오성홍기의 다섯 개의 노란 별 중 가장 큰 별은 중국 공산당을 상징한다. 중국인들이 지난 60년 이상 불러왔던 "공산당이 없었으면 신 중국을 누가 건국하리(没有共産党 没有新中国)"라는 노래가 계속 불리워지기 위해서는 가장 큰 별, 중국 공산당은 다시 한 번 크게 변해야 한다.

F2

탄소달러(Carbon Dollar)

1973년 10월 제4차 중동전쟁은 전세계 석유위기를 야기했다. 중동 산유국은 석유를 정치적인 수단으로 이용하고 또한 석유가격의 대폭적인 상승(약 4배)을 일으키는 행동을 취했다. OPEC는 자원민족주의(resource nationalism)를 강화하고 원유가격의 결정권을 장악하게 되었으며 또한 재생산이 불가능한 자원의 제약이라는 환경문제를 강하게 인식시켰다. 그 결과 대부분의 국가들은 인플레이션이 동시에 진행하는 스태그플레이션의 시대를 초래하였고 세계경제는 혼란에 빠졌다.

이때 미국은 오히려 이 위기를 이용해 금본위제[100)]였던 달러를 석유본

---

100) 화폐단위의 가치와 금의 일정량의 가치가 등가관계(等价关係)를 유지하는 본위제도. 순금 1온스=391.20달러(1993년)라는 식으로 통화의 가치를 금의 가치에 연계시키는 화폐제도인데, 역사적으로는 19세기에 영국을 중심으로 발전된 것이다. 금본위제도에 있어서 화폐와 금과의 등가관계를 유지시키는 방법에는 여러 가지가 있는데 거기에서 금본위제도의 종류가 나누어진다.
금화금본위제도 : 이 제도에서는 금화가 실제로 유통되고 화폐단위와 금과의 등가관계는 금화의 자유주조(自由铸造)와 자유용해(镕解)가 인정됨으로써 유지된다. 제1차 세계대전 전에 광범위하게 실시되었던 제도이다.
금핵금본위제도 : 금핵본위제도에서는 국내에는 은행권이나 지폐 등 보다 경제적이고 편리한 화폐를 유통시키고 금은 중앙에 집중 보유한다. 1국의 화폐단위의 가치는 금과 연계하여 유지되고 있으며 거기에서는 금이 핵(核)에 비유되므로 이런 이름이 생긴 것이다. 태환할 경우에 금지금(金地金 · 금괴)으로써 하는가 금환(金换)으로써 하는가에 따라 다음 두 가지로 나누어진다.

위의 달러로 재빨리 전환시켜 일거에 전세계 경제의 월등한 지위와 영향력을 장악했다. 그러면 이번 전세계적인 금융위기를 미국은 바라만 보고 있겠는가? 이미 미국은 세밀한 계획과 전략으로 새로운 세계질서에 영향을 미칠 수단을 마련하였다.

미국은 지구환경 보호라는 대 책략을 앞세워 탄소관세 징수와 탄소배출권거래제로 그 진정한 목적인 달러를 거두어 들이도록 만들었다. 탄소세(炭素稅 · Carbon Tax)는 기준치 이상의 탄소(이산화탄소, 메탄, 일산화탄소 등)를 발생시키면 그 양에 비례하여 세금을 부과하는 세금제도이고, 탄소배출권거래제는 허용된 수준 이하의 탄소를 발생시킬 경우에 배출하지 않은 남은 양만큼의 탄소배출권을 시장에서 거래할 수 있다는 제도이다. 즉 탄소세는 일종의 세금이라고 할 수 있고 탄소배출권거래제는 총량제에 기반한 시장이라고 할 수 있다.

2009년 6월 미 하원은 정부가 탄소관세를 징수할 수 있도록 권한을 부

---

① 금지금본위제도 : 이 제도에서는 화폐단위와 금과의 등가관계는 금지금 또는 금괴의 태환이나 매입에 의하여 유지된다. 영국에서 1925년 4월에 채용되었고 그 후 많은 나라가 이를 채택하게 되었다.

② 금환본위제도 : 이 제도에서는 다른 금본위국, 특히 국제금융 중심지에서 발행된 금환을 중앙은행 등이 매매함으로써 화폐단위와 금과의 등가관계가 유지된다. 제2차 세계대전 후 많은 나라에서 이 경우의 매매에 미국의 달러환(dollar 換)이 사용되었다. 이런 의미에서 전후의 금환본위제도는 달러환본위제도였다고 할 수 있는데 이 제도 아래에도 각국이 모두 국내에서는 금태환성이 없는 불환지폐(不換紙币)가 유통되는 관리통화제였다. 1973년 이후 달러와 금의 교환이 정지됨으로써 달러환본위제도도 유명무실하게 되었다.

여하는 〈미국청정에너지안보법 ACESA〉이라는 법안을 통과시켰다. 미국으로 수출되는 전세계의 모든 제품에 대해 미국이 탄소관세를 거둘 수 있도록 하는 법안이다.

미국 정부는 관세징수 시점을 2020년으로 정했으며 모든 나라들은 예외없이 미국 기술 표준의 탄소배출 방지 설비를 구매해야 하고, 관련기술을 도입해야 한다. 향후 10년 동안 미국의 기술과 설비 도입을 2020년부터는 미국으로 수출하는 모든 제품에 대하여 관세를 물어야만 한다. 요동치는 전세계적 금융위기 속에서 오일달러를 대신하는 카본달러의 등장은 소리 없이 다가오고 있다.

미국으로 가장 많은 수출을 하는 나라가 어디인가? 미국의 세밀한 계획과 전략은 분명하게 중국을 겨누고 있다. 미국 기술과 표준에 맞추어 제품을 생산해야 하고 미국의 기준에 따라야만 하는 중국(中国 · China)을 중국(中国 · middle state)이라고 부르는 저자의 이야기를 이해하였으면 한다. 중국이 항상 중간국가일 수 밖에 없는 이유가 바로 기준을 만드는(rule-maker) 국가가 아닌 기준을 따르는(rule-taker) 국가이기 때문이다. 미국은 항상 칼자루를 잡고 중국은 칼날을 잡고 싸운다.

그런데 저자는 지구 온난화 문제에 대한 과학적 회의(怀疑)를 통해 이것이 미국의 잘 짜여진 각본임을 찾아냈다.

헐리우드의 상업용 오락영화인 〈2012〉가 상상력을 동원한 허구이듯이 2009년 12월 덴마크의 수도 코펜하겐에서 열린 세계기후회의의 세계 기후 온난화 문제는 미국의 카본달러 등장을 알리는 전주곡이었다.

코펜하겐회의[101]라 불리우는 세계기후회의는 미국 주도로 85개국 이상의 국가원수와 193개국 환경장관이 참석해 지구 온난화 해결 방안을 모색하고, 교토의정서를 대체할 새로운 구속력 있는 기후협약 도출을 목표로 마련되었다. 그런데 우연하게도 코펜하겐회의가 시작되기 직전 헐리우드 영화 〈2012〉[102]가 전세계에 상영되었다.

영화에서는 마야니즘, 메소아메리카 장주기 달력, 2012년 종말론 등이 언급되면서 2012년에 일어나는 대재앙이 묘사되었다. 2억 달러의 예산을

---

101) 2009년 12월 덴마크 코펜하겐에서 열린 제15차 유엔기후변화협약 당사국 총회(UNFCC). 이 회의에서 2012년 이후의 기후협의 체제와 관련해 구속력 있는 구체적 감축 합의안이 도출되지는 못했지만 정치적 선언에 그칠 것이라는 애초 예상보다는 일부 진전됐다는 평가를 받았다. 온실가스 감축을 위한 구체적 실행 목표와 시기, 협약의 법적 구속력에 관한 논의는 2010년 11월 멕시코시티 총회에서 논의하기로 했다. 코펜하겐 협정의 주요 내용은 2050년까지 산업화 이전 시기보다 2도 이상 기온 상승 제한 합의, 개도국에 2012년까지 총 300억 달러, 2020년까지 연간 1,000억 달러 지원, 선진국은 2010년 1월까지 교토의정서보다 강화된 탄소 감축 목표 제출, 개도국은 2010년 1월까지 실행 방안이 포함된 감축 계획 보고서 제출, 열대우림 훼손 방지를 위해 산림이 흡수한 탄소량에 따라 배출권 제공 등이다. 그간 선진국들은 2020년까지 온실가스를 1990년 수준 대비 16-23% 줄이겠다는 목표를 제시한 반면, 개도국들은 선진국들이 1990년 기준으로 감축치를 약 40% 늘려 잡아야 한다고 주장하며 맞서 왔다. 최종적인 감축 목표가 정해진 뒤에도 국가별로 배출량을 할당하는 절차에서 선진국과 개도국 간 격론이 계속될 것으로 예상된다.

102) 〈2012〉 롤랜드 에머리히 감독 및 각본의 2009년 미국 SF 재난 모험 영화이다. 존 쿠삭, 아만다 피트 등이 출연했다. 감독 에머리치의 제작 회사 센트로폴리스 엔터테인먼트에서 제작, 컬럼비아 픽처스가 배급을 담당했다. 영화의 줄거리는 잭슨 커티스(존 쿠삭)가 아들 노아(리암 제임스)와 딸 릴리(모건 릴리), 예전 부인 케이트 커티스(아만다 피트) 그리고 그녀의 남자 친구 고든 실버맨(톰 맥카시)을 데리고 심한 지각 변동으로 파괴되는 도시에서 벗어나려고 탈출하려고 하면서 시작된다.

들인 이 영화는 세계적으로 거의 7.7억 달러 가량 벌어들이면서 크게 흥행했다. 이후 세계인들은 지구 재난과 종말에 두려움을 감추지 못했다.

코펜하겐회의에 참석한 태평양의 섬나라 대표는 "지구 온난화로 북극과 남극의 빙하가 녹아 내려 평균 해수면 상승으로 나라가 사라질 위기에 처해 있다"고 호소했다. 그런데 이들 태평양 섬나라들은 평균 해수면이 1m의 나라들로 지구 온난화 문제보다는 큰 파도와 바람을 걱정하며 살았던 나라들이다.

비슷한 시점에 미국 휴먼 다큐멘터리 프로인 〈불편한 진실〉에서는 지구 온난화 문제를 북극곰 한 마리가 다 녹아 버린 얼음 위에서 어찌해 볼 도리 없이 먼 하늘만 바라보는 모습과 함께 미국 전 부통령이었던 엘 고어 Gore Jr.가 출연하는 방송을 제작했다. 방송 이후 시민과 정부는 북극곰을 멸종위기 동물에 포함시켰고 지구 온난화 문제에 대한 공론화가 시작되었다. 그러나 세라 페일린 Sarah Palin 알래스카 주지사는 최근 알래스카주의 북극곰 객체수가 오히려 두 배 이상 증가했다고 발표했다.

사실 온실가스 배출에 대한 이론은 영국의 이스트 앵글리아대학의 기후연구소 필 존스 교수로부터 나왔다. 필 존스 교수는 "인류가 지구 온난화의 원인인 온실가스를 줄이지 않는다면 21세기 후반 해수면이 4-6m 상승해 우리 후손에게 심각한 영향을 줄 것"이며, 해발 고도 10m 미만의 연안 저지대에 살고 있는 6억 3,400만 명이 심각한 피해를 보게 될 것이란 예측을 내놓았다. 특히 그는 연안 저지대인 미국 뉴욕, 일본 도쿄, 인도 뭄바이, 중국 상하이, 인도네시아 자카르타, 방글라데시 다카 등 대도시가 포함된다고 주장했다.

유엔 정부간기후변화위원회(IPCC)도 보고서에서 "2080년이면 매년 약 1억 명이 해수면 상승으로 인한 범람의 피해를 볼 것"이라는 내용을 발표했다. 유엔 세계기상기구(WMO)도 2007년 북반구의 기온이 1861년 기상 관측을 시작한 이래 가장 높은 것으로 잠정 집계됐다고 밝혔다. 북반구의 기온은 과거의 평균 기온에 비해 섭씨 0.5도 정도 높았다는 것이다.

이 모두는 미국 주도의 지구 온난화 해결방안 모색과 교토의정서를 대체할 새로운 구속력 있는 기후협약 도출을 목표하는 코펜하겐회의의 중요한 근거되었다.

그러나 인류가 탄소를 배출해 지구가 온난화 현상을 겪으면서 남극과 북극의 빙하가 녹아 내려 해수면이 상승한다는 이론적 근거는 그 어디에도 존재하지 않는 허구이다.

최근 영국 기상청이 공개한 지구 평균 기온 데이터에 따르면 1997년부터 2012년까지 기온 집계 결과, 눈에 띄는 지구 기온 상승이 일어나지 않았다. 이 데이터는 영국 기상청이 매달 세계 육해상의 3,000여 개 장소에서 기온을 집계한 것이다. 이에 따르면 1997-2010년에는 기온이 소폭 상승세를 보였으나, 그 이후 2011년과 2012년 들어 기온이 크게 낮아지면서 이 같은 추세는 사라졌다.

전세계적으로 신뢰할 만한 기온 측정이 처음 시작된 1880년 이후 지구 기온은 최근까지 섭씨 0.75도 상승했으나 1997년 이후부터는 기온 상승이 멈췄다. 이에 대해 미국 조지아공대 기후과학연구소의 주디스 커리 교수는 "이 새로운 데이터는 지구 온난화가 멈췄음을 확인해 준다"고 설명하고 "1980년 이후 지구 온난화의 원인을 산업화에 따른 온실효과로 봤으나, 이제는 자연 내적인 변동성을 근본적으로 중요한 요인으로 간주할 필요가 있다"고 주장했다.

사실 저자는 자연 과학자가 아니다. '지구 온난화의 허구'를 과학적으로 입증하기는 어려우나 일반적인 자료에 의하면 자연의 동물과 식물이 만들어 내는 이산화탄소 양은 매년 1,500억 톤에 이른다. 그러나 인간이 자동차를 운전하고 비행기를 타거나 하품을 하고 나이트 클럽에 가고 … 모든 인간 활동에서 나오는 이산화탄소의 양은 65억 톤에 불과하다. 더구나 이 모두를 합하여도 대기안의 이산화탄소 비율은 아주 미미한 0.03%에 불과하다.

특히 자동차 운전이나 비행기를 운항할 때 나오는 이산화탄소의 양은 3-5억 톤으로 추정한다. 이 3-5억 톤이 기후를 변화시킨다고 난리법석을 떨고 있는 것이다. 정말 웃기는 일 아닌가? 이 소량의 인간이 배출한 이산화탄소가 기후를 변화시키고 대자연을 변화시킨다면 우리는 지금 당장 지구의 종말을 걱정해야 한다.

더구나 인류가 기온을 과학적으로 기록한 역사는 매우 짧다. 자연 과학자들은 남극 얼음 층으로부터 지구 변화와 고(古)기후 연구 데이터를 구하는 '아이스 코어(Ice core) 실험'을 기후 연구의 가장 권위 있는 연구라고 한다. 이렇게 해서 연구된 24만년 동안의 기온과 이산화탄소 분포 데이터를 보면, 기온이 이산화탄소 양의 증가를 이끈 것이지 이산화탄소가 기온 상승을 이끈 것이 절대 아니라는 것이다.

가장 간단하게 밤에는 춥고, 낮에는 왜 따뜻한가? 태양이 지고, 태양이 뜨기 때문 아닌가? 기후는 태양활동과 직접적인 관계를 이룬다. 특히 태양흑점설은 세계 기후학자들의 정설이다. 태양의 흑점이 커지고 태양의 활동이 많아지면 기온이 상승하고, 흑점이 적고 태양의 활동이 활발하지 않으면 날씨가 추워진다.

핵심은 기후 온난화가 아니라 기후 위협론이다. '하나뿐인 지구를 보호하자'는 대명제 앞에 저탄소 신에너지 개발을 외치며 월 스트리트 거래소에 가서 탄소배출권을 사라는 것이다.

중국은 세계 최대의 수출을 하지만 이제는 모든 수출품에 탄소관세를 부담해야 하고 탄소관세를 줄이는 모든 시설은 미국 기준의 기술과 시설을 구입해야만 한다. 저탄소 신에너지 개발의 대표적인 풍력 발전이나 태양에너지 발전이 중국에서 주요 국책사업으로 전개되고 지방정부마다 경쟁적으로 몰입하는 이유가 여기에 있다. 그러나 풍력발전이나 태양에너지 발전 등 고비용 저효율의 신에너지 가격은 화력 발전의 4배에 이른다.

중국은 2013년 6월 18일부터 광둥성 선전深圳에서 처음으로 탄소배출권거래제를 실시했다. 이후 주요 7개 도시에서 탄소배출권거래제를 시범적으로 실시하고 2015년 이후 전국으로 확대했다. 중국은 2020년까지 2005년 수준보다 탄소배출량을 40% 감축하는 목표도 세웠다.

미국은 세밀한 계획과 잘 짜여진 전략으로 새로운 세계질서에 영향을 미칠 수단을 마련하였고(rule-maker) 중국은 정해진 세계질서를 따라야만(rule-taker) 한다.

중국 궈지国际항공 비행기가 미국에 들어가면 탄소배출 비용을 내야 한다. 미국의 칼끝은 분명히 겨누고 있다. 세계의 공장, 중국은 지구 온난화의 주범이며 중국의 굴뚝은 극지의 빙하를 녹이고 있다며 …

F3

중국을 지배하는 골드만삭스 Goldman Sachs

골드만삭스는 월스트리트를 대표하는 투자은행(IB)이다. 골드만삭스는 1869년 약속어음거래회사를 시작으로 150여 년의 전통을 가진 투자은행 겸 증권회사로 모간스탠리 Morgan Stanley, 메릴린치 Merrill Lynch와 함께 2008년 글로벌 금융위기 이전까지 국제 금융시장을 주도하던 3대 투자회사였다. 주식상장, 기업 인수합병, 채권 발행 등을 대행하거나 부동산에 투자하는 등의 도매금융과 개인투자가의 투자금 운용, 보험 증권업무 등의 소매금융 사업을 하였다.

한편 2008년 9월 미국의 양대 투자은행이던 골드만삭스는 모간스탠리와 함께 전통적인 상업은행 업무를 겸하는 은행지주회사로 전환했다.

2012년 4월 미국 증권거래위원회(SEC)는 골드만삭스를 사기혐의로 뉴욕 연방지방법원에 제소했다. 골드만삭스에게 2008년 서브프라임모기지론 사태의 책임을 문 것이다. 당시 골드만삭스는 고위험 고수익 파생상품을 투자자들에게 제대로 알리지 않은 채 마구잡이로 판매해 엄청난 수익을 올렸지만 투자자들은 엄청난 손실을 입어야 했다. 이는 미국 나아가 전세계에 금융위기를 불러온 폭탄이 되었다.

서브프라임모기지론 사태뿐만 아니다. 신용부도스와프(CCD · Sredit

Default Swap)는 금융기관이 채권이나 대출을 해준 기업의 채무불이행 등의 신용위험에 대해 일정한 수수료를 지급하는 대가로 보장매도자가 신용사건 발생시 손실을 보장받는 일종의 파생 보험상품이다. 서브프라임모기지 사태에 이어 신용파생상품 CDS가 제2의 금융위기를 초래할 수 있다는 우려가 커지고 있다.

CDS 거래규모는 전세계적으로 2000년 이후 7년간 100배가 증가한 62조 달러에 달한 것으로 추정돼 부실화될 경우 폭발력은 상당할 것으로 예상된다.

실제로 미국의 5대 투자은행(IB)중 상업은행 인수로 생존에 성공한 골드만삭스와 모간스탠리 외의 투자은행들은 글로벌 금융위기의 직격탄을 맞았다. 리먼브라더스 Lehman Brothers Holdings는 다른 투자은행보다 더 적극적으로 CDS 거래를 해오다 2008년 9월 파산했고, 메릴린치는 뱅크오브아메리카(BOA)에 베어스턴스 Bear Stearns는 JP모건 JP Morgan에 각각 인수됐다.

2001년 그리스 정부는 재정적자를 숨기기 위해 골드만삭스로부터 대출을 받았다. 그러나 이 때의 파생상품 거래가 이후 그리스는 물론 유럽 전체를 재정위기로 몰고 간 원인 중 하나가 되었다. 당시의 교묘하고 복잡한 거래에 대해서 그리스 정부는 거의 알지 못했고, 골드만삭스는 고의적으로 알려주지 않았다. 이 거래에서 골드만삭스는 물론 큰 수익을 얻었다.

문제는 골드만삭스의 큰 수익이나 그리스의 채무위기가 아니라 엉뚱하게 중국이 의심받고 중국에게 제재가 가해진다는 사실이다.

그리스 채무위기는 잘 알려지지 않은 남아프리카의 스탠더드은행이 어느 날 불쑥 나타나 그리스와 아일랜드가 채무 문제로 인해 유로존에서 퇴출될 수 있다고 발표하면서 시작되었다. 사실 이 은행은 골드만삭스가 배후조종을 하고 있는 은행이다.

골드만삭스는 중국공상은행(ICBC)의 전략적 투자자로 공상은행의 주식 133억 주를 보유하고 있고, 중국공상은행은 남아프리카 스탠더드은행의 주식을 20% 이상 가지고 있다.

그리스 채무 위기가 터지자 유럽은 뒤를 캐기 시작하였고, 중국공상은행이 남아프리카 스탠더드은행의 대주주라는 사실을 알게 되었다. 그들은 중국을 의심하였고 중국은 골드만삭스를 대신하는 속죄양이 되었다.

두바이 사태[103)]의 배후와 보이지 않는 권력의 연관에도 골드만삭스가

---

103) 두바이는 아랍에미리트 연방을 구성하는 7개국 중의 한 나라이며, 토후국 중 유일한 국제 무역항이다. 1969년부터 석유를 수출하기 시작했으며 석유 수출로 인한 수입이 GDP의 대부분을 차지하였으나 다른 산유국에 비하여 매장량은 적은 편이며 이를 극복하기 위하여 자유무역단지 조성 등에 힘써 물류, 항공, 관광 인프라를 갖춘 중계무역지로 발전하면서 '중동의 뉴욕'으로 불리게 되었다. 중동의 막대한 오일달러를 앞세워 적극적으로 투자하면서 중동의 금융 중심지로 발전하였으나, 자체 기반 없이 부동산 개발을 중심으로 단기간에 과도한 투자와 개발이 이루어진데다가 2007년 미국의 서브프라임 모기지 사태에서 비롯된 세계적 금융위기가 겹쳐 투자 자본이 빠져 나가면서 2009년 국유기업 두바이월드가 모라토리엄(채무지급유예)을 선언하기에 이르렀다. 그러나 연방정부는 아부다비 두바이 2개 토후국의 원유 판매수입을 재원으로 하여 나머지 비산유 토후국들을 지원하여 사회간접자원 건설, 농업, 수산업, 관광업 등에 투자하고 있다. 연방최고회의가 국가의 최고 의사결정기관이고 그 결정은 아부다비와 두바이를 포함한 5

있었다. 두바이 사태가 터졌을 때 채무연기를 제안하며 도왔던 은행이 미쓰이[叁井]은행이었다. 물론 이 은행의 최대주주는 골드만삭스이다.

골드만삭스의 조종을 받는 미쓰이은행은 6개월 채무연기를 해 주었다. 6개월 채무연기는 두바이의 국내 사정상 돈을 떼일 염려가 없다는 것을 알고 있고, 골드만삭스와 적대적 위치에 있는 홍콩상하이은행(HSBC)에게는 타격을 입히는 전략이었다. 홍콩상하이은행이 두바이에 160억 달러의 파생 금융상품 외에도 대량의 투자분이 있기 때문이다.

골드만삭스는 저명한 국제금융전문가를 앞세워 두바이 사태를 설명하면서 홍콩상하이은행의 위험을 경고하고 그들은 특기인 공매도로 이익을 챙기고 홍콩상하이은행에게 큰 타격을 입혔다.

공매도(空卖渡)[104]란 물건을 가지고 있지 않은 상태에서 판다는 의미다. 주식시장에서 공매도는 주식을 가지고 있지 않은 상태에서 매도 주문

인 수장의 동의를 필요로 한다. 단 거부권은 아부다비와 두바이만이 가지고 있다. 결국 아부다비와 두바이 양대 군주가 권력의 핵심을 구성하고 있는 정치적 특성이 있다. 두바이 사태는 국지적인 문제로 아부다비의 지원 등으로 해결 가능하다는 판단 때문에 글로벌 금융시장이 곧 안정을 회복. 두바이월드는 정부지원 등에 힘입어 구조조정을 추진중이며 채권단과의 원만한 합의가능성이 높은 것으로 평가되고 있다.

104) 공매도(short selling) : 주식시장에서 공매도란 주식을 가지고 있지 않은 상태에서 매도 주문을 내는 것. 공매도에는 크게 두 가지 유형으로 하나는 말 그대로 없는 주식을 미리 파는 무차입 공매도(네이키드 쇼트셀링 naked short selling)이다. 보유하고 있지 않은 주식을 먼저 판 다음 결제일이 오기 전 시장에서 되사 대여자에게 반환하는 과정에서 차익을 얻게 된다. 또 다른 방식은 빌려온 주식을 매도하는 차입 공매도(커버드 쇼트셀링 covered short selling)이다. 기관 등에서 보관시킨 주식을 갖고 있는 예탁결제원이나 증권사 등에서 주식을 빌려 매도하는 형태를 가진다. 이 때 주식을 되사 갚는 것을 쇼트커버링(short covering)이라고 한다.

을 내는 것을 말하며, 주가가 떨어질 것을 예상할 때 공매도로 시세차익을 노리는 방법이다.

쉽게 예를 들면 영화 〈007 카지노 로얄〉의 핵심이 바로 공매도라 할 수 있다. 줄거리를 보면 테러 자금을 굴려 주는 악당 르쉬프르는 항공사 스카이 플릿의 주식을 공매도 한다. 이후 스카이 플릿의 신형 비행기를 폭파시키려 하지만 제임스 본드의 활약으로 실패하고, 오히려 엄청난 손실만 입게 된다. 르쉬프르는 잃은 돈을 만회하기 위해 도박판(카지노)에 뛰어든다는 내용이다.

도대체 공매도가 뭐기에 비행기까지 폭파시켜야 하는 걸까? 여기서 알 수 있는 점은 공매도를 이용하면 주가가 떨어질 때도 수익을 낼 수 있다는 것이다. 가령 A기업의 주가가 현재 100위안이고 주가하락이 예상된다고 가정하자. 이때 A주식을 갖고 있지 않더라도 일단 100위안에 공매도 주문을 낸다. 그리고 실제 주가가 90위안으로 하락한다면, 이때 매수해 주식을 주당 90위안에 산 것으로 건네 주면 되고 10위안의 차익을 볼 수 있다.

위의 예에서 르쉬프르가 신형 비행기를 폭파시키려 한 것도 스카이 플릿의 주가를 떨어뜨려 공매도를 통한 시세차익을 거두기 위해서다. 이처럼 공매도는 투기성이 짙은데다 주가를 떨어뜨리는 방향으로 시장조작을 벌일 가능성이 높아 국가별로 엄격한 제한을 두는 경우가 많다.

월스트리트의 투자은행, 특히 가장 규모가 큰 골드만삭스는 단순한 금융기관이 아니라 자신의 이익을 위해서 공공의 이익을 심각하게 훼손할 의지도 능력도 실제로 그러하기도 하는 거대한 조직이다. 일부에서는 골드만삭스가 세계를 지배하고 있다는 음모론을 제기하기도 한다.

골드만삭스는 중국에서도 빛나는 실적을 거두었다. 1980년대 말 중국에서 사업을 시작한 이후, 국유기업 구조조정과 상장 주간사로 나중에는 각종 M&A와 유망한 민영기업의 상장에 참여하면서 굵직한 경제 프로젝트의 주역으로 중국에 진출한 해외 금융사들 중에서 독보적인 존재감을 발휘했다. '중국의 친구'라고 불리며 중국기업들은 너나없이 골드만삭스와 일하고 싶어했다.

그러나 그 이면에는 중국인들의 심리를 꿰뚫고 치밀하게 계산하고 움직이며 선량한 투자자인 듯 다가가 온갖 술수로 자신의 이익을 챙겼다. 중국이 엄청난 경제성장을 하는 동안 그 과실 중 상당부분이 상장주간사, 투자자, 대행사 역할을 했던 골드만삭스에게 돌아갔다. 전세계의 자본이 중국으로 흘러들어가는 동안 골드만삭스 역시 천문학적 금액을 챙긴 것이다. 자신의 이익을 위해서라면 언론플레이와 온갖 조작도 마다하지 않았다. 특히 자본주의에 익숙하지 않았던 중국기업들은 큰 손해를 봤다.

2004년 중국항공유류회사는 석유 선물시장에서 골드만삭스에 말려들어 파산했고, 2009년에는 동방항공과 국제항공 역시 석유 선물시장에서 천문학적 손해를 입었다.

레노버 Lenovo(롄샹 聯想)가 2004년 IBM의 PC사업부를 총 12억 5,000만 달러에 인수·합병할 때, 알짜배기 사업부는 빠진 채 껍데기만 인수한다는 사실을 알고도 묵인했고 수수료로 엄청난 돈을 챙겼다.

2008년에는 타이즈나이 太子奶라는 건실한 우유업체에 투자를 명목으로 다가가 도박성 계약을 체결하여 결국 파산에 이르게 했다. 또한 자신이 투자한 기업을 상장시킨 후에는 주가를 올리기 위해 의심가는 언론플레이를 하기도 했다. 이러한 사례는 비일비재하다.

중국에서 돼지고기는 소비자물가지수(CPI) 비중이 10%를 차지할 정도로 중요한 품목이다. 그런데 골드만삭스는 이처럼 중요한 양돈 사업까지 뛰어들어 중국의 돼지고기까지 통제하고 있다.

2004년 중국의 3대 육가공업체 중 하나인 위룬 雨润그룹을 매입한데 이어, 2006년에는 허난 河南 솽후이 双准 가공공장을 사들였다. 그리고 후난 胡南과 푸젠 福建성, 장쑤 江苏성의 양돈장들을 구매했다. 2009년에는 다시 양돈 관련 기업이나 유통회사의 공략에 나섰다. 이로써 골드만삭스는 중국에서 유일한 양돈 산업망을 구축하게 되었고, 그들은 중국의 돼지고기 가격을 장악할 수 있었다. 급기야 중국 정부가 나서서 골드만삭스의 사업에 제동을 걸어야 했다. 중국인들이 이렇게 골드만삭스의 진짜 얼굴을 보기까지는 10년이 넘게 걸렸다.

골드만삭스(Goldman Sachs · 가오성 高盛)를 중국어로 풀이하면 '높은데 올라 의기양양하게 깔본다'(高高在上 盛气凌人)라는 뜻이 된다.

F4

중국 돼지고기 가격은 시카고에서 결정한다.

중국의 소비자물가지수(CPI) 비중에서 식품은 34%로 가장 큰 부문을 차지한다. 식품은 돼지고기, 식용유, 쌀, 닭, 달걀, 우유, 밀, 옥수수 등 중국인들의 주부식으로 이루어진다. 그 중에서 돼지고기의 비중은 전체 CPI의 10%를 차지한다. 중국에서 유일한 양돈 산업망을 구축한 골드만삭스는 중국 돼지고기 가격을 장악했다.

2009년 12월 중국의 식용유 가격이 10% 인상됐다. 이미 2003년 미국 몬산토 Monsanto[105]의 유전자 변형(GMO) 대두(大豆) 수입개방으로 중국 대두는 자연히 도태되었고, 중국 대두가격은 시카고 선물거래소의 대두

---

105) 종자개발, 생명공학기술 개발 등의 농업솔루션을 제공하는 다국적 농업기업으로 1901년에 설립되었다. 1960년대에 농업 부문을 핵심 사업에 주력하기로 하고 1980년대부터는 농업생명공학기술 부문에 역량을 집중하기 시작했다. 2001년부터는 지속가능한 농업을 위한 몬산토의 공약인 'Monsanto Pledge'을 공표하였다. 2005년 채소 및 과일 종자기업 세미니스(Seminis)를 2008년 채소 종자 교배종을 생산 및 판매하는 디루이터 시드 그룹(De Ruiter Seeds Group B.V.)을 인수하였다. 2009년 농업 분야 최초로 물 이용 연구 센터를 미국 네브라스카주 고텐부르그(Gothenburg)에 설립하였다. 이 외에도 아프리카농업기술재단(African Agriculture Technology Foundation AATF)이 주도하고 있는 '아프리카를 위한 물 효율성 옥수수(Water Efficient Maize for Africa WEMA)' 프로젝트에 참여하고 있다. 한해 12억 달러 가량을 농업 분야 R&D 비용으로 투자하고 있으며, 가뭄에 강한 종자 병충해에 강한 종자 건강에 좋은 오메가 3가 함유된 종자 등 다양한 제품을 개발 및 공급한다. 본사는 미국 미주리주 세인트루이스에 있으며, 중국을 포함한 전세계 46개국에 걸쳐 2만 여 명의 직원이 근무하고 있다.

선물가격에 의해 결정된다.

쌀은 중국인들의 주식으로 매년 1억 7,000만 톤을 소비하고 있다. 그런데 2009년 11월 중국 농업 당국은 유전자 변형 쌀과 옥수수에 대한 안전인증 증서를 발급했고 이미 중국에는 950-1,200톤의 유전자 변형 쌀이 흘러들어가 최소한 2만-2만 5,000무畝[106] 이상의 면적에서 재배되고 있다.

유전자 변형 옥수수인 미국 몬산토Monsanto의 DK007호가 현재 중국 광시廣西 좡족壯族 자치구에서 1,062만 무畝에 이르는 넓은 땅에서 재배·생산되고 있다.

중국에서 소비되는 값싼 닭고기는 주로 미국에서 수입된다. 2009년 9월 타이어 특별 세이프가드라는 난제에 직면한 중국은 미국산 닭고기에 보복관세를 부과했다.

저자의 무거운 상상이지만 만약 미국이 중국의 인플레이션을 통제한다면 소비자물가지수(CPI)에 직접적인 영향을 미쳐 즉시 큰 타격을 입힐 수 있다. 뿐만 아니라 미국이 전개하는 보이지 않는 전쟁(식량전쟁)으로 중국에 가해질 충격의 크기는 상상할 수조차 없다.

중국이 수입해 소비하는 미국산 닭고기가 왜 그토록 싼 것인가? 그 이유는 사료가 특별히 싸다는 사실이다. 사료는 주로 옥수수를 쓰는데 미국 정부는 연평균 30억 달러를 옥수수 경작 농민에게 보조금으로 지급해 주고 있다. 미국 식량안보와 에너지 전략에 가장 중요한 작물인 옥수수는

---

106) 무畝(이랑 묘)·1무는 약 666제곱미터(약 200평).

세계 생산량 1위로 세계 생산량 46%를 차지하고 있으며, 옥수수 생산 총량의 절반이 사료로 사용되며 전세계 수출량의 약 70%를 차지하고 있다.

중국은 지난 15년 동안 옥수수를 자급자족하다 2012년부터 수입국으로 돌아서 2,100만 부셀Bushel[107]을 수입했다. 중국의 옥수수 수요가 늘어난 것은 기상 이변으로 작황이 좋지 않은데다 돼지고기와 우유, 계란 등의 소비가 급증하면서 가축 사료의 70%를 차지하는 옥수수가 더 많이 필요했기 때문이다. 중국은 짧게는 5년 이내에 세계 최대 옥수수 수입국이 될 것으로 전망된다.

특히 미국산 옥수수 종자의 수입으로 중국의 옥수수 생산 농가는 큰 타격을 받고 있다. 미국산 옥수수 종자는 현재 중국 총 재배면적의 10%를 차지하고 있으며, 주요 산지인 동북 3성 일부 지역에서는 점유율이 50% 안팎에 이른다.

광시广西 좡족壮族 자치구에는 1,062만 무亩에 이르는 넓은 땅에서 미국산 옥수수 종자로 재배 생산하고 있다. 중국 최대 옥수수 생산지 헤이룽장黑龙江성의 옥수수 경작지가 5,900만 무亩이다. 이는 헤이룽장성 옥수수 재배면적의 1/5에 해당하는 면적이다.

중국은 종자와 비료 등의 신기술과 제품개발 보급을 정부가 담당하고 있지만 미국은 대기업이 맡고 있어 상품 자체 경쟁력과 상업화 측면에서

107) Bushel : 과일 곡물 등의 중량 단위. 1부셀은 소맥, 대두의 경우 27.2kg(60파운드) 옥수수의 경우 25.4kg(58파운드)이다. 또한 영국에서는 1부셀이 28.1kg 미국에서는 27.2kg으로 사용되고 있다.

중국은 결국 미국 옥수수 산업을 크게 돕고 있는 모습이다. 게다가 미국산 종자를 사용하려면 미국산 비료, 농약, 제초제가 필수적이다. 따라서 중국은 이에 대한 로열티와 기술특허 비용까지 지불해야 한다.

옥수수 가격결정권은 미국이 가지고 있고 미국산 옥수수 종자는 단순한 가격의 의미가 아니라 환율조절 기능까지 하고 있다.

옥수수 가격 상승과 최근 3-4년간 수익성이 좋은 옥수수 재배로 인해 대두 경작지가 옥수수 밭으로 대체되었다. 헤이룽장성 대두 재배면적은 6,000만 무畝였으나 2011년에는 20% 가까이 감소한 5,440만 무畝였다. 대두농사만 가능한 일부 최북단 지역을 제외하고는 남부의 대부분 지역이 옥수수 밭으로 바뀐 것이다.

그러나 중국의 대두단백질 수출은 전세계 50%를 차지하고 있다. 약 2,500여 가지의 미국산 가공식품에 중국산 순수 대두단백질이 들어가고, 일본은 매년 60만 톤의 중국산 순수 대두단백질을 소비한다. 이렇게 자신들이 생산한 대두의 해외 소비가 증가하고 절대량을 생산함에도 불구하고 중국은 가격 결정권을 갖지 못하고 토지자원을 낭비하고 있다.

중국에서 생산된 순수 대두는 전체 농작물 중 가장 적은 수익을 얻고 있으며 오히려 유전자 변형 대두가 몰려들면서 생산비용이 상승하자 중국은 대두 재배면적을 줄이고 유전자 변형 옥수수 재배로 대처했다. 재배면적과 생산량이 줄어들면서 순수 대두단백질 가공공장은 원료 부족으로 어려움을 겪고 있다. 수출기업들 간의 경쟁으로 최근 순수 대두단백질 수출

가격은 톤당 2만 위안까지 떨어지고 수입되는 유전자 변형 대두가격은 톤당 3만 위안을 형성하고 있다.

중국 식용유 생산업체는 수입 유전자 변형 대두가격 상승으로 생산비가 맞지 않아 중국 500대 기업 중 하나인 베이징 산허北京叁河그룹의 식용유 압착기는 가동을 멈췄고, 전국의 400여 개의 식용유 생산공장 대부분이 문을 닫아 중국 전역에 식용유 품귀 파동을 일으켰다. 순수 대두의 해외 소비는 증가하는 데도 수출가격은 오르지 않고 생산량은 줄어들고, 변형유전자 대두와 옥수수 생산량은 급증하면서 수입가격은 계속 상승하고 있다.

또한 대두단백질 가공공장과 식용유 생산공장은 과잉설비와 경기침체, 생산원가 상승에도 불구하고 국가발전위원회의 가격 통제로 손해를 보고 있고 고단백 대두와 식용유 수요 증가는 인플레이션의 근본 원인이 되고 있다.

2010년 중국의 폐식용유 사건은 충격적이었다. 뒤늦게 국가식의약품감독국에서는 〈폐식용유의 요식산업 유입 근절을 위한 긴급 통지〉를 발표하며 대책마련에 나섰으나, 중국의 폐식용유 산업은 이미 15-20억 위안의 수익을 내는 완벽하게 통합된 산업망이자 순환경제의 중요한 부문으로 자리잡고 있다.

중국에서 매년 소비되는 식용유는 2,200만 톤이며 약 330만 톤에 달하는 폐식용유가 발생한다. 이 중 270만 톤의 폐식용유가 시장으로 다시 흘러들어온다. 중국인이 먹는 기름 중 10%가 폐식용유라는 이야기다.

길거리에서 파는 맛있고 저렴한 요우티아오油条(밀가루 반죽을 발효 시켜 기름에 튀긴 간식) 샤오롱샤小龙虾(민물가재를 기름에 튀긴 요리)는 모두 폐식용유로 사용된 것임을 쉽게 짐작해 볼 수 있다.

시장에 유통되는 식용유는 톤당 6천 위안에 팔리고 있고 폐식용유는 톤당 3천 위안에 거래되고 있다. 폐식용유는 인건비를 포함한 제조비용이 300위안에 불과해 높은 수익이나 효율면에서 정품보다 훨씬 막강한 우위를 점하고 있어 중국 지하경제의 한 부분으로 자리잡은 지 오래됐다.

폐식용유에는 비상(砒霜 · arsenic trioxide)보다 100배 강한 발암물질 아플라톡신(aflatoxin)이 함유되어 있다.

2008년 중국에서는 멜라민melamine이 함유된 싼루叁鹿 분유를 먹고 6명의 유아가 숨지고 5만 3,000명이 신장결석이나 신부전증 질환을 일으키는 등 큰 파문이 발생하였다. 사실 이 사건은 단순한 실수나 처음이 아니다. 저자가 조사한 바로는 2007년에도 중국에서 멜라민 분유로 인한 대규모 리콜이 있었으며, 2004년에는 물을 섞은 우유로 인해 13명의 아동이 사망한 적이 있었다.

맨 처음에 문제가 발견되었던 허베이河北성 스자좡石家庄의 싼루사 외에도 이리伊利나 멍뉴蒙牛같은 유명회사 제품에서도 멜라민이 검출되었다.

이후 2010년 7월 깐수甘肃, 칭하이青海, 지린吉林에서 각각 발생한 멜라민 분유 사건도 모두 싼루사 분유를 재가공하여 일어난 것들이었다.

자료에 의하면 전국 109개 분유업체의 491개 제품에 대한 샘플조사 결과 22개 업체 69개 브랜드에서 공업용 원료인 멜라민 성분이 검출됐다. 중국은 멜라민 분유 사건의 교훈을 제대로 얻었는가 하는 의문이 든다.

문제가 어디에 있는가? 멜라민 분유 파동에도 불구하고 중국 원유가격의 상승은 계속되었다. 분유업체들은 원가상승과 기업비용 증가, 수입분유의 상륙으로 파산하고 공장가동이 줄면서 낙농가는 타격을 받는 등 그에 따른 연쇄반응이 나타났다.[108)]

2011년 통계에 의하면 원유가격은 kg당 3.5위안으로 일부 제품의 경우 4.15위안까지 치솟았다. 포장 수입분유는 톤당 3만 2,000위안인데 비하여 원유생산 원가는 3만 5,000위안이라는 이야기다. 2010년 수입분유는 총 37만 톤으로 수입분유가 10만 톤씩 증가할 때 원유 수요는 85만 톤씩 감소한다.

108) 2008년 이후 분유 수입량은 연평균 35.8% 속도로 늘어났으며 2013년에는 전체 시장에서 수입분유 비중이 무려 70%에 육박하기도 했다. 중국 국가질량감독검험검역총국은 2011년 전국 유제품 업체에 대한 사업자격 재심사에 돌입, 거의 절반(40.4%)에 육박하는 기업을 시장에서 퇴출시켰다. 당시 당국은 분유품질제도의 확립을 통해 2015년까지 매출 20억 이상의 국내 대형 분유브랜드 10곳을 육성하고 이들의 시장집중도를 70%까지 높이겠다는 목표도 제시했다. 중국 대표 유제품 업체인 멍뉴 蒙牛는 업계 시장변화를 빠르게 파악하고 변화를 시도했다. 2013년 멍뉴는 야스리 雅士利를 124억 6,000만 홍콩달러에 인수 후 구조조정에 돌입하고 프랑스 유제품업체인 다논(Danone)과 협약하고 중국 최대 젖소 목축업체 지분 28%를 인수, 자체 생산 및 고품질 원유 확보에도 나섰다. 현재 중국 10대 유제품업체는 이리 伊利, 완다산 完达山, 페이허 飞鹤, 밍이 明一, 칭다오성위안 青岛圣元, 시안인챠오 西安银桥, 룽단 龍丹, 천관 晨冠, 멍뉴 蒙牛 등이 꼽히고 있다.

또 다른 이유는 네이멍구內蒙古의 시린궈러멍锡林郭勒盟109)의 초원면적은 16만 ㎢로 서구의 스위스와 네덜란드, 벨기에, 덴마크를 합친 토지면적과 같다. 그러나 지금은 북부 국경을 따라 6만 ㎢만 남아 있다. 대규모 농지 개간과 공업화로 초원의 젖소들이 사라지고 그 자리에는 노천 석탄광산만이 남아 있다. 노천탄광 채굴은 초원 파괴뿐만 아니라 지하수도 오염시키고 염류화작용으로 사막화를 가속화시킨다.

사막화 현상은 연평균 26-28%씩 증가하는 수치를 보이고 있다. 초지와 젖소의 감소로 원유가격은 상승하고, 중국 3대 분유 생산지인 산시陝西성의 경우 분유 생산업체의 60-70%가 문을 닫았다. 결국 중국은 세계에서 가장 큰 수입분유 시장이 되어 버린 것이다.

미국은 맥도날드와 같은 패스트푸드를 중국에 팔지만, 사실 중국인들은 유전자 변형된 옥수수 사료를 먹고 자란 소고기와 유전자 변형된 옥수수 식용유에 튀긴 감자와 미국에서 수입된 닭고기와 콜라를 미국과 같은 가격으로 사 먹는다.

---

109) 중국 네이멍구內蒙古 자치구 중부에 있는 멍盟으로 내몽골 초원 가운데서 가장 중심이 되는 시린궈러锡林郭勒 초원이 있다. 1,200여 종의 야생 식물과 100여 종의 동물이 서식한다. 천연 광물은 이미 탐사된 것만 70여 가지가 넘고 희토(稀土) 매장량은 전국의 97%를 차지하는데 이는 해외 각국의 총 매장량보다 많을 뿐 아니라 품질도 우수하고 다양하다. 석탄 매장량은 2,263억 톤으로 산시山西성에 이어 전국 2위이다. 또 준거얼准格尔과 훠린霍林강 등 노천에서 채굴하기 적당한 대형 탄전도 5곳이 있다.

F5

중국의 아침 식탁을 책임지는 몬산토 Monsanto

2009년 11월 중국 농업 당국은 2종의 유전자 변형 쌀과 1종의 옥수수에 대한 안전인증서를 발급하였다. 이로써 중국은 세계에서 유래를 찾을 수 없는 유전자 변형 식품을 승인한 최초의 국가가 된 것이다. 미국은 중국에 유전자 변형된 기술과 종자를 판매하고 미국은 중국으로부터 순수 대두단백질만 수입한다.

중국 역사서에 의하면 대두(大豆)는 전설 속의 황제(黃帝)시대부터 심기 시작해 일찍이 전세계 지역의 총생산량보다 더 많았고, 과거 국제시장에서 최고의 경쟁력을 갖춘 중국 농산품 중 하나였다. 또한 중국은 세계 야생 대두 품종의 90% 이상을 보유하고 있어서 실질적인 대두 종주국이었다.

그러나 2000년부터 대두 연 수입량이 1,000만 톤을 초과하면서 이제는 세계 최대 수입국이 되어 버렸고, 생산량 역시 미국, 브라질, 아르헨티나에 이은 세계 4위로 급전직하했다.

미국 몬산토 Monsanto는 유전자 변형 대두를 중국을 포함하여 세계 101개 국가에 64항목의 특허를 신청하였다. 이로써 대두 종주국이 바뀐 것이다.

현재 중국이 매년 소비하는 대두는 약 5,000만 톤에 이른다. 그 중

70-80%는 수입 대두가 차지하며 주로 미국과 남미에서 들여온다.

가격은 세계 4대 곡물 메이저 기업에 의해 시카고 선물거래소에서 결정된다. 세계 4대 곡물 메이저 기업은 아처다니엘(Archer Daniels Midland), 번기(Bunge), 카길(Cargil), 루이드레퓌스(Louis Dreyfus)로 첫 알파벳을 조합해 ABCD라고 불리운다.

전세계 식량생산과 운송 및 판매를 장악하고 있는 이 4대 곡물 메이저 기업은 어떻게 중국 대두시장을 파괴하고 가격 결정권을 장악했을까?

2003년 8월 미국 농무부는 기상이변으로 대두 생산량을 하향 조절할 것이라고 발표했다. 이에 4대 곡물 메이저 기업은 시카고 선물거래소에서 대두선물[110]을 대거 사들였다. 그 결과 대두가격이 2003년 8월 최저점 540센트에서 2004년 4월 1,060센트까지 빠른 속도로 상승했다. 이 가격은 과거 30년 동안의 최고 기록을 경신한 것이다. 이를 중국 위안화로 대치하면 톤당 대두가격이 2,300위안에서 4,400위안으로 상승한 꼴이다.

2004년 3월 공황상태에 빠진 중국은 톤당 4,300위안에 800만 톤을 구매했다. 중국이 구매한 후 1개월이 채 지나지 않아, 미국 농무부는 생산 데이터를 상향조정하여 수정 발표하였고 대두가격은 급격하게 하락하였다. 두 배가 넘는 당시 톤당 4,300위안의 대두가 항구에 도착하기도 전에 가격이 2,000위안으로 떨어지고 중국 대두압착 기업들은 모두 파산하고 말았다.

---

110) 시카고 상품거래소에서 IOM대두(미국 인디애나, 오하이오, 미시간 주 등에서 생산되는 콩)로 상장되어 선물거래되고 있다. 단백질 함유량이 많고 주로 두부용에 사용된다.

일반적으로 대두를 압착해 기름을 짜내는 기업은 자금의 95%를 원료 구매에 사용한다. 70%에 해당하는 중국의 대두 가공 기업들이 도산에 바로 내몰린 것이다. 이때 4대 곡물 메이저 기업은 중국에 들어와 헐값으로 대두압착 기업들을 인수하고 차례로 분화된 역할로 중국 식용유시장과 대두가격 결정권을 장악했다.

아처다니엘은 루화魯花 등 중국 내 유명한 식용유 가공공장 38개를 인수하여 전국 최대 식용유 가공 그룹 이하이자리益海嘉里를 만들었다. 번기는 2000년도에 대두와 종자 공급상으로 진출하였고, 카길은 중국 20여개 성시에 34개 투자회사를 설립하고 식물추출 단백질, 식용유, 사료, 화학비료 등에 루이드레퓌스는 옥수수와 중국 최대 면화 공급상으로 진입하였다. 이렇게 중국 식용유 시장의 85%가 루화魯花, 진룽위金龍魚, 푸리먼福临门 등 주요 메이커로 재조정되어 4대 곡물 메이저 기업 수중으로 들어갔다.

중국은 아침에 계란 프라이를 해 먹을 때 4대 곡물 메이저 기업의 통제를 받아야 한다. 그러하지 않으면 지하경제에서 유통되는 폐식용유를 사용해야 한다.

이들 4대 곡물 메이저 기업이 단순하게 중국 식용유 가공 이윤을 목표로 중국에 진출했을까? 이들은 전세계 농업 산업을 장악하는 목표를 가지고 있다. 이들의 주력 산업을 살펴보면 쉽게 알 수 있다. 우선 아처다니엘은 창고, 저장, 운수업과 관련 산업에 진출해 있고 이미 미국 최대 옥수수 축출 바이오 에탄올 회사를 가지고 있다. 제품개발을 통하여 농산품에서 추출하는 에탄올과 에틸렌을 생산하는 차세대 신에너지 개발을 목표로 하고 있다. 번기는 남미의 초대형 농장과 화학비료, 식량매입, 가공, 판매에 진출해 있다. 카길은 400여 척이 넘는 대형 곡물운반선과 대형 곡물운반 트럭을 중심으로 하는 유통에 루이드레퓌스는 농산물 선물매매에 특별한 우위를 보유하여 이들만의 특별한 ABCD 연결고리를 이루고 있다.

몇 가지 데이터를 찾아보면, 미국의 연간 옥수수 생산량은 3억 6,800만 톤이며 중국은 1억 6,100만 톤에 이른다. 미국은 세계 최대의 옥수수 생산국인 동시에 세계 최대의 옥수수 수출국이기도 하다. 생산량은 전 세계의 46%에 해당하고 수출량은 전세계 시장의 70% 이상을 차지한다.

미국 내 옥수수 재배 면적은 9,045만 에이커에 달하고 있으며 미국 정부는 연평균 30억 달러의 보조금을 농가에 지급하고 있다. 예컨대 1,500 에이커의 농장에서 50만 달러의 옥수수 생산을 하면 미국 정부는 7만 5,000달러의 보조금을 준다. 때문에 미국의 옥수수는 대단히 싸고 옥수수로 만든 사료 역시 쌀 수밖에 없어 농가는 안정적인 경작을 할 수 있다. 이 사료를 먹여 키운 미국산 닭고기가 특별히 쌀 수 밖에 없는 이유이다.

미국은 옥수수 생산량 중 1/3인 33%를 사료 이외에 에탄올을 생산한다. 중국의 옥수수 전체 생산량과 맞먹는 양을 에탄올 생산에 사용한다.

미국 정부는 신에너지 개발과 환경보호라는 도덕적 우위에서 합리적이고 합법적으로 보조금을 지급하고 있는 것이다. 브라질이나 아르헨티나가

WTO에 옥수수 보조금 문제로 미국을 제소하지 못하고, 중국이 값싼 수입 닭고기를 문제제기 못하는 이유인 것이다.

미국산 옥수수가 일단 중국에 진출하면 중국 옥수수는 대두의 전철을 밟게 된다. 이후 미국이 옥수수 가격을 통제하면 중국의 식품가격은 즉시 반응을 나타내고 경우에 따라서는 미국이 마음만 먹으면 인플레이션을 조성할 수도 있다. 그러나 중국의 기업들은 옥수수 수입개방을 바라고 있다. 중국 옥수수 가공공장에서 중국산 옥수수를 가공하여 파는 것보다 수입하는 가격이 낮아 기업의 실이익이 없기 때문이다. 미국과 4대 곡물 메이저 기업은 이때를 놓치지 않는다.

사실상 미국은 이미 계획에 착수했다. 유전자 변형 옥수수인 몬산토Monsanto의 DK007호를 중국 옥수수 생산기지라 할 수 있는 헤이룽장성을 피해서 옥수수가 전혀 나지 않는 광시广西 좡족壮族 자치구에 1,062만 무亩에 이르는 넓은 땅에서 재배 생산하고 있다. 이는 헤이룽장성의 옥수수 재배면적의 1/5에 해당하는 면적이다.

몬산토가 개발한 DK007호는 무亩당 생산량이 463kg으로 중국 평균보다 73kg이 많다. DK007호는 생산량이 높을 뿐만 아니라 단가도 낮고 병충해에 강해 농약 사용량이 적어 농민들에게 큰 환영을 받고 있다. 몬산토는 특허 비용도 받지 않고 거의 무료로 종자를 광시성 농민에게 나누어 주고 재배하게 하였다. 이에 현혹된 현지 지방정부는 DK008호까지 앞장서 보급하고 있고 인근의 구이저우贵州성, 윈난云南성 등지에서도 곧 재배할 것으로 보인다. 이렇게 되면 결국 중국 서남부는 세계 최대 유전자 변형 옥수수 생산기지가 될 것이다.

그러면 몬산토는 무엇을 얻는가? 몬산토는 자선 사업가가 아니다. DK008호는 농민이 재배하고 생산한 다음, 종자를 다시 심으면 3대 이후의 생산량은 현격히 줄어든다. 병충해도 일정시간이 경과하면 다른 내성을 가진 병충해가 나타나게 되어 더 많은 농약을 사용해야 한다. 농민들이 처음 재배하는 DK007호는 문제가 없으나 3대 이후부터는 생산량이 하락하고 병충해가 나타나 몬산토로부터 농약과 종자를 다시 사야하고 이제부터는 몬산토에 특허기술료까지 내야 한다.

이 같은 예측은 중국이 미국 몬산토로부터 들여온 유전자 변형 면화 33B에서 볼 수 있다. 2001년부터 2004년까지의 각 항의 데이터를 보면, 유전자 변형 면화 33B를 처음 재배할 당시에는 농약 사용량이 50-60% 줄었고 생산량은 20% 늘었으며 조면[111] 무게도 42%로 매우 우수한 종자였다. 최초 3년간은 아무 문제가 없었으나 3년 후부터는 생산량이 10% 떨어지고 조면 무게 비율도 42%에서 34%로 떨어졌으며 면화씨 벌레, 붉은 거미, 담배가루이, 진딧물 등 해충이 모두 출현했다. 농민들은 농약을 구입하고 종자를 다시 사야만 했고, 그 해의 부족한 면화 200-300만 톤은 수입해야만 했다.

111) 조면(繰绵 · ginning) · 솜에서 불순물이나 종자를 제거하는 공정. 목화에서 씨를 제거시키고 섬유만 남게 하는 것.

미국 정부는 옥수수와 마찬가지로 면화 생산에도 보조금을 지원한다. 2001년의 경우 미국의 면화 생산액은 총 30억 달러였으나 보조금으로 40억 달러를 집행하였다. 1달러의 면화를 생산하는데 1.29달러의 보조금을 지급한 것이다. 상당한 보조금 때문에 미국의 면화가격은 중국 면화에 비해 톤당 평균 2,000위안 정도 낮다. 여기에 미국은 방직, 염색, 의류제작, 디자인 브랜드 가치가 뛰어나다.

다른 농산품인 채소의 경우도 이미 미국의 몬산토 Monsanto와 듀폰 Du Pont, 독일의 바스프 BASF AG가 중국 채소 종자시장의 50%를 점하고 있고, 화훼산업 역시 중국 전체 산업 이익의 70%를 로열티 비용으로 징수하고 있다.

중국은 왜 모든 것이 미국보다 비싸고, 중국 노동자는 세계에서 가장 적은 임금을 받으며 힘들게 일하여야 하는가 하는 답이 바로 여기에 있다.

2008년 4월 중국 인민은행의 통화정책 목표가 돼지고기 가격을 잡자는 것이었다. 그러나 중국은 평균 소비수준이 너무 낮아 인플레이션 상승의 기초를 구성할 수가 없다. 대부분의 중국인은 수입의 45%를 식료품 구입에 쓰고 있다. 이것이야말로 중국 인플레이션의 가장 황당한 문제라고 할 수 있다.

중국의 도시화와 산업화는 경작지가 줄게 만들었고, 1949년 이래 5분의 1의 경작지를 상실한 현실에 직면해 있다. 현재 중국 내 식량가격은 전반적으로 국제시세보다 10-30%가량 높고, 식량수입 의존도가 높아지는 가운데 정부가 관세로 국내 농업을 보호하는데 한계가 있고 이는 국내시장 안정을 유지하기도 어렵게 만든다. 특히 중국은 2018년 이후 세계 최대 소비식품 시장으로 부상할 전망이다. 미국 식품산업협회(AFI)에 따르면 중국은 2018년 미국을 제치고 세계 최대 식품소비 시장으로 부상할 것으로 예상된다.

중국인은 아침에 주로 유전자 변형된 대두 가공식품인 도우쟝 豆漿(순두부)이나 도우유 豆乳(뜨거운 콩국)에 요우티아오 油條(밀가루 반죽을 기름에 튀긴 빵)를 먹는다. 조우 粥(쌀죽) 역시 아침 식사로 대표적인 것이다. 또한 중국 금융시스템의 실망으로 중국 경제 전반에 대한 불안감이 확산되고 있지만 '경제 지표가 합리적 구간 안에 있다'며 위험론을 반박하는 아침식탁에 놓인 신문의 신뢰도를 믿는 중국인들은 없다.

부채에 의존해 성장해 온 중국 경제는 경기 하강으로 악성채무가 늘면 금융위기로 이어질 수 있는 시스템 리스크에 노출돼 있지만 중국은 전세계에서 가장 높은 무역흑자와 외환보유고를 가지고 있다. 이제 정부지출을 줄이고 농업 보조금과 인건비를 올리면 세계의 공장이라는 오명을 벗을 수 있고, 유전자 변형된 농산물을 연구실의 실험용 쥐처럼 먹지 않아도 된다. '부자 중국, 가난한 중국인'은 저자가 지적하는 중국(中国 · China)은 왜 중국(中国 · middle state)인가? 라는 질문의 대답이다.

F6

프랑스 베올리아 워터 Veolia water를 사 먹는 중국

중국이 지난 30여 년 동안 세계에서 가장 급속한 경제성장을 이룩한 것은 무엇보다도 저렴한 노동력과 풍족한 에너지 공급에 의해 가능했다. 그런데 중국은 원래 물이 풍부하지 않은 국가다.

중국의 수자원 총량은 2조 8,300억 톤으로 브라질, 러시아, 미국, 캐나다, 인도네시아에 이어 세계 6위 수준으로 문제가 없어 보인다. 그러나 1인당 수자원은 2,140톤으로 세계 평균의 1/4에 불과해서 세계 인구의 1/5을 차지하는 전체 인구를 감당하기에 벅차다. 따라서 중국 경제성장이 장차 물 부족 때문에 벽에 부딪힐 것이라는 분석이다.

농업에 이어 두 번째로 물을 많이 소비하는 공업부문은 연간 1,390억 m³의 물을 소비한다. 2030년 공업부문 물 소비량이 2,650억 m³로 두 배로 늘어날 전망이다. 공업부문 중 에너지 생산에 가장 많은 연간 약 420억 m³의 물이 소요된다. 에너지 생산의 물 소비량은 계속 늘어날 수 밖에 없을 것이고 이처럼 급증하는 물 수요량을 과연 충당할 수 있을지에 대해 의문이다.

중국수자원그룹은 중국이 정상적으로 경제를 영위할 경우 물 수요량이 공급량을 1,890억 m³나 초과할 것으로 예측한다.

중국의 물 부족이 경제성장과 직결되는 이유 중 하나는 중국 생산액 중

약 52%를 차지하고 있는 물 부족 지역인 서부지역이 새로운 경제성장 허브로 떠오르는데 있다. 공업생산과 오수처리 수요의 증대는 서부지역의 공업부문을 점차 에너지 소모 산업으로 변화시키게 될 것이다.

중국은 물이 부족할 뿐만 아니라 수자원 분포도 고르지 못하다. 물이 강남지역에만 집중된 탓에 일부 지역의 물 부족 현상은 아주 심각한 상태다. 양쯔강 이남의 강남지역은 전체 국토면적의 36.5%에 불과하지만 수자원 보유량은 81%를 차지하고 있으며, 양쯔강 이북 지역의 국토면적은 전체의 63.5%지만 수자원 보유는 19%에 불과해서 심각한 불균형을 나타내는 것이다.

전체 660개 도시 중 물 부족 도시가 무려 400곳 이상인 것으로 조사되고 있다.

중국은 전세계 담수자원의 6%, 전체 경작지의 9%를 차지하고 있는데 13억 인구의 식량 보급을 위해서 물 소비가 많은 농사를 대량 짓다보니 물 부족 현상이 두드러지게 나타나는 것이다. 이에 따라서 중국에서는 가뭄과 오염 등으로 인한 물 부족이 식량안보까지 위협한다는 경계의 목소리가 나오고 있다.

물은 중국에서 가장 희소한 자원의 하나이다. 거기에다 물 사용방식은 매우 비효율적이고 물 오염도 세계 제일이다.

중국에서 희귀한 물을 가장 필요로 하는 부문은 석탄생산이다. 중국은 세계 최대 석탄생산국이자 소비국이다. 석탄이 전체 에너지 수요의 70% 이상을 충당한다. 중국은 지난해 세계 전체의 거의 절반에 해당하는 38억 톤의 석탄을 생산했다. 석탄은 중국에서 값싼 에너지원이며 중요한 에너지원이지만 생산과정에서 공기와 물의 오염은 심각하다.

그린피스에 따르면, 석탄 1톤을 생산하려면 2.5톤의 물이 오염된다고 한다. 중국에서 발생하는 오수의 약 25%는 석탄생산에서 나오며 오수 속에는 거의 재활용이 불가능할 만큼 대량의 화학물질과 중금속이 함유돼 있다.

그 대안으로 오염이 적은 셰일가스가 떠오르고 있다. 중국은 세계 최대 셰일가스 매장량을 자랑한다. 또 셰일가스는 석탄에 비해 단위 에너지 생산에서 나오는 탄소 배출량이 45%나 적다. 그러나 셰일가스 채굴 과정에서 많은 물이 필요로 하는 단점이 있다. 물 부족을 오히려 악화시키게 되는 것이다. 이 때문에 중국 정부는 셰일가스 채굴에 다소 소극적인 입장인 것 같다.

중국 수리부와 국가통계국은 지난 3년간 조사한 결과, 1990년대 5만여 개였던 강이 2만 2,909개만 남아 있다고 발표했다. 중국 당국자들은 강이 사라진 것은 기후변화와 초기 지도 제작자들의 실수 때문이라고 변명하고 있으나 환경 전문가들은 무모하게 개발을 강행하거나 승인한 것이 실질적이고 직접적인 결과라고 설명한다.

유엔은 산업 독성물질이 수원을 오염시키는 등 중국을 물 부족으로 가장 영향을 많이 받은 13개국 중 하나로 손꼽고 있다. 중국 베이징의 1인당 평균 수자원양은 100m^3선으로 중국 도시 중 가장 물이 부족한 곳 중 하나이다. 물 부족 경계선은 1인당 1,000㎥이며 100㎥는 중동국가보다 못하는 수준이다. 현재 베이징은 1999년 이래로 가장 길고 또 가장 심각한 가뭄을 겪고 있다. 평균 강수량은 평년에 비해 20% 줄었고 수자원양은 48%가 감소했다.

중국 정부도 물 문제를 심각하게 받아들이고 있다. 지난 2011년 중국 정부가 발표한 〈중국 환경 거시전략연구 종합보고서〉에 따르면 1억 9,000만 명이 마시는 상수원의 유해물질 함량이 기준치를 넘어서서 식수로 적합하지 않으며, 3억 명의 농촌 주민이 이용하는 식수원은 위생상 안전하지 않은 것으로 나타났다.

이에 따라 중국 정부는 제12차 5개년 계획(2011-15년)에서 중수에 대한 구체적인 활용 방법을 제시했다.

중국 정책 결정자들은 12차 5개년 계획 기간 중 물 의존도를 30% 감축한다는 목표를 세웠다. 특히 농업부문의 새로운 오염 감축 목표도 설정했다. 그러나 물과 에너지와 경제성장의 상호 연관성을 고려한다면 중국은 좀 더 종합적인 접근을 통한 에너지 정책을 추진해야 한다.

물 부족 대책으로 해수의 담수화 작업과 함께 생활하수, 산업폐수 등의 중수를 정수 처리한 후 재활용하는 것은 중국의 심각한 수질오염을 위한 대책인 동시에 부족한 수자원을 확보할 수 있다.

또한 빗물 재활용과 물을 적게 사용하는 농업으로 전환, 수자원이 많은 남부지역 양쯔扬子강 물을 수자원이 부족한 북부지역 황허黃河로 공급하는 남수북조(南水北调) 수리공사, 상수도 가격 조정 등의 방안이 요구된다.

남수북조 프로젝트는 동부라인, 중부라인, 서부라인 구축으로 계획되어 있고 샨샤峑峡댐 건설 총 투자액의 3배인 620억 달러 규모로 진행되며 서부라인의 경우는 2050년에 완성한다.

얼마 전까지도 중부라인이 2010년에 완공되어 연간 10억 ㎥의 물을 끌어와 베이징시 수자원부족 문제에 상당한 도움이 된 것으로 알려져 있었다. 그런데 정부측은 갑자기 프로젝트를 5년 후 완성으로 미루었고 이유에 대해서는 밝히지 않고 있다. 중부라인 프로젝트 완성시일을 5년 뒤로 미룬 것은 중국 내부의 반대 목소리가 크기 때문인 것으로 알려져 있다. 주로 학자들과 환경보호 단체의 반대와 지방정부에서도 이에 가세하고 있다.

허베이성의 경우 양쯔강 지류인 한강(汉江)에 설치한 단강구댐(丹江口水库)의 물 1/3을 끌어갈 경우 한강의 물 오염 수준이 현재보다 훨씬 심각하게 될 우려가 있다는 것이다.

물 부족보다 더욱 심각한 문제는 물의 오염이다. 자료에 의하면 전국 폐수배출 총량은 539억 톤으로 그 중 공업 폐수배출량이 409억 톤이며 농업오염원인 농약 사용량은 110만 톤에 이른다.

중국에서 연간 발생하는 수질오염 사고는 1,700여 건으로 중국 환경관련법이 아직 제대로 정착되지 않은데다 기업들이 중금속 폐수 방출하는 경우가 빈번한 탓이다. 이로 인해 지하수가 있는 지층인 대수층의 90%가 오염된 상태이며 지하수도 오염돼 있다. 또한 지하수를 이용하기 위해서 계속 깊이 파들어 가다 보니 지하 공간이 비어 지반침하 현상(돌리네doline, sinkhole)도 발생해 위험하다. 이를 위해 1조 위안의 자금을 투입할 계획이며 이 가운데 3,300억 위안은 도시 오수처리시설 개선에 3,200억 위안은 남수북조 프로젝트에 사용할 방침이다.

중국의 상수도 가격이 상대적으로 낮아 이용자들의 물 절약을 기대하기 쉽지 않아 상수도 가격을 인상해서 오염된 물의 정수를 위한 비용을 마련하는 동시에 물 절약 생활을 이끌어 낼 필요가 있다. 그러나 오염된 물의 정화와 수리설비의 결함에 의한 누수 등 물 부족을 해소하기 위한 방안들에 소요되는 천문학적인 금액의 비용도 중국 정부에는 만만치 않은 부담으로 작용하고 있어 물 부족 현상이 최고조에 달할 것으로 예상되는 2030년이 가까워 올수록 더욱 두려움이 더해 가고 있다.

식량을 자급자족해 온 중국이 농업용수 부족으로 식량수입국으로 전환하게 되면 세계 곡물시장은 엄청난 파동을 겪게 된다. 연구에 따르면 중국은 이르면 2025년부터 연 1억 7,500만 톤의 곡물을 수입하게 된다.

물 부족이 경제성장의 발목을 잡게 될지 모르는 심각한 상황이 중국에게 새로운 도전으로 다가오고 있다.

중국 모든 지역의 물 값이 한해 평균 49% 오르고 있다. 재미있는 것은 수자원 부족으로 오는 물 값 상승이 아니라 도시 물 공급 시스템을 장악한 외국 기업의 불평등 계약으로 가격인상 요구에 따른 것이라는 점이다.

깐수甘肃성 란저우兰州시는 2007년 외자기업 투자 유치라는 명분으로 프랑스의 베올리아 워터 Veolia water[112]그룹과 합자계약을 체결했다.

112) 프랑스 환경기업인 베올리아앙비론느망의 계열사인 베올리아워터는 전세계에 걸쳐

이듬해 란저우兰州 베올리아수리(水利)그룹은 현재의 물 값이 공급원가보다 낮다면서 m^{3}당 1.95위안에서 2.16위안으로 인상을 요구했다. 이렇게 물 값을 인상한 이유는 현행 중국 법규에 원가비용 증가의 구체적 규정이 없기 때문이었다.

당시 베올리아는 순자산 9억 5,000만 위안의 란저우兰州 물 공급 회사를 입찰가격보다 두 배 높은 17억 위안에 성공적으로 매입했다.

프랑스 사람들이 멍청해서가 아니다. 애초부터 란저우兰州 베올리아수리그룹은 회계상 적자로 출발한 것이고 원가상승의 이유를 안고 출발한 것이다. 더욱이 란저우兰州시는 8억 3,700만 위안의 토지를 양도자산에 계상하지 않고 베올리아에 넘겼다. 결국 회계조작을 통해 재무제표를 적자로 만든 다음 가격인상을 요구하는 전형적인 방법인 것이다.

물론 베올리아는 란저우兰州시 정부에 가격인상을 하지 않아도 된다고 말한다. 그러면 란저우兰州시 정부는 계약에 따라 베올리아가 제시한 재무제표에 따른 가격으로 회사를 환매해야 한다.

또한 계약서에 의하면 상수도와 공업용수를 구분하지 않아 란저우兰州시의 모든 공장은 비싼 상수도로 공업용수를 공급받는다. 뿐만 아니라 란저우兰州시의 상수도관 누수율은 무려 50% 이상에 달해 반 이상의 물이

광범위한 노하우와 전문성을 갖춘 물 관리 전문 기업이다. 1853년부터 160년간 물 관리의 총체적 서비스를 제공하고 있는 수처리 분야의 세계적인 글로벌 그룹으로 매출액 2,500억 위안에 직원 수 31만 명 그리고 뉴욕 증권거래소에 상장된 기업으로 2011년 포춘지 Fortune 선정 글로벌 500개의 기업 중 175위로 평가되었다. 수처리 서비스 분야 세계 1위 기업이라 할 수 있다.

그대로 버려지고 있다.

여기서 베올리아는 계약에 의해 란저우兰州 시 정부에 상수도관 교체를 책임 요구하던지 누수분을 포함한 물값 인상을 요구하면 된다.

더 재미있는 부분은 계약서에 물값 인상요인을 시민들의 수입수준과 현지 물가에 따라 조정하도록 한 항목이다. 어떻게 이런 계약에 지방정부가 서명을 했는지 …

중국은 정말 게임의 룰을 모르는 나라이다. 한평생 란저우 시민들은 자신들의 땅에 흐르는 물마저도 전세계에서 가장 비싼 물값을 지불하며 프랑스에 의해 물 배급을 받고 살아가야 한다.

F7

부자 중국, 그러나 가난한 중국인

중국의 GDP 성장률에서 내수가 차지하는 비중은 갈수록 줄고 있고 대신 투자의 비중이 점점 커지고 있다. 그 중에서도 기계, 설비, 부동산 같은 고정자산 과잉투자 문제가 심각하다.

2011년 상반기 고정자산 투자는 전년도에 비해 25.6% 증가했고 부동산만 32.9%나 증가했다.

중국 정부가 문제의 심각성을 인식하고서도 내수를 진작시키지 못하는 이유는 무엇일까? 그것은 지금의 성장 모델 자체가 악순환에 빠져 있어 쉽사리 빠져 나오지 못하는 구조이기 때문이다. 지금의 성장 모델로 가자니 지나친 투자는 필연적으로 과잉설비와 자본배분의 왜곡, 부실채권 문제를 낳게 되고 같은 연장선에서 생산성이 저하되어 GDP 성장률이 하락할 수 밖에 없는 것이다.

2000년대 초반 중국 GDP에서 소비가 차지하는 비중은 46% 정도로 매우 낮은 수치였다. 세계 평균이 60-65% 정도이고 상대적으로 소비에 인색한 아시아 국가들이 50-55% 정도인 것을 감안하면 중국은 이미 소비부문이 매우 취약했다는 것을 알 수 있다. 그리고 2005년에는 40% 수준으로 떨어졌다.

상황의 심각성을 알아차린 중국 정부는 내수 확대의 중요성을 인식하기 시작했으나 2010년 소비 비중은 29% 수준까지 떨어졌다. 전시상황에서나 볼 수 있는 경제가 오늘날 중국에서 재현되고 있는 것이다. 현재 중국이 얼마나 기형적으로 성장하고 있는지 명확히 알 수 있는 데이터이다.

중국의 GDP대비 저축률은 무려 52%에 달하는데 OECD 평균이 5%인 것을 감안하면 얼마나 높은 수치인지 쉽게 짐작할 수 있다. 중국의 취약한 사회보장시스템으로 중국인들 입장에선 저축 외에는 노후대비 수단이 없는 상황이고 또 증권시장이나 금융상품이 발달되지 않아 중국에선 딱히 국영은행 말고는 돈을 맡겨 둘 곳이 없는 구조이기 때문에 저축률이 비정상적으로 높게 나타나는 것이다.

높은 저축률이 내포하는 또 다른 의미는 바로 내수소비 부진이다. 당연한 얘기지만 저축을 많이 할수록 소비는 덜하기 마련이고 중국인들의 소비력이 낮은 또 다른 이유는 낮은 소득이다.

수출경쟁력으로 먹고 사는 중국의 입장으로서는 근로자들의 임금을 쉽사리 올려 주지 못하고 있는 것이다. 또 저평가된 위안화도 수입 물품의 가격을 상대적으로 높게 만들어 중국인들의 구매력을 저하시키는 한 요인이 되고 있다.

현재 중국이 처한 딜레마는 내수를 늘리자니 저축과 저임금, 저평가된 위안화를 포기해야 하고 이는 곧 급격한 투자 긴장과 수출 위축으로 이어지고 그것은 곧 급격한 GDP 성장률 하락을 뜻한다. 지방정부에서부터 중앙정부까지 GDP 성장률 수치에 목을 매달고 인민들의 신임을 받는 유일한 수단인 바오바 保八[113] 정책은 중국의 덫이 되어 버린 셈이다.

전세계 최고의 외환보유고를 지니고 전세계 2위의 사치품 소비국으로 뛰어오른 중국이 전시상황에서나 볼 수 있는 GDP대비 소비 비중 29%를 기록하고 있다.

이렇게 소비력이 낮은 이유는 무엇인가? 바로 중국인이 가난하기 때문이다. GDP대비 근로소득 비율을 보면 중국인이 얼마나 가난한지 쉽게 살펴볼 수 있다.

유럽과 미국, 일본의 GDP대비 근로소득 비율은 평균 55%이며 호주와 한국은 평균 45% 수준이다. 태국을 포함한 동남아지역은 평균 28%, 이란과 터키를 포함한 중동지역이 평균 25%, 데이터가 나와 있지 않지만 아프리카 지역이 20% 이하로 추정된다. 그러면 중국은 어느 정도 일까? 2010년 국제투자은행인 크레디트 스위스 Credit Suisse가 발표한 〈중국 소비자 조사보고〉에 따르면 8%이다.

GDP대비 시간당 평균 임금을 보자. 독일이 가장 많은 30달러이고 미국과 일본, 유럽이 평균 20달러이며 한국이 평균 10달러이다. 반면에 중국은 겨우 2달러를 받는 태국을 비롯한 동남아보다도 낮은 0.8달러를 기록

113) 중국의 8% 경제성장률 유지정책으로 중국 정부는 지난 1998년부터 이 정책을 실시해 왔다. 또한 중국 정부는 2005년부터 2011년까지 전국인민대표대회 업무보고에서 그 해 GDP 성장률 목표치를 줄곧 8%로 제시해 왔다. 한편 중국에서 숫자 8(바 八)은 부를 축적한다는 의미를 지닌 파차이 发财와 발음이 비슷해 중국인들이 가장 좋아하는 숫자로도 인식되고 있다. 그러나 2012년 이후 국내 · 외 악재가 많아 성장률 목표치를 7.5%로 하향 조정했고 2014년에는 목표치를 달성하지 못했다.

하고 있다. 전세계에서 가장 낮은 수준의 임금을 받고 있는 것이다.

연평균 근로시간을 비교하면 중국인 노동자들이 얼마나 참담하고 힘든 삶을 살고 있는지 알 수 있다. 세계에서 가장 적은 근로시간은 네덜란드로 1,389시간이고 영국과 미국, 일본이 각각 평균 1,500시간 1,600시간 1,700시간인데 반하여 중국은 2,200시간이다.

중국 노동자는 세계에서 가장 적은 임금으로 세계에서 가장 오랫동안 일한다. 더욱 비참한 데이터는 중국인들의 소득증가율은 GDP는 물론 CPI 증가율을 따라잡지 못하고 시간이 갈수록 격차가 더욱 커진다는 것이다.

평범한 일반 노동자의 삶이 이렇게 어려운데 개인기업이라고 다르겠는가? 가격 결정권이 없는 중국 제조업체는 물건을 만들수록, 생산량이 늘어날수록, 세계를 향해 문을 열수록 힘들다.

중국 제조업체가 물건을 만들기 위해 원자재를 구입할 때는 국제 금융자본이 결정한 가격에 의해 공급받고 물건을 만들어 판매할 때는 국제 산업자본의 가격결정에 의해 상품판매가 이루어지고 있다.

가령 중국의 완구 제조업체가 바비인형 하나를 10위안에 생산 납품하면 중국 노동자는 1마오(마오 角는 1/10위안, 펀 分은 1/100위안)의 임금을 받고, 미국의 장난감회사 마텔 Mattel에서는 60위안에 바비인형을 전세계 150개국에서 매초 3개씩 팔고 있다. 바비인형을 만들기 위해 수입한 원자재는 월스트리트에 의해 결정된 가격으로 중국의 완구 제조업체는 구입해야 하고, 생산 포장된 바비인형은 마텔사가 40%의 이윤을 포함한 가격결정에 의해 백인 여인의 외모를 한 모습으로 판매되고 있다.

결국 중국의 완구 제조업체는 환경 파괴와 자원 소비, 노동력 착취, 이윤도 정신도 담아 내지 못하고 세계의 공장이란 오명만을 얻고 있다.

집에 소금이 있는데 뭐 하러 간장을 사느냐며 늘상 소득에 비해 지출이 많다고 생각하는 중국인들에게 지갑을 두둑하게 만들어 줘야 소비가 살아날 수 있다는 점을 정부는 깨달아야 한다.

중국인이 가난한 이유를 사례를 들어 더 살펴보자. 2007년 베이징에서 개봉한 영화 〈트랜스포머〉의 표값이 80위안이었다. 반면에 미국에서 상영된 표값은 54위안에 불과했다.

한 통계에 의하면 13억 인구의 중국에는 4,000여 개의 영화 상영관이 있고 미국에는 40,000개의 상영관이 있다. 미국은 1인당 영화 관람 편수가 6편인데 반해 중국은 0.1편으로 나타났다. 매달 수입에서 영화표 값을 지출하는 비율이 미국은 1/400, 한국은 1/350인데 비하여 중국은 1/20을 차지하고 "중국 전체 인민 중 80%가 5년간 단 한편의 영화도 보지 않았다"고 표현하는 조사보고서도 있다.

미국에서 중국으로 국제통화를 하면 1분에 1마오에 불과하지만 중국에서 미국으로 통화하면 1분당 8위안을 내야 한다. 휘발유 가격 역시 미국에서는 리터당 4.56위안인데 중국에서는 8.68위안이고, 미국에서 최신형 노트북을 3,400위안에 사지만 중국에서는 6,000위안을 넘는다. 모두가 즐겨 마시는 커피를 미국에서는 7-10위안에 쉽게 마시지만 중국 커피숍에서는 25-35위안을 지불해야 한다.

매달 22일 일을 하며 3,000달러의 수입으로 1달러의 커피를 마시면서 500달러의 노트북을 두드리고 가끔 50달러의 식사를 즐기며 5달러의 영화를 보고 … 미국인들에게는 일상의 모습이지만, 중국인들에게는 그야말로 이룰 수 없는 꿈의 세계이다.

미국인들보다 더 힘들게 더 오래 일하면서도 중국인들의 삶은 왜 이리도 고달프고 가난한가? 이에 대한 대답은 너무나 간단하다.

중국인은 적은 소득으로 쌀이나 돼지고기 등 생필품은 미국과 비슷한 가격으로 구입해야 되고 기호품이나 사치품들은 미국보다 훨씬 비싼 가격을 지불해야 한다. 여기에 매달 비싼 집세와 물값 등 관리비 지출과 노후를 위한 저축을 해야 한다.

중국의 부동산 수익률은 선진국의 3-5배에 달한다. 베이징이나 상하이처럼 경제가 발달한 도시의 경우, 평균 소득은 일본 도쿄东京의 10%에도 미치지 못하지만 부동산 가격은 도쿄와 비슷한 수준이다. 특히 일부지역의 부동산 수익률은 도쿄의 30배를 웃돌고 있다. 즉 낮은 소득으로 비싼 집세와 관리비를 지출해야 하니 한편의 영화와 한 잔의 커피는 좀처럼 꺼내 쓰기 힘든 높은 찬장의 깨지기 쉬운 유리 접시다.

미국의 트루먼 Harry Truman 대통령은 "불황(recession)은 이웃 사람들이 일자리를 잃은 것이고, 공황(depression)은 자신의 일자리를 잃는 것"이라고 비유했다. 경제학자들은 심각한 수준의 불황 가운데 다음 두 가지 조건이 충족되면 공황이라고 한다. 하나는 GDP의 하락이 10% 이상으로 경제가 침체되는 경우이고 다른 하나는 불황이 2년 이상 지속되는 장기 침체의 경우다.

F8

더 이상 지체할 수 없는 문제, 소득분배 개혁

1949년 건국 첫해 중국 농민 1인당 소득은 44위안에서 2010년 5,919위안으로 135배 증가했다. 신중국 건국 후 1978년까지는 시장경제 체제가 아니어서 현재의 경제발전 정도를 대표할 수는 없지만, 중국은 80년대부터 지난 30년간 평균 10%에 달하는 눈부신 경제성장을 해 왔다. 그 결과 지역 간, 도시·농촌간, 개인 간 소득분배 불균형이 심화되고 빈부 격차의 확대로 양극화를 초래하였다.

중국사회과학원에 따르면 중국의 도시·농촌 주민들 실제 수입 비율은 1978년 2.36 : 1이었다가 2010년 3.2 : 1로 격차가 커졌다. 도시·농촌 분할, 일국양책에 따른 농촌의 복지 소외를 고려하면 그 비율은 4 : 1이 넘을 것으로 추산된다. 도시 중심의 산업화 추진과 함께 상공업품과 농산품의 가격차로 대표되는 협상가격차로 농민이 생산한 부는 도시 쪽으로 대거 빨려 들어가 1989년 농민들 평균 순수입은 마이너스로 돌아섰다. 또한 성시별 지역 소득격차도 심화되어 2010년 기준으로 간쑤 甘肃성은 1만 3,189위안인 데 반해, 상하이 上海는 3만 1,838위안이어서 그 차이가 약 2.4배에 달하고 있다. 최근 농촌 물가의 높은 상승세를 감안한다면 그 차이는 더욱 커질 것으로 예상된다.

중국청년보(中国青年报) 사회조사연구센터는 최근 중국 31개 성, 시, 자치구의 주민 1만 1,405명을 대상으로 '향후 10년간의 중국의 발전을 어떻게 전망하느냐?'라는 주제에 대해 설문조사를 한 결과, 응답자의 75.4%가 앞으로의 발전에 있어서 가장 걸림돌로 작용할 문제로 '빈부격차 문제'를 꼽았다. 또한 응답자의 72.7%가 '향후 10년 동안 새로운 개혁이 있길 바란다'고 답했고, 가장 원하는 개혁 항목으로 응답자의 66.6%가 '소득분배 개혁'을 꼽아 반부패 시스템 개혁(57.8%)이 경제체제 개혁(53.5%)을 제치고 가장 많았다.

중국의 소득분배 개혁은 더 이상 지체할 수 없는 문제이다. 중국에서 소득격차가 점차 커진 원인으로 도시의 부동산 가격 상승으로 인한 고수입층의 투기재산 증식, 통화팽창과 식품가격 상승으로 인한 빈곤계층의 어려움 가중, 도시화 과정을 거친 부유층의 소득수준 향상, 업종간 소득격차 확대, 불공평한 사회보장제도, 부정한 방법을 통한 재산축재, 공정한 소득분배 제도 결여 등을 들 수 있다.

과거의 중국은 경제의 고속 성장과 낮은 실업률에 힘입어 경제발전으로 소득격차가 확대되더라도 사회가 안정적으로 유지됐지만 현재는 경제성장 둔화세가 장기화되면서 빈부격차 및 소득분배 문제 수준이 해결을 낙관할 수 없을 정도에 이르렀다. 이를 개선하기 위해서는 각 분야의 복잡한 이해관계를 명확하게 인식하되 이익집단의 간섭을 배제하고 공정한 제도적 장치를 서둘러 마련해야 한다.

소득분배 개혁의 경우, 생산 분야의 시장화 개혁과 긴밀히 결합되어야 하고 독점 타파와 경쟁 도입이 주요 방향이 되어야 한다.

최근 중국 국가통계국이 10년 만에 발표한 지니계수는 0.47로 민간연구소가 추정한 2010년 기준 지니계수는 0.61이어서 이번 중국 정부가 발표한 지니계수의 신뢰성에 의문이 있다.

일반적으로 지니계수가 0.40을 넘으면 소득분배의 불균형이 심각한 상태로 간주된다. 지니계수는 계층간 소득분배의 불균형을 나타내는 수치로 1에 가까울수록 불균형이 심하고 0에 가까울수록 덜하다는 의미다.

중국의 소득불균형이 대폭 심화되자 중국 정부가 분배 강화 등 경제개혁에 나섰다. 이에 따라 중국 국무원은 소득불균형 및 빈부격차 완화를 위해 소득분배 계획 등 광범위한 개혁프로그램을 담은 정책성명서를 발표했다.

사회정의와 통합을 위해서는 반드시 소득불균형을 완화해야 하고 이를 위해서는 기득권을 가진 국유기업이나 부유층들이 보다 많은 조세를 부담하는 방식으로 고통을 분담하여 저소득층이나 빈곤층들의 소득수준이 향상될 수 있도록 해야 한다는 것이다.

국무원은 국유기업들이 2015년까지 정부에 대한 주주배당을 현재보다 5% 포인트 인상하고, 정부가 이렇게 확보한 2,500억 위안의 재원으로 사회안전망 확충에 활용할 수 있도록 했다. 이는 중국 GDP의 최대 2%를 가계부문으로 이전시키는 효과가 있을 것으로 추산된다. 또 국유기업의 임금 억제를 위해 임금총량제와 임금수준관리제를 도입하고 고위 관료의 임금 인상률을 직원평균 이하로 낮추는 조치도 취했다.

아울러 일부 도시에서만 시행 중인 재산세의 전국 확대, 재벌 및 고위 관료에 대한 소득세 인상, 부유층에 대한 상속세 및 부동산취득세 부과 강화, 고위 관료의 부패행위 근절과 재산은닉 처벌 강화, 낙후지역 및 서부지역에 대한 재정지원 강화 등도 검토하고 있다.

금융정책 측면에서도 가계부문의 구매력 증대를 위해 금리자유화 조치를 더욱 확대하고 과다한 서비스 수수료 부과 관행을 억제키로 했다.

향후 중국 새 지도부는 기득권층이나 극단적 보수파들의 조직적인 반발 가능성을 의식, 단계적이기보다는 다소 신속한 행보로 소득불균형 완화 정책을 추진할 것으로 보인다.

과연 중국 정부와 국유기업은 누구를 위해 존재하는가? 국민을 위한 올바른 정책을 수립하고 국민을 위한 이익 추구를 목표로 삼아야 하는 것이다. GDP 세계 2위 달성, 세계 최대 외환보유고, 베이징 올림픽과 상하이 엑스포의 성공적 개최라는 가시적 성과로 중국은 명실상부한 강대국의 면모를 보여주고 있다. 하지만 실상을 살펴보면, 국부와 민생의 극심한 불균형으로 국가는 부자이지만 인민의 생활은 나아질게 없는 국부민곤(国富民困)의 상황인 셈이다.

실제로 인민의 생활을 지배하는 것은 물가와 집값 상승, 소득 수준이지만 국가 정책은 이 현실을 직시하지 못한 채 겉돌고 있다. 중국 정부는 서민들의 관심사에 집중하는 자혜곤궁(子惠困穷)의 자세가 필요하다.

모든 중국인이 열심히 일해서 번 돈을 어디에 투자하는가? 사업에 투자하지도 않고 소비도 하지 않는다. 대부분은 집을 사려 한다. 이는 현재 중국의 매우 병적인 현상이며 가장 우려할 일이다.

저축한 돈의 가치를 보존할 수 없고 퇴직금도 희망도 없는 이들이 집 아니면 주식으로 눈을 돌렸다는 점이다. 특히 설 자리를 잃은 제조업 자금이 부동산 시장으로 흘러들어가 부동산 투기에 악용되는 상황이다.

수중에 여유자금이 있는 사람들은 어딘가 투자를 하려고 한다. 그러나 여기저기 알아본 결과 제조업이나 서비스업을 막론하고 기본적으로 돈을 벌기가 어렵다는 사실을 발견한다. 어렵게 투자하여 고생할 필요 없이 부동산에 투자하게 되고 부동산 시장은 과열된다.

문제는 집값이 계속 오르면 월 대출상환금 부담이 늘어나 소비가 감소하고 이렇게 되면 경제에 더 큰 타격을 미쳐 급격한 경제침체가 올 수 있다는 게 무서운 것이다.

이것이야말로 정부가 관심을 가져야 할 사안이다. 일반 서민이 자신의 수입을 모두 대출상환금에 사용해 버리면 실질소비는 감소할 것이다.

이제 남은 한 가지 대안, 주식시장은 어떠한가? 증시의 목적은 '부의 창출'이며 좋은 주식시장은 사람들에게 돈을 벌 수 있는 기회를 충분히 제공하는 곳이다. 하지만 이익집단이 판을 치는 중국 주식시장에 일반투자자를 위한 장치는 없다. 자신의 이익을 도모하는 데만 열중하느라 주식시장에는 내부거래가 끊이지 않고 있으며 불법 행위가 이루어져도 이를 파헤칠 수 있는 관리 · 감독 시스템이 제대로 구축되어 있지 않은 상태다.

이러한 상황에서 어느 누가 주식시장이야말로 공평하며 누구든 돈을 벌 수 있는 곳이라는 희망을 갖겠는가?

최근 중국 증시가 폭락하면서 거품 붕괴 우려가 고조되고 있다. 2015년 상반기 최고 5166.35까지 오르며 승승장구하던 상하이종합지수는 수직 급락해 낙폭만 약 30%에 달하는 3,500선으로, 선전종합지수는 1,800선으로 폭락했다. 한때 2800여 개 상장 종목 가운데 52.6%에 해당하는 1,476개 종목의 거래가 중단됐다.

중국 투자자들은 자기 돈의 5배까지 빌려서 주식을 살 수 있다. 신용거래는 주식이 올라갈 때는 강력한 화력이 되지만 10%만 빠져도 반대매매가 이뤄져 걷잡을 수 없는 폭락을 불러오게 된다. 그러나 중국 지도부는 증시 파동을 금융시스템의 위기로 여기기보다 사회 불안정이란 정치적 측면에 비중을 두고 접근하고 있다.

개인 투자자 특히 서민 투자자의 피해가 가중되면서 중국 인민은행은 대출과 채권 발행, 담보 지원, 재대출 등의 방법으로 유동성을 공급해 증시 안정화를 지원하겠다고 밝혔고, 중국증권감독위원회(证监委)는 자회사인 중국증권금융공사(CSFC)를 통해 시중 증권회사들에 유동성을 공급하겠다고 시사했지만, 이러한 증시 안전화 조치들이 오히려 시장 통제력 상실을 시사해 위험을 금융 전반에 확산시킬 수 있다는 우려의 목소리도 나온다. 금융시장의 개혁이 선행되지 않은 상태에서 유동성 공급이 거품을 키운 것이다.

실물경제는 나아진 게 없는데 정부 부양책으로 주가만 급등하자 제2금융권까지 주식신용대출을 남발했고 거품이 꺼지자 과도한 조정을 불러왔다. 이 기간 증발한 시총만 3조 2,500억 달러에 달한다. 프랑스 증시 전체와 맞먹는 규모다.

중국 상하이증권보에 따르면 중국 전체 가구 수의 8.8%인 3,700만 가구가 주식을 보유하고 있으며 이 중 절대 다수인 93.8%가 도시 거주 가구인 것으로 나타났다.

경제학에서는 적당한 발전 모델이라는 것이 있다. 인프라 건설에 너무 앞서가지 말라는 것이다. 인프라가 대량의 소중한 사회자원을 잠식하기 때문이다. 중국은 이 자원으로 혁신과 창업에 이용하여 기업에 이익을 창조하고 대중을 더 부유하게 할 수 있다.

고속도로를 진정으로 필요하게 되었을 때, 고속철을 사용해야 할 때, 건설해도 늦지 않다. 누구를 위한 세계에서 가장 길고 빠른 고속철인가? 발전과 건설을 거듭할수록 인민은 더 가난해질 수 있다는 점을 명심해야 한다.

사회 전체의 자원을 고르게 분배하는 것 대신 더 많은 고속도로 건설, 고속철 신설 등에만 써버린다면 인민의 부가 축적되는 것은 먼 미래의 이야기일 뿐이다.

세계에서 가장 길고 빠른 고속철이지만 비용이 만만치 않아 일반 서민의 입장에서는 부담이 되는 게 사실이다. 이용자가 부담스러워 하는 인프라에 국가는 왜 사활을 걸고 뛰어드는 것일까?

과거 중국은 값싼 노동력과 낮은 물가를 앞세워 '세계의 공장' 역할을 해 왔지만 이제는 세계 각국이 물건을 내다파는 '세계의 시장'이며, 막대한 외환보유고로 투자를 주도하는 '세계의 투자자'로 변모하고 있다. 바야흐로 중국을 빼놓고는 세계 경제를 논할 수 없는 시대가 된 것이다.

과거 중국은 개혁개방 이후 선부론(先富论)에 입각한 정책을 펼쳐 왔다. 선부론[114]은 전반적인 소득수준을 향상시키는데 기여했지만 그로 인한 불균등 발전은 '4대 격차'가 심화되는 결과를 낳고 말았다.

4대 격차란 도농(도시와 농촌), 지역(연해와 내륙), 계층(소득 · 교육 등 사회 내), 민족(한족과 소수민족)간의 빈부 차이를 의미한다.

중국의 성장 전략은 '투자와 수출 중심의 외부지향형' 구조였다. 그 결과 중화학공업, 자동차 등 자본집약적 산업의 수출이 급증하며 고도 성장세를 지속했지만 소비가 차지하는 비중은 GDP의 30% 정도로 선진국의 60-65%는 물론 중진국의 50-55%에도 못 미치는 수준에 머물렀다.

---

114) 1978년 개혁개방 이후 덩샤오핑의 선부론(先富论)은 중국 경제정책의 핵심논리였다. '일부 사람을 먼저 부유하게 하라'(让一部分人先富起来)는 의미다. 지역적으로는 대외무역이 쉬운 동남연해를 개발한 뒤 내륙지역을 개발하겠다는 뜻이다. 선부론은 평균주의가 아닌 엘리트주의를 상징하는 말이다. 문화대혁명을 주도한 마오쩌둥이 평균주의를 제창했다면 개혁개방을 단행한 덩샤오핑은 엘리트주의를 지향했다. 덩샤오핑이 집권 후 맨 먼저 한 · 일 · 중 하나가 1977년 전격적으로 대학입시 부활이다. 78학번부터는 입시경쟁을 치르고 대학에 입학한 세대들이다. 문화대혁명 시기에는 당성이 좋은 학생들이 대학에 진학했으나, 덩샤오핑은 중국을 발전시키기 위해서는 무엇보다 인재가 필요하고 인재를 키우기 위해서는 엘리트주의를 추구할 수밖에 없다고 생각했다. 선부론으로 주강삼각주, 양자강삼각주, 발해만권 등 중국의 동남연해는 이미 발전궤도에 진입했다. 상하이의 시민소득은 2010년 1만 달러를 돌파했다. 이제 내륙으로 스며들어 쓰촨四川성, 후난湖南성, 안후이安徽성, 간쑤甘肃성 등이 발전도상에 올랐다. 세계적 다국적 기업들은 동남연해가 인건비와 지가가 급상승하자 상대적으로 인건비와 지가가 저렴하고 인프라도 비교적 잘 갖춰진 내륙지역에 제2공장을 앞다투어 짓고 있다.

이를 위해 중국 정부는 2000년 초부터 서부 대개발, 동북진흥, 중부굴기 정책을 추진하여 내륙지역 개발에 박차를 가하고 있다.

또한 농촌인구를 도시로 흡수하고 최저임금 인상, 의료개혁, 사회보험 확대 등 소득분배와 사회복지를 통한 전면적 샤오캉小康사회 건설[115]을 위한 정책을 확대할 것으로 전망된다.

중국은 2008년 세계 금융위기를 기점으로 내수시장 확대를 주요 정책 목표로 삼고 있다. 시진핑 주석은 2012년 공산당 중앙정치국 회의를 주재하면서 "내수확대 및 새로운 소비확대 분야의 육성에 한층 힘을 기울일 것"이라고 했다.

이에 따라 중국 정부는 도시화를 강력하게 추진해 내수 중심의 소득확대를 꾀할 것으로 보인다. 중국의 도시화율은 현재 51% 수준으로 이는

---

115) 중국이 2020년 건설을 목표로 하고 있는 사회상. 샤오캉小康은 의식주 걱정하지 않는 물질적으로 안락한 사회, 비교적 잘사는 중산층 사회를 의미한다. 현 중국 정부가 궁극적인 목표로 삼고 있는 대동사회(大同社会 · 완벽한 평등 안락 평화가 있는 사회)의 전단계이다. 1979년 덩샤오핑이 제시한 온포(温饱 · 의식주 문제가 해결되는 수준단계)에서 부유한 단계의 중간단계의 생활수준을 지칭하는 용어로 사용하였다. 당시 덩샤오핑은 중국 현대화의 목표로 소강상태(小康状态)를 제기하였으며 20세기 말까지 1인당 GDP 800달러를 달성하여 소강사회를 실현할 것이라면서 소강사회는 중국식의 현대화를 의미한다고 하였다. 또한 인민의 생활수준의 개념을 넘어 경제 사회 발전의 조화로운 발전을 실현하는데 있어 매우 중요한 개념으로 소강사회는 경제발전, 민주적 정치, 문화 번영, 조화로운 사회, 아름다운 환경, 윤택한 생활, 풍요로운 삶, 국력신장 등 경제 · 정치 · 문화가 조화롭게 발전하는 사회를 말하며 민족 부흥을 향한 사회 발전 단계라고 밝혔다. 1997년 장쩌민은 15차 당 대회에서 소강사회 건설의 새로운 임무를 제기했고 2002년 16차 당 대회에서 "2020년까지 전면적인 샤오캉小康 사회를 달성하겠다"고 말한 이후 중국 발전의 상징어로 자리잡고 있다.

1970년대 한국의 새마을운동 시작 수준과 비슷한 것이다. 도시화를 통해 중산층이 확대된다면 중국 소비규모는 2020년까지 10조 달러로 3배 이상 팽창할 것으로 전망되고 있다.

또한 2차산업 위주에서 고용효과가 큰 3차산업 중심으로 전환, 물자와 자원에 의존하는 양적 성장에서 기술 및 관리혁신을 통한 질적 성장으로의 전환 등이 이루어질 것으로 예상된다.

중국 새 지도부가 바뀌면서 중국도 변화를 겪을 것으로 예상되는데 중국 경제정책의 방향은 크게 발전 모델의 전환, 균형발전 및 분배정책 추진, 친환경 및 녹색산업 육성으로 요약할 수 있다.

도시화를 통해 국내 소비를 진작시키고 각 지역의 고른 발전 및 사회보장제도 확대를 통한 '4대 격차' 완화를 추구하며, 오염물 발생이 적은 에너지를 적극 활용하여 환경개선과 성장 지속이라는 두 마리 토끼를 동시에 잡겠다는 것이다.

유엔환경계획(UNEP)이 발표한 세계 10대 대기오염 도시 중 9곳이 중국의 대도시인 것으로 나타났다. 자료에 의하면 매년 중국 도시에서 생산되는 1인당 쓰레기양은 440kg으로 전국에서 생산되는 쓰레기양은 1억 6,000톤이다. 전국 600개 도시에서 이미 배출했거나 매립한 쓰레기양은 무려 80억 톤에 달하고 쌓아둔 쓰레기의 누적 면적이 5억 ㎢에 이른다. 이 면적은 매년 건설되고 있는 주택면적과 같은 크기이다.

베이징시의 경우, 5환선과 6환선 사이에 집중되어 있는 쓰레기 처리장이 400여 개에 달한다. 베이징시가 쓰레기에 둘러싸인 모습이고 이들은 한 치의 망설임 없이 쓰레기를 소각 처리하거나 방치하고 있다.

수질오염 또한 심각해서 전체 인구의 1/4이 깨끗한 식수를 구할 수 없고 중국의 7대 강에 흐르는 물의 절반이 공업용수로도 쓸 수 없다.

샨샤叁峡의 경우 매년 폭우가 내리면 흘러내린 쓰레기가 수면을 뒤덮어 수력터빈을 보호하기 위해 방류해야 하고, 세계 최대 전자 폐기물 해체 처리 집산지인 광둥 구이위贵玙는 공기, 수질, 토양 모두가 심각하게 오염된 상태이다.

중국은 2008년 베이징 올림픽 개최를 앞두고 고강도 환경보호 대책을 실시했고 2012년에 열린 중국 공산당 18차 당 대회에서는 녹색순환 저탄소발전 추진 계획을 발표했다. 또한 시진핑 정부는 친환경, 신재생에너지, 신소재, 전기차 등 7대 신성장 산업을 집중 육성할 방침이며 온실가스 배출량이 많은 화력 발전을 원자력 발전으로 대체하는 사업도 후쿠시마 원전사고 직후 잠시 중단되었으나 곧 재개할 것으로 보인다. 더불어 오수, 쓰레기, 대기오염, 중금속 처리시설 구축 등에도 적극 나설 계획이다.

공산주의 국가 소련과 중국에 대한 상반된 비교로 '낙천주의자들은 중국어를 배우고 비관주의자들은 소련제 소총인 칼라시니코프 사용법을 배운다'라는 표현이 있다. 문자를 예술로 승화시킨 서예(书艺)와 흑백의 기법으로 완성한 묵화(墨畵), 기백 있는 중국 정신을 표현한 당시(唐诗)는 또 얼마나 아름다운가 … 과거 세계인들의 눈에 비친 중국은 참 신비스러운 나라였다.

F9

이제는 인민의 존엄과 행복을 생각해야 한다

중국은 2015년 경제성장률 목표를 7% 안팎으로 발표했다. 2014년엔 경제성장률 목표를 7.5%로 제시했다가 실제로는 7.4%를 달성했다. 2015년 성장률 목표는 2004년 7% 이후 11년 만에 가장 낮아진 수준이다. 중국 경제가 두 자릿수 고속 성장에서 벗어나 이른바 신창타이에 접어들었음을 확인시켰다.

중국이 국방예산을 2014년 12.2% 늘린데 이어 2015년 10.1% 증액하기로 한 것도 신창타이 연장선으로 볼 수 있다. 부동산값 급등, 환경오염, 부패 등 과열 성장에 따른 부작용을 막고 산업 구조조정, 민생 안정에 나선다는 목표도 뚜렷이 하고 있다. 실업률 관리 목표도 2014년 4.6%에서 2015년 4.5%로 낮춘 것이 그 중 하나다.

소비자물가 상승률도 2014년 3.5%에서 2015년에는 3.0% 선으로 낮춰 관리하기로 했다. 환경오염에 대해서도 2015년 이산화탄소 배출량 3.1% 이상 감축, 석탄 소비량 동결, 오염물 배출 차량 대량 폐차 등을 실시하겠다고 했다.

이런 구조조정과 함께 한편으로 경제 경착륙에 대한 염려를 막기 위한 관리도 강해지고 있다. 인민은행이 2014년 11월에 이어 최근에 기준금리와 지준율을 다시 인하한 것도 경제 활력이 지나치게 떨어지는 것을 막기 위한 시그널이다. 중국 정부는 2015년 재정적자 목표치를 GDP 대비 2.3%에 해당하는 1조 6,200억 위안으로 2014년보다 20% 늘려 책정했다. 그만큼 적극적인 재정정책에 나서겠다는 뜻이다.

2015년 하반기에 중국은 제13차 5개년 계획(2016-20년)을 내놓는다. 여기에는 시진핑의 중장기 전략이 보다 폭넓게 담기게 된다. 그러나 7% 안팎의 성장 목표 달성 여부가 초미의 관심사다. 2014년 국내총생산(GDP) 규모 10조 달러를 돌파하며 양적 팽창을 거듭해 온 덩치 큰 경제를 연간 7%대로 성장시키는 일은 결코 쉽지 않다.

중국 경제를 긍정적으로 보는 쪽은 "성장 둔화는 경제가 정상화되는 과정"이라 설명한다. 경제 성장에서 소비가 51.2%를 차지하고, 임금 상승이 소비 증가로 이어지며, 농민 소득이 도시 주민 소득보다 빨리 증가하는 소득분배 개선 등이 바로 정상화의 징표란 주장이다.

반면 부정적 견해는 중국 경제가 성장동력을 상실해 가면서 지방정부의 재정 악화 등으로 심각한 재정위기에 직면할 수 있다고 경고하고 있다. 수출 · 소비 · 투자 등 3대 성장동력의 약화가 중국 경제 위기의 핵심이라고 주장한다.

유럽과 미국의 경기 침체로 수출은 부진하면서, 내수 소비를 늘려 성장을 견인하는 방식으로 소비가 늘고는 있지만 속도가 너무 느리다. 수천

년 지속돼 온 농업세(稅) 폐지도 농민 소비 촉진이 목적이었으나 효과는 미미하다. 남은 건 투자다. 제조업은 공급 과잉으로 가동률은 불과 70%다. 생산설비가 남아도는데 신규 투자란 생각할 수 없고, 인프라스트럭처는 투자 주체가 지방정부이지만 재정난으로 여력이 없다.

부동산은 가격과 거래량 모두 하락하면서 거품이 꺼지고 있다. 토지를 수단으로 금융을 일으키고, 금융을 돌려서 경제를 성장시키는 방식이 한계에 온 것이다. 2015년이나 2016년 성장률이 6%, 심지어 5%대까지 주저앉을 수도 있다. 이처럼 서로 다른 주장이 첨예하게 대립한다. 하지만 양쪽 모두 중국 경제가 성장둔화 추세라는 사실은 인정하고 있다.

국제통화기금(IMF)도 2015년 중국 경제성장률 전망을 당초 7.1%에서 6.8%로 조정했다. 세계은행은 중국의 성장둔화가 중국은 물론 전세계에 큰 영향을 미칠 것이라고 경고하고 있다. 당장 전세계 원자재 가격과 수출이 추락하고 있다. 원유와 철광석, 구리 등 가격이 급락하면서 산유국을 비롯해 브라질과 호주 등 중국에 원자재를 팔았던 국가들이 직격탄을 맞고 있다.

중국 경기가 바닥을 쳤다는 확신을 가지려면 우리는 중국의 석탄 가격과 철광석 가격을 주목해야 한다. 중국의 설비투자와 생산 활동이 급격하게 위축되면서 가장 기초적인 원자재들의 가격이 급격하게 하락하기 시작했다. 대표적인 것이 석탄과 철광석이다.

특히 석탄 가격은 중국의 생산 활동을 가늠하는 중요한 지표다. 중국은 석탄 매장량과 생산량이 모두 세계 1위이고 석탄에 대한 에너지 의존도가 70%에 달한다. 2008년 이후 중국 내 석탄생산 기업들의 구조조정이 진행되면서 생산이 급감한 반면, 수요는 급증해 수요 초과 상태가 지속되었기 때문이다. 그런데도 이러한 석탄 가격이 급락하고 있다. 상당히 의아한 일이다.

최근 중국 후판 내수가격이 2006년 이후 처음으로 철근 가격 아래로 하락했는데, 이는 기업들 사이에서 본격적인 가격 후려치기식 재고조정이 발생하고 있다는 의미로 보인다. 가격 후려치기식 재고조정은 경기둔화 사이클 가장 막판에 나타나는 극단적 행태이기 때문이다. 최근 재고조정 과정이 마무리되면 석탄과 철광석 가격도 함께 안정될 것이다.

결국 두 원자재 가격의 급락은 중국 기업들이 가동률 조정과 재고조정의 과정을 경험하고 있다는 증거다. 석탄과 철광석 가격이 안정되는 시점이 중국 경기의 바닥 시점일 수 있다.

중국 경제가 흔들리고 있다는 또 다른 증거는 수입항 야적장에 쌓아 둘 공간을 찾기 어려울 정도로 원자재 재고 물량이 급증하고 있는 모습에서 찾을 수 있다. 세계의 공장이라는 중국의 위상에 전혀 걸맞지 않은 풍경이다.

중국 경제는 그동안 블랙홀처럼 빨아들인 원자재로 저가제품을 만들어 전세계로 수출하며 성장해 왔다. 그러던 중국에서 구리, 석탄, 철광석 등 주요 원자재가 남아돌기 시작했다. 이는 단순한 공급과잉 문제가 아니다.

중국 경제에 단단히 이상이 생겼음을 의미한다.

중국에서 나타나고 있는 원자재 쇼크는 관련 제조업들의 생산 부진이 예상보다 심각하다는 사실을 보여주고 있다. 원자재 수요 부진은 중국 경제지표에서도 그대로 확인할 수 있다.

2014년 중국의 산업생산은 3년 만에 최저였고, 1-4월 고정자산 투자는 10년 만에 최악을 면치 못했다. 이처럼 산업계의 부진이 그대로 원자재 수요 감소로 이어진 셈이다.

상하이 양산(洋山)항 보세구역에는 야적장이 부족해 주차장에도 구리를 쌓아 놓고 있는 실정이다. 2014년 구리 수입물량은 전세계 구리 수요의 40%를 차지하는 536만 톤으로 전년에 비해 53% 증가했지만 제조업계 수요는 고작 7% 증가하는 데 그쳤다.

현재 구리 재고는 금융위기 직격탄을 맞았던 2009년 이후 최대인 35만 톤에 달하고 있다. 나머지 대부분 물량은 수입 항구에 통관하지도 않은 채 재고로 쌓여 있다. 건설업과 가전제품 소재로 사용되는 구리의 이런 공급 과잉으로 구리 가격은 최근 2011년 2월 고점 대비 45% 하락한 5,353달러로 톤당 5,500달러 아래로 밀린 것은 2009년 7월 이후 처음이다. 구리 뿐 아니라 니켈도 지난 11개월 가장 낮은 수준까지 밀렸다.

중국 최대 철광석 수입 항구 중 한 곳인 산둥성 칭다오青島항도 마찬가지다. 수입해 놓고 찾아가지 않은 철광석 물량이 급증하면서 더 이상 적재

물량을 보관할 공간조차 찾을 수 없어 급기야 3층 높이로 쌓아올린 철광석 더미가 곡물 야적장까지 침범해 들어갈 지경이다.

BOA메릴린치에 따르면 2013년 철광석 재고는 과거 평균에 비해 33% 많은 상태이고 철강사들의 철광석 재고 소화율도 지난 5년간 평균치 20%의 절반인 10% 선에 그치고 있다.

싱가포르에서 거래된 철광석 현물가격은 2015년 초 톤당 58달러를 기록해 지난해 최고가 65달러에 비해 11% 하락했다. 발전용 석탄 가격도 최근 톤당 95.40달러를 기록했다. 2013년 1월말 톤당 115.65달러를 정점으로 지속적으로 하락하고 있다.

일부 무역상들은 수입한 원자재를 런던금속거래소 창고(LME)[116]에 재매각하는 방안까지 추진하고 있다. 이 때문에 글로벌 시장에서 원자재가격 하락세가 심상치 않다.

또한 중국 철강사들은 세계 최대 철광석업체인 베일 Vale을 포함해 주요 철광석업체들에 대해 선적 시기를 늦춰 달라고 요구했다. 심지어 식품과 의류 원료로 사용하는 대두와 면화 등도 중국 바이어들의 선적 연기 요청이 늘고 있다.

---

116) 말레이시아의 조호르 Johor주 파코리니메탈아시아 Pacorini Metals Aisa가 소유한 LME 창고는 런던금속거래소의 공식 창고로 글로벌 은행들이 상주해 있는 싱가포르와 가까워 담보 관리가 수월하다. 금속 담보 금융거래로 금속 수입업체들이 해외 은행에서 신용장을 개설하고 은행이 금속을 선적해 온 수출업자들에게 대금을 지급하면 수입업체들은 은행에 돈을 되갚기 전에 인도받은 금속을 최종 소비자에게 판매하는 방식으로 이루어졌다. 수입업체들은 금속 판매에서 나온 자금을 단기간 높은 수익률을 낼 수 있는 투자 상품을 매수하거나 더 많은 금속을 사는데 재투자했다.

2013년 중국사회과학원이 발표한 자료를 보면, 농촌 출신 대졸생의 실업률은 30.5%로 매우 심각한 수준에 다다랐다. 도시 호적(후커우 戶口)이 없는 이들은 도시에서 일자리를 구하기가 쉽지 않은 반면, 어렵게 대학을 보낸 가족들의 기대치가 커 고향으로 돌아가 일자리를 구하기도 난처한 이른바 '샌드위치 계층'이 되어 버렸다. 사회 하층에서 벗어나고픈 욕망은 강하지만 실제 상류 사회로 진입하는 사다리를 오를 기회는 희박한 고학력 실업자들은 사회 불만세력으로 편입돼 공산당 일당체제를 위협하는 잠재 세력이 될 가능성도 있다.

인민일보도 '다수 농촌 출신 대졸자들이 도시의 개미족(취업난 탓에 도시 쪽방에서 빈곤하게 살아가는 이들을 일컫는 말)이 되기를 마다하지 않고 고향으로 돌아가지 않는 현상은 매우 시급하게 해결해야 할 문제가 됐다'며 '한시바삐 도시와 농촌의 이원화 구조를 철저히 깨 자유롭게 이동할 수 있는 정책적 조처들이 나와야 한다'고 지적하고 있다. 2014년 중국 대학생들이 취업 6개월 후에 벌어들인 월평균 수입은 3,487위안이다.

중국 경제가 흔들리고 있다는 직접적인 증거로 대졸 이상 고학력 취업난이다. 고학력 취업난은 2013년 이후 한 해 대졸자가 700만 명을 넘어서면서 심각한 상황으로 변했다. 1999년 85만 명이던 대졸자는 2014년 727만 명으로 10배 가까이 늘었다. 중국의 대졸 취업률은 최근 85%까지 떨어지고 2000년 24만 명 가량이던 미취업 대졸자는 매년 증가하고 있다. 중국 정부가 외치는 연간 1,000만개 일자리 창출은 700만 명이 넘는 대졸 구직자와 농민공을 비롯한 나머지 구직자의 수를 염두에 둔 것이다.

시진핑 주석은 아메리칸 드림(American Dream)에 대응해 미국을 견제하고 중국 인민 개개인의 꿈 실현과 이를 기반으로 중화민족의 위대한 부흥을 꿈꾸는 중국몽(Chinese Dream)을 주창한다. 그러나 실제는 정부 관리 횡포, 국가와 인민의 인명 경시 풍조, 표현의 자유 억압 등 중국몽과는 거리가 멀다.

최근 행상을 하던 부부가 도시질서관리단(城官)에게 구타를 당해 남편이 즉사했다. 시신을 치워 증거를 인멸하려던 지방정부는 지역주민들에게 저지를 당했다. 이에 대한 처벌을 촉구하는 캠페인을 벌이던 시민은 지방관리의 보복 조치로 노동교화소에 보내졌다. 그는 네티즌들 노력과 여론의 힘으로 결국 풀려났지만, 터무니없이 적은 보상금을 받았다.

중국에서는 1971년부터 2009년까지 3억 건이 넘는 강제 낙태와 불임시술이 시행되었다. 정부의 강력한 산아 제한 정책 때문이다. 자녀를 두 명 이상 낳으면 감당하기 벅찬 벌금을 내야 한다. 몰래 낳은 자녀는 교육·의료 혜택 사각지대에 놓인다. 정부가 국민을 사람이 아닌 그저 숫자로만 보기에 가능한 처사다.

장기 기증자가 많지 않은 중국에서 매년 1만 건 이상 장기 이식 수술이 이루어지고, 산부인과 병원 의사가 신생아를 빼돌려 인신매매단에게 수차례 넘기기도 했다. 의사조차 생명을 돈벌이 수단으로 취급하는 것이다.

중국에서 민주화 인사를 반체제 인사로 분류하여 차별하는 것은 낯선 소식이 아니다. 이들 자녀는 교육권이 박탈당하고 가택연금을 당한다. 심각한 아동 인권침해다. 휴먼라이츠워치(Human Rights Watch)에 따르면 시진핑 정부는 가장 많은 인권활동가들을 구금하고 있다.

이 같은 실상은 국내 · 외에 알려지지 않도록 엄격하게 통제된다. 표현의 자유를 억압함으로써 사회 안정을 구축하고자 하는 것이다. 그러나 인권 문제는 중국 사회의 안정과 부흥을 위한 중대 과제다. 인권을 외면한 채 위대한 부흥을 꿈꾸는 것은 결국 '중국의 악몽'(Chinese nightmare)이 될 수도 있는 일이다.

인권은 국가 주권의 영역인 동시에 인류 보편적 가치다. 민주주의 발전 경험이 있는 한국에 대한 아시아인들의 기대는 크다. 중국과 교류가 활발한 만큼 한국은 중국 인민이 인권을 인식하도록 돕고, 사람과 생명을 중시하고 사람답게 살 권리를 보장하는 인류 보편적 문화를 확산시켜야 한다.

왕이 王毅 중국 외교부장이 중국외교학원 2014-15학년도 개학식에 참석해 "중국은 지금처럼 세계 무대의 중앙에 접근해 본 적이 없고, 지금처럼 국제 사무에 전면적으로 참여해 본 적이 없으며, 또 지금처럼 세계의 평화와 발전을 지키는 중요한 책임을 맡아 본 적이 없다"고 말했다. 중국이 아시아의 중심을 넘어 이젠 세계의 중앙으로 우뚝 서고 있다는 이야기다. 그래서인가, 외국 정상들의 베이징 회의 참석을 일부 중화권 언론은 '만국내조'(万国来朝 · 각국 사신이 중국을 찾아옴)라 표현했다.

미 · 중 양국의 교류가 깊어지고 있지만 태평양을 마주한 양국은 '두 개의 질서' 혹은 '두 개의 패권'(supremacies) 사이의 모순으로 각각 서로 다른 초점을 맞추며 경계하고 있다. 중국의 최고 관심사는 중국 공산당의 리더십 아래 국내 질서를 미국이 파괴하지 못하도록 막는데 있고 미국은 미국이 이끌어 온 국제 질서에 중국이 도전을 제기한다는데 초점을 맞추고 있다.

오바마 미 대통령은 "중국의 성공은 미국의 이익에 부합한다"고 말했다. 또한 미 정부 고위관리는 여러차례 "미국은 중국내 정치 질서에 관여할 뜻이 없음"을 밝혔다. 중국 정부 역시 1980-90년대 "국제 정치 · 경제의 새로운 질서 수립을 지지한다"는 입장에서 현재는 "국제 경제 · 정치 질서가 보다 공정하고 평등한 방향으로 발전해야 한다"는 입장으로 바뀌었다. 중국 최고 지도자들은 수차례 미국을 향해 "중국은 국제질서의 수혜자 · 수호자 · 건설자이며 중국은 미국의 국제적 지위에 도전하거나 미국을 아시아로부터 몰아낼 의도가 없다"고 밝혔다.

하지만 두 나라의 정치 지도자와 대중은 상대방의 약속에도 불구하고 안심하지 못한다. 양국간 엄연히 현존하는 '전략적 불신' 현상이다. 최근 미국에서는 공개적으로 "중국이 아시아에서 미국의 리더십과 국제적 이익에 계속 도전한다면 미국이 '상응 조치'를 취해야하며 심지어 중국 내 정치 질서를 파괴해야 한다"는 극히 우려스러운 주장이 제기되고 있다. 그렇게 된다면 중국은 국제 문제에서 더 강렬하게 미국의 이익에 도전할 것이다.

미 · 중 양국은 '공동진화'(co-evolution)를 이뤄야 한다. 아시아 태평양 지역의 패권을 둘러싼 다툼이나 누가 글로벌 넘버원 국가가 되느냐의 다

틈이 아니라 즉, 양국이 상호 협력과 경쟁 속에서 각자의 이익을 추구해야 한다.

중국이 세계의 중앙이 된다는 건 힘을 갖춘 중국이 세계에 강력한 영향력을 행사한다는 의미와 연결된다. 마틴 자크 Martin Jacques는 〈중국이 세계를 지배하면(When China Rules the World), 2009〉이라는 저서에서 국제사회는 중국을 중심으로 한 새로운 형태의 조공제도가 등장하는 풍경을 보게 될 것이라고 전망했다. 과거 역사 속의 중국이 아시아에서 오랫동안 조공제도를 유지할 수 있었던 비결 중 하나는 인접국들로부터 존중을 받는 대신 늘 더 많은 것을 베푼 데 있었다.

F10

혁신의 키워드

41. 도시화(城镇化)

중국은 공산당 창당 100주년이 되는 2021년께 모든 인민이 먹고사는 데 지장이 없고, 문화생활도 어느 정도 즐길 수 있는 '전면적인 소강(小康)사회' 진입을 목표로 하고 있다. 이 같은 목표 달성을 위해선 유사 이래 늘 빈곤에 시달려 왔던 농촌 문제를 우선적으로 해결하지 않으면 안 된다는 게 중국 지도부의 인식이다. 중국의 농촌개혁을 이끄는 인물은 리커창李克强 총리다. 리커창 총리가 제시하고 있는 해법이 바로 도시화와 가정농장의 육성이다.

첫째 방법인 도시화는 간단히 말해 농민을 도시민으로 바꾸는 것이다. 2010년 도시인구는 6억 7,000만 명으로 전체 인구의 49.95%를 기록했다. 2011년엔 6억 9,079만 명으로 51.27%로 처음으로 도시인구가 농촌인구를 추월했다.

리커창 정부는 앞으로 20년 동안 연평균 1,000만 명의 농민을 도시민으로 바꿔 도시화 비율을 0.8%씩 증가시킨다는 계획이다. 이 경우 2030년이 되면 중국의 총인구는 15억 명에 도시민은 10억 명가량으로, 도시화율이 70% 가깝게 될 전망이다. 농민 1인을 도시민의 신분으로 바꾸기 위해선 도시의 인프라 설비와 공공서비스 등에 대한 투자로 약 10만 위안이 든다. 이를 위해 앞으로 40조 위안 가량을 쏟아부을 예정이다.

둘째 방법으로 가정농장의 육성이다. 2015년 2월 초 중국은 '앞으로 5년 내 농지 경계를 분명히 확정해 농지 거래가 활발하게 이뤄지도록 하며 이런 농지가 가정농장 등으로 거래되는 걸 지지한다'는 내용의 공산당 중앙 1호 문건을 발표했다. 농민의 농지에 도시민의 주택과 같은 신분을 부여해 도시민이 주택 사용권을 사고팔듯이 농지 또한 거래가 활발하게 이뤄지도록 하겠다는 것이다.

사회주의 국가인 중국의 토지는 도농을 경계로 해 도시 토지는 국유에 속하고, 농촌 토지는 농촌의 집단(集体) 소유다. 농촌 토지는 다시 농지와 농촌집단건설용지로 나뉜다. 1970년대 말의 개혁·개방 이후 중국의 농민은 농지를 청부해 경작하고 있으며 2008년부터는 이 농지청부경영권을 다른 농가에 양도할 수 있게 허용했다. 그리고 올해부터 향후 5년간 이 양도가 보다 자유롭고 활발하게 이뤄질 수 있도록 농지 경계 설정을 보다 명확히 하는 등 제도를 완비해 나가겠다는 것이다.

중국에는 현재 농촌을 떠나 도시로 가 일하는 노동력인 농민공(农民工)의 수가 2억 5,200만 명에 이른다. 상당수의 청년들이 농촌을 떠나 황폐화된 농지가 많아지고 있다. 이에 대한 대책으로 리커창이 제시하는 게 가정농장이다. 이번 당 중앙 문건에 공식적으로 처음 등장한 가정농장의 개념은 가족 구성원이 주요 노동력이 되고 농업에서의 수입이 가정의 주요 수입원이되, 특히 경작지가 넓어 기계화 농업을 하는 신형 농업경영주체로 설명되고 있다.

중국은 세계 경작지의 약 7%로 세계 인구의 20%를 먹여 살려 왔다. 인구가 많은 탓에 중국의 농업은 늘 영세성을 면치 못해 1인당 보통 1.5무

畝의 농지를 경작하는데, 이는 세계 평균의 3분의 1 정도 수준이다. 그러나 가정농장은 수백 무畝에서 수천 무畝까지 대규모로 농사를 짓는다. 농업에서 규모의 경제를 이루려는 것이다. 가정농장은 다른 농민의 농지청부경영권을 양도받아 경작지 규모를 키울 수 있다.

그리고 정부는 농지거래서비스센터를 각 곳에 세워 이런 농지 거래가 활발하게 이뤄지도록 서비스를 제공하겠다는 게 이번 당 중앙 문건 1호의 정신이다. 저장성의 경우 이미 농지의 40%가 거래되고 있다. 현재 중국 농업부에 따르면 21세기 초부터 모습을 드러내기 시작한 가정농장은 현재 상하이와 저장성, 후베이성, 지린성, 안후이성 등을 중심으로 6,670개가 세워졌다.

42. 왕단(王丹)

중국에서 불문율처럼 전해지는 금단의 열매 3T가 있다. 대만(Taiwan) 통일 문제, 티베트(Tibet)는 분리독립, 톈안먼(Tiananmen) 사태는 워낙 민감한 정치적 사안이라 건드리지 않는 게 좋다는 것이다.

1989년 중국 톈안먼 민주화 운동의 지도자 왕단은 톈안먼 민주화 운동 이후 추방 형식을 거쳐 중국을 떠났다. 왕단은 자신의 페이스북에 "앞으로 중국이 정치 질서를 다시 세울 수 있기를 기대한다"고 적었다. 왕단은 1998년 미국행 이래 중국 귀국이 허락되지 않고 있다. 중국의 땅인 홍콩 방문도 불허되며, 대만에선 대륙과의 경제 강화에 힘쓰는 마잉지우 马英九 정권의 눈치를 봐야 한다.

1989년 4월 정치개혁을 주장하던 후야오방이 사망했다. 베이징대학 역사학도이던 왕단은 학생들을 이끌고 톈안먼 광장으로 향했다. 그리고 저항 시인 베이다오 北島의 시 '대답'(回答)을 노래하며 민주화를 외쳤다. "비겁함은 비겁한 자들의 통행증이고 고상함은 고상한 자들의 묘비명이다 … " 그러나 덩샤오핑은 "20만 명이 죽는다 해도 20년의 안녕을 쟁취할 것"이라고 말했다. 톈안먼 광장에 얼마나 많은 이의 피가 뿌려졌는지는 지금도 분명치 않다. 그저 수백에서 수천의 목숨이 희생됐을 것이라고 추측될 뿐이다. 1989년 6 · 4 톈안먼 민주화 운동이다.

최근 왕단은 〈중국 현대사〉라는 저술을 통하여 국가 폭력을 한국전 참전을 결정한 마오쩌둥의 인명 경시 사상에서 찾았다. 화력의 절대적인 열세로 인해 대규모 인명 피해가 예상되는 데도 '마오쩌둥이 염려하는 범주에 중국인의 목숨은 없었기 때문이다' 적었다. 집권기간 내내 군중과 폭력을 결합하는 통치방식으로 대기근 동안 4,000만 명이 아사했어도 항거하지 못한 이유가 바로 국가 폭력과 기만에 눌려 있었기 때문이다 표현했다.

덩샤오핑은 마오쩌둥을 도와 지식인을 탄압한 1957년의 반우파(反右派) 투쟁을 주도했고, 무엇보다 톈안먼 민주화 운동을 무력으로 진압하는 잘못을 저질렀다고 비판했다. 특히 1989년 당시 총리였던 리펑은 자오쯔양을 총서기에서 끌어 내리기 위해 피의 6 · 4 톈안먼 민주화 운동을 계획적으로 발동시킨 주역이며, '인민의 총리'로 불린 저우언라이는 독재체제를 조성한 책임자로, 류사오치는 마오쩌둥 개인숭배를 앞장 서 조장한 사람으로 비난받아 마땅하다고 이야기한다. "역사 속 인재들은 모두 살인의 귀재였다"고 한 청말의 사상가 량치차오 梁啓超의 말이 생각나는 대목이다.

43. “시엔쭤펑요우 先做朋友 허우쭤성이 后做生意”

‘중국에서 장사를 하려면 먼저 친구가 되라’는 말이다. 중국 비즈니스에서 성공하기 위한 핵심이다. 중국 상인은 “속 깊기가 삼천 척 바닷속이요, 수만리 구름 속이다. 상담자리를 벌여 놓고 그들은 상담을 하는 게 아니라 느긋하게 이쪽의 관상을 본다”는 이야기가 있다.

상인이란 말은 고대 상(商)나라 사람들에 근원을 두고 있다. 상은 농업 민족인 주(周)나라에 의해 망했다. 나라가 망하자 상의 후예들은 곳곳을 떠돌며 장사를 했고 주나라 사람들은 그 일을 ‘상업’(商业) 또 그런 일을 하는 사람을 ‘상인’(商人)이라 불렀다. 상인이라는 용어의 비극적 탄생이 암시하듯 중국 역사 속의 상인은 천대를 받았다. ‘간사하지 않은 상인은 없다’(无商不奸)거나 ‘이익에 끌려 의리를 잊는다’(见利忘义) 등 늘 따가운 눈총을 받았다. 그도 그럴 것이 황제 입장에선 국가 재정의 주요 세원(税源)인 농민이 최고다. 땅에 뿌리를 내리고 도망갈 수 없는 농민은 꼬박꼬박 세금을 바친다. 반면 여기저기 돌아다녀 세금을 걷기 힘든 상인은 멸시의 대상이었다. 전국시대의 거상 여불위 吕不韋가 “농업의 이익이 10배라면 상업의 이익은 100배”라고 했지만 상업의 이익은 결국 농민에 대한 착취에서 나온다고 봤다. 중농억상(重农抑商) 정책의 배경이다.

특히 유가가 사상을 통일한 한(汉)대 이후 농업이 추구하는 의로움(义)과 상업이 추구하는 이익(利) 사이엔 대립 구도가 확정되며, 상인은 의를 찾는 군자가 아닌 이익을 좇는 소인(小人)이 됐다. 당(唐)대의 상인은 ‘잡류’(杂流)로 분류돼 관리와 함께 밥조차 먹을 수 없었다. 옷 색깔도 차별을 받았다. 고위 관리가 자색, 일반 백성이 흰옷을 입은 반면 상인은 검은

색 옷을 입어야 했다.

상인의 신분에 대한 반전은 송(宋)대에 시작된다. 과거에만 몰두하다 살림이 파탄 난 사대부들이 장사에 나서 상인으로 변신하면서다. 상인이 된 사대부는 상인의 행동양식에 성현의 가르침을 접목하고자 했다. 사대부가 책을 읽는 것이나 농부가 곡식을 생산하는 것, 장인이 호미를 만드는 것, 상인이 물건을 파는 것 모두 천하사무(天下事务)의 하나가 된다고 주장했다. 사대부와 상인이 만나고, 유학과 상업이 만나는 '사상합류'(士商合流)가 시작된 것이다.

명(明)대의 상권을 양분한 후이저우 徽州 상인과 산시 山西 상인은 상업에 유가의 혼을 불어넣었다. 후이저우 상인은 자신의 고향 출신인 주시 朱熹의 가르침을 정신적 지주로 삼았다. 산시 상인 역시 현지 영웅 관우(关羽)를 재물과 충성의 신으로 모시며 유가 사상의 지표인 인(仁) · 의(义) · 예(礼) · 지(智) · 신(信)의 오상(五常)을 상업 활동에 접목시켰다. 이제 돈을 번 상인들이 유가의 가르침을 실현하기 위해 자선사업을 펼치거나 교육사업을 하는 건 청(淸)대에 이르러 자연스러운 흐름이 됐다.

중국 상인은 상나라 멸망 이후 3,000년 가까운 세월이 흐른 뒤 비로소 사회의 주요 세력으로 명예를 회복한 셈이다. 사마천(司马迁)은 화식열전(貨殖列傳)에서 '경제적 부는 재화를 불리고 늘어나게 하는 것이다'고 표현한다. 또한 '시장에서 돈을 번 뒤엔 토지에 투자하라'는 사마천의 충고는 중국 상인의 행태를 이해할 수 있는 소중한 팁이다.

44. '신민주주의론'(新民主主义论)

중국에선 물길이 곧으면 강(江) 구불구불하면 하(河)라 한다. 장강(长江)과 황하(黄河)의 구별은 물길의 생김새에 따른 것이다. 황허 黄河의 흐름이 이리저리 굽이치다 보니 '하동삼십년(河东叁十年) 하서삼십년(河西叁十年)'이란 말이 나왔다. 황허의 동쪽에 있던 마을이 30년을 지나고 보니 황허의 서쪽에 있게 됐다는 이야기다. 변화무쌍한 인간사를 비유할 때 쓴다. 중국이 30년을 주기로 역사의 변곡점을 그려온 까닭에 이 말을 떠올리게 한다.

마오쩌둥 30년의 계급투쟁과 덩샤오핑 30년의 경제발전에 이어 시진핑이 문을 열 중국의 향후 30년 키워드는 무엇이 될까. 진정한 민주주의 실현을 위한 '정치개혁'이 되지 않을까 싶다.

문제는 지금부터다. 경제발전에만 매진해 온 후유증이 만만치 않기 때문이다. 중국 공산당 창당 100주년(2021년)을 앞둔 2020년엔 전면적 소강(小康)사회를 달성하겠다고 한다. 인민이 배불리 먹고 문화생활도 즐기는 사회를 만들겠다는 것이다.

중화인민공화국 건국 100주년(2049년)에 즈음한 2050년의 목표는 부강·민주·문명의 현대화 국가 건설이다.

넘어야 할 산이 너무 많아 보인다. 중국 지식계는 농민의 땅을 촌 관리가 배짱 좋게 팔아먹은 데서 비롯된 광둥성 우칸 乌坎사태를 그 예로 들고 있다. 유사한 시위가 한 해 18만 건 이상 벌어진다. 가택연금을 상태에서 미국 대사관으로 뛰어든 시각장애 변호사 천광청 陈光诚 사건은 낙후된 중국 인권의 현주소를 적나라하게 고발하고 있다. 이 모두 경제발전

일변도 정책이 낳은 부작용이다. 개혁만이 살길이라는 데 많은 중국인이 동의한다.

우파적 성격을 띠는 왕양 汪洋 전 광둥성 당서기의 '광둥 모델'은 정치적으론 사상개혁과 법치를, 경제적으론 성장을, 사회적으론 민의가 소통되는 민주주의를 역설한다.

최근 중국 지식계에선 좌 · 우파 모두를 뛰어넘는 모델로 '신민주주의론'(新民主主义论)이 제기돼 주목을 받고 있다. 이는 공산당 집권을 전제로 그 아래에 각 파벌이 존재할 수 있고 또 언론과 사상이 자유와 독립을 누릴 수 있다고 외친다.

이 같은 여러 개혁안의 배경에 공통적으로 깔린 인식은 이젠 빵만으로는 살 수 없으며, 경제발전을 넘어 정치혁신이 필요하다는 것이다.

중국 공산당 기관지 인민일보의 칼럼 하나가 눈에 띈다. '불완전한 개혁을 할지언정 개혁 자체를 하지 않아 생기는 위기를 맞아선 안 된다'(宁要微词 不要危机)라는 글에서 개혁이 초래할 '불안정'을 두려워하지 말자고 주장했다. 그러면서 정치개혁의 필요성을 강조했다.

이제까지 중국은 '안정이 모든 걸 압도한다'(稳定压倒一切)는 구호의 틀 속에서 살아왔다. 경제발전을 위해 정치 · 사회 각 부문은 무조건 안정돼야 한다며, '안정'을 국가 통제의 무기로 활용해 왔다. 그러나 이젠 비록 혼란이 야기될 수 있지만 정치개혁을 하지 않을 수 없다는 입장으로 변하고 있다. 인민일보 칼럼은 이를 알리는 신호탄이다.

45. 시진핑 주석의 10대 난제

1840년 아편전쟁에서의 패배 이래 중국의 목표는 크게 민족독립, 국가강성, 현대화 세 가지였다. 민족독립은 1949년 중화인민공화국 건설로 달성됐고, 국가강성은 후진타오 집권 기간 중국이 세계 2위의 경제체로 발돋움하며 어느 정도는 이뤄졌다. 이제 남은 건 현대화다. 현대화는 시진핑 주석이 맞닥뜨린 10대 난제를 풀어야 얻게 될 것이다. 후진타오는 전형적인 기술 관료다. 마오쩌둥의 건국, 덩샤오핑의 개혁개방, 장쩌민의 성장 일변도에 이어 그는 성장의 그늘을 살피는 조화사회 건설에 무게를 뒀다. 그는 자신의 시대에 맞는 노래를 불렀을 뿐이다. 중국에서 후진타오에 대한 비판이 나오는 건 바로 발전에 대한 갈구가 그만큼 강렬하기 때문이다. 중국은 아직 배가 고픈 것이다. 중국에 '강산은 시대마다 인물을 낳는다'(江山代有人才出)는 말이 있듯이 이젠 시진핑 주석이 무대에 오를 차례다. 그가 부를 곡목은 후진타오가 이루지 못한 '중국의 현대화'다.

시진핑 주석이 맞닥뜨릴 10대 난제는 첫 번째, 소비주도형 경제구조가 아쉽다. 두 번째, 중산층 양성이 절실하다. 세 번째, 농민의 거주이전 자유를 제한하는 호구(戶口)제도 개혁이 필요하다. 네 번째, 한 자녀 정책과 고령화 등 인구문제가 심각하다. 다섯 번째, 교육과 과학연구의 질이 낮다. 여섯 번째, 환경오염이 큰 문제다. 일곱 번째, 에너지 공급체계가 불안하다. 여덟 번째, 사회도덕이 붕괴됐다. 아홉 번째, 외교 시야가 좁다. 열 번째, 정치개혁과 민주화가 지지부진하다. 요약하면 후진타오 10년간 중국 사회는 모순이 심화됐고, 경제는 독점이 판을 쳤으며, 개혁은 진전이 없어 중국의 발전이 멈춰서 버렸다는 이야기다.

46. 상방(上访)

중국의 역대 지도자들은 모두 농촌문제의 중요성을 강조했다. 리커창 총리는 농촌의 빈곤타파 해결책으로 도시화를 생각하고 있다. 그 방법은 농촌 주변에 아파트를 지어 농민을 이주시키고, 원래 농민이 살던 곳을 개발하는 방식이다. 문제는 도시화가 지방 정부의 농민 토지 수탈로 악용될 가능성이다.

농촌을 비롯해 많은 곳에서 집단 시위가 벌어지고 있다. 집단 시위는 보통 50명 이상이 모인 경우를 말한다. 한 해 18만 건 이상의 집단 시위가 벌어지는 것으로 추측된다. 이 중 농민 주도의 시위는 40%를 차지한다.

중국 농민은 억울한 일이 있으면 베이징의 신방국(信访局)을 찾아 탄원한다. 신방국을 찾아가는 걸 상방(上访)이라 한다. 상방의 주된 이유는 중앙 정부가 지방 정부에 압력을 넣으면, 지방 정부가 자신의 문제를 처리하는 데 성의를 가져줄 것이라는 믿음에서다.

중국도 '민주'(民主)를 강조한다. 그러나 서방의 민주와는 다르다. 중국이 말하는 민주는 무엇인가. 중국의 민주는 일종의 정책 자문을 말하는 것이다. 새 정책을 시행하기에 앞서 여러 사람의 의견을 구한다. 중국에선 이것을 민주라 부른다.

'중국 특색'이나 '중국 모델'이란 말은 흔히 개혁을 거부하는 구실로 이용된다. 나라마다 특징이 있겠지만 민주나 인권 · 권리 같은 가치는 인류가 공유하는 것이다.

47. 소미(小微)기업

프랑스 정치학자 알렉시스 토크빌 Alexis Tocqueville이 펴낸 〈앙시앵 레짐 Ancien Régime(구체제 · 旧体制)과 프랑스혁명, 1856〉은 1789년의 프랑스 혁명을 분석한 책이다. 하나 이 책에서 강조된 '토크빌의 역설'에 주목할 필요가 있다. 토크빌은 '혁명이 발생하는 건 상황이 가장 나쁠 때가 아니라 상황이 개선될 때이며 특히 물질적 조건이 개선되는 시기'라고 분석했다.

지금 중국 인민의 생활수준은 1949년 건국 이래 가장 높다. 지난해 중국의 1인당 GDP는 6,200달러를 기록했다. 광둥성 선전의 경우엔 2만 달러에 가깝다. 그러나 현재 중국 사회에 대한 인민의 불만 역시 그 어느 때보다 높다. 중국에선 50인 이상 모이는 집단 시위가 매일 500건 이상 발생한다. 강제 철거 반발, 부패 관리 척결, 정치 개혁 요구 등 다양한 이유의 시위가 끊이질 않는다.

토크빌은 '일부 폐단이 시정될 경우 아직 시정되지 않은 문제는 더욱 참기 힘든 것으로 보이게 된다'고 했다. 실제로 중국 인민의 삶은 과거와 비교할 수 없을 정도로 개선됐지만 요구는 더욱 커지는 추세다.

중국의 지난 20세기는 혁명의 역사였다. 청조(清朝)를 무너뜨린 신해혁명과 중화인민공화국을 건설한 공산혁명, 또 건국 이후엔 대약진운동과 문화대혁명 등 혁명과도 같은 사회운동의 연속이었다.

덩샤오핑의 개혁개방 이후엔 혁명의 깃발이 공산당의 수중에서 지식인과 학생의 손으로 넘어갔다. 1989년의 톈안먼 민주화 운동, 노벨상 수상자 류샤오보 刘晓波가 주도한 〈08 헌장〉 사건, 색깔혁명의 영향을 받았던 재스민 茉莉花운동, 홍콩 우산시위와 센트럴 점령 등이다.

청말(淸末)의 사상가 량치차오 梁啓超는 중국에서 혁명은 다반사라고 말했다. 그에 따르면 중국 백성이 저항하는 방법은 두 가지이다. 하나는 노동을 거부하는 것, 다른 하나는 반란을 일으키는 것이다. 이 때문에 타성(他姓)에 의한 왕조 교체를 예사롭게 생각한다는 것이다.

바깥에서 볼 때 현재 한창 부상하고 있는 중국을 혁명적 상황에 처해 있다고 말하기는 어렵다. 그러나 중국 지도자들의 생각은 다른 모양이다. 중국의 성장급 이상 고위 관료들에겐 모두 토크빌의 책을 읽으라는 지시가 떨어졌다.

대개 혁명의 도화선은 무거운 세금이다. 영국혁명과 미국혁명, 프랑스혁명, 즉 세계 3대 시민혁명이 모두 세금 문제에서 비롯됐다. 소미(小微)기업은 리커창 총리의 주요 정책이다. 소미기업은 중국에서 근년 들어 출현한 개념이다. 중소기업보다 작은 개념으로 소형기업, 미형기업, 가내수공업 등을 망라한다. 많은 일자리를 만드는 소미기업의 세 부담을 덜어줘 경제에 활력을 불어넣자는 취지다. 개혁개방이 숨가쁘게 추진된 지난 30여 년 동안 중국 중소기업의 평균 수명은 3.7년에 불과했고, MBA의 연구대상으로 뽑혔던 우수한 중국 기업의 85%가 역사의 뒤안길로 사라졌다.

중국 경제학자 우징롄 吳敬璉박사는 중국의 "경제사회 모순이 거의 임계점에 다다랐다"고 말한다. 싱가포르대학의 중국정치학자 정융녠 鄭永年교수도 중국은 "개혁하지 않으면 혁명을 당할 것"(不改革就是被革命)이라고 경고한다.

48. 셰일 Shale 가스

셰일가스는 오랜 기간 모래와 진흙이 쌓여 단단하게 굳은 암석(셰일 Shale)층 사이에 갇혀 있는 가스다. 천연가스와 화학적 성분이 동일해 난방 연료, 석유화학 원료 등으로 사용된다. 에너지구조를 전환할 가능성을 가진 자원으로서 셰일가스가 주목을 모으고 있는 가운데 중국의 국가에너지국은 중국의 셰일가스 매장량이 미국과 거의 동일한 양인 약 26조 ㎥라고 예측한 바 있다. 그러나 중국의 셰일가스 개발에는 수자원과 기술력, 파이프라인 등이 부족하다. 토지징수, 환경보호, 공급체인 구축, 인프라 건설의 문제도 중국의 셰일가스 개발에 있어 과제가 되고 있다. 더욱이 중국의 셰일가스 개발은 아직 초기단계로 빠르게 진행되지 못하고 있다.

중국 정부는 최근 입찰을 통해 16개 기업에게 셰일가스 개발권을 부여하였다. 하지만 곧 개발될 거라는 기대는 성급해 보인다. 우선 낙찰자 중 성공적인 개발 경험이 있는 기업이 없다. 또한 중국에 매장되어 있는 것은 미국보다 깊이 묻혀 있고 또 흩어져 있다. 그러다 보니 개발비용도 미국에 비해 훨씬 많이 들고 물이 부족한 것도 또 하나의 장애이다.

'셰일가스 혁명'에 힘입어 미국 제조업 부활의 발걸음이 빨라지고 있다. 셰일가스 상용화로 미국의 천연가스 가격이 유럽의 25%로 떨어지자 유럽의 거대 제조업체들이 미국에 생산기지를 설치하고 있다.

독일의 대표적 화학업체인 바스프 BASF AG는 최근 미국 루이지애나주에 포름산 공장 등을 건설하고 2009년 이후 북미지역에 57억 달러 이상을 투자했다. 오스트리아의 철강업체 푀슈탈피네도 최근 텍사스 주에 7억 1,500만 달러 규모의 철광석 제련소를 건설할 계획을 발표했다. 유럽의 석유 메이저인 로열더치셸도 지난해 펜실베이니아 주에 수십 억 달러 규모의 석유화학 공장을 짓는 계획을 발표했다.

그동안 인건비 절감 효과를 찾아 개발도상국으로 생산기지를 옮기던 유럽 등 선진국의 제조업체들이 이제 대서양을 건너 미국 등 북미로 발걸음을 돌린 계기는 값싼 에너지 셰일가스 덕분이다.

석유화학업체 철강업체 등 화석연료를 재료와 에너지로 사용하는 제조업체들이 미국으로 몰려들기 시작하는 배경이다. 특히 셰일가스와 기존 천연가스 개발이 활발한 미국 멕시코만 연안 남부지대로 대거 모이고 있다.

셰일가스 공급량 증가로 미국의 천연가스(LNG) 가격이 2013년 2월 기준 100만 BTU(열량단위 · 1 BTU=0.252Kcal/h)당 3.32달러로 11.77달러인 유럽의 1/4 수준으로 떨어졌다. 이는 관련 산업의 가격경쟁력으로 작용한다. 국제 유가와 비교하면 약 30%(배럴당 35달러) 수준이다.

미국은 석유화학, 철강, 자동차 업종을 중심으로 대규모 투자가 이어지고 있다. 40억 달러를 투입해 텍사스 주에 에틸렌 생산공장을 건설하고 있는 다우케미칼을 비롯해 엑손모빌, 쉐브론, US스틸, 포드, GE, 듀퐁 등 글로벌 기업들이 생산기지 신증설을 위해 수십 억 달러를 투자하며 셰일가스 혁명을 대비하고 있다.

미국의 셰일에너지 매장량을 정확히 파악할 수는 없지만 현재 기술로 상용화가 가능한 셰일가스 매장량은 24조 ㎥로 세계 2위다. 미국이 앞으로 100년 동안 쓸 수 있는 양으로 추정된다.

49. 후강퉁 沪港通

중국은 주식시장 전면 개방의 전 단계로 홍콩 증시와 본토의 상하이 증시를 연결하는 후강퉁(沪는 상해, 港은 홍콩을 의미한다)이 2014년 11월 중순 실행됐다. 홍콩 주식시장과 상하이 A주 마켓간의 교차 거래를 허용함으로써 단숨에 중국증시는 하루 매매량이 3,000억 달러 수준으로 급증했다. 증시를 제한적으로 개방했을 뿐인데도 거래 액수로는 미국 다음가는 세계 최대 증시가 됐고, 시장 가치로는 13조 달러에 육박했다. 위안화 국제화로 아태지역 무역의 31%가 이미 위안화로 거래되고 있고, IMF의 특별인출권(SDR) 통화로 편입되면 위안화 국제화가 더 탄력받을 것이다.

시진핑 정부가 밀고 있는 자본시장 개방과 위안화 국제화는 향후 아시아 지역 금융시장은 물론 국제 금융시장의 지형을 바꿀 잠재력을 지닌다. 중국 정부는 이르면 2015년 7월까지 선전증시와 홍콩증시를 연결하여 중국 자본시장 개방을 가속화시킬 계획이다. 2022년까지 주식, 외환, 채권시장을 외국인 투자가에 단계적으로 개방하여 금융제도 개혁과 선진화를 달성하고 위안화를 세계 기축통화로 만들겠다는 큰 야망을 가지고 있다. 그 과정이 순탄하지만은 않겠지만 금융 개혁은 자원을 재배분하는 데 기여할 것이며, 양적 · 질적 팽창으로 중국 사회의 새로운 활력을 주고, 부동산 위주의 자산 구성에도 변화를 줄 것으로 보인다.

달러의 위상은 쉽게 바뀌지 않겠지만 국제화된 위안화를 바탕으로 중국 금융기업의 약진이 기대된다. 이렇게 빨리 바뀌는 아시아 지역 금융 환경에서 중국 금융은 경쟁력 강화와 선진국 수준으로 금융 시스템을 가능한 한 빨리 업그레이드해야 할 것이다.

1921년 창설된 중국 공산당은 2014년 말 기준 당원 수는 8,779만 명으로 중국 전체 인구의 6%를 차지한다. 여성 당원의 비중은 24.7%다. 그러나 현대 중국에서는 자본주의의 대표적 제도인 증시의 투자 인구가 공산당원 수를 넘어섰다. 1949년 신중국 건립 당시 마오쩌둥은 지금과 같은 상황을 상상하지 못했을 것이다.

50. 난사 西沙 군도

중국은 사실상 남중국해 전역에 군사기지로 활용이 가능한 7개의 인공섬을 건설 중이고 2개 기존 인공섬에 대해서는 확장 공사를 하고 있어 영토 분쟁 중인 베트남, 필리핀 등 주변국과 미국의 반발이 예상된다. 확장 공사가 진행 중인 곳은 스프래틀리 Spratly Islands 군도(중국명 난사 西沙 군도, 베트남명 호앙사)에 속한 산호초 메이지자오 美济礁와 주비자오 渚碧礁다.

베트남은 중국과 1,450km의 국경을 맞대고 있다. 베트남은 기원전 111년 한(汉) 무제에게 정복당한다. 베트남은 939년 독립 왕조를 세울 때까지 1,000년 동안 중국에 저항했다.

베트남이 중국과 가까워진 것은 1949년 중국에 공산당 정권이 들어선 이후, 베트남이 1950-75년 프랑스·미국과 싸울 때 중국으로부터 200억 달러에 이르는 무기와 32만 명의 병력을 지원받았다. 그러나 1969년 호찌민이 사망한 이후, 중국은 미국과 관계개선을 모색했고 베트남은 중·소 분쟁에서 소련 쪽으로 기울었다. 덩샤오핑은 베트남이 소련을 등에 업고 동남아에서 세력을 확장하자 1979년 20만 명을 동원해 베트남을 침공했다. 중국과 베트남은 양국 모두는 개혁·개방을 추진하면서 경제적으로 협력할 필요가 있어 1991년 국교를 정상화하면서 다시 화해했다. 2014년 양국 교역액은 503억 달러로 베트남 전체 교역액의 5분의 1을 넘는다.

2014년 5월 중국이 베트남에서 300여 ㎞ 떨어진 시사군도 앞바다에 석유시추선을 일방적으로 설치하자, 베트남은 초계함과 어선 수십 척을 석유시추선으로 돌진시키며 저항했다. 당시 반중 시위로 베트남에 진출한 중국계 공장이 대거 불탔을 때만 해도 양국 관계는 쉽게 회복되기 어려워 보였다. 중국은 베트남 신규 투자를 제한하는 등 보복 움직임을 보였다.

베트남은 미국을 끌어들였다. 1995년 7월 11일 공식 수교 후 빌 클린턴 전 대통령이 2000년 11월에 미국 대통령으로서는 처음으로 베트남을 방문한 바 있고 2012년 7월 힐러리 클린턴 전 미 국무장관이 베트남을 찾았다. 버락 오바마 미국 대통령과 응웬 푸 쫑 베트남 공산당 서기장이 양국 수교 20주년 및 베트남전 종전 40주년을 맞아 백악관에서 만났다. 베트남의 실질적인 권력 1인자인 공산당 서기장이 미국을 방문한 것은 이번이 처음이다.

오바마 미 대통령은 “양국에는 분명히 어려운 역사가 있었지만 이제는 상호존중을 기반으로 건설적이고 긍정적인 상호신뢰 구축을 향해 전진하자고 합의했다”고 말했다. 쫑 서기장도 “우리가 적에서 친구로 변하고 있다”고 화답했다. 중국을 제어하기 위한 전략적 동반자로 미국과 베트남이 손을 잡고 있다. 중국을 봉쇄하려는 미국과 일본, 필리핀에 이어 베트남까지 적으로 돌리기 어려운 중국은 베트남과 미국의 접근을 눈치채고 석유시추선을 먼저 철수시켰다. 중국이 영유권 분쟁에서 양보하는 듯 한 모습을 보인 것은 이례적이다.

매달 22일 일을 하며 3,000달러의 수입으로 1달러의 커피를 마시면서 500달러의 노트북을 두드리고 가끔 50달러의 식사를 즐기며 5달러의 영화를 보고 … 미국인들에게는 일상의 모습이지만, 중국인들에게는 그야말로 이룰 수 없는 꿈의 세계이다.

미국인들보다 더 힘들게 더 오래 일하면서도 중국인들의 삶은 왜 이리도 고달프고 가난한가? 이제는 인민의 존엄과 행복을 생각해야 한다.

50 KEYWORDS for CHINA REPORT

중국 보고서

초판인쇄 2015년 8월 20일
초판발행 2015년 8월 25일

저 자 이동춘
발행인 김현태
발행처 태영출판사

주 소 (08301) 서울 구로구 구로동 104-10 동남오피스텔 201호
전 화 02 · 839-3757
팩 스 02 · 837-3754
등 록 2005년 5월 30일 제12-421호
http://www.taeyeongbook.co.kr
E-mail tys2005@hanmail.net
ISBN 978-89-6302-175-1 03340
정 가 17,000원